HISTOIRE
DE LA FRANCE
ET DE

NAPOLÉON BONAPARTE,

DE 1799 A 1815.

———◆———

II.

IMPRIMÉ CHEZ PAUL RENOUARD, RUE GARANCIÈRE, N. 5.

LE CONSULAT ET L'EMPIRE,

ou

HISTOIRE DE LA FRANCE

ET DE

NAPOLÉON BONAPARTE

DE 1799 A 1815.

PAR A. C. THIBAUDEAU.

CONSULAT. — TOME SECOND.

PARIS.
JULES RENOUARD, LIBRAIRE,
RUE DE TOURNON, N° 6.

1834.

HISTOIRE DE LA FRANCE

ET DE

NAPOLÉON BONAPARTE,

DE 1799 A 1815.

CONSULAT.

CHAPITRE XII.

Fête du 1ᵉʳ vendémiaire an ix. — Traité d'amitié entre la France et les États-Unis. — Carnot quitte le ministère de la guerre. Complot de Cerracchi, Aréna et autres, contre le premier Consul. — Classement et élimination des émigrés. — Lucien Bonaparte sort du ministère de l'intérieur. — Il est envoyé en ambassade en Espagne.

La fête de la fondation de la République fut célébrée le 1ᵉʳ vendémiaire an ix. Le premier Consul y avait fait convoquer par les préfets, à leur choix, des envoyés de tous les départemens. Il avait ordonné que les restes de Turenne seraient transférés au temple de Mars, pour honorer tout ce qui était grand, tout ce qui avait servi la patrie, et pour commencer à réconcilier la France républicaine avec la France monarchique. Les ministres avaient écrit aux préfets de donner la plus grande pompe à cette solennité. Celui de la police leur recommandait de faire valoir, ce jour-là, les services nombreux déjà rendus par le gouvernement consulaire, et dont il leur faisait une énumération rapide: « Ce fut, disait-il, l'art de beaucoup d'usurpateurs qui détruisaient la liberté dont ils se disaient les modérateurs, et le calme perfide dont ils ont fait jouir un instant a été suivi de toutes les horreurs de plusieurs siècles de tyrannie; mais, faire usage d'un grand pouvoir qu'on a reçu du peuple et de la constitution pour rendre ce peuple plus capable d'exercer heureusement ses droits et sa liberté, voilà les pensées qui respirent autour du gouvernement ». Et s'adressant aux ennemis de la République : « Qu'ils sachent qu'une fois que la lumière est bien répandue sur la terre, il est impossible de l'éteindre, et que, pour la perdre, il faut que le globe tourne et change de face. »[1]

D'après les discours du ministre de l'intérieur aux envoyés des départemens, en les appelant à Paris, les Consuls avaient desiré les rendre témoins de la fête, les associer à l'allégresse qu'inspiraient ces augustes solennités, rendre communs à toute la France les mouvemens d'enthousiasme qu'elles excitaient, resserrer, par une communication d'opinions et de sentimens, les liens qui unissaient toutes les parties de la République, recevoir de la part des citoyens

---

[1] C'était le style habituel de Fouché, qui visait à l'effet par l'enflure des expressions et l'exagération des images.

recommandables par leur patriotisme et leurs lumières, et honorés de la confiance publique, des notions sur l'état des départemens, en attendant que le gouvernement pût exécuter le projet qu'il avait formé d'envoyer des commissaires pour les visiter.

Les républicains répandirent le bruit que le but secret du premier Consul était de se faire, en présence de ces notables, proclamer roi ou empereur, et de les substituer, sous une forme quelconque, aux autorités nationales trop empreintes des couleurs de la révolution. Plusieurs d'entre ces envoyés crurent que tel était l'objet de leur mission et s'en montrèrent très glorieux. La fête s'étant passée sans changemens dans le gouvernement, on dit que le premier Consul, ne trouvant pas l'opinion assez mûre, avait ajourné son projet.

Les restes de Turenne furent transportés avec une grande pompe militaire au temple de Mars, le cinquième jour complémentaire, avec son épée et le boulet qui lui avait donné la mort. Le ministre de la guerre, Carnot, prononça son éloge et le termina par ce mouvement oratoire d'un genre véritablement antique : « Des paroles ne sauraient décrire ce qui tombe ici sous vos sens. Qu'aurais-je à dire de Turenne ? le voilà lui-même; de ses triomphes ? voilà l'épée qui armait son bras victorieux; de sa mort ? voilà le fatal boulet qui le ravit à la France, à l'humanité tout entière ». Le nom de *Turenne* fut donné à la rue Saint-Louis au Marais, où était l'hôtel qu'il avait habité. Le soir, il y eut spectacle gratis.

Le premier Consul parut au Théâtre-Français où l'on jouait *le Cid* et *le Tartufe*; il y fut accueilli par des acclamations.

Le 1er vendémiaire, il posa sur la place des Victoires la première pierre du monument élevé à Kléber et à Desaix, dont le sénateur Garat prononça l'éloge funèbre. Le premier Consul se rendit ensuite aux Invalides. Les noms des braves qui avaient obtenu des armes d'honneur étaient inscrits en lettres d'or sur des tables de marbre. Le ministre de l'intérieur y proclama, conformément à l'arrêté du 17 ventose an VIII, les noms des dix départemens qui, par le nombre des conscrits qu'ils avaient fourni, et l'empressement avec lequel ils avaient payé leurs contributions, s'étaient rendus dignes de concourir à donner leur nom à une place de Paris. Cet honneur fut décerné au département des Vosges. On exécuta le *Chant du premier vendémiaire*, paroles d'Esménard et musique de Lesueur, où l'on remarquait cette strophe :

> Des murs de Romulus la liberté bannie,
> Loin du Tibre avili fuyant la tyrannie,
>   S'élance à notre voix ;
> Et sur les bords heureux que la Seine féconde,
> Elle vient rétablir, pour le bonheur du monde,
>   Ses autels et ses lois.

Chargé de célébrer la fondation de la République, Lucien Bonaparte se montra, dans son discours, digne de remplir cette honorable tâche : « La France monarchie n'est plus, dit l'orateur, et tous les trônes se liguent pour lui enlever ses provinces........ A peine née, la France républicaine, plus forte que tous les trônes, s'élance à pas de géant, parcourt et reprend les limites des anciennes Gaules. Le sceptre de Henri IV et de Louis XIV, brisé, roule dans la poussière ; mais à l'instant, le gouvernement du peuple-roi retrouve en son nom et ressaisit tous les sceptres de Charlemagne........ Heureuse la génération qui voit finir par la République la révolution qu'elle a commencée par la monarchie......! Le tombeau de Turenne fut long-temps au milieu des tombeaux des rois qu'honorait cette alliance : le voilà dans le temple de la Victoire, sous les drapeaux conquis par les héritiers de sa renommée..... Ne dirait-on pas que les deux siècles se rencontrent et se donnent la main sur cette tombe auguste....?

« Rassemblé devant ses consuls, au pied du Capitole, le peuple de Mars invoquait, à la fin et au retour de chaque siècle, les divinités protectrices de l'empire. Nous touchons au même renouvellement, et le sentiment qui nous réunit n'est pas moins religieux..... Il me semble que debout, sur la statue brisée ou sur le tombeau détruit d'un des anciens rois de France, le siècle qui va finir prend l'essor, et s'adressant au siècle qui commence : « Je te lègue, dit-il, un grand héritage ; j'ai accru toutes les connaissances humaines...... On m'a appelé le siècle de la *philosophie*...... Je disparais, et les tempêtes rentrent avec moi dans la nuit des temps. Ton règne commence dans un jour serein ; conserve bien le repos et la liberté..... ne trompe pas l'espérance des sages.

« Non, cette espérance ne sera pas trompée: le repos, la liberté, les sciences, les lumières, les beaux-arts, toutes les idées libérales prospéreront sous la République. *Le siècle qui commence sera le grand siècle......* J'en jure par le peuple dont je suis aujourd'hui l'organe, par la sagesse de ses premiers magistrats, par l'union des citoyens..... *Les grandes destinées de la France républicaine seront accomplies* ». *De la France,* Lucien l'espérait, il le voulait; *républicaine,* il ne le pensait pas.

Une heureuse nouvelle vint encore ajouter à l'enthousiasme. Huit jours auparavant, les préliminaires de paix, signés par le général Saint-Jullien au nom de l'Autriche avaient été publiés avec cette note: « Le refus de sa majesté l'empereur d'Autriche de les ratifier a nécessité la rupture de l'armistice. La signification en a été faite le 14 fructidor par les généraux en chef aux généraux ennemis ». On croyait donc les hostilités recommencées. Cependant, dès le matin du 1er vendémiaire, un bruit sourd de paix s'était répandu, mais le ministre de l'intérieur n'en ayant rien dit dans son discours, on ne doutait plus de la guerre, lorsque Lucien reprenant la parole, donna lecture d'une note adressée par le premier Consul aux envoyés des départemens: elle annonçait la nouvelle apportée par le télégraphe que, sur la dénonciation de l'armistice de Pahrsdorf, l'empereur qui s'était rendu sur l'Inn, à son armée, avait consenti à livrer les trois places d'Ulm, Ingolstadt et Philipsbourg, et que le ministre Lehrbach avait ordre de se rendre à Lunéville. Après cette lecture, les voûtes du temple retentirent de bruyantes explosions de joie et des cris mille fois répétés de *vive Bonaparte! vive la République!* Des jeux et des courses au Champ-de-Mars suivirent cette cérémonie, et la journée se termina par une illumination, un feu d'artifice, et la publication aux flambeaux de la note lue au temple de Mars. Depuis long-temps on n'avait vu une plus grande affluence et autant de joie sans désordre. Il n'y avait a Paris que deux mille cinq cents hommes de troupes, y compris la gendarmerie, et le gouvernement citait cette circonstance comme une preuve de la confiance réciproque, qui régnait entre lui et les citoyens.

Le 1ᵉʳ vendémiaire fut célébré avec le même enthousiasme dans les départemens et aux armées. Généraux et soldats honoraient la République comme le prix le plus glorieux du sang versé par eux sur le champ de bataille[1]. Les préfets, se modelant sur le programme de Paris, cherchèrent à rapprocher la gloire monarchique de la gloire républicaine. Chaque département n'avait pas un Turenne, mais le département

---

[1] Pour montrer comment ils s'exprimaient, nous citons au hasard. Le général Dupont, commandant l'aile droite de l'armée d'Italie, harangua ses troupes en ces termes : « Ce jour est à-la-fois la fête de la liberté et du courage. C'est dans les camps, c'est parmi l'appareil des armes, que cet anniversaire auguste doit recevoir des hommages so-

de la Haute-Loire tira de l'oubli les cendres de Duguesclin, et la ville de Bordeaux celle de Montaigne.

Le gouvernement fêta les envoyés des départemens. Le ministre de l'intérieur leur fit entendre, dans un concert auquel les Consuls assistèrent, les plus célèbres artistes de France et d'Italie. Au moment où ces envoyés allaient retourner dans leurs départemens, le gouvernement par une lettre leur exprima sa satisfaction, et leur exposa ses intentions et ses principes, afin qu'ils les fissent connaître à leurs concitoyens. Son unique ambition et son unique étude étaient de fermer toutes les plaies de la France, d'assurer son repos et sa gloire, de rendre à l'agriculture, à l'industrie et au commerce, leur éclat et leur prospérité. Il ne connaissait entre les citoyens d'autres distinctions que celles qu'y mettent les vertus et les talens : pour lui les mauvais citoyens étaient ceux qui voulaient avancer à la fortune par d'autres moyens que ceux du travail et d'une honnête industrie. En administration, ses maximes étaient invariables : stabilité dans les principes, et point d'autres principes que ceux qui étaient avoués par la sagesse des temps, que sa propre expérience avait vérifiés, et que dix années de révolutions et de malheurs lui avaient appris à respecter. Sa politique était d'ob-

---

lennels. Le feu sacré que la révolution fit éclore s'est entretenu toujours ardent et pur dans le sein des armées, et l'amour de la patrie sera toujours placé dans vos cœurs à côté de l'amour de la gloire. Camarades ! n'oubliez jamais, dans les combats et hors des combats, que vous êtes les enfans du premier peuple de la terre. »

tenir la paix par des conditions modérées et des mesures vigoureuses. C'était aux Français à soutenir ces mesures par une attitude digne d'eux, et à continuer de s'unir à leur gouvernement pour vaincre les derniers obstacles qui retardaient encore les triomphes de la France et de la liberté.

Les conférences ouvertes, en l'an VIII, entre les envoyés des États-Unis et les conseillers d'état Joseph Bonaparte, Rœderer et Fleurieu, avaient duré le reste de l'année, et s'étaient tenues successivement à Paris et à Morfontaine. Il s'éleva des difficultés dont la plus sérieuse fut le rétablissement des anciens traités, et l'indemnité que demandaient les États-Unis, pour les prises que leur avaient faites les corsaires français : on la renvoya à une convention ultérieure. Ayant ainsi ajourné le passé, on ne s'occupa plus qu'à stipuler pour l'avenir. Ici se présentait la grande question des neutres qui s'agitait entre les puissances du Nord et l'Angleterre, et pour laquelle se passionnait Paul Ier.

Les plénipotentiaires convinrent que le pavillon couvrait la marchandise, et que les objets de contrebande ne s'entendraient que des munitions de guerre nominativement spécifiées ; que la visite d'un bâtiment neutre pour vérifier son pavillon et sa cargaison ne pourrait avoir lieu que hors de la portée de canon du bâtiment de guerre visitant, et d'après des formes réglées, de manière à éviter toute violence ou vexation ; que la représentation du certificat suffirait pour justifier du pavillon ; qu'un bâtiment porteur de contrebande n'encourrait point la confiscation des autres marchandises; qu'aucun bâtiment convoyé ne serait sujet à la visite; que le droit de blocus ne s'appliquerait qu'aux places réellement bloquées; que les propriétés ennemies seraient couvertes par le pavillon neutre; que les marchandises neutres trouvées à bord des bâtimens ennemis suivraient le sort de ces bâtimens; que les vaisseaux et corsaires des deux nations seraient traités, dans leurs ports respectifs, comme ceux de la nation la plus favorisée. Ces principes furent consacrés par un traité que signèrent les plénipotentiaires des deux puissances, le 8 vendémiaire an ix (30 septembre 1800).

Le 11, Joseph Bonaparte donna à Morfontaine une fête aux envoyés américains. Le premier Consul y assista avec sa famille, ses deux collègues, les ministres, les membres du corps diplomatique, les présidens, les principaux membres des premières autorités, différentes personnes employées autrefois aux Etats-Unis sous divers titres, et, entre autres, le général Lafayette. Des emblèmes et des inscriptions rappelaient les principaux événemens de la guerre de l'indépendance américaine. Un dîner de cent quatre-vingts couverts fut servi dans trois salles portant le nom de l'*Union*, de *Franklin*, de *Washington*, où l'on voyait les bustes de ces grands citoyens. On y porta des toasts : Le premier Consul : « Aux mânes des Français et des Américains morts sur le champ de bataille pour l'indépendance du nouveau monde » !

Le second Consul : « Au successeur de Washington »!
Le troisième Consul : « A l'union de l'Amérique avec les puissances du Nord, pour faire respecter la liberté des mers »! Après le dîner, on tira un feu d'artifice sur l'eau en face du château. Il représentait l'union de la France et des Etats-Unis. Au moment de l'explosion, de petits bâtimens, avec pavillon américain, partirent à la lueur des artifices qui éclairaient des allégories, et firent voile entre les bords illuminés de la rivière, vers un obélisque où la France et les Etats-Unis se juraient une éternelle alliance. Il y eut concert, spectacle, et l'on chanta des couplets analogues à la circonstance.

Le 12, les ministres américains eurent leur audience de congé du premier Consul. Ils lui exprimèrent l'espérance que le traité serait la base d'une amitié durable entre les deux états. Le premier Consul répondit que les différends qui avaient existé étaient terminés; qu'il n'en devait pas plus rester de traces que de démêlés de famille; que les principes libéraux consacrés dans le traité sur la navigation, devaient être la base du rapprochement des deux Républiques, comme ils l'étaient de leurs intérêts ; et que, dans les circonstances, il devenait plus important que jamais pour les deux nations d'y adhérer. Le traité fut ratifié par le président des Etats-Unis, le 29 pluviose (18 février), sauf l'article qui laissait à statuer sur le maintien des traités et les indemnités réclamées par les Etats-Unis. Le premier Consul ne le ratifia que le 16 thermidor, avec la clause que l'exclusion, par le président de la réserve faite par l'article 2 du traité, annulait toute réclamation d'indemnité.

A cette époque où toute l'action du gouvernement de la République, à l'intérieur comme à l'extérieur, était exercée par le premier Consul, Carnot quitta le ministère de la guerre. Pendant la campagne de l'an VIII, les jacobins s'étaient proposés de le mettre à la tête du gouvernement, si le premier Consul eût succombé par un complot ou sur le champ de bataille. C'était l'homme que, dans leurs conciliabules, ils ne cessaient de mettre en avant. Il est vrai que, fidèle à la République, il n'approuvait pas la marche du premier Consul vers le système monarchique. Il ne pouvait donc pas y avoir de sympathie entre eux. Mais ce fut Carnot qui, sans ambition et persuadé que son opposition serait inutile, et lui rendrait désagréable l'exercice de fonctions qu'il regardait comme un fardeau, résolut de se retirer. Dès la fin de l'an VIII, il avait donné sa démission. Elle ne fut point acceptée. Bonaparte lui répondit :

« Les Consuls désirent que vous continuiez les fonctions que vous exercez depuis six mois avec autant de zèle que d'utilité pour la patrie. Vous avez amélioré l'administration de la guerre; mais il reste encore à faire de plus grandes améliorations: il faut que votre ministère, lorsque vous le quitterez, ait tracé une marche d'économie et d'ordre dont l'influence se fasse long-temps sentir. Des indispositions passagères ne peuvent pas être suffisantes pour vous empêcher d'achever votre ouvrage. Dans toutes les carrières, la gloire n'est qu'au bout. Salut affectueux. »[1]

Carnot resta au ministère, mais pour peu de temps. Dans les premiers jours de l'an IX, les jacobins, qui n'avaient cessé de s'agiter, méditaient un complot contre le premier Consul. Il avait reçu des révélations sur le projet de Cerrachi, Demerville et autres. On assure que, dans un conseil où Carnot n'avait pas été convoqué, il fut l'objet de soupçons et de reproches, et qu'on parla de lui retirer son portefeuille. Instruit de ces dispositions, il jugea devoir lui-même s'éloigner des affaires et du foyer des intrigues. Il écrivit donc aux Consuls, le 16 vendémiaire, cette lettre laconique : « Citoyens Consuls, je vous donne de nouveau ma démission ; veuillez bien ne plus différer à l'accepter ». Sans attendre la réponse, il quitta l'hôtel du ministère, et se retira loin de Paris, dans le sein de sa famille. Sa démission fut acceptée ; le secrétaire d'état lui en donna avis par la lettre suivante : « J'ai l'honneur, mon cher compatriote, de vous envoyer officiellement une lettre que vous recevrez avec joie (l'acceptation de sa démission). Il n'est point en moi d'éprouver ce sentiment. Les fonctions de votre place me rapprochaient souvent de vous ; l'obsession de mes devoirs me laissera peu de momens à donner à l'amitié ; mais si je suis

[1] Lettre du 14 fructidor.

privé du plaisir de vous voir autant que je le désirerais, je n'oublierai point pour cela tant de témoignages de bienveillance que j'ai reçus de vous pendant l'exercice de vos fonctions. Recevez, mon cher compatriote, les assurances de mon tendre dévoûment. »

Le conseiller d'état Lacuée fut chargé du portefeuille de la guerre, en attendant que Berthier fût revenu d'Espagne pour le reprendre.

Le jugement que portent sur Carnot les mémoires de Sainte-Hélène s'accorde peu avec les témoignages d'estime que lui donna le gouvernement consulaire. C'était, y dit-on, un homme laborieux et sincère, mais sujet à l'influence des intrigues, et facile à se laisser tromper. Il avait dirigé les opérations militaires, sans avoir mérité les éloges qu'on lui avait donnés, parce qu'il n'avait ni l'expérience ni l'habitude de la guerre. Il montra peu de talent au ministère, et eut beaucoup de querelles avec le ministre des finances, et le directeur du trésor. Il se retira, persuadé qu'il ne pouvait plus aller, faute d'argent.[1]

S'il fut un ministère où le premier Consul n'eût pas besoin d'un premier talent et où il lui fût difficile de supporter un caractère indépendant, c'était sans doute le ministère de la guerre. De son côté, Carnot n'aurait pas facilement consenti à n'être qu'un premier commis.

Quand les secousses longues et violentes qui ont ébranlé un état sont apaisées, il en reste long-temps

---

[1] Las Cases, t. IV, p. 173; O'Méara, t. I, p. 192.

encore quelque trace. Alors il ressemble à la mer que vient de bouleverser la tempête; il y a encore de l'agitation au fond des eaux, lorsque le calme règne à leur surface. Ainsi, tandis que le gouvernement consulaire s'élevait avec toute l'apparence de la solidité et de la force, appuyé sur le vœu national, et que les partis semblaient vaincus ou résignés, ils s'agitaient toujours dans l'ombre. A peine avait-il publié les pièces de la conspiration anglaise ou royaliste, que le bruit se répandit qu'on avait découvert un nouveau complot des anarchistes pour assassiner le premier Consul. D'après les premiers détails portés à la connaissance du public, un nommé Demerville avait distribué de l'argent, et quelques scélérats bien connus fréquentaient sa maison. On avait su, le 17 vendémiaire, que onze d'entre eux devaient se jeter sur le premier Consul, à sa sortie de l'Opéra. Ces individus étaient connus; la police avait pris ses mesures. Le 18, elle en arrêta deux à ce théâtre. Le sculpteur Cerracchi en était un; ils étaient armés de coutelas. Demerville et plusieurs autres furent arrêtés la nuit suivante; ils firent des aveux. C'étaient, pour la plupart, des hommes accoutumés au crime, par les massacres de septembre et ceux de Versailles [1].

La police ordonna aux Italiens réfugiés qui étaient à Paris de se rendre de suite dans le département de l'Ain, conformément à un arrêté du gouvernement du 14 floréal an VIII.

[1] Moniteur du 23 vendémiaire an IX.

Les membres du tribunat vinrent au palais du gouvernement, et, par l'organe de leur président, Crassous de l'Hérault, exprimèrent au premier Consul leur indignation au sujet du complot dirigé contre sa personne, et le conjurèrent d'en faire poursuivre les auteurs avec toute la solennité et toute la rigueur des lois. Le premier Consul répondit : « Je remercie le tribunat de cette preuve d'affection. Je n'ai point réellement couru de dangers. Les sept ou huit malheureux, pour avoir la volonté, n'avaient pas le pouvoir de commettre les crimes qu'ils méditaient. Indépendamment de l'assistance de tous les citoyens qui étaient au spectacle, j'avais avec moi un piquet de cette brave garde. Les misérables n'auraient pu supporter ses regards. La police avait pris des mesures plus efficaces encore. J'entre dans tous ces détails, parce qu'il est peut-être nécessaire que la France sache que la vie de son premier magistrat n'est exposée dans aucune circonstance. Tant qu'il sera investi de la confiance de la nation, il saura remplir la tâche qui lui a été imposée. Si jamais il était dans sa destinée de perdre cette confiance, il ne mettrait plus de prix à une vie qui n'inspirerait plus d'intérêt aux Français. »

Le 25, la grande parade avait encore attiré un plus grand nombre de spectateurs qu'à l'ordinaire. Le premier Consul n'était pas sorti depuis quelques jours. Quand il parut, les troupes et les citoyens firent entendre des acclamations unanimes et spontanées. Le préfet de la Seine vint avec les douze maires et les adjoints de Paris le féliciter. Il s'entretint long-temps avec les maires. On recueillit de sa conversation ces paroles : « Le gouvernement mérite l'affection du peuple de Paris. Il est vrai de dire que votre cité est responsable à la France entière de la sûreté du premier magistrat de la République. Je dois déclarer que, dans aucun temps, cette immense commune n'a montré plus d'attachement à son gouvernement; jamais il n'y eut moins besoin de troupes de ligne, même pour y maintenir la police. Ma confiance particulière dans toutes les classes du peuple de la capitale n'a point de bornes ; si j'étais absent, si j'éprouvais le besoin d'un asile, c'est au milieu de Paris que je viendrais le chercher. Je me suis fait remettre sous les yeux tout ce que l'on a pu trouver sur les événemens les plus désastreux qui ont eu lieu à Paris dans ces dix dernières années; je dois déclarer, pour la décharge du peuple de cette ville aux yeux des nations et des siècles à venir, que le nombre des méchans citoyens a toujours été extrêmement petit. Sur quatre cents, je me suis assuré que plus des deux tiers étaient étrangers à la capitale, soixante ou quatre-vingts ont seuls survécu à la révolution. Vos fonctions vous appellent à communiquer tous les jours avec un grand nombre de citoyens. Dites-leur que gouverner la France après dix années d'événemens aussi extraordinaires, est une tâche difficile. La pensée de travailler pour le meilleur et le plus puissant peuple de la terre a besoin elle-même d'être asssociée au tableau du bouheur des familles, de l'amélioration de la morale publique et des progrès de l'industrie. je dirais même aux témoignages de l'affection et du contentement de la nation. »

Bigot Préameneu, en s'entretenant avec le premier Consul de ce qui faisait le sujet de toutes les conversations, exprimait les regrets du tribunal de cassation de ne s'être pas présenté pour lui témoigner ses sentimens, ajoutant que comme il serait possible que les coupables fussent poursuivis, et que cette affaire vînt au tribunal, il voulait rester impassible, du moins autant qu'il le pourrait. Le premier Consul répondit : « Plût au ciel que depuis dix ans nos tribunaux eussent toujours eu ces principes : que de victimes de moins...!!! »

Ceux des envoyés des départemens qui se trouvaient encore à Paris se réunirent, et vinrent dire au premier Consul qu'en s'approchant du gouvernement, ils avaient acquis la conviction intime que les travaux immenses auxquels il se livrait depuis long-temps, avaient pour but la gloire et la prospérité de la France; que le danger qu'avait couru le premier Consul, leur avait fait apercevoir les grandes calamités qui en auraient été la suite; qu'ils l'invitaient, comme premier Consul, au nom du peuple français, à veiller sur les jours du général Bonaparte, et à faire rejeter loin de lui les hommes pervers que l'impunité avait familiarisés avec tous les genres de crimes. On verra bientôt que ce dernier conseil ne fut pas perdu.

Aréna, un des individus arrêtés, écrivit au premier Consul pour se justifier ; il terminait ainsi sa lettre : « Je ne demande d'autre juge que vous ; permettez que je vous voie ; vous prononcerez si je suis un conjuré. On conspire depuis un an ; tous les partis s'en mêlent ; tout le monde le dit dans les rues et dans les salons, et vous seul, ou vous l'ignoriez, ou vous avez méprisé les avis qu'on vous a donnés. C'est au point qu'aucun homme de bon sens ne croyait plus à ces bavardages. Bien des gens se tenaient prêts pour profiter d'un mouvement, sans savoir qui le ferait. Je vous avoue que je n'y ai jamais cru. Je pourrais vous dire sur cela beaucoup de choses en général ; mais que j'aie pris part à aucun plan, je vous avoue que cela n'est pas. »

Dans son rapport, le ministre de la police rattachait ce complot à l'affaire dite du *comité anglais*. Cependant ce n'était qu'une conjecture. Il supposait que les hommes arrêtés n'étaient que des instrumens, des gens obscurs qui s'agitaient sous la poussière ; la tête qui les dirigeait se cachait dans les nuages. Sur sa proposition, le premier Consul renvoya l'affaire au ministre de la justice pour faire exécuter les lois de la République, à l'égard des individus dénommés dans le rapport, et de leurs fauteurs et complices.

Des adresses des magistrats et des citoyens arrivèrent de toutes les parties de la France, demandant punition exemplaire du crime, et des précautions sévères pour l'avenir. « Elles sont surtout remarquables, dit le Moniteur du 11 brumaire qui en donnait l'analyse, en ce qu'elles ont été spontanées, et qu'elles ont le caractère du républicanisme et le sentiment de la vraie liberté. »

Outre Cerracchi, Aréna et Demerville, la police arrêta Diana, Topino-Lebrun, Daiteg, Lavigne et la femme Fumey; ils furent compris dans la procédure. Cerracchi, né à Rome, élève et presque rival de Canova, était déjà célèbre par ses ouvrages de sculpture, lorsque la révolution, apportée par les Français dans sa patrie, lui avait fait négliger le ciseau pour la politique. Enthousiaste du général Bonaparte, il avait fait son buste en Italie. Forcé de quitter son pays après la malheureuse campagne de l'an VII, il était venu à Paris, et y avait ouvert une souscription pour une statue colossale de Bonaparte; mais depuis, Cerracchi voyait dans le premier Consul l'oppresseur de la République, et avait plusieurs fois manifesté sa haine contre lui. Sous une apparence frêle et peu imposante, cet homme cachait une âme ardente et capable des résolutions les plus extrêmes.

Diana était aussi un Romain réfugié, jeune, fanatique de la liberté, et doué, comme son ami Cerracchi, d'une âme ferme et d'un courage entreprenant.

Joseph Aréna, Corse, militaire, nommé adjudant général après le siége de Toulon, ex-député au conseil des Cinq-Cents dont il était sorti en l'an VI, haïssait tellement le premier Consul, qu'ayant été nommé, dit-on, chef de brigade de gendarmerie à l'expiration de ses fonctions législatives, il donna sa démission à la suite des événemens du 18 brumaire, pour ne pas servir le gouvernement consulaire. Il ne dissimulait point ses sentimens.

Demerville, ex-employé au comité du salut public de la Convention où il s'était lié avec Barrère, était demeuré son ami dans ses malheurs et le voyait encore souvent, quoiqu'ils n'eussent plus les mêmes vues ni les mêmes intérêts politiques, car Barrère était alors chargé de la partie politique des journaux écrits sous l'influence du gouvernement; et Demerville était lié avec des mécontens.

Topino-Lebrun, Marseillais, peintre, élève de David, ex-juré au tribunal révolutionnaire, était un républicain exalté.

C'était Harel, capitaine à la suite de la 45ᵉ demi-brigade, et lié avec Demerville, qui avait dénoncé les accusés à la police, comme tramant l'assassinat du premier Consul et le renversement du gouvernement consulaire. Il fut autorisé à continuer ses relations avec eux pour rendre compte de leurs projets. D'après ses révélations, ils avaient résolu d'assassiner le premier Consul le 18 vendémiaire, à l'Opéra, à la première représentation des *Horaces*. Jusque-là, il n'y avait contre les accusés que le témoignage d'Harel. Mais le 18 vendémiaire, vers deux heures, Barrère vint, avec son cousin d'Instrem, chez Demerville qui était indisposé, pour avoir de ses nouvelles et savoir si on n'avait pas apporté chez lui des billets d'opéra qu'on lui avait promis : « Est-ce que vous allez à l'Opéra ? lui dit Demerville. — C'est le spectacle où je vais habituellement. — Je vous engage à ne pas y aller ; je vous le conseille ; j'ai entendu dire qu'il pourrait bien y avoir du trouble, de l'agitation, et qu'on pourrait bien cerner le spectacle. — Il n'y a que des Anglais ou leurs partisans qui puissent agiter Paris ». Barrère sortit avec son cousin, lui fit part des inquiétudes que lui causaient le conseil de Demerville et son air oppressé, et se décida à aller s'en ouvrir au général Lannes, commandant la garde consulaire, qui fit doubler l'escorte du premier Consul et se rendit à l'Opéra.

La police avait, de son côté, pris ses mesures ; elle arrêta, dans la salle de l'Opéra, Diana et Cerracchi. Les autres accusés furent saisis ensuite chez eux ou dans les maisons où ils furent trouvés. Il n'y avait à leur charge que les révélations de Harel, agent de police, et la déclaration de Barrère au général Lannes. Il n'était pas douteux que les accusés ne fussent ennemis du premier Consul, qu'ils n'eussent tenu des propos et fait des menaces ; il y avait eu des achats d'armes, quelque argent donné, mais il y avait encore loin de là à un complot, et surtout à une résolution décidée de l'exécuter. Cerracchi et Diana, désignés comme devant frapper le premier Consul, furent trouvés sans armes lors de leur arrestation ; la police ne découvrit dans la salle aucun des autres conjurés qui devaient s'y être rendus ; mais interrogés à la préfecture de police,

Demerville et Cerracchi avouèrent le complot, et en signalèrent Aréna comme le chef. L'explosion de la machine infernale ayant eu lieu le 3 nivose, on l'imputa aux terroristes; une clameur générale s'éleva contre eux. En apprenant cet événement dans sa prison, Aréna s'écria : « *Voilà notre arrêt de mort !* »

C'est dans cet état que les débats s'ouvrirent devant le tribunal criminel. Les accusés Cerracchi et Demerville commencèrent par rétracter les aveux faits par eux à la préfecture de police, prétendant qu'ils leur avaient été arrachés par séduction et violence. Ils récusèrent la déposition de Harel comme indigne de foi, à cause de ses relations avec la police. Suivant eux, la déposition de Barrère ne prouvait rien [1]. Il n'y avait donc point de complot. Tel fut leur système de défense. Cependant le jury déclara qu'il était constant qu'il avait existé, dans le mois de vendémiaire, un complot tendant au meurtre du premier Consul; que les accusés Demerville, Cerracchi, Aréna et Topino-Lebrun étaient convaincus d'avoir pris part à ce complot, dans l'intention d'en faciliter l'exécution, et que les accusés Diana, Daiteg, Lavigne et la femme Fumey n'étaient pas convaincus d'y avoir pris part.

Les défenseurs des quatre accusés déclarés cou-

---

[1] Demerville se borna à dire à l'audience : « Je n'ai rien à répondre, si ce n'est qu'il plaît au citoyen Barrère d'interpréter des choses innocentes, car il est très pusillanime. »

pables plaidèrent, avant l'application de la peine, qu'un complot tendant *au meurtre du premier Consul* n'était pas qualifié crime par le code pénal; qu'on ne pouvait pas par conséquent lui appliquer la peine de mort infligée aux *conspirations et complots contre la République.*

Le tribunal, attendu que le complot déclaré constant par le jury, tendait à troubler la République par une guerre civile, en armant les citoyens les uns contre les autres, et contre l'exercice de l'autorité légitime, condamna à mort Demerville, Cerracchi, Aréna et Topino-Lebrun. Ils se pourvurent en cassation. Leur pourvoi fut rejeté. Demerville déclara, tant pour lui que pour ses co-condamnés, qu'il ferait des révélations, si l'on commuait leur peine en une déportation. Le préfet de police lui offrit de recevoir ses révélations, de les mettre sous les yeux du gouvernement et de surseoir à l'exécution. Demerville persista dans ses conditions; elles ne furent point acceptées. Ils furent exécutés le 11 pluviose, et montèrent à l'échafaud avec beaucoup de courage.

Les jacobins virent en eux des martyrs; des républicains trouvèrent que l'accusation n'était pas suffisamment prouvée pour motiver un jugement aussi sévère. « Pour avoir des preuves, dit le premier Consul, faut-il attendre que j'aie le poignard dans le cœur! »

Implacable envers les jacobins, le gouvernement consulaire traita les émigrés avec plus de clémence que ne s'y attendaient les hommes de la révolution. Dans le discours prononcé, le 1ᵉʳ vendémiaire, par Andrieux président du tribunat, se trouvèrent ainsi exprimés l'opinion et le vœu des républicains relativement à l'émigration. « La liste qui, toujours ouverte, tenait la France entière dans les alarmes, et comme en état d'interdit civil, a été fermée; quant aux radiations, le gouvernement a pu être trompé par la corruption et l'intrigue; mais il a pris des mesures pour ne plus l'être. Il ne se laissera pas surprendre par les insinuations perfides des ennemis de la patrie. Il fera sans doute justice à ceux que l'erreur ou quelque passion malfaisante a pu inscrire sur la liste fatale; mais il ne souffrira pas que des bandes d'émigrés rentrés, au mépris d'un article constitutionnel, fatiguent de leur présence les guerriers qui les ont tant de fois vaincus, ni qu'ils conspirent, au milieu de la France, la perte des républicains et la ruine de la République. »

Le travail relatif aux émigrés, ordonné, fait et refait en l'an VIII, parut enfin. D'après un rapport du ministre de la police, la liste générale imprimée contenait cent quarante-cinq mille inscriptions; il y avait un supplément non imprimé; il s'y trouvait beaucoup de répétitions. Il avait été rayé définitivement par l'Assemblée-Législative, la Convention nationale et le Corps-Législatif, un grand nombre d'individus : par le Directoire treize mille, et par le gouvernement consulaire environ mille deux cents. Les administrations centrales avaient rayé provisoirement un grand nombre d'inscrits. Beaucoup avaient été préjugés innocens par la commission établie en vertu de l'arrêté des Consuls du 7 ventose an VIII. Le ministre divisait les inscriptions restantes en deux classes. La première comprenait les inscriptions collectives ou en masse, non valables, parce que le délit de l'émigration ne pouvait être appliqué qu'individuellement; les inscriptions concernant des artisans, des cultivateurs, qu'on ne pouvait regarder comme de véritables émigrés; celles de femmes et d'enfans en puissance de maris ou de parens, d'ecclésiastiques condamnés à la déportation, de Français présens à Malte lors de la capitulation. La seconde classe concernait les hommes qui avaient des préjugés de naissance et des titres à défendre; d'autres qui avaient porté les armes contre la patrie, continué à faire partie de la maison civile ou militaire des ci-devant princes français ou servi des puissances étrangères; d'autres qui n'avaient point réclamé dans les délais prescrits.

Un arrêté des Consuls, du 28 vendémiaire, statua que tous les émigrés de la première classe seraient éliminés de la liste, et que ceux de la seconde y seraient maintenus. Le travail de l'élimination devait être fait en triple par le ministre de la police, par celui de la justice et par le conseil d'état, et ensuite confronté. Les individus rayés ou à rayer étaient tenus de faire la promesse de fidélité à la constitution, d'après laquelle serait levé le séquestre apposé sur leurs biens. Ils restaient en surveillance pendant la durée de la guerre, et un an après la paix générale.

Cette mesure trouva de l'opposition dans le conseil d'état; le Consul Cambacérès lui-même ne lui était pas favorable. Sans contredit monarchique, il n'était pas contre-révolutionnaire, et il craignait que la rentrée des émigrés n'ébranlât la révolution. « Vous n'avez dans ce moment, dit-il aux plus chauds défenseurs de l'arrêté, d'autre but que de faire rentrer chacun quinze ou vingt émigrés; mais quand ils seront ici, vous verrez ce qui en arrivera; vous n'en serez plus maîtres ». Il dit même au premier Consul : « L'existence du gouvernement sera toujours précaire, tant qu'il ne s'appuiera pas sur quelques centaines de familles de la révolution réunissant de la fortune, des places, de la considération pour contre-balancer l'émigration ». Au lieu de fortifier la révolution par des institutions empreintes de ses principes, Cambacérès voulait tout simplement opposer une noblesse révolutionnaire à celle de l'ancienne monarchie.

L'arrêté fut adopté. Dès-lors l'élimination des émigrés devint pour les faiseurs d'affaire une grande industrie, et pour les hauts fonctionnaires de la République l'occasion flatteuse d'exercer un grand patronage. Tout le monde se mit avec ardeur à l'ouvrage. Des hommes qui avaient concouru aux lois sur l'émigration, firent comme le chien de la fable : ne pouvant plus ou ne voulant plus les défendre, ils aidèrent à les renverser, et voulurent avoir du moins leur part du mérite que se faisait le gouvernement de réintégrer des Français dans leur patrie.

Les émigrés du plus haut parage, leurs femmes, leurs enfans assiégeaient les hommes de la révolution d'instances et de suppliques pleines de repentir, de protestations de dévoûment et de reconnaissance éternelle. Les émigrés de la seconde classe faisaient tous leurs efforts pour se placer dans la première. On n'avait pas les contrôles des diverses catégories dont se composait cette deuxième classe. Sur des certificats payés, arrachés à la pitié ou à la faiblesse, et surtout à l'aide du vent propice qui soufflait en faveur de l'émigration, des soldats de l'armée de Condé se faisaient rayer comme cultivateurs. La distinction en deux classes devenait illusoire. Le premier Consul lui-même n'en tenait aucun compte. Il fit envoyer un passeport et écrire par Fouché au duc de Richelieu, qui avait commandé en 1794 un corps d'émigrés à la solde de l'Angleterre, et qui était au service de la Russie : « Qu'un Richelieu ne saurait être émigré; que la patrie le verrait avec satisfaction et orgueil au rang de ses citoyens, et qu'il pouvait rentrer en France avec l'assurance d'y jouir de la considération due à son nom ». Il revint. Excepté les plus grosses têtes de l'émigration qui restaient auprès des Bourbons ou à la solde de l'étranger, tous les émigrés accouraient donc à l'envi se ranger sous les lois du gouvernement consulaire.

Une circonstance particulière vint encore favoriser ce mouvement. Depuis le traité de Lunéville, l'Autriche avait abandonné à son mauvais sort le corps des émigrés de Condé, qu'elle avait eu à sa solde et qui avait pris ses quartiers d'hiver en Carinthie. Il passa à la solde de l'Angleterre. Le prince de Condé réclama du ministre Wickham une destination pour ses compagnons d'armes. Il répondit qu'il n'était autorisé à donner aucune communication sur la destination ultérieure du corps de Condé; mais que, d'après les circonstances actuelles, il devait s'embarquer pour servir dans les expéditions sur la Méditerranée, et probablement en Égypte; que du reste il serait sous les ordres du général Abercromby, commandant en chef de toutes les troupes anglaises dans la Méditerranée, qui emploierait ce corps d'après ses vues et suivant que le plan de ses opérations et les circonstances l'exigeraient; que les émigrés qui refuseraient ce service ne pourraient prétendre à la gratification fixée; que si le corps, en arrivant à sa destination, se trouvait plus faible qu'on ne l'avait espéré, alors le roi d'Angleterre ne serait plus guère en état de lui accorder à l'avenir, ainsi qu'aux personnes qui le composaient, la protection dont ils avaient joui jusqu'à présent.[1]

Le prince de Condé fit mettre cette réponse à l'ordre de son corps. Indignés de l'humiliante protection et de la déloyauté d'un gouvernement qui les avait excités contre leur patrie, les émigrés se séparèrent spontanément. La plupart tournèrent

---

[1] Lettre de Wickham, du 10 février 1801.

leurs regards vers la France, et n'implorèrent pas en vain la générosité du premier Consul.

L'arrêté du 28 vendémiaire leur avait ouvert une large voie; ils la trouvaient encore trop étroite; ils s'impatientaient de la lenteur des radiations, passaient par-dessus toutes les formalités et renversaient toutes les barrières. Le gouvernement, de son côté, quoique très disposé à les accueillir, trouva contraire à sa dignité qu'on lui forçât la main; et voulant calmer surtout les hommes de la révolution que cette irruption effrayait, il paraissait de temps en temps vouloir y mettre un frein. Le ministre de la police faisait donc arrêter et conduire au-delà des frontières quelques-uns des émigrés qui rentraient sans autorisation; on donnait une grande publicité à ces actes de rigueur. On publiait aussi des traits scandaleux propres à flétrir les émigrés et les actes de violence qu'ils commettaient envers les acquéreurs de leurs biens.

Le remplacement de Lucien Bonaparte au ministère de l'intérieur fit beaucoup de sensation; plusieurs causes importantes y concoururent. Fier des services qu'il avait rendus à son frère dans la journée du 19 brumaire, et s'attribuant l'élévation du premier Consul, il s'était attendu à jouer un rôle moins subordonné dans le gouvernement, et à partager, pour ainsi dire, le pouvoir suprême. Un ministère ne suffisait pas à son activité et à son ambition. Il supportait avec peine que le premier Consul ne le consultât pas sur les affaires les plus secrètes, ne lui témoignât pas une confiance absolue, et en montrât davantage à des personnes qui ne l'avaient pas servi avec autant de zèle et de succès. Des rivalités, des jalousies de famille s'étaient manifestées dans l'intérieur du palais : on le disait divisé en deux partis, celui des Beauharnais et celui des Bonaparte. A la tête de ce dernier était Lucien. Fouché faisait cause commune avec madame Bonaparte. Ces deux ministres, également ambitieux d'influence et rivaux de pouvoir, travaillaient à se renverser. Lucien, fort de son titre de frère du premier Consul, et de ce qu'il appelait ses droits, entraîné par l'ardeur de la jeunesse, se livrait sans mesure à toute l'impétuosité de son caractère, et avait, avec le premier Consul, des explications faites pour le refroidir et l'irriter. Fouché, plus habile, plus mesuré, épiait en secret son adversaire, et profitait adroitement pour lui nuire des occasions que lui-même fournissait.

Au milieu du grand éclat que Lucien semblait vouloir donner au ministère de l'intérieur, surtout en se faisant le Mécène des arts et des sciences, la police découvrait dans ce département certaines spéculations, et y dévoilait des influences peu honorables. Les rapports de Fouché indisposaient de plus en plus le premier Consul, qui avait fait tous ses efforts pour rappeler la probité dans l'administration, et qui mettait sa gloire à l'y maintenir.

Tout-à-coup parut un écrit ayant pour titre *Parallèle de César, Cromwell et Bonaparte* : on y comparait le premier Consul à Charlemagne, on y préconnaissait les principes de la monarchie. Il fut expédié sous le cachet du ministère de l'intérieur dans les départemens et répandu avec profusion. On crut voir du rapport entre cet écrit et le but pour lequel on supposait qu'avaient été appelés à Paris les envoyés des départemens.

Lucien l'avait-il concerté avec le premier Consul, ou l'avait-il à son insu lancé dans le public? C'est un point qui nous paraît encore enveloppé de mystère. Quoi qu'il en soit, Fouché profita avec empressement de l'occasion, fit saisir ce qu'il put encore trouver de l'édition, et représenta au premier Consul que cette démarche intempestive augmentait l'irritation de beaucoup de citoyens et de militaires qui tenaient encore à la République. Le premier Consul donna l'ordre d'arrêter la circulation de l'écrit, et de répandre qu'il était l'œuvre d'une intrigue coupable. Il y eut à ce sujet des explications très orageuses entre les deux frères. Elles amenèrent la retraite de Lucien du ministère de l'intérieur, soit que sa fierté blessée ne lui permit pas de le conserver, soit que le premier Consul ne fût pas fâché de trouver l'occasion d'éloigner un ambitieux difficile à satisfaire, et qu'il voulût donner pour le moment une sorte de satisfaction à l'opinion républicaine. La retraite de Lucien ou sa disgrâce fut couverte par une ambassade à Madrid, qui eut pour but de porter le roi d'Espagne à la guerre contre le Portugal, et fut regardée comme un triomphe pour le parti Beauharnais et pour Fouché.

Souvent la disgrâce d'un personnage important à la cour ou dans l'état servit de prétexte aux hommes mécontens du gouvernement pour l'accuser, et pour plaindre comme une victime l'individu disgracié. Ils firent ainsi de Lucien un héros républicain qui, pour avoir défendu les libertés nationales contre l'ambition démesurée du premier Consul, avait encouru sa défaveur et sa colère. Et c'était ce même Lucien qui, après le 18 brumaire, s'était montré si peu jaloux de garantir ces libertés, et qui venait de lancer dans le public un écrit ayant pour but de les sacrifier à l'intérêt de sa famille! Lucien, à la vérité, ne l'avoua pas hautement; mais l'écrit était parti du ministère de l'intérieur pour aller inonder toute la France. Lucien en fut donc généralement regardé comme l'auteur, et ne le désavoua pas.[1]

Il importe d'autant plus de bien fixer les faits qui amenèrent ce commencement de brouillerie entre les deux frères, que, lorsque dans la suite, elle conduisit à une rupture, on s'obstina encore, contre l'évidence, à l'attribuer aux principes libéraux de Lucien, et à représenter, dans toute l'Europe, le *prince romain de Canino* comme un républicain qui avait eu en horreur le titre de *prince français*.

Le conseiller d'état Chaptal, d'abord chargé par

---

[1] Lucien, ministre de l'intérieur, qui connaissait parfaitement les projets de son frère, fit publier une brochure destinée à préparer les

intérim, pendant l'absence de Lucien, du portefeuille de l'intérieur, fut ensuite nommé à ce ministère.

esprits à l'établissement d'une nouvelle dynastie. Cette publication était prématurée; elle fit un mauvais effet; Fouché s'en servit pour perdre Lucien. (Madame de Staël, *Dix ans a exil*, p. 23.)

CHAPITRE XIII.

Explosion de la machine infernale du 3 nivose. — Ce complot est imputé aux anarchistes. — Leur proscription. — Les agens royalistes en sont reconnus seuls coupables. — Leur arrestation et leur condamnation.

L'affaire Cerracchi, loin d'effrayer les anarchistes, les avait encore animés davantage; pendant l'instruction ils ne parlaient que de délivrer à force ouverte les accusés et d'en finir de manière ou d'autre avec le gouvernement consulaire. Un nommé Chevalier, employé sous le comité de salut public dans les ateliers de Meudon à imaginer des moyens de destruction calculés sur les effets extraordinaires de la poudre, conçut l'idée d'une machine dite *infernale*, destinée à faire périr le premier Consul. Il l'essaya, le 25 vendémiaire, dans une maison derrière la Salpêtrière. L'épreuve en parut satisfaisante aux conjurés. La police, en ayant été informée, se mit à la poursuite de Chevalier et l'arrêta le 17 brumaire. On saisit chez lui une machine et des provisions d'artifices. Il dit qu'elle avait été faite pour des armateurs de Bordeaux qu'il ne put désigner. Elle fut examinée en sa présence par le sénateur Monge. C'était un baril à poudre ordinaire, cerclé de fer aux deux extrémités et garni à l'extérieur de clous à grosses têtes appelés caboches. Il contenait huit livres de poudre et deux livres de scories de fourneaux de fer ou verreries cassées en petits fragmens. A ce baril était ajusté un bois de fusil de chasse; la place du canon était occupée par un morceau de bois portant une cannelure, dans laquelle était placée une mèche répondant d'un bout à la batterie, et de l'autre à l'intérieur du baril. Il résulta de l'examen que la machine ne paraissait pas avoir été imaginée pour mettre à mort une personne déterminée, mais bien pour blesser et même pour tuer indistinctement une grande quantité de personnes réunies, comme par exemple, dans un cas d'abordage, et qu'en la considérant sous ce rapport, elle ne paraissait ni bonne ni d'un usage avantageux pour le service de la marine; que cependant elle pouvait être très meurtrière, si elle avait été introduite dans une voiture, ou autre lieu peu spacieux où plusieurs personnes se seraient trouvées réunies. Douze individus furent arrêtés comme complices de Chevalier. Ces arrestations n'empêchèrent point les anarchistes de continuer leurs réunions et leurs manœuvres. Les armistices ayant été dénoncés à l'Autriche, ils pensaient que le premier Consul irait aux armées, et disaient que, pendant son absence, ils frapperaient un grand coup. Les hostilités ayant recommencé, et le premier Consul ne partant pas, c'était sur sa personne qu'ils s'acharnaient. La police ne les perdait pas de vue; les arrestations se multipliaient.

Le 3 nivose, on donnait à l'Opéra l'*Oratorio*

d'Haydn; sur la proposition de madame Bonaparte, le premier Consul consentit à y aller. Le général Bessières et Lauriston, aide-de-camp de service, l'accompagnèrent dans sa voiture; madame Bonaparte le suivit à peu de distance, accompagnée de Rapp. Au milieu de la rue Saint-Nicaise, la voiture du premier Consul rencontra une petite charette et quelques hommes. Un grenadier de l'escorte, les prenant pour des porteurs d'eau, leur appliqua des coups de plat de sabre qui les écartèrent. Le cocher eut l'adresse d'éviter la charrette, quoiqu'il allât très vite. Le premier Consul passa, et une explosion terrible se fit entre sa voiture et celle de madame Bonaparte; les glaces furent brisées; Hortense Beauharnais fut légèrement blessée à la main; le dernier homme de l'escorte eut son cheval atteint. Le premier Consul arriva sain et sauf à l'Opéra, ainsi que les personnes qui l'accompagnaient. L'*Oratorio* venait de commencer; l'explosion s'était fait entendre dans la salle. Le premier Consul entra dans sa loge; tous les regards s'y portèrent. On y aperçut du mouvement et des figures frappées d'effroi. Pour lui, il était calme et lorgnait les spectateurs. Fouché était à côté de lui. « Joséphine »......! dit-il à Rapp dès qu'il l'aperçut. Elle entrait à l'instant même, il n'acheva pas sa question. « Ces coquins-là, ajouta-t-il avec le plus grand sang-froid, ont voulu me faire sauter. Faites-moi apporter un imprimé de l'*Oratorio* ». La nouvelle de l'événement s'étant bientôt répandue dans toute la salle, le public fut rassuré par l'attitude du premier Consul, et lui donna des marques du plus vif intérêt. Le spectacle continua.

De retour aux Tuileries, le premier Consul s'entretint tranquillement de ce qui serait arrivé s'il eût péri. Quelques personnes prétendirent que Moreau l'aurait remplacé, le premier Consul dit que c'eût été Bernadotte : « Comme Antoine, dit-il, il aurait présenté au peuple la robe ensanglantée de César. »[1]

Le lendemain, en rapportant cet événement, le Moniteur publia une série de rapports de la préfecture de police sur les complots des anarchistes, qu'on appelait enragés, septembriseurs, et notamment sur la machine infernale de Chevalier. Il n'en fallut pas davantage pour former l'opinion et pour exciter l'indignation du public contre eux. L'attentat du 3 nivose leur fut donc généralement attribué. Les soupçons du premier Consul s'étaient d'abord portés sur eux. Toutes les apparences les accusaient.

Le conseil d'état se rendit le premier auprès de Bonaparte; il était avec les ministres de l'intérieur et de la police. Boulay porta la parole, exprima toute l'indignation de ses collègues, et termina par ces mots : « Il est temps enfin de satisfaire au vœu national, et de prendre toutes les mesures nécessaires au maintien de l'ordre public ». Après quelques mots de remerciment, le premier Consul entra en conversation avec les conseillers d'état. Le ministre de la police avait rejeté l'attentat sur les royalistes

---

[1] *Dix ans d'exil*, par madame de Staël. p. 26.

et l'Angleterre : « Il n'y a là-dedans, dit le premier Consul, ni nobles, ni chouans, ni prêtres. Ce sont des septembriseurs, des scélérats couverts de crimes, qui sont en conspiration permanente, en révolte ouverte, en bataillon carré contre tous les gouvernemens qui se sont succédés. Ce sont des artisans renforcés, des peintres[1], des hommes qui ont l'imagination ardente, un peu plus d'instruction que le peuple, qui vivent avec lui et ont de l'influence sur lui. Ce sont les instrumens de septembre, de Versailles, du 31 mai, de prairial, de Grenelle, de tous les attentats commis contre les chefs de tous les gouvernemens. Il faut absolument trouver un moyen d'en faire prompte justice. »

Presque tous les conseillers d'état abondaient dans le sens du premier Consul, et attaquaient assez ouvertement Fouché. Pendant ce temps-là, il était à part, seul, pâle, défait, entendant tout, ne répondant rien autre chose sinon qu'il ne voulait pas compromettre la sûreté de l'état, qu'il parlerait quand il en serait temps, et que rirait bien qui rirait le dernier.

Les autres grands corps de l'état et les autorités de Paris vinrent exprimer les mêmes sentimens que le conseil d'état. Le sénat et le tribunat, persuadés que la législation n'était pas telle qu'il le faudrait pour prévenir ces sortes de crimes, ou pour les punir avec la célérité nécessaire, demandèrent que le

---

[1] Allusion au complot Cerracchi, Diana, etc.

gouvernement prit les mesures les plus efficaces pour que la chose publique ne fût plus exposée à de pareils dangers. Le premier Consul répondit au Corps-Législatif qu'il était extrêmement sensible à sa démarche; qu'il la regardait comme une preuve de l'harmonie qui régnait entre cette autorité et le gouvernement, et qu'il saisirait toutes les occasions qui lui seraient offertes pour la maintenir; que l'événement de la veille appartenait à des gens qui avaient déshonoré la révolution et souillé la cause de la liberté, notamment par la part qu'ils avaient prise aux journées des 2 et 3 septembre et autres semblables excès qui, restés impunis par les diverses circonstances de la révolution, avaient habitué au crime leurs auteurs, avec lesquels il fallait pourtant en finir. Il ajouta que les forfaits de cette nature n'étaient ni dans le caractère ni dans les mœurs de la nation française, qu'heureusement le nombre des scélérats auxquels ils pouvaient être imputés ne présentait aucune proportion avec la masse des gens de bien, et que l'œil de la police exerçait sur eux la surveillance la plus active.

Le secrétaire général de la préfecture du département de la Seine, en empêchement du préfet, accompagné des maires et adjoints du conseil général et du conseil de préfecture, signala comme auteurs de l'attentat les septembriseurs, les anarchistes, et demanda qu'ils fussent atteints et réduits à l'impuissance de commettre de nouveaux forfaits. Le premier Consul conversa long-temps avec les maires et les membres du conseil général. « J'ai été touché, leur dit-il, des preuves d'affection que le peuple m'a données dans cette circonstance. Je les mérite, parce que l'unique but de mes désirs et de mes actions est d'accroître sa prospérité et sa gloire. Tant que cette poignée de brigands m'a attaqué directement, j'ai dû laisser aux lois et aux tribunaux ordinaires leur punition; mais puisqu'ils viennent, par un crime sans exemple dans l'histoire, de mettre en danger une partie de la population de la cité, leur punition sera aussi prompte qu'exemplaire. Assurez en mon nom le peuple de Paris, que cette centaine de misérables qui ont calomnié la liberté par les crimes qu'ils ont commis en son nom, seront désormais dans l'impuissance absolue de faire aucun mal. Que les citoyens n'aient aucune inquiétude. Je n'oublierai pas que mon premier devoir est de veiller à la défense du peuple contre ses ennemis intérieurs et extérieurs. »

Le premier Consul se rendit ensuite dans la cour pour la grande parade. Il y fut accueilli par un peuple immense et par les troupes avec un enthousiasme général.

Les sections de législation et de l'intérieur du conseil d'état, réunies de suite pour délibérer, furent d'avis qu'il suffirait d'ajouter au projet de loi sur l'établissement des tribunaux spéciaux, dont on s'occupait depuis plusieurs jours, un article qui leur attribuerait la connaissance des crimes tels que celui du 3 nivose. Le soir, plusieurs conseillers d'état en parlèrent au premier Consul. « Oui, dit-il, je pense comme vous; il ne faut point faire une loi pour cette circonstance. Il vaut mieux tout fondre dans le projet sur les tribunaux spéciaux. Au surplus, je trouverai bien le moyen de faire juger les scélérats par une commission militaire ». Dubois, préfet de police, arriva. Il n'avait point de renseignemens nouveaux : « Je me croirais déshonoré, lui dit le premier Consul, si, dans cette circonstance, j'avais été préfet de police ». Cette apostrophe était aussi bien appliquable au ministre et à la police elle-même, puisqu'elle n'avait rien prévu. L'orage s'accumulait de toutes parts sur la tête de Fouché. Rœderer, un des plus acharnés contre lui, dit à madame Bonaparte : « On ne peut pas laisser les jours du premier Consul à la disposition d'un ministre de la police entouré de scélérats... »

Le 5, au matin, les sections de législation et de l'intérieur réunies arrêtèrent définitivement la rédaction de deux articles additionnels au projet de loi sur les tribunaux spéciaux. Le premier leur attribuait la connaissance des attentats contre la sûreté des membres du gouvernement. Le second donnait aux Consuls le droit d'expulser de Paris les individus dont la présence dans cette ville leur paraîtrait compromettre la sûreté de l'état, et de les déporter en cas de violation de leur exil : « Je me déclare, dit Rœderer, officiellement l'ennemi de Fouché. Ce sont ses liaisons avec les terroristes, les ménagemens qu'il a toujours eus pour eux, et les places qu'il leur a données, qui les ont encouragés à commettre cet attentat. »

Le conseil d'état s'assembla à midi; les trois Consuls y étaient présens. Portalis rapporta les motifs de l'avis des deux sections. Comme il allait donner lecture des articles, le premier Consul prit la parole: « L'action du tribunal spécial, dit-il, serait trop lente, trop circonscrite. Il faut une vengeance plus éclatante pour un crime aussi atroce; il faut qu'elle soit rapide comme la foudre; il faut du sang; il faut fusiller autant de coupables qu'il y a eu de victimes, quinze ou vingt; en déporter deux cents, et profiter de cette circonstance pour en purger la République[1]. Cet attentat est l'ouvrage d'une bande de scélérats, de septembriseurs, qu'on retrouve dans tous les crimes de la révolution. Lorsque le parti verra son quartier général frappé, et que la fortune abandonne les chefs, tout rentrera dans le devoir; les ouvriers reprendront leur travaux, et dix mille hommes qui, dans la France, tiennent à ce parti et sont susceptibles de repentir, l'abandonneront entièrement. Ce grand exemple est nécessaire pour rattacher la classe intermédiaire à la République. Il est impossible de l'espérer, tant que cette classe se verra

---

[1] Les envoyés des départemens à la fête du 1er vendémiaire avaient déjà provoqué cette mesure, lors de l'affaire de Cerracchi, Aréna, et autres, en invitant le premier Consul « à faire rejeter loin de lui les hommes pervers que l'impunité avait familiarisés avec tous les genres de crimes. »

menacée par deux cents loups enragés qui n'attendent que le moment de se jeter sur leur proie. Dans un pays où les brigands restent impunis et survivent à toutes les crises révolutionnaires, le peuple n'a point de confiance dans le gouvernement des honnêtes gens timides et modérés. Il ménage toujours les méchans qui peuvent lui devenir funestes.

« Les métaphysiciens sont une sorte d'hommes à qui nous devons tous nos maux....; il ne faut rien faire, il faut pardonner comme Auguste, ou prendre une grande mesure qui soit une garantie pour l'ordre social. Il faut se défaire des scélérats en les jugeant par accumulation de crimes. Lors de la conjuration de Catilina, Cicéron fit immoler les conjurés, et dit qu'il avait sauvé son pays. Je serais indigne de la grande tâche que j'ai entreprise et de ma mission, si je ne me montrais pas sévère dans une telle circonstance. L'Europe et la France se moqueraient d'un gouvernement qui laisserait impunément miner un quartier de Paris, ou qui ne ferait de ce crime qu'un procès criminel ordinaire. Il faut considérer tout cela en hommes d'état. Je suis tellement convaincu de la nécessité de faire un grand exemple, que je suis prêt à faire comparaître devant moi les scélérats, à les juger et à signer leur condamnation. Ce n'est pas au surplus pour moi que je parle; j'ai bravé d'autres dangers, ma fortune m'en a préservé, et j'y compte encore. Mais il s'agit ici de l'ordre social, de la morale publique et de la gloire nationale. »

Ce discours changeait entièrement l'état de la question. Il ne s'agissait plus de *juger* d'après une loi à faire, ce qui en principe ne se pouvait pas, ni encore moins d'après les lois existantes; mais de déporter ou de fusiller par mesure de salut public, qui? Non pas des coupables avérés, reconnus du crime du 3 nivose, mais, à tout hasard, des hommes de la révolution que l'on désignait à tort ou à raison comme des scélérats. Cette violence répugnait au conseil. La discussion était froide et languissante sur la nécessité d'une mesure, sur la forme de son exécution; le premier Consul revenait toujours à son opinion. Les orateurs tournaient autour du point le plus délicat, celui de savoir quels étaient les coupables. Truguet eut le premier le courage de l'aborder. « Il faut sans doute, dit-il, que le gouvernement ait des moyens extraordinaires de se défaire des scélérats; mais il y en a de plus d'une espèce. On ne peut se dissimuler que les émigrés menacent les acquéreurs de domaines nationaux, que les prêtres fanatiques égarent le peuple, que l'esprit public est corrompu par des pamphlets, que la révolte se ranime dans la Vendée.... »

Le premier Consul : « De quels pamphlets parlez-vous?

Truguet : « De pamphlets qui circulent publiquement. »

Le premier Consul : « Quels sont-ils? »

Truguet : « Vous devez les connaître aussi bien que moi. »

Le premier Consul : « On ne me fera pas prendre le change par ces déclamations. Les scélérats sont connus, ils sont signalés par la nation. Ce sont les septembriseurs, ce sont ces hommes, artisans de tous les crimes, et qui ont toujours été défendus ou ménagés par de misérables ambitieux subalternes. On parle de nobles et de prêtres! Veut-on que je proscrive pour une qualité? Veut-on que je déporte dix mille prêtres, des vieillards? Veut-on que je persécute les ministres d'une religion professée par la plus grande partie des Français et par les deux tiers de l'Europe? Lorsque Georges a voulu remuer nouvellement, il a attaqué les prêtres qui restaient fidèles au gouvernement. La Vendée n'a jamais été plus tranquille, et s'il s'y commet quelques attentats partiels, c'est qu'il est impossible d'y éteindre tout-à-coup les ressentimens particuliers [1]. Il faudra sans doute que je renvoie tous les membres du conseil d'état, car, à l'exception de deux ou trois, on dit que ce sont des royalistes, même le citoyen Defermon. Il faudra que j'envoie le citoyen Portalis à Sinamary, le citoyen Devaines à Madagascar, et que je me compose un conseil à la Babœuf....... Nous prend-on donc pour des enfans? Faut-il déclarer la patrie en danger? Depuis la révolution, a-t-on jamais vu la France dans une plus brillante situation, les finances en meilleur état, les armées plus victo-

---

[1] Mais le Morbihan et tout le pays où Georges avait de l'influence étaient ravagés par le brigandage à main-armée.

rieuses, l'intérieur plus paisible? J'aime bien que des hommes qu'on n'a jamais vus figurer dans les rangs des véritables amis de la liberté témoignent pour elle de si vives inquiétudes. Ne croyez pas, citoyen Truguet, que vous vous sauveriez en disant: J'ai défendu les patriotes au conseil d'état. Ces patriotes-là vous immoleraient comme nous tous......» Après cette sortie de plus d'un quart d'heure, prononcée avec force et avec l'éloquence de la colère, le premier Consul leva brusquement la séance.

Le 6 au matin, les deux sections de législation et de l'intérieur furent convoquées chez le second Consul. Rœderer fit circuler parmi ses collègues, pour la signer, une déclaration qu'il avait rédigée, et dans laquelle il attribuait l'attentat du 3 aux liaisons de Fouché avec les terroristes, et proposait de changer le ministre et toute l'administration de la police. Plusieurs conseillers d'état s'abstinrent de signer cette pièce, et de prendre parti dans une démarche qui leur parut hors des attributions du conseil.

Cambacérès dit que le premier Consul insistait sur la nécessité d'attribuer au gouvernement un pouvoir extraordinaire, et désirait que les sections rédigeassent un projet de loi à présenter au Corps-Législatif. La plupart des membres persistèrent dans l'avis que les articles additionnels au projet de loi sur les tribunaux spéciaux étaient suffisans. Cambacérès insista pour qu'on rédigeât toujours un projet particulier. « Cela n'empêchera pas, dit-il, le conseil d'en discuter l'utilité ou les inconvéniens ». Le projet fut donc rédigé.

Il y eut ensuite un conseil privé composé des deux sections, des ministres des relations extérieures, de l'intérieur, de la justice et des trois Consuls. Le premier Consul, après avoir répété ses motifs sur la nécessité d'une grande mesure, ouvrit la discussion sur la question de savoir si le gouvernement proposerait une loi, ou s'il agirait de sa propre autorité; il paraissait incliner pour le premier parti. Thibaudeau le combattit, allégua que la législation actuelle suffisait, qu'on ne pouvait pas, sans donner à une nouvelle loi un effet rétroactif et le caractère d'une loi de circonstance, l'appliquer à l'attentat du 3 nivose; que, dans le Corps-Législatif, on n'était pas convaincu que les anarchistes fussent les auteurs de l'attentat; qu'une partie des députés l'imputait à un autre parti; que si cet avis prévalait, la loi ne passerait pas; qu'il ne fallait pas en courir les chances; que si quelques anarchistes obscurs avaient commis l'attentat, ils devaient avoir été commandés par des hommes plus considérables; qu'on devait avoir prévu ce qu'on ferait dans le cas où le complot aurait réussi.

« On ne peut pas craindre que la loi soit rejetée, répliqua le premier Consul. Les députés savent bien que ces hommes-là sont leurs ennemis comme les nôtres. Le Corps-Législatif est composé du ventre des diverses assemblées. On voulait jeter à l'eau les députés, lorsqu'ils refusaient, avant le 18 brumaire, de déclarer la patrie en danger. Les septembriseurs ne peuvent pas avoir, dans le Corps-Législatif, plus de huit à dix députés que je connais bien.

« C'est une erreur de croire que le peuple ne fait rien que lorsqu'il est mené. Le peuple a un instinct qui le pousse, et d'après lequel il agit tout seul. Pendant la révolution, il a mené les chefs qui paraissaient le conduire ; ils ont dit : *tuons Bonaparte ; après cela nous ferons nos farces*. Ils se seraient rassemblés, ils auraient parcouru les rues, jeté l'épouvante, fait des comités. Peut-être que des hommes un peu plus relevés, tels que Barras et Barrère[1] qui leur disent : *Agissez, et nous nous montrerons*, se seraient montrés. Quant aux chouans et aux émigrés, ils sont soumis à des lois particulières, je peux les faire fusiller comme Margadel. »

Quelques autres membres, entre autres Rœderer et Regnaud, énoncèrent aussi leurs craintes que la loi ne passât pas. Regnaud cita des conversations qu'il avait eues avec quelques tribuns. Le premier Consul lui dit : « Eh ! vous êtes toujours dans l'antichambre du tribunat...... Parce qu'on vous a rejeté une ou deux lois, vous tremblez....... Le peuple est un tigre quand il est démuselé....... J'ai un dictionnaire des hommes employés dans tous les massacres....... La nécessité de la mesure une fois

[1] Quant à Barrère, c'était impossible. Il était alors si bien disposé pour le gouvernement, qu'il avait rapporté au général Lannes le conseil que Demerville lui avait donné, de ne pas aller à l'Opéra le 18 vendémiaire.

reconnue, il me semble qu'il faut la prendre par la voie la plus sûre........ La question se réduit à ceci : Le pouvoir extraordinaire n'appartient à personne. Qui a le droit de le donner? Si personne n'en a le droit, le gouvernement doit-il le prendre? Citoyen Talleyrand, quel est votre avis? — Il vaut mieux, répondit ce ministre qui ne parlait guère que lorsqu'on l'interpellait, un acte du gouvernement qu'une loi. Cela imposera davantage au-dehors. On dira que ce gouvernement sait se défendre lui-même. Voyez les inconvéniens de toute mesure qui ne permettra pas une punition prompte et sévère. L'affaire *Corracchi* a interrompu toutes les relations diplomatiques pendant un mois et demi, et forcé à rouvrir la campagne. L'empereur de Russie a donné ordre de suspendre les ouvertures commencées ». Le ministre de la justice et le Consul Lebrun furent d'avis que le gouvernement agît, et le plus promptement possible. Le Consul Cambacérès ne vota point, mais il annonça assez clairement, dans le cours de la discussion, qu'il opinait pour une loi. La majorité décida que le gouvernement n'en avait pas besoin.

Le conseil d'état s'assembla. Portalis y fit le rapport de cette délibération. Elle y fut adoptée. Truguet, Lacuée et Defermon votèrent hautement contre. Le premier Consul ordonna aux deux sections de rédiger un arrêté. Il ne fut point content de la rédaction lorsqu'elle lui fut présentée, et il fit proposer à la délibération des deux sections les points suivans :

1° Une commission militaire pour juger;
2° Une commission spéciale pour déporter;
3° Consulter le sénat avant l'exécution.

Les sections délibérèrent:

Une commission militaire pour juger;

Point de commission spéciale pour déporter, sauf au gouvernement à prononcer lui-même;

Communication après l'exécution au sénat, au Corps-Législatif et au tribunat.

Boulay rapporta aux sections l'opinion du premier Consul sur cette délibération. Il persistait à consulter le sénat avant l'exécution, parce que c'était le corps conservateur de la constitution et de l'état; il était inconvenant que les Consuls, irresponsables, après avoir pris une mesure inconstitutionnelle sur l'avis du conseil d'état également irresponsable, exigeassent d'un ministre responsable qu'il l'exécutât; un jour cet acte pouvait être dénoncé au sénat comme inconstitutionnel, et le ministre accusé. Pour prévenir ce danger, il fallait lier d'avance le sénat; il le fallait aussi pour la garantie du second et du troisième Consul; car si le premier était tué et que le gouvernement changeât de forme, ce qui était probable, on pourrait rechercher les deux autres. Il le fallait, enfin, pour la garantie de la liberté. Quant au point de savoir si le sénat adopterait la mesure, on s'assurerait d'abord de son approbation. Ensuite, dans une assemblée du conseil d'état, présidée par les Consuls, en présence des ministres, celui de la police ferait un rapport sur l'événement du 3, en signalerait les auteurs, et proposerait les mesures voulues par le gouvernement. Le conseil les délibérerait, des orateurs iraient au sénat qui approuverait sans aucun doute, et ensuite on exécuterait. En attendant, les deux sections devaient rédiger d'avance le procès-verbal de cette séance du conseil.

Tout se passa en effet conformément à l'avis du premier Consul. On employa à cette délibération les journées des 7, 8, 9 et 10 nivose. L'incertitude sur les auteurs de l'attentat jointe à l'incoustitutionnalité de la mesure, prolongea les discussions. Quoique le premier Consul l'eût obstinément imputé aux anarchistes, l'opinion contraire de Fouché, suffisamment démontrée, d'abord par son silence, par ses réticences, par la patience avec laquelle il s'était laissé accuser, et ensuite par ses demi-confidences, avait jeté du doute dans beaucoup d'esprits, et on soupçonnait fortement les royalistes d'être les auteurs de la *machine infernale*. Odieuse en elle-même, la proscription le paraissait encore plus appliquée à des hommes qui pouvaient avoir eu des torts, ou commis des crimes, mais qui étaient amnistiés et étrangers à l'événement du 3. C'était une réaction effrayante pour tous les hommes de la révolution. Dès le 9, le premier Consul lui-même parut croire que les anarchistes n'étaient pas les auteurs de l'attentat. Après la réception du tribunat qui était venu présenter un vœu relatif à l'armée d'Orient, il causa pendant plus de deux heures dans son cabinet avec les Consuls, les ministres, et les conseillers d'état. Il dit quelques mots qui justifiaient Fouché, et insinua que l'Angleterre pouvait bien être pour quelque chose dans l'événement du 3; on voyait qu'il ne disait pas tout ce qu'il en savait. Dans la réunion des deux sections, il y avait eu des débats violens et des personnalités entre quelques membres. Réal, connu pour être l'intime de Fouché, s'était élevé avec force contre ce système de proscription, et avait accusé Regnaud d'être un réacteur. Roederer, quoiqu'il eût imputé à Fouché d'avoir voulu donner une couleur royaliste à l'attentat du 3 nivose, cherché à tromper le gouvernement, et à l'entraîner dans de fausses mesures, n'était plus lui-même aussi échauffé contre les anarchistes et la police.

Il y eut, le 10, une séance préparatoire du sénat; la grande majorité opina dans le sens du premier Consul, même Sieyes qu'on assurait n'avoir pas été de cet avis dans ses conversations avec lui sur cette affaire.

Le 11, à la séance du conseil d'état, où étaient présens les trois Consuls et tous les ministres, le premier Consul dit : « On va donner lecture des rapports du préfet de police, d'un agent en qui j'ai confiance, et du rapport du ministre de la police, sur cent-vingt coquins qui troublent la tranquillité publique ». Pendant cette lecture, à l'endroit du rapport de l'agent [1] où il était dit que l'on devait introduire

---

[1] Harel, qui avait dénoncé le complot de Ceracchi.

des assassins parmi les grenadiers de la 45ᵉ demi-brigade, un jour de parade : « J'en étais instruit, dit le premier Consul; ce jour-là j'allai à la revue. »

Ces rapports publiés dans le Moniteur, concernaient les trames plus ou moins anciennes des anarchistes, et ne contenaient pas le moindre indice qu'ils fussent les auteurs de l'explosion du 3 nivose. Leur lecture fut suivie de celle d'un rapport très acerbe de Fouché qui, sans la leur attribuer formellement, laissait planer sur eux de graves soupçons, annonçait qu'il tenait les fils qui devaient conduire à la découverte des coupables, et néanmoins proposait de prendre contre les anarchistes *une mesure extraordinaire, non-seulement pour punir le passé, mais pour garantir l'ordre social*. A la suite de ce rapport étaient deux listes d'individus dont les uns devaient être traduits à une commission militaire, les autres déportés.

Le premier Consul dit que la discussion était ouverte sur la question de savoir si ces hommes-là devaient être l'objet d'une mesure générale. Un morne silence régnait dans l'assemblée. Le premier Consul allait mettre aux voix, lorsque Thibaudeau prit la parole et dit qu'il était étonné qu'on eût lu ces listes; que le conseil ne pourrait pas délibérer sur l'application d'une peine à tel ou tel individu, ou, en d'autres termes, les juger et les condamner; qu'il n'avait ni ne pourrait avoir les renseignemens nécessaires; qu'il était sans qualité. Boulay appuya ces observations. Roederer exprima la crainte qu'on punit d'un côté, lorsque les coupables seraient de l'autre, et qu'on accusât le conseil de réaction. « Je ne suis pas assez insensé, dit le premier Consul, pour vouloir que le conseil prononce sur des individus. On a de fortes présomptions et non des preuves que les terroristes sont les auteurs de l'attentat [1]. La chouanerie et l'émigration sont des maladies de peau, et le terrorisme est une maladie de l'intérieur [2]. La mesure devait être prise indépendamment de l'événement. Il n'en est que l'occasion [3]. Il faut profiter de l'enthousiasme; les émigrés et les prêtres auraient été égorgés après l'attentat, s'il eût réussi. Contre des ennemis de tout gouvernement, il ne peut pas y avoir de réaction. Le gouvernement a une conviction; mais il ne peut pas, sans preuves, imputer l'attentat à ces individus. On les déporte pour les massacres du 2 septembre, le 31 mai, la conspiration de Babœuf, et tout ce qui s'est fait depuis. On n'a donné lecture des listes que pour que chacun pût faire ses observations. Je consulte le conseil pour savoir s'il faut une mesure extraordinaire ». On le décida à l'unanimité. « Maintenant, faut-il une loi »? Lacuée et Defermon prétendirent que cela n'était plus nécessaire, puisqu'on déférait la mesure au sénat. Truguet insista pour une loi:

---

[1] Alors lui et Fouché étaient persuadés du contraire.

[2] Il disait : « Avec une compagnie de grenadiers, je mettrais en fuite tout le faubourg Saint-Germain. Les jacobins sont des gens déterminés qu'il n'est pas aussi facile de faire reculer. »

[3] Voilà qui était clair.

il fut décidé qu'il n'y en aurait point. Boulay lut la rédaction de l'avis du conseil préparée d'avance. Il portait que, pour assurer la constitution et la liberté publique, le gouvernement devait mettre en surveillance, hors du territoire européen de la République, les individus que le ministre de la police lui indiquerait, et que le gouvernement reconnaîtrait comme appartenant aux anarchistes; que cet acte de haute police n'était pas de nature à être l'objet d'une loi; mais qu'il devait être déféré au sénat conservateur, pour devenir la matière d'un *sénatus-consulte* prononçant sur la question de savoir si cette mesure était conservatrice de la constitution.

D'après un rapport du ministre de l'intérieur, fait le 11 nivose, sur les désastres causés par l'explosion du 3, il y avait eu sept morts et vingt-cinq blessés, dont vingt-deux grièvement; et les dégâts causés aux maisons et aux meubles, non compris les domaines nationaux, étaient évalués à 164,490 fr. Les Consuls mirent à la disposition du ministre une somme de 200,000 fr. pour être employée en secours et indemnités aux victimes de la machine infernale. Une souscription, ouverte dans Paris, fournit un fonds assez considérable pour la même destination.

Sur un rapport du ministre de la police, du 14, les Consuls prirent un arrêté portant la mise en surveillance spéciale, hors du territoire européen de la République, de cent trente individus, dont neuf avec la qualité de *septembriseurs*. Tout le reste y était porté sans énonciation de motifs. On y voyait Félix-Lepelletier; Rossignol, ex-général de l'armée révolutionnaire; le prince Charles de Hesse; Destrem, ex-député au conseil des Cinq-Cents; et quelques conventionnels, tels que Choudieu et Talot. La plupart des autres noms étaient obscurs ou très peu connus. L'arrêté portait : « *Le conseil d'état entendu* », quoiqu'il n'eût pas été consulté, et que le 11, il eût été reconnu que le conseil ne pouvait pas appliquer une peine.

Le gouvernement envoya de suite au sénat un message *relatif à l'attentat du 3 nivose et aux mesures de précaution et de haute police qu'il nécessitait*, auquel étaient joints la délibération du conseil d'état du 11, le rapport du ministre de la police du 14, et l'arrêté des Consuls du même jour. Le sénat décida que cet arrêté était une mesure conservatrice de la constitution.

Le rapport du ministre de la police fut publié, non tel qu'il avait été lu au conseil d'état, mais avec des changemens, desquels il résultait que les anarchistes étaient les auteurs de l'attentat du 3 nivose. Il n'y était plus parlé des individus qui devaient être et qui furent traduits devant une commission militaire. C'étaient Chevalier, Végier, Metge, Humbert et Chapelle, auteurs d'une machine infernale trouvée chez Chevalier, et qui furent condamnés.

Un mois après, le 11 pluviose, le ministre de la police fit un nouveau rapport sur l'attentat du

3 nivose. Il tenait Carbon et Saint-Réjant, deux de ses auteurs, agens du parti royaliste. Il convenait que, tandis qu'au moment même de l'explosion on l'imputait aux anarchistes, il avait déjà d'autres soupçons, parce qu'il avait alors d'autres indications. Il racontait le complot apporté d'Angleterre par Georges Cadoudal, en brumaire, pour assassiner le premier Consul; le débarquement successif et les manœuvres des complices Carbon, Joyan, Hyde-Limoelan, Saint-Réjant, et autres; l'ordre par lui donné, le 15 frimaire, de les arrêter, qui ne put être exécuté, à cause de l'ombre impénétrable dont ils avaient su s'environner; il apprenait enfin que le cheval attelé à la voiture sur laquelle était la machine infernale avait servi à diriger les recherches, et conduit à l'arrestation de Carbon chez des ex-religieuses, mesdames de Goyon et de Cicé, et qu'il avait fait connaître ses complices. Suivant le ministre, il y avait *apparence* que les royalistes s'étaient emparés de l'idée de Chevalier, auteur d'une première machine infernale, dans l'espérance de faire tomber le soupçon du crime sur lui et son parti [1]. Le premier Consul ordonna que les individus dénommés dans ce rapport, et leurs fauteurs et complices, seraient poursuivis conformément aux lois.

Hyde de Neuville fit publier à Paris, en ventose,

---

[1] On a dit depuis que dans la prison de Chevalier se trouvaient détenus des royalistes arrêtés pour avoir voulu tuer le premier Consul avec

un mémoire daté du 28 pluviose, en réponse au rapport du ministre de la police du 11, relatif à l'événement du 3 nivose, que Hyde appelait *exécrable*. Il repoussait avec indignation l'accusation de complicité portée contre lui. Il avouait avoir servi la cause des princes, et niait qu'il eût jamais été l'agent de l'Angleterre. Il disait que plusieurs mois avant l'époque fixée dans le rapport du ministre, il était rentré en France pour jouir du bienfait de la pacification intérieure, dont il avait commencé la négociation auprès du premier Consul, à laquelle il avait contribué, et dans laquelle il se croyait compris. Il réclamait franchement la liberté de rentrer en France, et d'y vivre tranquille au sein de sa famille.

D'après le rapport du ministre de la police, il ne restait plus le moindre doute sur l'injustice, au fond et dans la forme, de la mesure prise contre les anarchistes. Il était démontré qu'on avait sciemment proscrit cent trente individus pour un crime qu'ils n'avaient pas commis. Fouché ne les en avait pas cru un seul instant coupables. Le premier Consul avait dit clairement, dans la séance du conseil d'état du 11 nivose, que s'il n'y avait pas de preuves contre eux, on les déportait pour le 2 septembre, le 31 mai, la conspiration de Babœuf, etc. Mais des conseillers d'état et des sénateurs avaient cru de

des fusils à vent; que les deux partis fraternisèrent, et que les royalistes transmirent à leurs amis du dehors l'idée de la machine infernale.

bonne foi que les anarchistes avaient fait le 3 nivose, et, d'après les rapports et les actes officiels, toute la France avait été dans cette opinion. On n'en persista pas moins dans leur proscription, malgré la découverte des véritables auteurs du crime, agens reconnus du royalisme et de l'Angleterre. Et, comme pour faire ressortir davantage l'arbitraire dont on avait frappé les anarchistes, on renvoya les assassins royalistes devant les tribunaux, et l'on suivit à leur égard les formes légales.

Cette violation des lois avait, dit-on, porté sur quelques noms souillés, sur quelques hommes diffamés, sur un parti discrédité. Pour ne pas paraître vouloir les défendre dans les conseils, on ne défendit que bien faiblement les principes. Accoutumée au triste spectacle des proscriptions, la multitude applaudit à celle de quelques hommes auxquels elle ne prenait aucun intérêt. Des personnages éclairés regardèrent même ce sacrifice comme une représaille, une juste expiation. On ne vit pas tout ce que ce premier acte extraordinaire pouvait entraîner de conséquences fâcheuses pour la sûreté individuelle, et qu'après s'être essayé sur des patriotes exaltés, et sur la lie de la révolution, on pourrait ne pas ménager ses plus purs défenseurs, et finir par atteindre toutes les classes des citoyens.

Saint-Réjant et Carbon, condamnés à mort, portèrent leur tête sur l'échafaud. Alors on espéra quelque adoucissement à la mesure rigoureuse prise contre les anarchistes. Le conseiller d'état, Berlier, s'intéressa pour Destrem et Talot auprès du premier Consul ; mais il fut inébranlable. Presque tout ce qui subit la déportation, y périt. Quelques-uns trouvèrent le moyen de s'y soustraire, soit par la fuite, soit par la protection de Fouché, tels que Félix Lepelletier, Charles de Hesse, Choudieu, Talot, Destrem. Le dernier mourut en 1803, à l'île d'Oleron, au moment où il venait d'obtenir sa liberté ; Talot fut dans 'a suite employé comme militaire.

CHAPITRE XIV.

Congrès de Lunéville. — Dénonciation des hostilités. — Plan de campagne. — Mouvemens de l'armée du Rhin. — Bataille de Hohenlinden. — Armistice de Steyer. — Armée des Grisons. — Sa destination changée. — Passage du Splugen. — Opérations de l'armée d'Italie. — Armistice de Trévise. — Convention avec Cobentzel pour céder Mantoue à la France. — Relations amicales entre Paul Ier et le premier Consul. — Pitt se retire du ministère anglais.

Parmi les apologies du gouvernement et de la France révolutionnée, on distingua un livre intitulé *De l'Etat de la France à la fin de l'an* VIII, publié par Hauterive, employé au ministère des relations extérieures. L'auteur prenait l'époque du traité de Westphalie pour date de l'établissement du droit public, et prouvait qu'à partir de cette époque, les grandes puissances de l'Europe n'avaient cessé d'y porter atteinte ; que des principes actifs de désorganisation avaient, pendant le cours de cent cinquante ans, travaillé sans relâche à détruire l'ouvrage des négociations de Munster et d'Osnabruck ; qu'avant la guerre actuelle, le système politique de l'Europe était en ruine, et que la guerre de la coalition avait été le dernier signal de sa destruction. L'auteur disculpait victorieusement la révolution d'avoir été une cause nécessaire de la guerre. Il s'attachait à prouver que, dans leur système politique, les ennemis de la France n'avaient, ni base d'intérêt commun, ni règle fixe, ni objet déterminé; que le système politique de guerre de la France n'était que de préservation et de défense, et que son système de neutralité était tout entier fondé sur des idées de justice, d'impartialité, de bienveillance. Il présentait ensuite la France sous les quatre aspects de sa population, de son industrie, de ses mœurs et de ses lois. Il réfutait les dépréciations répandues par les apologistes de l'Angleterre, et démontrait que le principe de la richesse et de la puissance de la France reposait sur des bases que la révolution n'avait fait qu'étendre, que la guerre n'avait fait qu'affermir, et que l'indépendance politique conquise par les Français était aussi assurée que leur gloire militaire. Enfin, l'ouvrage se terminait par la défense de la révolution, des mœurs et des lois de la France, et du régime constitutionnel de l'an VIII. Ce livre, écrit par ordre du premier Consul, et sous l'influence de Talleyrand, fit sensation à l'étranger, et Gentz, écrivain allemand qui consacrait alors sa plume à l'Angleterre, répondit à l'*État de la France à la fin de l'an* VIII, par l'*État de l'Europe à la fin du* XVIIIe *siècle*.

Pendant ces débats des publicistes, la France mettait autant d'activité à rétablir la paix, que les cabinets de Vienne et de Londres montraient d'obstination à recommencer les hostilités. En sollitant l'armistice de Hohenlinden, après avoir laissé s'écouler en négociations simulées celui que la République lui avait accordé à Pahrsdorf, l'Autriche n'avait encore cherché qu'à gagner du temps : à l'ombre de ses protestations pacifiques, elle recrutait des soldats pour recommencer la guerre. Des levées s'effectuaient en masse dans la Bohême et la Hongrie; des retranchemens formidables s'élevaient sur la ligne de l'Inn pour défendre le passage de cette rivière. De son côté, le premier Consul ordonnait les dispositions nécessaires pour l'ouverture d'un congrès à Lunéville. Le 2 vendémiaire, il nomma le général Clarke commandant extraordinaire de cette ville et de tout le département de la Meurthe, correspondant directement avec le gouvernement. Joseph Bonaparte fut nommé ministre plénipotentiaire pour traiter du rétablissement de la paix entre la République et l'empereur. On lui donna Laforêt pour secrétaire de légation.

Pour son malheur, l'Autriche avait eu jusqu'alors à la tête de son cabinet un ministre connu par sa haine ardente de la France et de la révolution, et par son dévoûment intéressé à l'Angleterre. Après la bataille de Marengo, à une époque où il était facile de prévoir que l'Autriche serait contrainte à faire une paix séparée avec la France, Thugut avait conclu un traité de subsides avec l'Angleterre. Les armées autrichiennes lui imputaient tous leurs revers; l'Allemagne lui attribuait les malheurs dont huit ans de guerre l'avaient accablée. Un cri d'indignation s'éleva contre lui dans tout l'empire, et l'empereur, forcé de céder à l'opinion publique, le renvoya du ministère. Le comte de Cobentzel fut nommé à sa place ministre des affaires étrangères et vice-chancelier de cour et d'état. Il écrivit que le comte de Lehrbach se rendrait à Lunéville; mais ensuite, soit qu'il craignît que le choix de l'assassin de Rastadt, d'une créature de Thugut, n'inspirât peu de confiance au premier Consul, soit qu'il briguât lui-même cette mission, Cobentzel annonça qu'il viendrait la remplir lui-même. Il arriva à Strasbourg le 1ᵉʳ brumaire, et fut reçu dans cette place, ainsi qu'à Lunéville, avec tous les honneurs militaires. Invité par Clarke, de la part du premier Consul, à aller passer quelques jours à Paris, il partit pour cette capitale et rencontra Joseph Bonaparte qui rétrograda pour l'accompagner.

Il fut présenté aux Tuileries et traité de la manière la plus distinguée. Mais interpellé, le lendemain, par le ministre des affaires étrangères, de montrer ses pouvoirs, il balbutia. Il fut dès-lors évident qu'il avait voulu amuser le cabinet français, et que sa cour, malgré le changement de ministère, persistait dans le même système. Le premier Consul exigea que les négociations s'ouvrissent sans délai. Les plénipotentiaires se rendirent à Lunéville, et, le 15 brumaire, les pouvoirs furent échangés. Ceux du comte de Cobentzel étaient simples, ils furent , à l'ouverture du protocole, il annonça traiter sans le concours d'un ministre anglais. Le premier Consul avait formellement déclaré qu'il n'admettrait pas l'Angleterre au congrès, à moins qu'elle ne consentît à l'armistice naval. Dès que la mauvaise foi du cabinet autrichien fut bien reconnue, le premier Consul envoya aux généraux en chef des armées de la République l'ordre de dénoncer l'armistice et de recommencer les hostilités.

La négociation n'en continuait pas moins à Lunéville, c'est-à-dire que les plénipotentiaires signaient des protocoles et se rendaient des fêtes. Clarke en donnait une le jour même où les courriers portaient aux armées l'ordre de dénoncer l'armistice; un officier de la garnison y chanta une invocation à la paix, et les plénipotentiaires de France et d'Autriche s'embrassèrent avec une apparente effusion de cœur.

Le général Moreau avait profité de l'armistice de Hohenlinden pour venir à Paris. Il y arriva le 26 vendémiaire, et, accompagné du général Laborie, se rendit sur-le-champ aux Tuileries. Un conseil de ministres, tenu par le premier Consul, finissait. L'huissier annonça le général Moreau; il parut en redingote bleue, en chapeau rond, une badine à la main. Le premier Consul alla au-devant de lui, l'embrassa et lui adressa quelques mots de félicitation. Dans ce moment entra un ministre apportant une superbe paire de pistolets d'un très beau travail et enrichis de diamans; le Directoire les avait fait faire pour être donnés en présent à un prince étranger.

Ils étaient maintenant destinés au premier Consul. « Ils viennent bien à propos », dit-il au général Moreau en les lui présentant : « Citoyen ministre, ajouta-t-il, faites-y graver quelques-unes des batailles qu'a gagnées le général Moreau; ne les mettez pas toutes, il faudrait ôter trop de diamans; et, quoique le général Moreau n'y attache pas un grand prix, il ne faut pas trop déranger le dessin de l'artiste ». Concertée ou non, cette scène n'en devait pas moins être flatteuse pour Moreau; il hésita un instant, et accepta les pistolets avec une indifférence marquée et sans dire une parole [1]. Quelle pouvait être la cause de cette étrange froideur? Jamais on n'a révélé un fait qui pût la motiver. Était-ce rivalité militaire ou sollicitude patriotique? C'était avant le 18 brumaire qu'il fallait montrer ces sentimens, et non après avoir, dans cette journée, servi d'instrument à Bonaparte.

Ce fut pendant son séjour à Paris que Moreau épousa mademoiselle Hullot. Ce mariage, en apparence si indifférent, et qui ne semblait pas fait pour avoir des conséquences politiques, en eut de très graves pour ce général, décida de ses destinées, et ne fut pas sans influence sur celles de la France. Nouvel exemple que les plus graves événemens n'ont souvent que les causes les plus futiles! On a dit que cette union était l'ouvrage de Joséphine [2]. D'un

[1] Montholon, t. 1, p. 51.
[2] Id., p. 59.

autre côté, les biographes répètent que le premier Consul voulait donner une de ses sœurs à Moreau; elles étaient alors mariées, Élisa avec Bacciochi, Pauline avec le général Leclerc, Caroline avec Murat[1]. Après un mois de séjour à Paris, Moreau retourna à l'armée.

En apprenant que les hostilités avaient été dénoncées, la cour de Vienne fut consternée. Elle s'était flattée que le premier Consul ne voudrait pas entreprendre une campagne d'hiver. Le conseil aulique décida que l'armée d'Italie, forte de cent vingt mille hommes, sous les ordres du feld-maréchal Bellegarde, resterait sur la défensive derrière le Mincio, la gauche appuyée à Mantoue, la droite à Peschiera; que l'armée d'Allemagne, de cent trente mille hommes, commandée par l'archiduc Jean, prendrait l'offensive pour chasser les Français au-delà du Lech. Dans la Méditerranée, l'armée anglaise, forte de vingt mille hommes, sous les ordres des généraux Abercromby et Pulteney, et embarquée sur des transports, avait l'air d'être prête à se porter partout.

La France avait en ligne cent soixante-quinze

---

[1] Quelques jours après le 18 brumaire, Caroline n'étant pas encore mariée, on lut dans le Moniteur du 25 un article ainsi conçu: « On assure que Moreau doit épouser une sœur de Bonaparte ». Les amis de Moreau racontent que ce jour-là même il dînait chez le Consul qui, prenant le Moniteur, dit tout haut au général: « Voilà un singulier article »: et que, peu disposé à ce mariage, Moreau se tira d'affaire par des défaites vagues, mais polies. Ils ajoutent, et cela est vraisemblable, que ce ne fut point Joséphine qui maria Moreau.

mille hommes en Allemagne, savoir : l'armée gallo-batave, commandée par Augereau, vingt mille hommes; la grande armée d'Allemagne, aux ordres de Moreau, cent quarante mille hommes; la nouvelle armée de réserve, formée à Dijon, qui prit le nom d'armée des Grisons, commandée par Macdonald, quinze mille hommes; en Italie, quatre-vingt-dix mille hommes sous Brune; et le corps d'observation du midi, sous Murat, dix mille.

Le plan du premier Consul était de marcher à Vienne malgré la rigueur de la saison. Il voulait profiter des brouilleries qui s'étaient élevées entre la Russie et l'Angleterre; le caractère inconstant de l'empereur Paul lui faisait craindre un changement pour la campagne prochaine. L'armée du Rhin était destinée à passer l'Inn et à marcher sur Vienne par la vallée du Danube. L'armée gallo-batave devait agir sur le Mein et la Rednitz, tant pour combattre les insurgés de Westphalie conduits par le baron d'Albini, que pour servir de réserve dans tous les cas imprévus, donner de l'inquiétude à l'Autriche sur la Bohême, dans le temps que l'armée du Rhin passerait l'Inn, et assurer les derrières de la gauche de cette dernière armée. Elle était composée de toutes les troupes qu'on avait pu tirer de la Hollande, que la saison mettait à l'abri de l'invasion.

L'armée des Grisons occupait le Voralberg par sa gauche, pour seconder les opérations de l'armée du Rhin, et l'Engadine par sa droite, pour maintenir les communications avec l'armée d'Italie. Cette armée devait passer le Mincio et l'Adige et se porter sur les Alpes Noriques. Le corps d'armée commandé par Murat était destiné à servir de réserve à l'armée d'Italie et à flanquer sa droite. Les troupes françaises étaient bien habillées, bien armées, munies d'une nombreuse artillerie et dans la plus grande abondance. Jamais la République n'avait eu un état militaire aussi réellement redoutable.

Le projet du premier Consul était, dit-on, de jouer le premier rôle dans cette campagne, et de ne laisser à Moreau qu'un rôle secondaire. Il doutait que ce général pût obtenir des succès décisifs, et ne souhaitait pas qu'il cueillît en Allemagne d'aussi beaux lauriers que ceux de Marengo. Tandis que Moreau paralyserait sur les bords de l'Inn la plus grande partie des forces de l'Autriche, le premier Consul, accourant au fond de l'Italie avec sa garde et ses réserves, devait prendre le commandement de l'armée de Brune et marcher sur Vienne, comme il l'avait fait quatre ans auparavant, pour y dicter la paix. Si, au contraire, dès l'ouverture de la campagne en Allemagne, des succès inespérés décidaient la supériorité des armes et conduisaient plus directement au but, le premier Consul, en renonçant au rôle brillant qu'il s'était réservé, n'en assurait pas moins les progrès de l'armée française sur le Bas-Adige, en déterminant, par le mouvement de l'armée des Grisons, l'évacuation du Tyrol.[1]

---

[1] *Précis des événemens militaires*, t. v, p. 16.

Chef du gouvernement, le premier Consul avait sans contredit le droit de prendre le rôle qu'il croyait le plus utile à la gloire des armes françaises et même à la sienne. Un général quel qu'il fût n'avait point à balancer entre l'obéissance ou l'abdication du commandement. Le premier Consul eut en effet le projet d'aller à l'armée d'Italie. Une partie de sa garde était partie de Paris. « Faites connaître au général Brune, écrivit-il au ministre de la guerre, qu'aux premières nouvelles que j'aurai de la reprise des hostilités, si la situation de la République le permet, je me rendrai d'abord à Dijon pour être à portée des opérations de l'armée [1] ». Il est probable que les complots tramés contre lui, et le congrès de Lunéville l'empêchèrent de quitter la capitale.

Que le premier Consul eût calculé ses opérations d'après les chances plus ou moins fondées de succès de l'armée du Rhin, c'était ce que lui prescrivait la sagesse. Mais qu'il n'espérât pas que Moreau en obtînt, qu'il le désirât même, qu'il voulût réduire son prétendu rival de gloire à un rôle secondaire, c'est une supposition qu'on ne peut admettre, et que repoussaient à-la-fois les intérêts du premier Consul, ceux de l'état et des faits patens.

L'armée du Rhin était destinée à jouer un rôle principal. L'écrivain que nous réfutons dit lui-même qu'elle était certainement la plus belle qu'eût eue la France [2]. Elle n'était pas, ajoute-t-il, la plus nom-

---

[1] Lettre du 29 frimaire.
[2] Dumas, t. v, p. 16.

breuse. D'après les calculs les plus impartiaux, elle était au moins de cent trente mille hommes, sans compter les corps auxiliaires.

L'archiduc Jean avait tout au plus cent trente mille hommes qu'on réduisait même à cent vingt mille combattans [1], savoir : sur le Mein, vingt mille; dans le Tyrol, vingt mille; sur le Danube et l'Inn, quatre-vingt mille. Son armée n'était donc pas supérieure à celle du Rhin. D'ailleurs, la supériorité d'une armée ne résulte pas seulement du nombre des combattans. Celle du Rhin était toute formée de vieux soldats ou d'hommes aguerris pendant la campagne précédente. Les officiers étaient très instruits et leurs troupes bien exercées. C'était l'armée la plus forte par son ensemble et l'homogénéité de ses élémens. Au contraire, dans l'armée autrichienne, il y avait une funeste division entre les chefs; elle s'était propagée dans les rangs inférieurs; les revers avaient aigri les esprits; presque tous étaient mécontens. Cette armée dont on avait à la hâte réparé les grandes pertes, rempli les cadres avec de nouveaux soldats, changé l'ordre de bataille et les commandemens, n'avait pas l'ensemble nécessaire [2]. Ce n'est pas pour diminuer la gloire de l'armée du Rhin ni celle de Moreau que nous sommes entrés dans ces détails publiés par ses amis mêmes. Nous avons voulu seulement prouver que les calculs peu

---

[1] Dumas, t. v, p. 82 et 99.
[2] Id., t. vi, p. 385.

honorables que l'on a prêtés au premier Consul, dénués de tout fondement, le sont aussi de toute vraisemblance.

Tout porte à croire, dit le général Jomini [1], en parlant du plan de campagne, que le rôle de l'armée du Rhin n'y était qu'ébauché. Soit que le premier Consul se souvînt encore du singulier accueil que Moreau avait fait à ses projets lors de l'ouverture de la campagne, soit qu'il s'exagérât les difficultés que ce général rencontrerait sur l'Inn, il trouva plus convenable de lui laisser le soin de diriger ses opérations selon les circonstances, et se borna à lui recommander de prendre l'offensive et de pousser l'ennemi dans la vallée du Danube avec toute la vigueur possible.

Donner à Moreau la plus belle armée de la République, de semblables instructions et carte blanche pour ses opérations, ce n'était pas, nous le répétons, se montrer jaloux de la gloire de ce général, ni le réduire à un rôle secondaire.

L'ordre de dénoncer l'armistice parvint d'abord à l'armée gallo-batave. Augereau commença les hostilités le 3 frimaire, et s'empara d'Aschaffenbourg. Les deux généraux autrichiens qui commandaient l'armée mayençaise, d'Albini et Simbschœn, se séparèrent; d'Albini battit en retraite sur Fulde, et Simbschœn se retira entre le Mein et la Rednitz. Augereau s'empara de Schweinfurth et de Wurtzbourg,

---

[1] *Histoire des Guerres de la Révolution*, t. XIV, p. 63.

chassa devant lui les Autrichiens, les vainquit au combat de Bourg-Eberach, et les contraignit à repasser la Rednitz. Simbschœn se retira sur la Pegnitz pour couvrir la Bohême. L'armée gallo-batave entra dans Bamberg et prit position sur la Rednitz; Augereau envoya des partis jusqu'à Ingolstadt pour se lier au flanc gauche de l'armée du Rhin, et, par ce mouvement, permit à Moreau de concentrer ses forces. Celui-ci rassembla son armée entre Munich et les bois de Hohenlinden, et porta ses avant-postes jusqu'à Haag. L'archiduc Jean dont l'armée était à cheval sur l'Inn, la reploya d'abord sur la rive droite. Après avoir détaché des corps à sa gauche et à sa droite pour soutenir Simbschœn battu par Augereau, et pour maintenir ses communications avec le Tyrol, il résolut de prendre l'offensive et passa l'Inn avec cent mille hommes. Il fit suivre à toute son armée le mouvement de l'aile droite pour manœuvrer sur le flanc gauche de Moreau et l'accabler à l'improviste. Le 10 frimaire, il attaqua le général Grenier qui commandait la gauche de l'armée française, forte de vingt-cinq mille hommes, et le repoussa. Moreau envoya un détachement de sa réserve pour protéger la retraite de ce général et le soutenir; l'archiduc Jean poursuivit lentement le corps de Grenier, et laissa à l'armée républicaine le temps de se replier en bon ordre. Moreau concentra ses troupes près du village de Hohenlinden, situé au milieu d'une contrée couverte de bois. Cette circonstance lui permettait de faire mouvoir son armée dans tous les sens à l'insu de l'ennemi, et il en profita pour disposer de son champ de bataille en général consommé.

La grande chaussée qui conduit de Muhldorf à Munich traverse la forêt d'Ebersberg pendant l'espace d'une lieue, entre le village de Matenpœtt et celui de Hohenlinden. Persuadé que l'armée ennemie défilerait par cette route, puisque c'était la seule qui fût praticable pour l'artillerie et la cavalerie, Moreau rangea son armée derrière la forêt d'Ebersberg. Il réunit son corps de bataille au débouché d'Anzing, laissa à Grenier le soin d'observer la droite des Autrichiens, et à Lecourbe celui de contenir leur gauche; il détacha le général Richepanse avec une forte colonne qui devait se rendre à Matenpœtt par des chemins détournés pour attaquer l'ennemi en flanc, à ce village, lorsqu'il serait engagé dans la forêt, et que sa tête combattrait à Hohenlinden. L'armée autrichienne ne tarda point en effet à entrer dans le bois avec toute son artillerie, et, le 12 frimaire, comme elle se disposait à déboucher dans le vallon de Hohenlinden, elle rencontra l'armée française rangée en bataille qui lui ferma le passage. Moreau lui-même attaqua le centre engouffré dans la forêt. Les généraux Grouchy et Grandjean continrent les Autrichiens qui firent des efforts prodigieux pour déboucher dans la plaine, tandis que Ney soutenait un combat acharné contre la gauche. Pendant ce temps-là, Richepanse terminait son mouvement dans la forêt. Arrêté dans sa marche par une colonne d'Autrichiens, il laissa, pour la combattre, la plus grande partie de sa troupe, et, suivi seulement de cinq mille hommes, il perça jusqu'à Matenpœtt par des chemins de terre extrêmement difficiles et totalement défoncés par le mauvais temps. Lorsqu'il arriva à ce village, la plus grande partie de l'armée ennemie y avait passé pour entrer dans la forêt, et le bruit lointain du canon lui indiqua que la tête devait être engagée à Hohenlinden. D'un autre côté, il voyait une grande masse d'ennemis qui, venant de Haag, se dirigeait sur Matenpœtt pour suivre le mouvement de l'armée. Richepanse, sans balancer, se jeta dans l'intervalle qui séparait les deux corps, et coupa en deux cette profonde colonne; mais, tandis qu'il attaquait la queue du premier corps, dans la forêt, le second l'assaillit par derrière, et Richepanse se trouva entre deux feux. Les Hongrois, qui formaient l'arrière-garde du premier corps, firent volte-face et s'élancèrent sur sa faible division. Dans ce moment critique et décisif, Richepanse se tourna vers les braves dont il était suivi, et, leur montrant les Hongrois qui s'avançaient au pas de charge : « *Grenadiers de la 88ᵉ*, leur dit-il, *que pensez-vous de ces hommes-là? — Général, ils sont morts* »! s'écrièrent-ils, et, croisant leurs baïonnettes, ils se précipitèrent sur l'ennemi. Ce choc fut terrible; les Hongrois furent enfoncés, et l'impulsion une fois donnée, cette poignée d'hommes renversa toutes les masses qui lui furent successivement opposées;

culbuta l'armée ennemie à droite et à gauche dans la forêt, s'empara de ses canons et de ses bagages. Après avoir fait près d'une lieue au pas de charge dans cet étroit défilé, la division Richepanse reconnut, au milieu de cette scène de carnage, la droite de Moreau qui, de son côté, avait refoulé les Autrichiens dans le bois, et opéra sa jonction avec elle. Alors l'armée ennemie se débanda sur tous les points et s'enfuit dans un désordre affreux vers l'Inn, laissant sur le champ de bataille six mille morts, quinze mille prisonniers et cent pièces d'artillerie de campagne : les Français perdirent environ quatre mille hommes.

Moreau qui le lendemain de ses victoires n'avait pas toujours montré l'activité nécessaire pour en profiter, appréciant bien cette fois tout l'avantage de sa position, poursuivit vivement l'archiduc Jean, passa l'Inn et la Salza, le battit encore à Lauffen, à Salzbourg et à Lambach.

Le prince Charles, appelé au secours de la monarchie par le vœu des peuples et de l'armée, venait d'en prendre le commandement; mais il était trop tard; il n'en recueillit que les débris, et envoya Meerfeld à Moreau demander un armistice. Ce général, ne voulant pas perdre par une halte intempestive le fruit de ses victoires, consentit à ne pas commettre d'hostilités pendant quarante-huit heures, pourvu qu'on lui laissât continuer sa marche sans obstacle. L'archiduc adhéra à ses propositions, et tandis qu'un courrier était expédié à Vienne, l'armée autrichienne se reployait en toute hâte sur Saint-Pœlten. Moreau, après avoir passé l'Ens, s'avança entre Weidhofen et Yps, recueillant, dans cette marche rapide, trois ou quatre mille traînards, vingt-deux canons, cent quinze caissons, et trois ou quatre mille chariots d'équipages et de vivres. La réponse du cabinet de Vienne ne se fit pas long-temps attendre. Le comte de Grüne se présenta au quartier général de Moreau, à Steyer, et conclut avec lui, le 4 nivose, un armistice par lequel l'empereur s'engageait à traiter séparément de la paix.

Ainsi, l'armée du Rhin, après avoir fait quatre-vingt-dix lieues en quinze jours, franchi trois rivières considérables, pris vingt mille hommes à l'ennemi, en avoir mis autant hors de combat, et enlevé cent cinquante pièces de canon, quatre cents caissons et six mille voitures, se trouva à vingt lieues de Vienne, forçant l'Autriche à déposer les armes.

Tels furent les motifs de Moreau pour consentir à l'armistice. La ligne de la Traun et de l'Ens était forcée; il se trouvait à cent lieues en avant des autres armées, et déjà sur les derrières de l'armée autrichienne en Italie; par conséquent, Bellegarde avait les deux grands débouchés de Salzbourg et d'Inspruck pour faire un détachement qui, se joignant aux troupes laissées dans le Tyrol, pouvait se porter sur les derrières de l'armée du Rhin, et interrompre ses communications avec la France; il n'avait aucune nouvelle de l'armée d'Italie; enfin il croyait que s'arrêter au milieu des victoires les plus brillantes, était conforme au caractère de modération par lequel le premier Consul s'était fait connaître à toute l'Europe.[1]

L'armistice de Steyer suspendit les opérations de l'armée gallo-batave qui se trouvait alors dans une position assez difficile. Augereau, attaqué à-la-fois par Simbschœn et par le corps de Klenau que l'archiduc Jean avait détaché de sa droite, s'était vu contraint de repasser la Rednitz. Il se maintint dans cette position, et signa avec le général ennemi une convention qui mit fin aux hostilités.

Cette campagne de Moreau, et surtout la bataille de Hohenlinden, son plus beau titre de gloire, ont donné lieu à des jugemens bien opposés. Cette bataille, dit un écrivain militaire qui nous paraît l'avoir sainement jugée, est incontestablement, après celle de Rivoli, la plus extraordinaire de toutes celles qui furent livrées dans les deux premières guerres de la révolution. Moreau réussit parce que l'emploi de ses masses fut sagement calculé, et que la fortune le servit à souhait. On a beaucoup exagéré la part que le hasard eut aux succès de Bonaparte; mais si l'on en excepte la journée de Marengo, il ne fut jamais mieux servi par le destin que Moreau à Hohenlinden. On eût dit que tout ce qui se passait dans l'armée ennemie fût combiné pour lui assurer une victoire éclatante.[2]

---

[1] Lettre du chef d'état-major au ministre de la guerre, du 5 nivose.
[2] Jomini, *Histoire des Guerres de la Révolution*, t. xiv, p. 107.

Hautaine et opiniâtre à la guerre quand la victoire par hasard favorisait ses armes, l'Autriche était humble et pacifique lorsqu'elle succombait sous le poids de ses défaites. Le cabinet britannique lui-même, touché enfin de l'extrémité à laquelle il avait poussé son alliée, voulut bien la relever de ses engagemens envers lui. Cobentzel renonça donc à ses subtilités diplomatiques, et, suivant l'obligation contractée par l'empereur dans la convention de Steyer, il déclara, par une note du 10 nivose, qu'il était autorisé à donner à ses pouvoirs l'interprétation que leur avait donnée le plénipotentiaire français, et à traiter sans le concours de l'Angleterre. « Le protocole, dit le journal officiel, doit en conséquence s'ouvrir demain, 1ᵉʳ janvier 1801, c'est-à-dire le premier jour du dix-neuvième siècle. Espérons qu'avec le siècle qui vient de finir, se terminera aussi la fatale influence du gouvernement anglais sur le continent. »

Chacun faisait son plan de pacification, et adressait, par la voie de la presse, ses conseils au gouvernement. L'un, traçant hardiment un nouvel équilibre à établir en Europe, voulait diviser l'Italie en trois républiques alliées de la France, et, pour mettre les puissances d'accord sur Malte, détruire ses fortifications et combler ses ports [1]. L'autre enlevait à la République la Belgique et la rive gauche du Rhin, lui conservait seulement le Luxembourg et

---

[1] Bertholio, Romain.

quelques faibles portions de la Flandre autrichienne; remettait la République batave sous le joug du stathouder, en lui ôtant ses plus importantes colonies qu'il laissait à l'Angleterre ; donnait à un prince anglais un apanage sur le continent; formait, de quelques débris de la Pologne, un trône pour les Bourbons ; dotait la Russie de Malte et de Surinam.[1]

Delille de Sales, membre de l'Institut, publiait sous le titre *de la Paix de l'Europe et de ses bases*, quatre cents pages de philanthropie monarchique, tendantes à ce que le peuple français fût consulté sur la révolution de 1792. S'il l'improuvait, les Bourbons seraient remis sur le trône ; s'il la ratifiait, le gouvernement consulaire les indemniserait avec un traitement magnifique ou un trône en Belgique ou en Pologne.

Le premier Consul mit tous les spéculateurs politiques d'accord en proclamant ainsi ses intentions à la France et à l'Europe : La rive gauche du Rhin sera la limite de la République; elle ne prétend rien sur la droite. L'intérêt de l'Europe ne veut pas que l'empereur dépasse l'Adige. L'indépendance des Républiques helvétique et batave sera assurée et reconnue. Les victoires du peuple français n'ajoutent rien à ses prétentions. L'Autriche ne doit pas attendre de ses défaites ce qu'elle n'aurait pas obtenu de ses victoires.

---

[1] *Pacification de l'Europe*, par Flassan.

Certes, après celle de Hohenlinden que le premier Consul annonçait devoir être comptée par l'histoire au nombre des plus belles journées qui eussent illustré la valeur française[1], un pareil langage était permis, et ces conditions étaient assez modérées. En les énonçant dans le message par lequel il proposait un projet de loi, pour déclarer que les armées avaient bien mérité de la patrie, le premier Consul avait eu pour but d'abréger les négociations de la paix et de faire cesser toute incertitude sur ses bases essentielles. Il attachait moins d'importance à l'Allemagne qu'à la conservation de l'Italie: c'était là le véritable objet des négociations, le véritable gage de la paix. Suivant lui, l'empereur était un enfant gouverné par ses ministres, qui l'étaient à leur tour par l'Angleterre. Dans cette campagne, les généraux autrichiens avaient agi d'après un bon plan, mais ils n'avaient pas poussé assez vivement leurs attaques contre Grenier. S'ils avaient su profiter de leurs avantages et de leur nombre, ils auraient forcé Moreau à abandonner vingt lieues de terrein sans combattre.[2]

Le projet de loi fut adopté avec enthousiasme. Sur la proposition de Jean Debry, le tribunat arrêta qu'une députation de quinze membres irait témoigner aux Consuls la vive satisfaction que lui faisait éprouver le prochain retour de la paix, digne prix

[1] *Message du gouvernement, du 12 nivose.*
[2] *Mémoires sur le Consulat.*

des efforts du gouvernement et du dévoûment héroïque des braves défenseurs de l'indépendance nationale; qu'une commission serait chargée de présenter un vœu pour que l'époque à jamais mémorable où le sang humain aurait cessé de couler sur le continent, fût annuellement célébrée et placée au nombre des fêtes républicaines. Le tribun Moreau, frère du général, fut, par acclamation, nommé membre de la députation.

Le premier Consul lui répondit que le peuple français devait aux armées sa gloire, sa liberté, son bonheur et la paix; que l'union des citoyens, celle de toutes les autorités, cimentaient la prospérité de la République; que l'Europe ne mettait plus en doute la valeur des soldats français, et qu'elle se convaincrait bientôt que ce n'était pas sous ce seul point de vue que le peuple français était le grand peuple.

Pour donner un témoignage de considération à l'armée du Rhin, « à cette invincible armée qui, des champs de Hohenlinden, était arrivée jusqu'aux portes de Vienne dans le mois le plus rigoureux de l'année, et en vainquant tous les obstacles », le premier Consul présenta au sénat le général Colaud, soldat qui avait rendu des services essentiels dans toutes les campagnes.

Ces éloges, ces distinctions rejaillissaient sur le général en chef de cette armée. Nous le remarquons pour répondre à ceux qui ont voulu faire de Bonaparte un rival envieux des succès de Moreau.

G.

Macdonald, commandant l'armée des Grisons, s'était rendu auprès de ce général qui lui avait donné une forte division de l'armée du Rhin pour le mettre en état de pénétrer par le Voralberg dans la grande vallée de l'Inn. A l'époque où l'armistice de Pahrsdorf allait être dénoncé, Macdonald s'était mis en mouvement, et était en mesure d'attaquer, lorsqu'il reçut la nouvelle de l'armistice de Hohenlinden.

Au moment où tout annonçait la reprise des hostilités, la destination de l'armée des Grisons fut changée, et Macdonald reçut l'ordre, vers le 10 brumaire, de faire passer dans la Valteline sa première division commandée par Baraguay-d'Hilliers. Elle remplaça celle de Rochambeau qui formait la gauche de l'armée d'Italie, et qui se resserra sur le centre, entre Bergame et Brescia. Quoique le passage du Splugen ne fût point encore fermé par les neiges, Baraguay-d'Hilliers eut beaucoup de peine à le franchir et à descendre jusqu'aux eaux de l'Adda. On croit que la crainte de démasquer trop tôt son projet, et de dégarnir la droite de Moreau dans un moment peu opportun, engagea le premier Consul à ordonner ce mouvement partiel, au lieu de faire marcher toute l'armée des Grisons sur la Valteline avant la saison des grandes neiges. Macdonald, inquiet du double rôle auquel on le destinait avec un corps inférieur à l'ennemi, et qu'on venait encore d'affaiblir, ne voyait pas sans effroi l'instant où, entouré de neiges, il se trouverait dans l'Engadine et les

Grisons, exposé à mourir de faim pendant l'hiver, ou forcé de rétrograder sur l'Helvétie; car, d'après les rapports de ses reconnaissances, le passage du Splugen lui paraissait impraticable. Il envoya à Paris le général Mathieu Dumas, son chef d'état-major, pour rendre compte de sa situation.

Après avoir écouté attentivement Dumas, le premier Consul l'interrogea sur la force présumée et les positions du corps autrichien du général Hiller, du côté de l'Allemagne, et des divisions Laudon, Dedowich et Wukassowich qui couvraient l'Italie. Embrassant ensuite d'un coup-d'œil cette grande masse des Alpes, entre le Rhin et l'Adige, et débrouillant le chaos au milieu duquel Macdonald avait craint de n'arriver à aucun résultat et de compromettre même le salut de son armée, le premier Consul analysa les différentes hypothèses que ce vaste théâtre présentait à ses combinaisons; puis il ajouta : « Nous leur enleverons, et sans combattre, cette forteresse du Tyrol; il faut manœuvrer sur leurs flancs, menacer leur dernier point de retraite; ils évacueront sur-le-champ toutes les hautes vallées. Je ne changerai rien à mes dispositions : retournez promptement, je vais rompre l'armistice; dites à Macdonald qu'une armée passe toujours et en toute saison partout où deux hommes peuvent poser le pied. Il faut que, quinze jours après la reprise des hostilités, l'armée des Grisons se trouve aux sources de l'Adda, de l'Oglio et de l'Adige; qu'elle ait tiré des coups de fusil sur le mont Tonal qui les sépare, et qu'arrivant sur Trente, elle forme la gauche de l'armée d'Italie, et manœuvre de concert avec elle sur les derrières de celle de Bellegarde. Je saurai porter à temps des renforts où ils seront nécessaires : ce n'est pas sur la force numérique d'une armée, mais bien sur le but, sur l'importance de l'opération, que je mesure le commandement. »

Dumas rapporta donc à Macdonald l'ordre de passer le Splugen. L'armistice fut dénoncé, le 17 brumaire, aux avant-postes autrichiens. Les hostilités devaient commencer le 1er frimaire; Macdonald fit toutes ses dispositions.

Aucune force ennemie ne disputant le passage, l'armée se mit en marche. Nous ne la suivrons point dans les détails et les périls de cette opération. Les difficultés de toute espèce qu'elle présentait furent vaincues par l'audace et la constance des troupes, de leurs officiers et de leur général en chef. Le 15 frimaire, l'armée des Grisons avait passé le Splugen, et le quartier général était établi à Chiavenna.

Le ministre de la guerre écrivit à Macdonald, et lui exprima toute la satisfaction du gouvernement pour l'intrépidité et l'héroïque constance que l'armée avait montrées dans ce passage, qui serait une des époques mémorables des fastes militaires de la France.[1]

L'occupation de la Valteline par l'armée des Grisons avait procuré les deux avantages qu'en atten-

---

[1] Lettre du 23 frimaire.

dait le premier Consul, c'est-à-dire obligé l'armée autrichienne d'Italie à renforcer le corps qu'elle tenait dans le Tyrol, et mis le général Brune en état d'augmenter son armée du détachement qu'il tenait dans la Valteline. Alors Macdonald se trouva sous les ordres de ce général et chargé de seconder ses opérations.

Le projet du gouvernement était que Macdonald arrivât à Trente pour réunir les différens détachemens de son armée, protéger la gauche de l'armée d'Italie dans le territoire vénitien, et pouvoir, dans la suite, coordonner les opérations des armées du Rhin et d'Italie. On présumait que, si les neiges l'empêchaient de passer par Ponte-di-Legno, il lui serait facile d'arriver à Riva, et de là à Trente, tandis que Brune s'occuperait de passer l'Adige : dans cette ville, ses différens détachemens réunis devaient lui former un corps de quinze mille hommes; quand Macdonald serait dans le Tyrol, il était possible qu'il entrât dans les vues du gouvernement de le faire marcher sur la Drave; alors seulement il devait être renforcé d'une partie de l'armée d'Italie; mais, jusqu'à ce moment, on pensait qu'il n'avait pas besoin de plus de douze mille hommes.[1]

Dans les préliminaires signés en l'an VIII par le comte Saint-Jullien, il avait été stipulé que l'empereur ferait désarmer la levée en masse de la Toscane. Cette clause avait été omise par Brune dans la con-

---

[1] Lettre du premier Consul au ministre de la guerre, 29 frimaire.

vention de Castiglione; il avait souffert que les Autrichiens, qui, aux termes de celle d'Alexandrie, ne devaient garder que la ville et la citadelle de Ferrare, occupassent quarante lieues de pays. Les moyens les plus violens étaient mis en œuvre pour soulever les populations. La madone d'Arezzo tirait de sa niche des coups de fusil sur des effigies de Français. C'était le ministre anglais, un moine et la courtisane Mary qui opéraient ce miracle. A Lucques, le général Sommariva pressait l'évêque de prêcher une croisade. A Livourne, la reine de Naples avait crié au théâtre : *Mort aux Français! Mort à Bonaparte!* La levée en masse de la Toscane était soldée par les Anglais, et commandée par Willot et Sommariva ; on l'évaluait à vingt-cinq mille hommes. D'après les ordres du premier Consul, Brune fit entrer en Toscane deux colonnes mobiles conduites par Dupont et Clément. Les insurgés s'enfuirent sans combattre; les Français entrèrent à Florence, à Ancône, et mirent en liberté les patriotes italiens détenus dans les cachots; les rigueurs exercées contre eux par la régence s'étendaient à des milliers de familles. La masse des insurgés s'étant repliée sur Arezzo s'y défendit avec opiniâtreté. Il fallut faire le siége de la place; elle fut emportée, et les insurgés pris les armes à la main furent passés par les armes.

Au moment où deux grandes puissances allaient ébranler l'Italie par le choc de leurs armées, la petite République de Saint-Marin, rappelant à Monge la visite qu'il lui avait faite en l'an v, invoqua son intercession auprès du premier Consul, pour n'être pas engloutie dans les traités qui mettraient un terme à la guerre. Glorieuse d'avoir échappé saine et sauve aux révolutions qui, pendant treize siècles, avaient agité l'Italie, contente de sa médiocrité, elle ne demandait qu'à rester petite et pauvre, mais libre et indépendante.

L'armée d'Italie était belle et nombreuse. Brune avait environ cent mille hommes sous ses ordres, y compris les troupes la plupart italiennes qu'avaient Miollis en Toscane, Soult en Piémont, Dulauloy en Ligurie, et Lapoype dans la Cisalpine. Il lui en restait plus de quatre-vingt mille réunis sur le champ de bataille, et à-peu-près cent mille avec l'armée des Grisons.

L'armée autrichienne était forte de soixante à soixante-dix mille hommes.

En annonçant à l'armée la dénonciation de l'armistice, Brune dit dans une proclamation : « Les cessions des places, les complaisances diplomatiques ne sont qu'une forme évasive dont le but est de gagner du temps; il faut donc recourir aux armes. Soldats de la liberté et de la gloire! les troupes ennemies ne servent que par intérêt : c'est la tâche des peuples esclaves; mais nous, nous sommes les enfans de la patrie, et la gloire nous appartient. »

Les hostilités devaient recommencer le 1er frimaire (22 novembre). Le général Bellegarde avait pour instructions de défendre le Mincio. Brune, auquel il était ordonné d'agir avec vigueur, hésitait à prendre l'offensi .. L'armée ne passa la Chiesa que le 27 frimaire. Les 28 et 29, elle marcha sur le Mincio. L'ennemi ne tint nulle part. La belle hauteur de Mozembano ne fut pas même disputée. Craignant probablement d'être coupé, il abandonna ses positions et se replia sur la rive gauche, ne conservant sur la droite que Goito et Borghetto, et n'ayant perdu que cinq à six cents hommes faits prisonniers. On pouvait le jour même jeter des ponts sur le Mincio, le franchir, et poursuivre l'ennemi. Brune ne se décida que le 3 nivose à faire tenter ce passage sur deux points; à Molino-della-Volta par son aile droite, et à Mozembano par tout le reste de l'armée. A la pointe du jour, Dupont jeta ses ponts et fit passer ses divisions. A dix heures, il apprit que le passage du général Brune à Mozembano était remis au lendemain. Dupont n'en resta pas moins sur la rive gauche du Mincio. Bellegarde marcha avec ses réserves et l'attaqua. On se battit avec beaucoup d'opiniâtreté. Suchet et Davoust accoururent au secours de Dupont; un combat sanglant eut lieu entre vingt à vingt-cinq mille Français contre quarante à quarante-cinq mille Autrichiens. L'action la plus vive s'engagea au village de Pozzolo qui, plusieurs fois pris et repris, resta enfin aux Français et leur coûta cher; ils éprouvèrent au moins autant de mal que l'ennemi. Le général en chef, dont le quartier général était à trois lieues du champ de bataille, ne fit aucune disposition pour secourir son aile droite.

Le 4, l'armée passa le Mincio à Mozembano; mais le général autrichien avait déjà calculé sa retraite, et cherchait à gagner l'Adige. Il conserva seulement des garnisons dans Salionzo et Valleggio pour opérer sûrement sa retraite et évacuer ses blessés. Brune lui en donna le temps, ne dépassa pas ces deux villages, et ne fit dans la journée que trois mille toises de chemin.

Les jours suivans, l'armée se porta en avant et passa l'Adige, le 11 nivôse (1ᵉʳ janvier), sans obstacle. Le lendemain, l'ennemi évacua Vérone et la Corona. Le 16, il fut chassé des hauteurs de Caldiero. Les Français entrèrent à Vicence. Le 21, l'armée passa la Brenta devant Fontanina, pendant que le corps de Moncey occupait Roveredo, et se mettait en communication avec Macdonald.

Prévoyant que les Autrichiens ne tarderaient pas à demander un armistice, le premier Consul en traça les conditions, et fit écrire à Brune de ne pas le conclure à moins qu'on ne lui accordât Mantoue, Peschiera, Ferrare, Ancône et au moins la partie de Legnago qui se trouvait sur la rive droite de l'Adige. Dans le cas où l'ennemi ne voudrait pas accéder à ces conditions, Brune devait marcher sur la Piave, parce qu'il était essentiel, dans le cas où les hostilités recommenceraient, qu'il fût maître de toutes ces places, et qu'il se trouvât sur les débouchés des Alpes Juliennes et Noriques[1]. Mais Brune n'avait

---

[1] Lettre du premier Consul au ministre de la guerre, 19 nivôse.

pas reçu cette dépêche lorsque, sur la demande du général Bellegarde, il chargea Marmont et le colonel Sébastiani de négocier un armistice qui fut signé à Trévise le 26, et d'après lequel Mantoue restait à l'Autriche.

L'armistice comprit l'armée des Grisons; elle prit position dans le Tyrol italien; son quartier général resta à Trente. Elle ne participa point aux succès de la campagne en Italie. Le corps de Baraguay-d'Hilliers ne pénétra à Botzen que le 19 nivose, six jours après le passage de l'Adige, et Macdonald n'arriva à Trente que le 17, lorsque l'ennemi en avait été chassé par la gauche de l'armée d'Italie. Ce général mit, dit-on, de la lenteur et de la mauvaise grâce dans sa coopération, parce qu'il se vit avec peine subordonné à Brune.[1]

Au mécontentement que le premier Consul avait éprouvé des fautes militaires commises dans cette campagne, se joignit celui de voir les négociations compromises, et sa position en Italie incertaine. Il fit donc connaître à Brune qu'il désavouait l'armistice de Trévise, et que si l'on ne rendait pas Mantoue, les hostilités recommenceraient. Le premier Consul fit faire la même déclaration au comte de Cobentzel, et le menaça de dissoudre le congrès si les troupes impériales n'évacuaient sur-le-champ Mantoue, Peschiera, Porto-Legnago, Ferrare et Ancône. Cobentzel effrayé crut devoir souscrire à

---

[1] Gourgaud, t. II, p. 62.

ces conditions et signa, le 5 pluviose, une convention avec le plénipotentiaire français.

Le premier Consul retira ensuite à Brune le commandement en chef, et cependant, lorsqu'il rentra au conseil d'état comme président de la section de la guerre, lui témoigna sa satisfaction de le voir reprendre ses fonctions « après la campagne glorieuse et fatigante qu'il venait de faire, et dans laquelle il avait franchi avec une grande rapidité le Mincio et l'Adige qui avaient, en l'an VII, arrêté les Français. »

En imposant d'humilians armistices à l'empereur, Bonaparte ne négligeait rien pour détacher entièrement de l'Angleterre le puissant allié qu'elle venait de perdre dans le Nord. Lorsque Sprengporten vint en France pour prendre le commandement des prisonniers russes, et les ramener dans leur patrie, le premier Consul envoya au-devant de lui le général Clarke jusqu'à Bruxelles. Le général russe y fut reçu avec la plus grande distinction. Il vint à Paris, accompagné des princes Petrowitz et Dolgorouky, et de quatre autres personnages militaires ou diplomatiques. Il n'était pas ambassadeur; la paix n'était pas rétablie; il n'avait pas de pouvoirs pour en traiter. Sa mission était extraordinaire. On lui rendit tous les honneurs propres à flatter le prince qui l'avait envoyé. Il apporta des lettres du czar au premier Consul. Bientôt leur correspondance devint journalière; ils traitèrent directement des plus grands intérêts et des moyens d'humilier la puissance anglaise. Par un ukase du 17 novembre 1800, Paul Ier avait affecté les propriétés séquestrées des Anglais au paiement de ce qu'ils devaient aux Russes; et le 16 décembre, une convention fut signée entre la Russie, la Suède et le Danemark, pour soutenir les droits de la neutralité. Peu de temps après, la Prusse adhéra à cette convention qui fut appelée la quadruple alliance; ses principales dispositions étaient : 1° Le pavillon couvre la marchandise; 2° Tout bâtiment convoyé ne peut être visité; 3° Ne peuvent être considérées comme objets de contrebande que les munitions de guerre, telles que canons, etc.; 4° Le droit de blocus ne peut être appliqué qu'à un port réellement bloqué; 5° Tout bâtiment neutre doit avoir son capitaine et la moitié de son équipage de la nation dont il porte le pavillon; 6° Les bâtimens de guerre de chacune des puissances contractantes, protégeront et convoieront les bâtimens de commerce des deux autres; 7° Une escadre combinée sera réunie dans la Baltique pour assurer l'exécution de cette convention.

Le 17 décembre, le gouvernement anglais ordonna la course sur les bâtimens russes, et, le 14 janvier 1801, en représailles de la convention du 16 décembre 1800, qu'il appelait attentatoire à ses droits, il ordonna un embargo général sur tous les bâtimens appartenant aux trois puissances qui avaient signé la convention. Cet ordre fut signalé par le gouvernement consulaire, comme l'acte le plus attentatoire aux droits des peuples et des souverains, que le délire de l'ambition, de la cupidité et du despotisme eût jamais inspiré à aucun gouvernement.[1]

Aussitôt après la ratification de la convention du 16 décembre, Paul Ier expédia un officier au premier Consul pour la lui faire connaître. Il lui fut présenté à la Malmaison le 30 nivose, et lui remit une lettre de l'empereur. Le même jour parut un arrêté des Consuls qui, non-seulement défendit la course sur les bâtimens russes, mais ordonna aux bâtimens français de leur prêter secours et assistance. Il n'y fut question ni de la Suède ni du Danemark; la France était en paix avec ces deux puissances. Le mois suivant, Paul Ier publia un ukase par lequel il permit de communiquer de nouveau avec la France, et enjoignit aux vaisseaux russes de respecter le pavillon français.

Paul Ier avait fait placer solennellement le buste du premier Consul dans son nouveau palais de Michaëlowitsh. Il avait donné l'ordre à la cour de Mittau, par la saison la plus rigoureuse (janvier), de sortir sur-le-champ de ses états.

Le général russe Lewaschef, grand-veneur, vint à Paris pour offrir, en faveur de la cour de Naples, la médiation de l'empereur que la reine Caroline était allée solliciter à Saint-Pétersbourg; elle fut acceptée. Après lui vint le comte de Kalitschef, ac-

---

[1] Moniteur, 1er pluviose.

compagné d'une nombreuse légation; il avait des pouvoirs de l'empereur. Caffarelli, chef de l'état-major de la garde des Consuls, alla le recevoir à la frontière, et l'accompagna jusqu'à Paris.

Des escortes d'honneur furent disposées dans tous les lieux où devait passer cet ambassadeur. Les deux cours étaient donc dans les meilleurs rapports, et les communications ou ne peut pas plus animées. Aux Tuileries, tout paraissait russe; c'était un échange empressé d'éloges flatteurs, une succession continuelle de procédés généreux. « La France ne peut s'allier qu'avec la Russie, disait le premier Consul. Cette puissance règne sur la Baltique et la mer Noire; elle a la clef de l'Inde; l'empereur d'une telle nation est véritablement un grand prince. Si Paul Ier est singulier, il a du moins une volonté à lui. »

Peu de temps après la rupture de la négociation ouverte pour l'armistice maritime, le gouvernement anglais avait pris la résolution de soumettre de nouveau les pêcheurs français à toutes les rigueurs de la course. Otto en informa de suite (10 pluviose) le ministre des relations extérieures. Talleyrand lui répondit que le premier Consul lui ordonnait de quitter Londres pour repasser en France, et de remettre, en se retirant, au gouvernement britannique une note envoyée de Paris. En y annonçant que le motif de son départ était la détermination violente prise envers les pêcheurs, Otto déclarait que le gouvernement français ayant eu toujours pour premier désir de contribuer à la pacification générale, et pour maxime d'adoucir autant que possible les maux de la guerre, ne pouvait songer, pour sa part, à rendre de misérables pêcheurs victimes de la prolongation des hostilités, qu'il s'abstiendrait de toutes représailles, et qu'il avait, au contraire, ordonné que les bâtimens français, armés en guerre ou en course, continuassent à laisser la pêche libre et sans atteinte.

Depuis un an, la Grande-Bretagne avait autant perdu de son influence en Europe que la France en avait acquis par ses victoires. L'Autriche, prenant conseil de ses défaites, négociait sérieusement la paix. A la tête des puissances du Nord, l'empereur de Russie concertait avec le premier Consul des plans alarmans pour la prépondérance de l'Angleterre. Il ne lui restait plus d'alliés que la Porte-Ottomane et la reine de Portugal. Ses embarras intérieurs concouraient avec les dangers extérieurs à aggraver sa situation. Le ministère sentit alors que, loin de songer à imposer un gouvernement à la France, il faudrait se préparer à subir, et même à demander la paix jusqu'à ce que des circonstances plus favorables permissent de reprendre les armes. Mais, trop fier pour abjurer ses principes, le ministre de la guerre perpétuelle, Pitt, donna sa démission. Ses amis, Dundas Windham et Grenville, se retirèrent avec lui.

On a voulu attribuer aussi sa résolution à son refus de concourir à l'établissement d'une commission pour donner la sanction à diverses lois, que les conseillers secrets de la couronne avaient fait signer au roi, après que son aliénation mentale avait été constatée. Cette cause ne put être que très secondaire. Pitt n'était pas homme à quitter le timon des affaires par scrupule pour une mesure illégale et une déception.

Il disparaissait donc de la scène l'homme d'état qui, maître de toute la politique européenne, tenant dans ses mains le sort moral des peuples, avait incendié l'univers, et s'était inscrit dans l'histoire à la manière d'Erostrate. Toutes les résistances à la révolution et au vœu national, tous les crimes qui en furent la conséquence, la conflagration générale, les coalitions qui l'avaient entretenue, la dévastation, le bouleversement de l'Europe, le sang des peuples versé à grands flots, la dette effroyable de l'Angleterre, le système funeste des emprunts, le malaise universel ; tout cela était son ouvrage. Tel est le jugement de Napoléon sur Pitt [1] ; tel est celui que portent sur lui, à quelque parti qu'ils appartiennent, la majorité des vrais Français et les amis de l'humanité par toute la terre.

Le nouveau ministère fut composé des lords Saint-Vincent, Hawkesbury, Hobart, Eldon, du duc de Portland, et eut pour chef Addington ; il était essentiellement tory ; c'était un changement d'hommes et non pas de principes. Pitt et son

[1] Las Cases, t. VII, p. 121.

parti lui promirent leur concours et leur appui.

Ce changement en fit présager un dans les rapports de l'Angleterre avec la France et empêcha le départ d'Otto.

CHAPITRE XV.

Traité de Lunéville. — Campagne du corps d'observation en Italie. — Relations amicales avec la cour de Rome. — Armistice de Foligno, accordé par Murat à l'armée napolitaine. — Promulgation de la paix de Lunéville. — Traité de paix entre Naples et la France. — Expédition des Anglais contre Copenhague. — Mort de Paul Ier.

Après les victoires, les armistices, les concessions de places faites par Cobentzel, les négociations prirent une marche plus rapide. Il y avait cependant à discuter un point de forme important. L'empire ne se trouvait point représenté à Lunéville; il devait supporter les indemnités à payer aux princes dont les possessions se trouvaient cédées à la France. Le premier Consul exigea que l'empereur stipulât au nom du corps germanique; sa constitution s'y opposait; l'empereur n'avait point de pouvoirs: gardien de la constitution, il la sacrifia à ses propres intérêts, comme il avait fait à la paix de Campo-Formio, et s'en excusa sur la nécessité, par sa lettre du 8 février 1801 aux électeurs, princes et états de l'empire.

Quoi qu'on en ait dit, le premier Consul ne tenait pas absolument à l'abandon de la Toscane par la maison d'Autriche. Il n'en avait pas été question dans son message du 12 nivose; Joseph Bonaparte avait même le pouvoir de signer sans cette condition. Autorisé par une lettre de l'empereur, Cobentzel essaya de séduire le plénipotentiaire français par les offres les plus brillantes et les plus positives, pour qu'il n'insistât pas sur la cession de ce pays. Joseph les repoussa, et n'en mit que plus de chaleur à l'exiger. Ainsi, la maison d'Autriche ne perdit peut-être la Toscane que pour avoir voulu la conserver par la corruption.

Le traité de paix fut signé à Lunéville, le 20 pluviose, sur les bases du traité de Campo-Formio. La cession des ci-devant provinces belgiques y fut de nouveau consentie, celle des provinces de la rive gauche du Rhin définitivement consacrée; et bientôt une loi déclara que les départemens de la Roër, de la Saare, de Rhin-et-Moselle et du Mont-Tonnerre, faisaient partie intégrante du territoire français.

Moyennant une indemnité en Allemagne, le grand-duc de Toscane renonça à son duché et à la partie de l'île d'Elbe qui en dépendait, et les céda en toute souveraineté à l'infant duc de Parme. Conversant sur les avantages que l'Espagne retirait du traité : « Il faudra voir, dit le premier Consul, si, par reconnaissance, elle ne devra pas nous céder un filon du Mexique ou du Pérou. »

Les parties contractantes se garantirent mutuellement l'indépendance des Républiques batave, belvétique, cisalpine et ligurienne, et reconnurent aux peuples qui les habitaient, la faculté d'adopter telle forme de gouvernement qu'ils jugeraient convenable.

Dans ce traité, la France n'abusa point des droits de la victoire. Elle était fondée à demander la réparation d'un lâche outrage, l'assassinat de ses plénipotentiaires au congrès de Rastadt; non-seulement il n'en fut pas dit un seul mot dans le traité, mais cette question ne fut pas même sérieusement abordée dans la négociation. On se contenta de la déclaration de l'Autriche que ce massacre, commis par ses hussards et par l'ordre de son ministre Lehrbach, n'avait point été ordonné par elle. On craignit que Jean Debry ne renouvelât dans le tribunat quelque sortie violente, comme au 18 ventose an VIII. Joseph Bonaparte lui écrivit de Lunéville, que quoiqu'on regardât cet assassinat comme venant d'outremer, la France, attendu que les Allemands en avaient été témoins, n'avait voulu ni traiter de la paix ni établir le congrès en Allemagne. Était-ce donc là une réparation?

La signature de la paix fut notifiée aux grands corps de l'état par un message dans lequel le gouvernement analysait les dispositions du traité, les avantages qui en résultaient pour la République, les garanties qu'elles promettaient à la tranquillité de l'Europe, et annonçait que, pour prix de la fidélité du roi d'Espagne à la cause de la France, un prince de son sang allait s'asseoir sur le trône de Toscane; il retraçait les vains efforts faits pour amener l'Angleterre à des dispositions pacifiques, et les préparatifs des puissances du Nord pour s'opposer à ses prétentions ambitieuses. La lecture de ce message fut accueillie par des cris de *Vive la République*, et des orateurs célébrèrent à-la-fois le bienfait de la paix, et le chef du gouvernement auquel on en était redevable. Au Corps-Législatif, Viennot-Vaublanc prédit en ces termes les résultats du traité : « La France victorieuse, libre et enrichie, prouvera au monde entier qu'un grand peuple peut être heureux par les institutions républicaines, s'il a eu la sagesse d'instituer en même temps un gouvernement énergique, et de le confier à des mains dignes de lui. — Et toi, dit le président du tribunat, qui, si jeune encore, as déjà compté plusieurs siècles de gloire, Bonaparte, je te remercie au nom du peuple français. Dans les combats, tu fus l'émule du dieu de la guerre. Aujourd'hui Minerve est ton Mentor. Sagesse et courage, voilà tes vertus. Avec elles, tu rendras la République heureuse, immortelle comme ton nom. »

Des députations des grands corps de l'état vinrent présenter leurs félicitations au premier Consul. Il répondit à la députation du Corps-Législatif : « Le peuple ne goûtera pas encore tous les bienfaits de la paix, tant qu'elle ne sera pas faite avec l'Angleterre; mais un esprit de vertige s'est emparé de ce gouvernement qui ne connaît plus rien de sacré. Sa conduite est injuste, non-seulement envers le peuple français, mais encore envers toutes les puissances du continent, et lorsque les gouvernemens ne sont pas justes, leur prospérité n'est que passagère. Toutes les puissances du continent feront rentrer l'Angleterre dans le chemin de la modération, de l'équité et de la raison.

« Mais la paix intérieure a précédé la paix extérieure. Dans le voyage que je viens de faire dans plusieurs départemens [1], j'ai été touché de l'accord et de l'union qui régnaient entre tous les citoyens. Le gouvernement se plaît à rendre justice au zèle du Corps-Législatif pour la prospérité du peuple français, et à son attachement pour le gouvernement. En mon particulier, je désire que vous lui fassiez bien connaître la confiance que j'ai en lui, et combien je suis sensible à cette démarche spontanée et au discours que vient de m'adresser son président. »

Les Belges membres du Corps-Législatif vinrent en particulier complimenter le premier Consul qui leur répondit : « Il n'était plus au pouvoir du gouvernement de transiger pour les neuf départemens qui formaient autrefois la Belgique ; puisque, depuis leur réunion, ils font partie intégrante du territoire français. Il est cependant vrai de dire que le droit public, tel qu'il était reconnu en Europe à cette époque, a pu autoriser des individus qui voyaient

---

[1] Pour visiter le canal de Saint-Quentin, en pluviôse.

dans l'empereur leur souverain légitime, à ne pas se reconnaître comme Français; mais depuis le traité de Campo-Formio, tout habitant de la Belgique qui a continué de reconnaître l'empereur pour son souverain, et est resté à son service, a, par cela seul, trahi son devoir et sa patrie. Depuis ce traité, les Belges étaient Français comme le sont les Normands, les Alsaciens, les Languedociens, les Bourguignons. Dans la guerre qui a suivi ce traité, les armées ont éprouvé quelques revers; mais quand même l'ennemi aurait eu son quartier général au faubourg Saint-Antoine, le peuple français n'aurait jamais ni cédé ses droits ni renoncé à la réunion de la Belgique. »

Le premier Consul avait annoncé à la France le rétablissement de la paix continentale, avant de l'avoir conclue avec le roi de Naples; il dédaignait un ennemi aussi peu redoutable, qui, abandonné par l'Autriche, allait recevoir la loi. Le corps d'observation du midi fut chargé de la lui dicter. Le roi de Naples avait mis des troupes en mouvement pour seconder les Autrichiens. Le général Damas, après avoir traversé les états du pape, était venu prendre position sur les confins de la Toscane avec une force de seize mille hommes dont huit mille Napolitains. Il devait rallier, dans la Romagne et le Ferrarais, des troupes d'insurgés chassés de la Toscane par la garde nationale de Bologne et par la colonne mobile que le général Brune y avait envoyée avant l'armistice de Trévise.

La retraite de l'armée autrichienne qui avait été forcée de repasser le Pô, le Mincio, l'Adige, la Brenta, avait déconcerté tous les projets des ennemis sur la rive droite du Pô. Miollis commandait en Toscane cinq à six mille hommes de troupes, la plupart italiennes. Les garnisons qu'il avait mises dans les places ne lui laissaient que trois mille cinq cents à quatre mille hommes disponibles. Établi à Florence, il maintenait le bon ordre dans l'intérieur; et les batteries élevées à Livourne tenaient en respect les bâtimens anglais. Les Autrichiens qui s'étaient montrés en Toscane, s'étaient retirés partie sur Venise, pour en renforcer la garnison, et partie sur Ancône.

Le 24 nivose, instruit qu'une division de cinq à six mille hommes du corps de Damas s'était portée sur Sienne dont elle avait insurgé la population, Miollis marcha à sa rencontre avec trois mille hommes, l'atteignit en avant de Sienne, la culbuta sur cette ville dont il força les portes à coup de canon et de hache, et passa au fil de l'épée tout ce qu'il y trouva les armes à la main. Il fit poursuivre, pendant plusieurs jours, les restes de ces bandes, et les expulsa de la Toscane. Cependant de nouvelles forces partirent de Naples pour venir renforcer l'armée de Damas.

Le corps d'observation réuni sous le commandement de Murat, qui s'était rendu en Italie par le Mont-Cenis, arriva à Milan, le 23 nivose, et continua sa route sur Florence. Il était fort de dix mille hommes, et avait un parc de trente bouches à feu.

La situation du roi de Naples était devenue très critique, depuis que l'Autriche l'avait abandonné à lui-même en concluant l'armistice de Trévise; mais, comme nous l'avons dit, la reine avait, par prévoyance, obtenu de l'empereur de Russie qu'il intervînt en sa faveur auprès du premier Consul. Il dépêcha à Paris le général Lewaschef. Le premier Consul l'accueillit avec distinction, accepta la médiation de Paul Ier, et consentit à suspendre les opérations du général Murat sans cependant accorder d'armistice, et se réservant de régler les conditions de la paix. Lewaschef, ayant rempli sa mission à Paris, partit pour Naples. Le premier Consul fit ordonner à Brune de le recevoir avec honneur, de le défrayer tant qu'il se trouverait sur le territoire occupé par l'armée française. L'envoyé russe rencontra à Bologne Murat qui lui fit le plus brillant accueil. Ils arrivèrent ensemble à Florence au milieu des illuminations. Ils parurent au théâtre. On présenta au général Lewaschef un drapeau russe. Il le joignit au drapeau tricolore, en s'écriant que deux grandes nations devaient être unies pour la paix du monde et le bien général.

Les états romains se trouvaient menacés par les opérations militaires des Français en Italie, et particulièrement par leurs mouvemens contre les troupes napolitaines; mais le premier Consul qui traitait alors avec la cour de Rome pour le rétablissement du culte catholique en France, avait pour elle toutes sortes d'égards et de ménagemens. Dès la reprise des hostilités, il lui avait déclaré que son intention était de protéger les états du saint-siège, et que l'armée française ne dépasserait pas les limites de la Cisalpine et de la Toscane, à moins qu'elle ne s'y trouvât forcée par l'entrée d'une armée napolitaine sur le territoire de Rome, ou par un débarquement de troupes anglaises. Il donna donc pour instruction à Murat de traiter la cour de Rome comme une puissance amie, et de lui témoigner, en toute occasion, la grande estime qu'il avait pour le pape[1]. Murat envoya le général Paulet, avec trois mille hommes, prendre possession d'Ancône et de ses forts conformément à la convention de Trévise. Il écrivit au cardinal Consalvi que le double but de sa marche était d'occuper cette place et de rendre au saint-père la libre jouissance de ses états, en obligeant les Napolitains à évacuer le château de Saint-Ange et tout le territoire de Rome, espérant, par une prompte évacuation, épargner à sa sainteté le désagrément de voir la ville qu'elle habitait devenir le théâtre de la guerre; que toutefois, il lui était ordonné par son gouvernement de ne pas dépasser Cita-Castellane, à moins qu'il ne fût positivement appelé par le pape; que c'était assez lui faire connaître la considération que le premier Consul avait pour lui[2].

[1] Lettre du premier Consul au ministre de la guerre, 27 nivôse.
[2] Lettre du 4 pluviôse.

Dès son arrivée en Toscane, le général Murat avait écrit au général Damas pour lui demander les motifs de son mouvement offensif, et lui signifier qu'il eût à évacuer sur-le-champ le territoire romain. Damas lui répondit que les opérations du corps sous ses ordres avaient toujours dû se combiner avec celles de l'armée autrichienne; que, puisqu'un armistice avait été conclu avec les Autrichiens, les troupes qu'il commandait, étant celles d'une puissance alliée de l'empereur, se trouvaient aussi en armistice avec les Français.

La réplique de Murat, qui ne se fit pas long-temps attendre, rappela à la cour de Naples que le premier Consul n'avait oublié ses nombreuses injures que par considération pour l'empereur de Russie; ainsi on avait dû espérer que le général Damas serait resté paisible spectateur d'une lutte dans laquelle il était de bien peu d'importance. Cependant, oubliant pour la dixième fois ce que sa politique véritable et la conduite généreuse du gouvernement français exigeaient de lui, le roi de Naples avait fait pénétrer ses troupes en Toscane, où elles étaient venues se faire battre par le général Miollis. Le roi ne pouvait réclamer le bénéfice de l'armistice de Trévise, où il n'était point question de lui, ni l'influence de l'Autriche qui ne pouvait plus le protéger. Il n'avait donc rien à espérer que de la considération du premier Consul pour l'empereur de Russie. Afin de mériter la continuation des bontés de ce prince, il fallait évacuer tous les états du pape et le château

Saint-Ange, fermer les ports du royaume de Naples et de la Sicile aux Anglais, mettre embargo sur leurs bâtimens. Après que l'ambassadeur russe aurait certifié que ces préliminaires étaient remplis, Murat promettait d'arrêter sur-le-champ sa marche et de conclure un armistice précurseur d'une paix juste et équitable.[1]

Le premier Consul avait aussi chargé Murat de réclamer le savant Dolomieu et d'autres Français de l'armée d'Orient arrêtés en Sicile, et d'envoyer en France, sous sûre escorte, pour répondre de ces détenus, les prisonniers qu'il pourrait faire parmi les officiers napolitains ou les personnes appartenant à la cour.

Le général Paulet prit possession des forts et de la ville d'Ancône, y fit rétablir les autorités du pape et arborer ses couleurs. Le cardinal Consalvi écrivit à Murat pour lui exprimer, dans les termes les plus flatteurs, la reconnaissance dont le saint-père était pénétré pour le premier Consul, auquel étaient attachés la tranquillité de la religion, et le bonheur de l'Europe. Il lui donna l'assurance qu'à Ancône les prêtres se conduiraient de manière à justifier la protection qu'on leur accordait, et à s'en rendre toujours plus dignes. Rendant compte des instances qu'avait faites le pape au général Dumas, pour qu'il n'exposât pas les états romains à une invasion des Français, Consalvi conjurait Murat d'é-

[1] Lettre du 5 pluviose.

pargner ce désagrément au saint-père¹. L'intention du premier Consul était que Murat assistât à quelques grandes cérémonies religieuses pour convaincre le peuple que les Français n'étaient point ennemis de la religion; qu'il ne permît pas à un seul Italien réfugié d'aller à Rome, et qu'il ne souffrît rien de ce qui pourrait inquiéter le gouvernement romain.²

L'envoyé napolitain, de Gallo, avait un passeport pour se rendre à Paris; mais le premier Consul fit écrire à Murat que ce négociateur ne serait point écouté si, au préalable, on ne mettait l'embargo sur les bâtimens anglais; qu'il ne devait consentir d'armistice qu'aux conditions qui lui étaient communiquées par le ministre des relations extérieures, et, en outre, en se réservant la faculté d'occuper, jusqu'à la paix maritime, les principaux points du golfe de Tarente avec huit mille hommes de garnison, et une libre communication avec Ancône.³

Murat s'était mis en marche. A peine Damas en fut-il instruit qu'il se replia en toute hâte sous les murs de Rome. Le 20 pluviose (9 février), l'armée française était placée sur la Néra, jusqu'à son embouchure dans le Tibre, et jusqu'aux confins des états du roi de Naples. Après quelques pourparlers, Murat consentit, par égard pour la Russie, à signer à Foligno, le 29, un armistice de trente jours entre

¹ Lettre du 31 janvier (11 pluviose).
² Lettre du premier Consul au ministre de la guerre, 24 pluviose.
³ Idem 24 pluviose.

son corps d'armée et les troupes napolitaines, d'après lequel elles évacuéront Rome et les états du pape. Le saint-père fit inviter Murat par l'archevêque Galeppi, à se rendre à Rome. Il y vint sans troupes, seulement avec quelques officiers. Un courrier lui apporta la nouvelle de la paix de Lunéville, tandis qu'il dînait chez le pape. Sa sainteté ordonna une illumination, et déclara qu'elle était résolue de fermer ses ports aux Anglais.

Les instructions du premier Consul sur les conditions de l'armistice étaient postérieures à celui de Foligno; Murat n'avait donc pu s'y conformer. Le premier Consul l'autorisa à en conclure un nouveau moyennant que toutes les conditions de l'armistice de Foligno, relatives aux Anglais, aux Turcs et aux Français, seraient ponctuellement exécutées; que tous les objets d'art appartenant à la France, qui avaient été pris à Rome par les Napolitains, seraient restitués; qu'une division de douze mille hommes prendrait possession de Tarente et de toute la partie de la presqu'île, depuis l'embouchure de la rivière de l'Ofanto, en occupant Minervino, Gravina et la rive gauche de la rivière de Bradano jusqu'à son embouchure dans la mer; que les forteresses de Tarente, de Gallipoli, d'Otrante, de Brindisi, et en général toutes celles qui étaient situées dans cette presqu'île, seraient remises, avec leur artillerie, au pouvoir de l'armée française; qu'une autre division occuperait Chietti et Aquila; que le roi de Naples ferait payer 500,000 francs par mois à la caisse de cette division, pour sa subsistance et sa solde, indépendamment du blé nécessaire pour sa nourriture[1]. La cour des Deux Siciles payait cher sa duplicité et ses imprudences; mais elle ne pouvait plus échapper à ces conditions humiliantes; on pouvait donc les considérer comme acceptées.

Le Corps-Législatif ayant décrété la promulgation du traité de Lunéville, la paix continentale fut annoncée à la France par une proclamation des Consuls, et publiée solennellement dans Paris. Le tribunat émit le vœu que le gouvernement décernât au plénipotentiaire français un témoignage public de la satisfaction nationale. Dès que les ratifications du traité de Lunéville furent échangées, le premier Consul donna des ordres pour que les troupes françaises eussent évacué le pays ennemi au 16 germinal.

Le rétablissement de la paix fut célébré par des fêtes; celle donnée par Berthier, ministre de la guerre, fut l'une des plus brillantes. Dans une salle, l'olivier s'unissait au laurier; on voyait, de la bouche des canons, sortir des parfums et des fleurs. Les premiers sujets des théâtres de Paris, dans tous les genres, y déployèrent leurs talens. On y joua une pièce de circonstance dans laquelle un rôle était donné à *Moustache*, courrier du premier Consul : il apporta la paix, en disant que *depuis dix ans il courait après elle*. Le jardin était un camp où se

---

[1] Lettre au ministre de la guerre, 30 pluviôse.

trouvaient des soldats français, des Mamlouks et des Arabes. L'illusion était complète en voyant ces feux allumés, ces faisceaux d'armes, ces guerriers en silence dont les uns se livraient au sommeil, tandis que les autres veillaient au salut du camp.

En mémoire de la pacification continentale, on frappa une médaille portant d'un côté la tête du premier Consul avec sa légende, de l'autre une figure de la Paix, debout, présentant d'une main une branche d'olivier, tenant de l'autre une corne d'abondance.

Il ne restait plus qu'à terminer un débat de peu d'importance avec la cour des Deux-Siciles. L'armistice de Foligno étant près d'expirer, Murat envoya un aide-de-camp à Naples. Le général russe Lewaschef, qui y avait été reçu avec une grande pompe, travailla à faire accepter les conditions imposées par le premier Consul. La cour de Naples, le ministre Acton, dévoués aux Anglais, avaient une grande répugnance à rompre avec eux; mais comment éluder cette clause, d'ailleurs conforme à la politique de l'empereur de Russie qui était alors en guerre avec l'Angleterre? Il fallut bien s'y décider, sous peine de voir recommencer les hostilités et envahir le royaume. Un embargo fut ordonné sur tous les bâtimens anglais; mais on leur avait donné le temps de sortir des ports; on prononça l'expulsion des Anglais qui n'avaient pas attendu cette mesure; l'armée napolitaine quitta les états romains et rentra sur son territoire. Tels étaient la mauvaise foi et le vertige de cette cour que, pendant la durée de l'armistice et la négociation de la paix, l'escadre de l'amiral Warren parut dans le golfe de Naples, eut de fréquentes communications avec la ville, et y embarqua des vivres.

Pendant que, de Terni et des bords de la Nera, l'armée d'observation du midi menaçait les frontières napolitaines, le plénipotentiaire français Alquier, après plusieurs conférences avec le chevalier de Micheroux, signait, le 7 germinal, à Florence, un traité de paix dont les conditions déjà exposées formaient les principales stipulations. Le roi des Deux-Siciles renonçait en outre à ses possessions dans l'île d'Elbe, et rappelait ceux de ses sujets qu'il avait bannis ou qui avaient été forcés de s'expatrier pour des causes politiques.

Trois jours après la signature du traité, qui laissait l'armée française occuper une partie du royaume de Naples, Soult se mit en marche pour Tarente. Le premier Consul lui fit donner pour instructions de maintenir une sévère discipline, de ne se mêler d'aucune révolution, de comprimer tous les partis, de déclarer que la France ne voulait point révolutionner Naples, et qu'elle était sincèrement réconciliée avec le roi. L'intention du premier Consul était que Soult et son état-major allassent à la messe les jours de fête, avec la musique; qu'il vécût en bonne intelligence avec les prêtres et les officiers du roi; que l'on occupât principalement Tarente, et qu'on fortifiât le port de manière à ce que l'escadre française s'y trouvât à l'abri contre une escadre supérieure[1]. Ce qui lui faisait attacher le plus grand prix à l'occupation de l'Italie orientale, c'est que, de cette position, on pouvait envoyer des troupes en Égypte, en Grèce ou en Dalmatie.

Dès que la guerre fut déclarée entre l'Angleterre d'une part, la Russie, la Suède et le Danemark de l'autre, l'Angleterre envahit les colonies danoises et suédoises, et s'en empara sans peine. Les troupes danoises entrèrent à Hambourg pour intercepter l'Elbe au commerce anglais. La Prusse fit prendre possession du Hanovre, et ferma les bouches de l'Ems et du Weser. Les trois puissances du nord armaient avec activité leurs vaisseaux; mais l'Angleterre ne leur donna pas le temps d'achever leurs armemens, et fit sortir d'Yarmouth (12 mars) une flotte de cinquante voiles, dont dix-sept vaisseaux de ligne, sous le commandement des amiraux Parker et Nelson, avec mille hommes de débarquement. Malgré une tempête qui les dispersa, après des communications faites au cabinet de Copenhague pour le détacher de la coalition, l'amiral Parker prit la résolution de passer le Sund, et y réussit sans avoir perdu un seul homme. Il ne fut pas atteint par le feu des batteries danoises. Sous des prétextes futiles et par des motifs inexplicables, celles de la Suède ne tirèrent pas. Les amiraux anglais employèrent trois jours à reconnaître la ligne d'embossage des

[1] Lettre du premier Consul au ministre de la guerre, 25 germinal.

Danois, et à faire leurs plans et les dispositions d'attaque. Elle commença le 2 avril, et fut reçue avec bravoure et vigueur. Une partie de la ligne danoise avait amené. Cependant la gauche restait entière ; par sa résistance, elle faisait beaucoup souffrir les vaisseaux anglais, et les mettait en danger. L'amiral Parker fit le signal de cesser le combat et de s'éloigner. Avant de prendre ce parti, Nelson envoya un parlementaire proposer un arrangement, menaçant les Danois, s'ils continuaient leur feu, de faire sauter ses prises avec leurs équipages. Cette démarche les intimida ; on conclut une suspension d'armes. Nelson se rendit à terre le 4 ; une convention fut signée. Elle portait qu'il y aurait un armistice de trois mois et demi, uniquement pour la ville de Copenhague et le Sund ; que l'escadre anglaise serait obligée de se tenir à la distance d'une lieue des côtes du Danemark, depuis sa capitale jusqu'au Sund ; que la rupture de l'armistice serait dénoncée quinze jours avant la reprise des hostilités ; qu'il y aurait *statu quo* parfait sous tous les autres rapports.

Les forces du Danemark étaient paralysées pour quelque temps ; mais il ne s'était pas détaché de la coalition. La Suède et la Russie poursuivaient l'armement de leurs escadres ; il fallait donc s'attendre à de nouveaux combats. Un événement immense par ses résultats, la mort de Paul Ier, vint dissoudre tout-à-coup la confédération dont il était l'auteur, le chef et l'âme. Cette nouvelle arriva à Copenhague au moment où l'on venait de signer l'armistice ; on as-

encore même que le cabinet danois la reçut pendant les conférences qui précédèrent la convention, et se pressa en conséquence de la conclure.

Il ne pouvait rien arriver de plus heureux à l'Angleterre, ni de plus contraire aux grands desseins formés par le premier Consul. La nouvelle de la mort du czar lui fut apportée à la Malmaison par Talleyrand, et fit sur lui une profonde impression. Le ministre chercha à le calmer en lui disant que c'était le mode de destitution usité en Russie. « Ils m'ont manqué au 3 nivose, dit le premier Consul, en parlant des Anglais; il ne m'ont pas manqué à Saint-Pétersbourg ». Il fit annoncer cet événement en quelques mots d'un laconisme énergique :

« *Paul I*ᵉʳ *est mort dans la nuit du 24 au 25 mars!!!*

« *L'escadre anglaise a passé le Sund le 31 !!!*

« *L'histoire nous apprendra les rapports qui peuvent exister entre ces deux événemens* »*!!!* [1]

Les peuples sont toujours disposés à soupçonner des causes secrètes dans la fin subite des princes et des grands personnages, comme s'ils n'étaient pas soumis aux lois communes de l'humanité. La mort de Paul Iᵉʳ pouvait être naturelle; dans les gazettes officielles, on l'attribuait à une apoplexie; mais on connaissait la signification de ce mot à la cour des czars, et l'on sut bientôt que Paul Iᵉʳ avait été assassiné. L'Angleterre étant la seule puissance à laquelle cet événe-

[1] *Moniteur*, 27 germinal.

ment profitait, l'opinion de l'Europe le lui imputa.

Si Paul Ier avait vécu, il aurait soutenu la coalition du nord, et, de concert avec la France, envoyé une armée dans l'Inde. Le premier Consul en avait fait le plan, et s'était engagé à fournir trente mille hommes de bonnes troupes. Le czar devait y réunir un pareil nombre de ses meilleurs soldats, et quarante mille cosaques. On négociait avec la Perse le passage sur son territoire; on comptait l'obtenir. Le rendez-vous était à Varsovie. De cette ville, l'armée franco-russe se dirigeait vers la mer Caspienne où elle devait s'embarquer; ou bien, selon les circonstances, elle aurait continué sa marche par terre.

Le ministre de la police, Fouché, découvrit que des mains infidèles avaient surpris au ministère des relations extérieures, et vendu au cabinet anglais des documens importans sur les engagemens secrets de Paul et du premier Consul. Un employé de ce ministère, Lab...., fut poursuivi, et se sauva à l'étranger. Cet événement parut n'être pas sans liaison avec l'assassinat du czar; il attira quelques désagrémens à Talleyrand, et mit de plus en plus les deux ministres en état d'hostilité l'un contre l'autre.

Si l'histoire n'a pas encore complètement révélé les rapports qui pouvaient exister entre la mort de Paul Ier et le passage du Sund par la flotte anglaise, elle nous a du moins fait connaître le complot ourdi contre la vie de l'empereur, et les noms de ses assassins; elle nous a appris que, tout dégoûtans du sang du père, ils proclamèrent le fils; qu'Alexandre reçut leur serment de fidélité, et qu'ils restèrent impunis.

Le premier Consul envoya son aide-de-camp Lauriston à Copenhague, pour y raffermir la confiance ébranlée par l'attaque de la flotte. Il y reçut le meilleur accueil de la part du prince royal. Le nom anglais y était en exécration [1]. On s'exerçait de toutes parts au maniement des armes; tout Danois était soldat. Mais la cause commune pouvait-elle rien espérer de cet élan national, lorsque l'assassinat de Paul Ier proclamait le triomphe de l'Angleterre à la cour de Russie?

---

[1] Un monument fut projeté à la mémoire des guerriers qui avaient succombé dans la journée du 2 avril. Il fut terminé et inauguré en 1804.

CHAPITRE XVI.

Session du Corps-Législatif. — Liste de notabilité. — Archives nationales. — Tribunaux spéciaux. — Procédure criminelle. — Lois diverses. — Finances. — Forme de promulgation des traités de paix. — Travaux préparatoires du Code civil. — Instruction publique. — Liberté de la presse. — Translation de la bibliothèque nationale. — Musée. — Exposition des produits de l'industrie ordonnée. — Bergerie nationale. — Fête du 14 juillet. — Commerce, industrie, encouragemens. — Canal de Saint-Quentin. — Route du Simplon. — Vaccine.

Dans son discours pour l'anniversaire du 1er vendémiaire, Andrieux caractérisa ainsi le tribunat, dont il était président : « Dans quel lieu, dans quelle assemblée peut-il être plus convenable et plus doux de célébrer la fondation de la République, qu'au sein d'une autorité essentiellement populaire, au sein du tribunat? C'est ici, je le dirai sans craindre de blesser les amis de la liberté qui siègent dans les autres autorités constitutionnelles, c'est ici que l'amour de la patrie, l'horreur de l'oppression, le noble désintéressement, le dévoûment héroïque, toutes les vertus républicaines, doivent avoir leur sanctuaire et leur autel. Vous en devez à la France la conservation et l'exemple. »

La session du Corps-Législatif, convoqué par un arrêté du gouvernement, s'ouvrit le 1er frimaire. Le ministre de l'intérieur, introduit dans la salle, prononça une sorte de discours d'ouverture. Le 2, à la lecture du procès-verbal, on en retrancha la mention de la présence du ministre, attendu qu'elle n'était nullement exigée. Trois orateurs du gouvernement lurent un *Exposé de la situation de la République*, que ses principes lui faisaient un devoir de mettre sous les yeux de la France. Ce n'était pas un discours académique et de vaine parade, une de ces allocutions calculées pour dire en beaucoup de mots le moins de choses possible. Rédigé dans le cabinet et sous les yeux du premier Consul, cet exposé était un résumé assez étendu et fidèle de l'état intérieur et des relations extérieures de la République, un compte rendu à une nation accoutumée à s'occuper de ses affaires.

Une loi, concernant la formation et le renouvellement des listes d'éligibilité, donna l'existence à la triple notabilité établie par la constitution. On se proposait de mettre une barrière entre les emplois publics et les ambitieux incapables ou indignes de les remplir. On voulait éviter qu'ils n'arrivassent sur les listes; que les notables dignes de la confiance publique n'y fussent omis, et que la notabilité morale ne se trouvât en opposition avec la notabilité politique. Objet d'une foule de rédactions successives, dont les pages du Moniteur furent long-temps remplies, jamais matière ne fut plus péniblement discutée au conseil d'état. C'était de la métaphysique fort embrouillée, dans laquelle on s'efforçait de porter de la clarté, et à laquelle le public ne prenait qu'un médiocre intérêt. En résultat, tel fut le nombre de citoyens que la loi appelait aux bénéfices et aux honneurs des trois degrés de notabilité : à la communale, cinq cent mille; à la départementale, cinquante mille; et à la nationale, cinq mille. Tout le reste était exhérédé des droits d'élection et d'éligibilité. Voilà ce qu'on présentait comme une organisation politique à une nation de plus de trente millions d'individus, et à quoi se réduisait l'exercice de sa souveraineté. La constitution ayant enlevé au peuple l'élection directe de toutes les magistratures, et même de ses représentans, tout mode d'élection était à-peu-près indifférent, dès qu'il ne s'agissait plus que de présenter des candidats à la nomination d'un sénat dans la dépendance du gouvernement. Au tribunat, la discussion sur ce projet, contenant cent vingt-quatre articles, fut ce qu'on appelle étranglée. Par les modifications qu'il y apporta, le gouvernement fit tomber la plupart des objections; il fut adopté à une grande majorité par le Corps-Législatif.[1]

Par un arrêté du 8 prairial an VIII, le gouvernement avait statué sur le placement et l'or-

---

[1] 13 ventôse.

ganisation des archives nationales. Il proposa un projet de loi qui n'était que le complément de cet arrêté. Au tribunat, on considéra la matière comme étant entièrement dans le domaine de la législation, et le projet fut rejeté presqu'à l'unanimité. Lorsque les orateurs du tribunat donnèrent au Corps-Législatif les motifs du rejet, le conseiller d'état Regnaud chercha, dans quelques phrases officieuses, à écarter toute idée de jalousie de pouvoirs, et à défendre le gouvernement d'avoir jamais l'intention de porter atteinte aux droits des autres branches de la législature, puisque ce serait toucher à sa propre prérogative. L'orateur du tribunat protesta, de son côté, que l'harmonie serait toujours religieusement maintenue par les tribuns, et que les combats qu'on se livrait auraient *toujours* pour but la plus noble et la plus sacrée des causes, la solidité du gouvernement, l'honneur de la législation, l'affermissement de la liberté, le bonheur et la gloire des citoyens français. Au Corps-Législatif, plus des trois cinquièmes des voix furent contre le projet.

Ce fut à l'occasion d'un autre projet relatif à la création des tribunaux spéciaux que se montra, de part et d'autre, le plus d'irritation. Le gouvernement avait commencé par présenter deux projets de lois, l'un pour réduire le nombre des juges-de-paix et leur ôter la police judiciaire, l'autre pour donner cette attribution à des magistrats spéciaux.

Il y avait, sur un territoire de trente mille lieues carrées, six mille juges-de-paix. On calculait que chacun d'eux avait environ cinq mille justiciables. On proposait de réduire les juges au nombre de trois mille à trois mille six cents. Le gouvernement prétendait que, dans les mains de ces juges, l'action de la police de sûreté manquait de vigueur, et qu'elle en aurait davantage dans celles de magistrats plus relevés, et qui n'auraient pas autre chose à faire que de rechercher et poursuivre les délits et les crimes.

Pour cette fois la question touchait de près à la sûreté et à la liberté individuelles; elle était donc faite pour échauffer les esprits. Dès l'ouverture de la discussion, l'opinion du tribunat ne parut pas favorable aux propositions du gouvernement, que devait suivre celle de l'établissement de tribunaux spéciaux.

Il les retira, et représenta les trois projets avec quelques améliorations. Ils furent encore vivement attaqués au tribunat, surtout l'établissement de tribunaux spéciaux. On s'élevait avec raison contre l'article 32, qui donnait au gouvernement l'autorisation exorbitante d'éloigner de la ville où il siégeait, et de toute autre ville, les individus dont la présence lui paraîtrait dangereuse. Le gouvernement céda, et retira cet article. On n'en opposait pas moins que le projet ainsi réduit était inconstitutionnel; que la rédaction en était obscure; qu'il anéantissait l'institution du jury; qu'il livrait les accusés pour toutes sortes de crimes à l'arbitraire;

qu'il n'offrait aucun recours contre la violation des formes; que, quoique dirigé seulement contre les brigands, il menaçait tous les citoyens. En un mot, on accumulait tous les argumens connus contre toute création de tribunaux d'exception. En principe, et d'après la constitution, les adversaires du projet avaient raison; le beau rôle était de leur côté; mais ce n'était pas une dérogation systématique au droit commun, proposée dans l'intérêt du pouvoir; la question était compliquée par des faits malheureusement trop notoires; le brigandage continuait à désoler la France; il bravait les lois, la justice ordinaire et toute la puissance du gouvernement. Il s'agissait donc bien moins de savoir si le projet de loi était une dérogation à la constitution, que d'examiner si l'on se trouvait dans l'une de ces situations rares, malheureuses et forcées, où le salut public commande impérieusement de s'écarter des principes qui suffisent dans les temps ordinaires. Or la nécessité des tribunaux spéciaux n'était pas douteuse. Dans ce combat, la victoire resta au gouvernement; mais elle fut chaudement disputée. Les trois projets de loi furent adoptés au tribunat et au Corps-Législatif.[1]

Le premier Consul fit éclater son humeur contre le tribunat. Dans une audience accordée au sénat: « Ginguené, dit-il, a donné le coup de pied de l'âne; ils sont douze ou quinze métaphysiciens bons

---

[1] Lois des 7, 8 et 18 pluviose.

à jeter à l'eau. C'est une vermine que j'ai sur mes habits..... Il ne faut pas croire que je me laisserai attaquer comme Louis XVI ; je ne le souffrirai pas ». Ce fut un texte que développèrent les journaux aux ordres du gouvernement.

Orateur chargé de défendre les projets de loi, Français de Nantes prononça un discours qui déplut au Corps-Législatif. Le premier Consul en exprima de la satisfaction. « Il vaut mieux, dit-il, perdre quelques voix, et prouver qu'on sent les injures et qu'on ne veut pas les tolérer ». Il releva les Consuls Lebrun et Cambacérès, qui trouvaient inconvenant le ton de ce discours. Il dit en parlant des tribuns de l'opposition : « Ces gens-là sont comme le peuple, qui a quelquefois des vapeurs. Je ne m'en inquiète guère ». Quand les autorités vinrent le féliciter à l'occasion du traité de Lunéville, il ne répondit rien à l'orateur du tribunat ; et, dans sa réponse à celui du Corps-Législatif[1], en parlant de l'union que, dans son voyage à Saint-Quentin, il avait vu régner entre les citoyens, il exprima son humeur contre l'opposition par ces mots : « On ne doit attacher aucune importance aux harangues inconsidérées de quelques hommes. »

Un projet de loi sur la procédure criminelle fut proposé : il avait pour but de diminuer le nombre des moyens de cassation, d'accélérer le cours de la

---

[1] Voyez plus haut, ch. 15.

justice et de réduire les frais de procédure à la charge du trésor. Il distinguait les nullités en absolues et relatives, et voulait que celles de cette dernière espèce fussent couvertes si elles avaient été réparées, ou si elles n'avaient pas été proposées par l'accusé antérieurement au débat, à moins que le tribunal de cassation ne jugeât que la nullité avait pu être dans l'affaire d'un préjudice irréparable. On accordait donc à ce tribunal une sorte de pouvoir discrétionnaire. La déclaration du jury était prise à l'unanimité dans les vingt-quatre heures; et, ce délai passé, à la majorité absolue. Le projet rétablissait les votes aux cinq sixièmes pour condamner. La commission du tribunat en proposa le rejet par les motifs que les dispositions du projet étaient obscures, ne diminueraient pas le nombre des nullités ni celui des affaires qui seraient portées en cassation, et n'abrégeraient point l'intervalle qui sépare le crime du châtiment; que les frais de procédure, loin d'être diminués, peseraient davantage sur le trésor public; que toutes les chances d'impunité seraient multipliées en faveur de l'accusé; que le tribunal de cassation serait dénaturé; que l'institution du jury le serait aussi, et en outre avilie et tellement entravée, que l'exercice en deviendrait désormais impraticable.

Cette matière ouvrait une large carrière aux diverses opinions; mais le pouvoir n'avait pas un intérêt direct dans ce projet de loi. Il fut rejeté, au tribunat, par soixante-onze voix contre dix-neuf;

au Corps-Législatif, par cent quatre-vingt-quinze contre quatre-vingt-onze.

Un projet de loi sur la liquidation de créanciers de l'état, dont il sera bientôt question, fut rejeté par le tribunat à la majorité de cinquante-six voix contre trente, et adopté au Corps-Législatif par deux cent vingt-sept contre cinquante-six.[1]

Deux faits particuliers de peu d'importance par eux-mêmes contribuent cependant à faire connaître l'esprit qui animait dans cette session le Corps-Législatif et le tribunat. Le gouvernement présenta en comité secret un projet de loi portant suspension de la constitution en Corse. On prétendit que le président du Corps-Législatif ne pouvait pas accorder un comité secret sur la demande du gouvernement sans consulter l'assemblée; que la constitution voulait la publicité des séances, excepté pour la paix et la guerre. Une motion spéciale fut faite à ce sujet, et la commission à laquelle elle avait été renvoyée, ne mit pas en doute que, hors le cas prévu par la constitution, le gouvernement ne pût demander un comité secret, sauf au Corps-Législatif à juger s'il devait l'accorder. Sur ce motif, on passa à l'ordre du jour.

On avait dénoncé au tribunat un arrêté du conseil d'état, comme contraire à la loi du 11 frimaire an VIII, relative aux acquéreurs de domaines natio-

[1] 30 ventôse.

naux qui avaient encouru la déchéance. Le rapporteur proposa de passer à l'ordre du jour, parce que ce n'était pas un acte du *gouvernement*, mais du *conseil d'état*, autorité constituée et tribunal en dernier ressort en matière administrative, et que le tribunat ne pouvait dénoncer pour inconstitutionnalité que les *actes du gouvernement*. On objectait que le conseil d'état n'était point une autorité; qu'il ne faisait que donner des avis sur lesquels le gouvernement décidait; que par conséquent l'arrêté dénoncé était un *acte du gouvernement*. Siméon fut d'avis que les actes du conseil d'état n'étaient rien par eux-mêmes, et que la sanction du premier Consul en faisait des actes du gouvernement; que, comme il y avait recours en cassation contre les jugemens, il y avait deux voies pour se pourvoir contre les actes du gouvernement; savoir, au criminel, en accusation des ministres; au civil, par dénonciation au sénat; mais que l'arrêté inculpé n'était pas inconstitutionnel. Le tribunat passa à l'ordre du jour sur la dénonciation. Au fond, avait-il bien ou mal décidé? Cette question particulière ne mérite pas un examen; mais ici se présente une question générale et de la plus grande importance, que peu de personnes ont aperçue. L'arrêté des Consuls, dénoncé au tribunat comme contraire à une loi, n'était pas le premier empiétement du gouvernement sur le domaine de la législation, et ne sera pas le dernier. Si la constitution de l'an VIII n'avait point déterminé les attributions du pouvoir législatif, elles avaient été détaillées par les constitutions précédentes, fixées par un long usage, et consacrées par la conscience et la raison publiques. Plus soigneuse des attributions du pouvoir exécutif, la constitution les avait énumérées; elle lui donnait, entre autres, le droit de faire les réglemens nécessaires pour l'exécution des lois. Ne délibérant que sur l'initiative du premier Consul, le Corps-Législatif était contenu dans les limites de son pouvoir. Le gouvernement, au contraire, pouvait sortir des bornes du sien, et, sous le nom de réglement, faire des lois. On avait donc donné au tribunat le droit de déférer au sénat, seulement pour cause d'inconstitutionnalité, les actes du gouvernement. Qui le croirait? Le remède destiné à prévenir la confusion fut précisément ce qui la favorisa et la porta à son comble. La première fois qu'un arrêt de tribunal d'appel fut déféré au tribunal de cassation pour avoir appliqué, comme ayant force de loi, un arrêté des Consuls, la cour suprême rejeta le pourvoi par le motif que l'arrêté était exécutoire tant qu'il n'avait pas été annulé par le sénat conservateur sur la dénonciation du tribunat. Or comme, excepté l'exemple ci-dessus rapporté, le tribunat ne dénonça plus un acte du gouvernement, il s'ensuivit que le premier Consul se fit à lui seul législateur, et que ses arrêtés eurent en justice, et à plus forte raison en administration, force de loi.

Dans cette session, plusieurs lois furent adoptées, pour ainsi dire, sans aucune opposition. Dans le nombre, on en remarquait une, sur le mode de nomination des juges-de-paix. Leur élection par leurs justiciables était maintenue, conformément à la constitution : c'étaient les seuls fonctionnaires au choix immédiat du peuple.[1]

Une autre portait établissement d'une taxe au passage sur les trois ponts en construction à Paris[2]; création de bourses dans les villes de commerce; de quatre-vingts commissaires-priseurs dans la capitale[3]; d'une nouvelle administration forestière.[4]

A la loi qui ordonna que les départemens de la Roër, de la Sarre, de Rhin-et-Moselle et du Mont-Tonnerre, feraient partie intégrante du territoire français, on ajouta que les lois et réglemens de la République leur seraient appliqués, lorsque le gouvernement le jugerait convenable.[5]

Comme en l'an VIII, deux projets de loi furent encore rejetés dans cette session : toutefois l'action du gouvernement n'en fut point entravée. Dans le tribunat, l'opposition ne s'était ni accrue ni envenimée. La liberté et la chaleur des discussions prouvaient à la nation que ses intérêts étaient défendus; elles étaient plus utiles que nuisibles au gouvernement. Malheureusement ce n'était pas l'opinion du premier Consul : il croyait que la contradiction dé-

---

[1] Loi du 29 ventose.
[2] Loi du 24.
[3] Lois des 26 et 27.
[4] Loi du 16 nivose.
[5] Loi du 28 ventose.

considérait le pouvoir, et que son plus redoutable ennemi était la tribune. Plus son autorité s'étendait et se fortifiait, moins il supportait que sa volonté fût contrariée. Il ne s'en cachait pas, et ses discours menaçans et dédaigneux, contre les hommes qui regardaient la discussion comme un droit et un devoir, ébranlaient singulièrement les institutions constitutionnelles. C'était surtout la contradiction publique qui l'irritait; car il laissait au conseil d'état une grande liberté d'opinions. Il appelait cela des conversations de famille, et invitait les tribuns à venir discuter avec lui dans son cabinet, au lieu de déclamer à la tribune. Mais cette tribune était établie par la constitution.

On éprouva dès le commencement de l'an ix le bon effet des principes suivis et des mesures adoptées en l'an viii pour tirer les finances du chaos. Les victoires de la République et la paix du continent contribuèrent à rétablir la confiance et le crédit. L'énergie et la justice du gouvernement consulaire disposèrent tous les esprits à seconder ses opérations, et à acquitter avec exactitude des tributs qui étaient modérés et fidèlement employés à leur destination.

Le trésor public, dans lequel, le 19 brumaire an viii, il n'existait pas 200,000 francs, avait maintenant en portefeuille près de 300 millions en valeurs dont la rentrée était certaine. Le service qui, vu l'incertitude des rentrées, n'avait jamais pu être assuré, en l'an VIII, que pour dix jours, fut désormais réglé chaque mois.

Il restait un arriéré considérable à percevoir sur les contributions antérieures à l'an VIII. Le contribuable était sans doute débiteur; mais il ne devait pas être victime de la négligence des administrations qui n'avaient pas exactement perçu. Ce qu'il aurait pu payer chaque année, il n'avait plus les moyens de l'acquitter, lorsqu'on l'avait laissé accumuler sa dette et dépenser ses revenus. La perception de ces arrérages aurait apporté de l'embarras et du trouble dans le recouvrement des contributions courantes. Ces considérations décidèrent le gouvernement à faire à la régularité de l'avenir un grand sacrifice pour le passé. Une loi autorisa les administrations locales à accorder, sur les contributions arriérées, toutes les décharges et modifications qu'elles jugeraient convenables. Ce fut, en d'autres termes, une vaste remise faite aux contribuables. Le paiement des contributions courantes fut plus facile et mieux assuré. On put rapprocher les termes des soumissions des receveurs généraux. Les frais de négociations diminuèrent.

L'engagement pris en l'an VIII de payer en numéraire les rentes et pensions, à compter du second semestre de cet exercice, fut exactement rempli, au grand étonnement des créanciers de l'état, accoutumés à se voir frustrés dans les promesses de cette espèce qu'on leur avait souvent faites.

Il existait d'autres créanciers : ceux qui étaient à

payer sur les exercices arriérés antérieurs au gouvernement consulaire, et ceux qui avaient été liquidés en vertu de la loi du 24 frimaire an VI. Les titres de ces derniers étaient du *tiers provisoire* et des *bons de deux tiers*; ces valeurs participaient au discrédit qui avait frappé toutes celles du gouvernement directorial. Les intérêts du tiers provisoire furent payés en numéraire comme ceux du *tiers consolidé*, et les bons de deux tiers furent reçus en paiement des maisons et bâtimens nationaux qui leur avaient été affectés. Un projet de loi sur la *dette publique et les domaines nationaux* créait 2,700,000 francs de rentes à trois pour cent, pour solder ces exercices arriérés et pourvoir à l'échange de ces bons, et un million de rente à cinq pour cent destiné au service de l'an VIII. Il affectait en outre des domaines nationaux aux dépenses de l'instruction publique et à celles des militaires invalides. Il ordonnait encore la vente d'une autre portion de ces domaines pour compléter avec leur produit les recettes nécessaires aux exercices des ans VIII et IX, et augmenter la dotation de la caisse d'amortissement dans la proportion de l'accroissement de la dette publique.

La commission du tribunat proposa à l'unanimité le rejet de ce projet de loi. Elle approuvait le système, le plan et les mesures proposées; mais elle croyait que la consolidation de l'arriéré à trois pour cent, ne valant, au cours de la rente, que la moitié du capital nominal, blessait la justice et s'opposait au rétablissement du crédit public; que l'augmentation du fonds d'amortissement élevé à un capital de 110 millions, ne pouvait être accordée que lorsqu'il aurait été pourvu à l'organisation légale de cette administration; que le mode de vente des domaines nationaux devait être réglé par une loi; que, dans l'affectation des 180 millions de ces domaines aux dépenses de l'instruction publique et des militaires invalides, la loi devait déterminer la portion affectée à chacune de ces dépenses. Avec ces amendemens, la commission aurait proposé l'adoption du projet.

Le gouvernement répondait que l'arriéré des années v, vi et vii n'était regardé que comme le résultat de liquidations contentieuses; que les effets avec lesquels on soldait les services dans ces trois années perdaient cinquante pour cent; qu'avant l'achèvement de la consolidation, au plus tard dans six mois, le tiers consolidé serait à quatre-vingts; que le projet de loi n'énonçait que le principe de la dotation de la caisse d'amortissement, de la vente des biens nationaux et de leur affectation à des dépenses, et que des lois postérieures en régleraient l'exécution.

Au tribunat, la discussion fut très animée. Il demanda au Corps-Législatif une prorogation de délai pour la continuer. Elle fut consentie par le gouvernement et accordée. Ce fut le plus long débat de toute la session. Le projet rejeté par le tribunat fut adopté par le Corps-Législatif, le 30 ventose. Ce fut un combat entre deux écoles, celle des emprunts, du crédit public, et celle des contributions.

Le rapporteur du tribunat, Ganilh, et les principaux orateurs, en défendant les principes du crédit, stipulaient un peu trop les intérêts des publicains, de cette tourbe de fournisseurs auxquels on avait, sous le Directoire, livré la fortune publique. Ennemi des emprunts, le premier Consul ne voulait pas sacrifier les revenus de l'état à une théorie qu'il ne comptait pas appliquer aux finances. Au fond, vu l'origine des créanciers de l'état, on n'était pas injuste envers eux. La suite le prouva. Les porteurs de bons préférèrent une inscription à leur gage en immeubles. Sur 198 millions de ces bons qui étaient en circulation à l'époque où la loi fut rendue, 130 millions furent convertis en inscriptions dans le second semestre de l'an IX. Ce succès détermina le gouvernement à ne plus faire de liquidation en bons deux tiers, à liquider de suite en inscriptions au grand-livre, et à inscrire, au taux réglé par la loi du 30 ventose, les bons restant en circulation. Cette mesure eut l'avantage de balayer du marché une valeur qui entretenait l'agiotage, et de rendre libre dans la main du gouvernement une partie de biens nationaux estimée 68 millions. Ces dispositions furent régularisées, en l'an x, par une loi.

En l'an VIII, l'intérêt des cautionnemens des receveurs généraux et particuliers avait été fixé par la loi à dix pour cent. Le gouvernement proposa de le réduire à neuf. Il se fondait sur les améliorations survenues dans l'administration générale de la République, le retour de la confiance dans les opérations du gouvernement, la diminution de l'intérêt de l'argent dans les transactions particulières. Quelques orateurs du tribunat combattirent la mesure comme prématurée et injuste. A les entendre, les receveurs généraux, déjà fort peu rétribués, allaient être réduits à rien. On n'eut pas de peine à dissiper ces inquiétudes, en faisant observer que le système des obligations donnait aux receveurs des jouissances de fonds et de grands avantages. Le projet fut adopté.

Les articles 45 et 57 de la constitution portaient que le gouvernement dirigeait les recettes et les dépenses de l'état, conformément à la loi annuelle qui déterminait le montant des unes et des autres; que les comptes détaillés de la dépense de chaque ministre, signés et certifiés par lui, étaient rendus publics.

La situation dans laquelle le gouvernement avait trouvé les finances, ne lui avait pas permis de proposer, en l'an VIII, le budget de l'an IX. Cet exercice était commencé depuis plus de trois mois, lorsqu'une loi du 19 nivôse en fixa les dépenses à 415 millions, non compris les frais de perception et de négociations qui avaient coûté en l'an VIII 15 millions, ni une somme de 87 millions que le ministre de la guerre fut autorisé à ordonnancer, en sus de son crédit, sur les contributions de guerre. Cette somme de 415 millions fut mise en masse à la disposition du gouvernement. Les dépenses de cet exercice s'élevèrent définitivement à 545 millions, et les recettes à environ 500 millions. Le déficit fut couvert par des ressources extraordinaires, telles que ventes de biens nationaux et rachats de rentes foncières. L'article 3 de la loi du 19 nivose statua que le compte général des recettes et dépenses publiques faites pendant l'année, serait rendu au gouvernement par le ministre des finances, et présenté au Corps-Législatif dans le quatrième mois au plus tard de l'année suivante.

Le gouvernement proposa de proroger pour l'an x les contributions de l'an ix, et demanda sur leur produit un crédit provisoire de 200 millions. Dans la discussion de ces lois financières, des membres du tribunat objectèrent que le gouvernement aurait dû, d'après l'article 45 de la constitution, présenter un état détaillé des dépenses, c'est-à-dire le budget. Les orateurs du gouvernement répondirent que ces états ne pouvaient jamais être que des aperçus fautifs et insignifians. Le Corps-Législatif et le tribunat se contentèrent de cette échappatoire; la loi du 21 ventose accorda au gouvernement la prorogation des contributions et le crédit provisoire. Cette loi devint la règle; ainsi fut éludé l'article 45 de la constitution qui voulait formellement que la loi annuelle déterminât le montant des recettes et des dépenses. Une municipalité ne pouvait pas dépenser un sou sans que son budget n'eût été arrêté et approuvé; et le gouvernement appliquait seul et comme il l'entendait, les revenus de l'état à ses dépenses!

En finances, comme en toutes choses, le premier Consul ne voulait ni gêne, ni concours, ni contrôle. Le Corps-Législatif ne connaissait les dépenses d'un exercice que par le compte qui en était présenté dans le quatrième mois de l'exercice suivant, c'est-à-dire, lorsque les dépenses étaient consommées. Toute critique étant alors à-peu-près inutile, on ne pouvait plus se permettre une observation sans être accusé d'une opposition malveillante.

Le conseiller d'état Dufresne, directeur du trésor public, mourut. Le premier Consul écrivit au ministre des finances qu'il sentait vivement cette perte; que l'esprit d'ordre et de sévère probité qui distinguaient si éminemment ce fonctionnaire auraient été encore bien nécessaires; que l'estime publique était la récompense des gens de bien; qu'il avait quelque consolation à penser que, du sein d'une autre vie, il sentait les regrets dont il était l'objet; qu'il désirait que son buste fût placé dans la salle de la trésorerie. Sans contester les qualités de Dufresne, sa mort n'était pourtant pas une perte nationale. C'était un homme dévoué à l'ancienne dynastie. Il fut remplacé par le conseiller d'état Barbé-Marbois, qui passait pour avoir à-peu-près les mêmes titres. Le buste en marbre de Dufresne fut inauguré, l'année suivante, dans la grande salle du trésor public. Son successeur prononça son éloge. On cherche inutilement les statues de quelques hommes qui avaient bien mérité de la patrie; mais leurs noms vivront long-temps encore dans l'histoire, lorsque les monumens usurpés auront disparu.

Des conseillers d'état furent placés comme directeurs généraux à la tête des régies; leur action fut ainsi concentrée, et acquit plus de célérité, d'ensemble et d'énergie.

La discussion qui s'éleva dans le conseil d'état, au sujet du traité de Lunéville, lorsque les ratifications de l'empereur et de l'empire furent arrivées, fournit au premier Consul l'occasion d'établir ses principes sur les attributions du Corps-Législatif en cette matière. Il s'agissait de régler la forme dans laquelle le traité lui serait envoyé. Rœderer, au nom de la section de l'intérieur, proposa un projet de loi portant : *Le traité conclu.... aura force de loi*. Suivant lui, un traité de paix, n'étant point une loi, n'entrait pas dans le domaine du Corps-Législatif; c'était un contrat valable et complet par le consentement des gouvernemens contractans, et qui n'avait besoin de l'intervention du Corps-Législatif que pour être promulgué. Thibaudeau lui opposa l'article 50 de la constitution, d'après lequel *les traités devaient être proposés, discutés, décrétés, et promulgués comme les lois;* ce qui emportait nécessairement la ratification par le Corps-Législatif.

Le premier Consul répliqua que la constitution ne contenant point le mot *ratifier*, il ne fallait pas être plus généreux qu'elle. Il en était autrement pour une déclaration de guerre, parce que c'était un acte isolé et d'une seule partie. Mais un traité conclu par deux gouvernemens ne pouvait être soumis aux chances des opinions dans un Corps-Législatif. Il importait seulement de savoir : 1° Si la constitution avait été violée; 2° Si l'on avait cédé une partie du territoire. Tout le reste tenait à des combinaisons au-dessus des conceptions d'une assemblée. Les étrangers, d'ailleurs, influenceraient par leurs ministres les délibérations du tribunat et du Corps-Législatif, et deviendraient les maîtres de faire rejeter les traités. Des hommes tels que M. de Luchésini donneraient pour cela des dîners et de l'argent. La France aurait alors le sort de la Pologne. Et si un traité de paix était rejeté, qu'arriverait-il? Le traité serait-il annulé? Le gouvernement aurait-il donc promis en vain? La diète de l'empire ratifiait les traités; mais elle négociait, elle envoyait des ministres. Si l'on voulait que le Corps-Législatif ratifiât, il fallait donc que le gouvernement lui fît d'abord approuver les instructions qui devaient servir de base aux négociations; qu'il lui communiquât les articles secrets...... Cela était impossible.

On adopta cette formule : « Le traité conclu à Lunéville...... et dont les ratifications ont été échangées à Paris le 25 ventose, sera promulgué comme loi de la République ». Du reste, la question était à-peu-près oiseuse. Car en vain voulait-on réduire à un simple enregistrement le droit du Corps-Législatif; l'examen, l'adoption ou le rejet de la formule entraînaient nécessairement ceux du traité, comme on le verra plus tard au sujet de la paix avec la Russie.

Une commission, composée de Tronchet, président du tribunal de cassation, Bigot Préameneu, commissaire du gouvernement près ce tribunal, et Portalis, commissaire au conseil des prises, avait été chargée, à la fin de l'an VIII, de rédiger un projet de Code civil. Maileville, membre du tribunal de cassation, remplit, auprès de la commission, les fonctions de secrétaire-rédacteur [1]. Ce travail devait être terminé à la fin de brumaire an IX. Le 1er pluviôse, il était imprimé. La commission le remit, le 10, au premier Consul qui lui en fit exprimer sa satisfaction par le ministre de la justice, et présenta au sénat, quelques jours après, Tronchet comme « le premier jurisconsulte de France ». Il ordonna que le projet serait imprimé, distribué aux grands corps de l'état, et envoyé au tribunal de cassation et aux tribunaux d'appel pour l'examiner et transmettre leurs observations dans trois mois. Il était impossible d'agir avec plus de rapidité, de solennité et de bonne foi. Tout ce qu'il y avait en France de plus recommandable parmi les jurisconsultes et dans la magistrature, fut appelé à fournir le tribut de ses lumières. Elles affluèrent de toutes parts, de l'inté-

[1] Arrêté du 24 thermidor.

rieur et de l'étranger. Les observations des tribunaux furent imprimées. La section de législation du conseil d'état fut chargée d'élaborer tous ces matériaux[1] et de préparer une rédaction pour être soumise à la discussion du conseil, laquelle devait être imprimée, distribuée aux premières autorités et livrée au public. Elle commença le 28 messidor; les auteurs du projet furent appelés à y prendre part.

Lorsque Bonaparte fut porté à la première magistrature de la République, on fut étonné, malgré sa grande renommée, de la facilité avec laquelle il tenait le timon de l'état, même dans des parties qui lui avaient été peu familières. On fut bien autrement surpris lorsqu'on le vit traiter des matières qui lui avaient été tout-à-fait étrangères, telles que le *Code civil*. Le premier Consul présida la plupart des séances du conseil d'état où le projet de Code fut discuté, et prit une part très active à sa discussion. Il la provoquait, la soutenait, la dirigeait, la ranimait. Comme quelques orateurs de son conseil, il ne cherchait point à briller par la rondeur de ses périodes, le choix de ses expressions, et le soin de son débit. Il parlait sans apprêt, sans embarras, sans prétention, avec la liberté et sur le ton d'une conversation qui s'animait naturellement, suivant que l'exigeaient la matière, la contrariété des opinions, et le point de maturité où la discussion était

---

[1] Elle était composée de Boulay, président, Berlier, Emmery, Portalis, Réal et Thibaudeau.

parvenue. Il n'y fut jamais inférieur à aucun membre du conseil; il égala quelquefois les plus habiles d'entre eux par sa facilité à saisir le nœud des questions, par la justesse de ses idées et la force de ses raisonnemens; il les surpassa souvent par le tour de ses phrases et l'originalité de ses expressions. On n'avance rien ici qui ne soit prouvé par le procès-verbal des discussions qui a été imprimé, et dont nous n'ayons été témoin.

En France et en Europe, beaucoup de personnes ont affecté de croire, et d'autres ont cru de bonne foi que, soigneuse de la gloire du premier Consul, la flatterie avait arrangé après coup ses discours, et que Locré, secrétaire général du conseil d'état, rédacteur de ces procès-verbaux, était, sous l'inspection du Consul Cambacérès, le teinturier du premier Consul. C'était une erreur: Locré rédigeait les procès-verbaux des séances, et envoyait sa rédaction imprimée à mi-marge aux membres du conseil, afin qu'ils pussent la rectifier, s'il y avait lieu. Le secrétaire général ne se permettait pas d'autre licence, que celle de mettre en état de supporter l'impression quelques phrases, qui avaient parfois le négligé de la conversation. C'était sans doute ce qu'il faisait pour les opinions du premier Consul. Par sa ré, Locré a donné à tous les discours un style , grave, froid, uniforme, tel que peut-être exigeait la matière. Mais, loin d'avoir flatté le premier Consul en le faisant parler comme tous les autres, discours, par cette rédaction, ont au contraire, en grande partie, perdu la liberté et la hardiesse de la pensée, l'originalité et la force de l'expression.

Les bornes que nous nous sommes imposées ne nous permettent pas de suivre le premier Consul et le conseil d'état dans un travail qui honorera à jamais l'époque à laquelle il fut exécuté. Cependant, à mesure que les titres du Code civil seront adoptés par le Corps-Législatif, nous citerons quelques-unes des opinions du premier Consul sur les matières les plus importantes. Du reste, s'il désirait qu'on apportât la plus grande attention à la rédaction des opinions des jurisconsultes dont le nom faisait autorité, il n'avait pas pour lui les mêmes prétentions, et il ne voulait pas, disait-il, passer pour valoir mieux qu'il ne valait.

Tandis qu'on discutait le Code civil, il nomma deux commissions pour faire des projets de Code criminel [1] et de Code de commerce.[2]

Regardant l'instruction publique comme un des ressorts les plus puissans du gouvernement, le premier Consul résolut de s'en emparer. Avide de tous les genres de gloire, il aspirait, nouveau Charlemagne, non-seulement à étendre les limites de la République, mais à élever aux sciences un monument qui répondît à leur utilité et à leur éclat.

[1] Composée de Viellard, Target, Oudard, Treilhard, Blondel (arrêté du 7 germinal).

[2] Composée de Vignon, Gorneau, Boursier, Legras, Vital Roux, Coulomb, Mourgue (arrêté du 13 germinal).

C'était toujours, plus que jamais, la mode de crier que la révolution n'avait su que détruire; ses ennemis, par la haine qu'ils lui avaient jurée, et le gouvernement consulaire pour donner plus de relief à ses créations, le répétaient également. Lucien Bonaparte avait donné le signal; on disait, d'après lui, que, depuis douze ans, l'instruction publique était abandonnée.

Il n'était pas douteux que la révolution n'eût renversé l'édifice gothique de l'enseignement, et n'eût occasioné des lacunes dans l'instruction; mais il était notoire aussi que, si elle avait détruit des écoles et détourné momentanément une partie de la population du cours paisible de ses études ordinaires, elle avait ouvert à l'éducation de la jeunesse une carrière autrement féconde en résultats que ne l'avaient été les collèges et l'université. Le spectacle souvent terrible, mais toujours imposant des événemens qui avaient occupé la scène du monde, avait été, pour la génération actuelle, la leçon la plus instructive. Aux prises avec la tempête, l'homme avait appris à sentir sa dignité, à connaître ses droits, à réfléchir sur les vicissitudes des empires, à supporter le malheur, à se passionner pour la gloire, à détester la tyrannie, à braver la mort. Toutes ses facultés s'étaient développées avec une étonnante rapidité; son âme s'était agrandie au doux nom de la patrie; son esprit avait mûri de bonne heure dans les orages de la liberté, et jusque dans ses revers.

Il ne s'agissait plus, pour l'éducation de la jeunesse, d'aller chercher des modèles dans les Républiques anciennes ; la Convention nationale, après s'être essayée à faire des Spartiates, en était revenue tout simplement à faire des Français. Elle eut à examiner la question de savoir si l'instruction serait l'objet d'une dépense nationale, ou si on l'abandonnerait à l'industrie particulière. Ce dernier système ne manquait pas de partisans et n'était pas sans avantages ; mais la révolution fermentait encore. On craignit de laisser entre les mains de ses ennemis un moyen trop puissant d'influence.

La Convention nationale établit des écoles de médecine, une école normale, l'école polytechnique, deux écoles d'économie rurale, un cours de langues orientales, et sous le titre d'écoles de services publics, un enseignement complet pour l'artillerie, le génie, les ponts-et-chaussées, les mines, la géographie, la navigation. Elle améliora l'institut des sourds-muets ; elle établit une école centrale dans chaque département, et pour couronner cet édifice immense élevé aux sciences et ouvert à l'esprit humain, elle créa l'Institut national. Voilà ce qui existait ; voilà ce que le gouvernement consulaire avait trouvé ! Certes, il était douteux qu'aucune autre nation possédât un établissement plus complet d'instruction.

La France, agitée par dix ans de révolution, n'était donc pas restée en arrière des peuples les plus civilisés ; mais l'esprit humain y avait pris une autre direction. Grave comme la grande commotion qui l'avait retrempé, le Français était occupé de choses trop sérieuses pour se livrer aux objets futiles ou d'agrément, et s'il cultivait encore les muses, ce n'était plus pour faire des madrigaux, mais pour chanter la gloire, la liberté, la patrie.

On ne pouvait pas contester que, pendant la révolution, les sciences physiques et mathématiques n'eussent continué à faire des progrès, ni que leur application aux arts utiles, aux services publics et à la prospérité générale, ne se fût étendue. L'école polytechnique faisait, depuis près de sept ans, la gloire de la France et l'admiration des savans étrangers.

Avant le 18 brumaire, il ne manquait donc pas d'écoles; il ne manquait que la tranquillité intérieure et la paix au-dehors. Malgré la guerre et les agitations intestines, les écoles n'avaient point été sans utilité, et dans le moment même où l'on allait les détruire, elles avaient, comme toutes les branches de l'établissement public sous les auspices du nouveau gouvernement, pris une marche plus régulière; le nombre des élèves s'y était considérablement augmenté, attirés par une foule de professeurs recommandables dont héritèrent ensuite les lycées.

Voilà ce que, pour être juste, le gouvernement consulaire aurait dû dire, et ce qu'il ne dit pas. Le premier Consul n'avait pas l'intention d'agrandir encore le cercle de l'instruction; mais il y régnait de la liberté et de l'indépendance, et il ne le voulait pas.

Au nom de la section de l'intérieur, Chaptal présenta au conseil d'état un rapport et un projet de loi sur l'instruction publique. En faisant le tableau de l'état où elle se trouvait, il ne dissimula pas l'existence des nombreux établissemens que la Convention nationale avait fondés. Il objectait seulement qu'il n'y avait des écoles primaires que dans les villes, et qu'elles manquaient dans presque toutes les campagnes; que les écoles centrales étaient désertes; que, quoique les élémens en fussent bons, elles étaient mal organisées; qu'il y avait *trop de liberté* et trop peu de règle. Il divisait l'instruction en trois degrés : vingt-trois mille écoles municipales ou primaires; deux cent cinquante écoles communales ou colléges, avec pensionnat et deux mille bourses gratuites; des écoles spéciales; et enfin l'Institut national. Ces divers établissemens devaient coûter annuellement à l'état, la somme de 9,500,000 francs. Il restait libre à tous les citoyens de former des établissemens d'instruction.

Le premier Consul trouva que la section de l'intérieur n'entrait pas assez profondément dans ses vues. Chaptal étant passé au ministère, Fourcroy fut chargé de la suite de ce travail. A côté d'un établissement national d'instruction, il voulait aussi la liberté de l'enseignement. Ce fut la matière d'un grand nombre de rédactions et de mémoires pour et contre, et l'un des objets le plus longuement discutés.

Le système du premier Consul était la création des lycées, l'établissement de six mille bourses à sa nomination, dont le gouvernement ferait les fonds, et qui serviraient à l'entretien des bâtimens, des professeurs et des élèves; l'adjonction d'écoles secondaires aux lycées.

Ce projet ayant été discuté au conseil d'état (18 thermidor), la section de l'intérieur opposa qu'il faisait des professeurs de véritables entrepreneurs; qu'il avilissait leurs fonctions, et compromettait le sort de l'instruction en donnant lieu à des spéculations d'intérêt; qu'il était impossible que le premier Consul nommât à tant de bourses avec connaissance de cause; qu'il serait plus convenable d'en laisser le plus possible aux jeunes gens qui en seraient jugés les plus dignes après un examen; que les écoles secondaires, étant privilégiées, seraient une mauvaise institution. Ces objections étaient écrites en forme de mémoire: le premier Consul en écouta la lecture avec beaucoup de patience, entreprit de répondre, et parla pendant plus d'une heure. Sa réfutation fut chaude et serrée; il se plaignit d'abord, mais sans hauteur, de ce que la section avait recueilli ses paroles comme elle avait voulu, et lui avait fait dire ce qu'il n'avait pas dit, pour se donner le plaisir de le réfuter plus facilement. Il reprit, l'un après l'autre, chaque article.

« Je n'ai jamais entendu, dit-il, que les professeurs fussent entrepreneurs à leur compte des établissemens: ce serait ridicule; mais je ne veux pas qu'ils aient un traitement fixe et indépendant du nombre des élèves; je veux que leur traitement soit en raison progressive de ce nombre, afin de les intéresser au succès des établissemens. Il n'est pas possible, d'ailleurs, de faire un traitement uniforme; il faut qu'il soit gradué sur les localités et le mérite des professeurs. La section n'a considéré la nomination aux bourses que sous un seul point de vue. Il y a d'autres rapports plus essentiels. Il s'agit moins de savoir s'il convient que le premier Consul nomme aux bourses, que de les mettre à la disposition de l'état. On verra ensuite qui devra y nommer. Il n'y a pas de doute qu'il vaut mieux que l'état ait dans ses mains le moyen de récompenser la famille d'un militaire, d'un fonctionnaire public qui auront bien servi leur patrie ou qui la servent encore; car il n'est pas nécessaire que le père soit mort pour que la patrie témoigne sa reconnaissance; c'est pour lui une sorte d'augmentation de traitement. Auprès de ce grand intérêt, qu'est-ce que le mérite d'un jeune homme qui prouvera à l'examen qu'il sait un peu de latin et ses quatre règles? Laisser mille cinq cents bourses à l'examen, c'est un encouragement suffisant pour les écoles secondaires, en les supposant au nombre de deux cents. On méconnait entièrement le but politique qu'on doit se proposer.

« Il ne suffit pas de dire qu'il y aura un directeur et un économe; il faut déterminer qui aura la police des écoles, quelle sera cette police, quelles seront les peines : c'est la partie morale qu'il faut aussi instituer. Il y a là une lacune. Voyez comme les corporations enseignantes avaient organisé cette partie. Elles en avaient trouvé le véritable secret. Si elles n'obéissaient pas à un chef étranger, on ne pourrait rien faire de mieux que de leur rendre l'instruction publique ». C'étaient les jésuites qui la convoitaient. Ils faisaient remettre incognito au premier Consul des mémoires pour prouver qu'elle devait être confiée à une congrégation religieuse.

Répondant à Regnaud qui pensait que le gouvernement ne devait pas conserver, pendant cinq ans, une bourse à un enfant qui ne se montrerait pas capable de profiter de ce bienfait, le premier Consul ajouta : « C'est une très mauvaise idée. On n'a pas le droit de flétrir ainsi un enfant; car ce serait une tache qu'on pourrait lui reprocher toute sa vie. Beaucoup d'enfans paraissent stupides à douze ou quatorze ans, tandis que d'autres sont très avancés à dix. Il n'y a jamais à désespérer d'un enfant tant qu'il n'est pas pubère; c'est alors seulement qu'il acquiert le développement de ses facultés intellectuelles et qu'on peut le juger. »[1]

La matière fut ajournée. En attendant, sur le rapport de Chaptal, un règlement général sur les colléges formés en l'an VIII par le Prytanée fut approuvé par le premier Consul.[2]

Il aimait à visiter les établissemens d'instruction. C'était pour lui une occasion de se mettre

---

[1] Mémoires sur le Consulat.
[2] Arrêté du 27 messidor.

en rapport avec la jeunesse, d'exciter son émulation, d'inculquer aux professeurs son esprit, et de stimuler leur zèle. Il alla, sans y être attendu, au Prytanée français avec le Consul Lebrun et le ministre de l'intérieur (2 prairial); il examina l'établissement dans tous ses détails; il interrogea des élèves sur les mathématiques, l'histoire, la grammaire; il développa aux maîtres ses vues sur l'enseignement, le régime et la tenue des écoles. Il leur recommanda les connaissances mathématiques comme l'âme et la vie de toutes les autres, les exercices militaires pour fortifier les jeunes gens, les accoutumer à la discipline et leur apprendre de bonne heure leurs devoirs envers la patrie. Il annonça son intention d'employer dans les divers services publics les élèves qui se distingueraient par leurs succès et leur bonne conduite. Peu de temps après, il nomma sous-lieutenans des élèves qui avaient répondu d'une manière satisfaisante aux questions qu'il leur avait faites. Il ordonna l'admission au Prytanée des deux fils de l'illustre auteur de la *Science de la législation*, Gaetano Filangeri, proscrits par le gouvernement napolitain à cause des principes et de la célébrité de leur père.

Quoique l'arrêté du 27 nivose ne concernât que les journaux, l'arbitraire s'étendait peu-à-peu à tous les écrits. Le ministre de la police exerçait sur l'imprimerie une surveillance qui n'était qu'une censure indirecte. La *Gazette de France* publia un traité de paix entre la France et la Bavière. Le rédacteur fut mandé devant un juge-de-paix attaché à la police, comme prévenu d'avoir inséré dans sa feuille des pièces diplomatiques fausses. L'interrogatoire qu'on lui fit subir fut inséré dans le Moniteur avec cette note : « Le ministre de la police générale enjoint au rédacteur de la Gazette de France d'être plus circonspect à l'avenir. »

On ne se borna pas toujours à admonéter les écrivains. Un arrêté du gouvernement supprima un journal qui s'intitulait l'*Antidote*. « Contre-signé par Méhée, disait le journal officiel (22 thermidor), le même qui avait signé les massacres de septembre, ce journal était plein de ces maximes affreuses qui ont produit tant de maux, et qui pour jamais ont cessé de régner en France. »

Le Moniteur publia cet état des journaux à Paris :

	AN VIII.	AN IX.
Journaux politiques...	19	21
Abonnés...	50,000	34,000
Journaux scientifiques..	21	38
Abonnés...	4,365	7,000

On en concluait que le goût des sciences l'emportait sur celui de la politique, et on s'en applaudissait comme d'un succès.

La bibliothèque nationale n'avait pas de rivale au monde, avant que les victoires de la République l'eussent encore enrichie. Le vaste bâtiment où les livres avaient été placés au commencement du dernier siècle était devenu insuffisant. Voisin de théâtres, entouré de maisons habitées, il n'offrait pas de sûreté au riche dépôt qu'il renfermait. Le Louvre, détourné de sa destination primitive, était employé presque tout entier à loger des artistes et des savans : d'étroites habitations avaient été pratiquées dans de vastes appartemens ; les communications n'y étaient établies que par des corridors ténébreux et infects. La translation de la bibliothèque nationale dans ce palais présentait de grands avantages. Elle assurait la conservation de ce précieux dépôt ; elle réunissait dans le même lieu la plus riche bibliothèque du monde à la plus belle collection de sculpture et de peinture qui fût connue ; on établissait, au centre de ces monumens du génie, le corps littéraire qui en était le conservateur-né, l'Institut national. On terminait enfin le beau palais du Louvre, depuis si long-temps abandonné, et l'on donnait pour asile aux chefs-d'œuvre de l'esprit humain un des chefs-d'œuvre de l'architecture.

Le gouvernement ordonna de transporter la bibliothèque nationale au Louvre, de vendre les bâtimens par elle occupés, et d'en affecter le prix aux frais de transport et d'établissement qui seraient terminés dans le cours de l'an XI.[1]

Au musée des arts, enrichi par la victoire, on comptait alors :

---

[1] Arrêté du 3 fructidor.

1,390 tableaux des écoles étrangères;
270 de l'ancienne école française;
1,000 et plus de l'école moderne;
20,000 dessins;
4,000 planches gravées;
30,000 estampes;
150 statues antiques;

des vases étrusques, des tables de porphyre, et une foule d'autres objets. On était encombré de tant de richesses. Le gouvernement ordonna qu'il en serait envoyé une partie dans les quinze principales villes de France. Il régnait dans les départemens une noble émulation pour établir des musées, des sociétés savantes, et pour élever des monumens aux citoyens illustrés par de belles actions, et à la gloire française.

L'idée d'une exposition annuelle des produits de l'industrie nationale avait été réalisée sous le Directoire. Il l'avait rattachée par une heureuse inspiration à l'anniversaire de la fondation de la République. La première exposition eut lieu dans les derniers jours de l'an VI, au Champ-de-Mars. Des distinctions furent accordées aux fabricans et aux manufacturiers. En l'an VII, les revers militaires et les discordes intestines ne permirent pas de renouveler l'exposition. En l'an VIII, le gouvernement eut d'autres soins. Par un arrêté du 13 ventose, le premier Consul remit cette institution en vigueur à compter de l'an X, et ordonna qu'elle continuât à faire partie de la fête du 1ᵉʳ vendémiaire,

Une bergerie nationale de bêtes à laine de pure race espagnole fut établie à Perpignan.[1]

Le 25 messidor, le gouvernement annonça à la France, par une proclamation, l'anniversaire du 14 juillet, de ce jour destiné à célébrer l'époque d'espérance et de gloire, où tombèrent des institutions barbares, où le peuple cessa d'être divisé en deux peuples, l'un condamné aux humiliations, l'autre s'arrogeant les distinctions et les grandeurs; où les propriétés furent libres comme les personnes; où la féodalité fut détruite, et où s'écroulèrent les nombreux abus que des siècles avaient accumulés.

« Jouissez, Français, lisait-on à la fin de cette proclamation, jouissez de votre position, de votre gloire, et des espérances de l'avenir; soyez toujours fidèles à ces principes et à ces institutions qui ont fait vos succès, et qui feront la grandeur et la félicité de vos enfans. Que de vaines inquiétudes ne troublent jamais vos spéculations ni vos travaux. Vos ennemis ne peuvent plus rien contre votre tranquillité. Tous les peuples envient vos destinées. »

Des représentations gratuites furent données sur tous les théâtres. Le premier Consul alla à celui de la République où l'on jouait *César*. Son arrivée inattendue interrompit le spectacle; les plus vives acclamations s'élevèrent de toutes parts.

[1] Arrêté du 26 nivose.

A la grande parade, lorsqu'il s'approcha de la place du Carrousel, les mêmes acclamations se firent entendre. Il remit des drapeaux et des guidons à différens corps. Les officiers et sous-officiers se formèrent en cercle. « Soldats, leur dit le premier Consul, vous devez toujours vous rallier à ce drapeau; jurez qu'il ne tombera jamais dans les mains des ennemis de la République, et que vous périrez tous, s'il le faut, pour le défendre. — Nous le jurons »! répétèrent les soldats avec enthousiasme.

Il y eut ensuite réception des ambassadeurs et des autorités, et un grand dîner chez le premier Consul.

Dans l'emplacement choisi pour la fête, depuis la place de la Concorde jusqu'à l'Étoile, on voyait des théâtres forains, divers jeux, un temple à la Paix, un rocher très élevé, sur le sommet duquel paraissait, prête à s'élancer dans les airs, une statue de la Renommée, proclamant les triomphes des armées françaises et distribuant des palmes. L'aéronaute Garnerin fit une ascension. Dans l'enceinte du temple de la Paix, se donna un concert où l'on exécuta, entre autres grands morceaux de musique, l'hymne du 14 juillet, *Dieu du peuple et des rois, des cités, des campagnes*, paroles de Chénier, musique de Gossec. Un feu d'artifice suivit le concert.

L'administration du Musée rendit publique, ce jour-là, la partie de la grande galerie où étaient exposés les tableaux des écoles d'Italie. Des changemens considérables avaient été faits dans les écoles flamande et française déjà exposées; il y avait plusieurs tableaux précieux que le public n'avait pas encore vus et qui provenaient, soit d'acquisition ordonnées par le gouvernement, soit des conquêtes de la République. Ces solennités conservaient encore un noble caractère; elles étaient toujours dignes d'un peuple libre.

Une députation du département de la Seine-Inférieure et du conseil municipal de Rouen vint complimenter le premier Consul sur la paix. Louangeur inépuisable, le préfet Beugnot, qui la présidait, rappela le voyage du premier Consul au canal Saint-Quentin, « à ce monument d'une vaste utilité, au milieu duquel le génie de la monarchie s'était arrêté, et qui attendait celui du premier magistrat de la République ». Il émit le vœu formé par le département de la Seine-Inférieure de posséder aussi le premier Consul.

Il répondit qu'il connaissait l'importance des manufactures et du commerce de ce département, et surtout de la ville de Rouen; que, dans son voyage en Picardie, il avait eu lieu d'être satisfait des efforts de l'industrie nationale, et qu'il espérait que le moment de la paix serait celui du rétablissement de cette source de prospérité publique. Il fit espérer à la députation qu'il irait bientôt visiter la Seine-Inférieure. Il entra ensuite dans des détails sur l'état de la fabrication actuelle comparé à l'époque de 1789; sur les moyens à employer pour le perfectionnement des filatures de laine et de coton; sur le nombre des métiers et des broches tournantes; et il recommanda l'emploi de toutes les mesures capables de faire rivaliser les fabriques nationales avec les fabriques étrangères.

Il encouragea aussi par ses visites les manufactures et les ateliers de la capitale. Il établit un premier prix de 40,000 francs, et un second de 20,000 francs pour l'auteur de la machine qui serait reconnue la plus propre à ouvrir, carder, peigner et filer la laine.[1]

Il ordonna qu'il ne serait employé, dans les fêtes, ameublemens, décorations, et généralement pour tous les travaux ordonnés par les autorités constituées, dans les attributions du ministre de l'intérieur, que des produits de fabriques françaises[2]. En exécution de la loi du 10 brumaire an v, à compter du 1er vendémiaire an x, les basins, piqués, toiles de coton qui ne porteraient pas la marque du fabricant et l'estampille nationale avec le numéro, furent prohibés et déclarés confiscables comme censés venir de fabriques anglaises.[3]

Une expédition de découvertes ordonnée par le

---

[1] Arrêté du 22 messidor.
[2] Arrêté du 26 thermidor.
[3] Arrêté du 3 fructidor.

gouvernement mit à la voile; elle était commandée par le capitaine Baudin, et se composait des corvettes *le Géographe* et *le Naturaliste*. Il s'agissait de reconnaitre les côtes de la Nouvelle-Hollande.

Le gouvernement avait projeté, en 1781, un canal de la Sambre à l'Oise et à l'Escaut, et le canal de Picardie qui devait réunir la Somme à l'Escaut. Des travaux avaient été commencés; la Convention nationale s'en était occupée; mais ils n'avaient été que faiblement suivis. Le premier Consul ordonna les travaux préparatoires nécessaires pour que, dans un court délai, on lui fît un rapport sur la manière d'ouvrir une communication par eau entre la Belgique et Paris.

Accompagné du ministre de l'intérieur et du conseiller d'état Cretet, chargé des ponts-et-chaussées, il alla même à Saint-Quentin (20 pluviose). Il parcourut le canal de Picardie, il examina les ouvrages de la partie souterraine, suspendus depuis vingt-cinq ans. Il vit avec intérêt les premières ébauches de cette conception hardie qui, par une route de quinze mille mètres de longueur continue, pratiquée à travers une montagne, devait unir les eaux de la Belgique à celles qui allaient grossir la Seine, et ouvrir la communication intérieure des mers du Nord avec l'Océan et la Méditerranée.

Après avoir rempli ce principal objet de son voyage, il visita les divers établissemens et ateliers de cette fabrication unique en son genre, qui avait procuré à Saint-Quentin un commerce florissant, et qui rendait l'étranger tributaire de plusieurs millions envers la France. On présenta au premier Consul quelques pièces de linon et de batiste dont il loua le travail et la beauté. Il s'entretint familièrement, avec les principaux négocians et fabricans, des moyens de rendre aux fabriques et au commerce leur ancienne splendeur. Il fut affable dans les fêtes modestes qu'on improvisa pour lui. En le voyant de près, les Picards aimèrent celui pour lequel ils éprouvaient une haute admiration.

Pendant sa première campagne en Italie, Bonaparte avait conçu et communiqué au Directoire le projet de route du Simplon. On n'y donna alors aucune suite par ménagement pour la Suisse qui en avait de l'inquiétude. Par un arrêté du 20 fructidor an VIII, le premier Consul avait ordonné l'ouverture cette route. Ce grand et beau travail avait pour d'accroître les relations commerciales de la isse avec l'Italie, du nord avec le midi de l'Eu, de resserrer, par une communication facile, liens de la France avec les Républiques ses alées, et de lui assurer en tout temps, par une bonne te militaire, une influence prépondérante dans pays que lui avait soumis la victoire. Le général , commandant le génie à l'armée des Grisons, t chargé de diriger les reconnaissances des différé débouchés entre le lac de Genève et celui de , d'examiner le système de défense le plus

11.

convenable à cette partie de la Suisse, et celui de la vallée du Rhône dans le Valais, d'après les dispositions relatives à la communication immédiate qui devait être établie entre la France et la République cisalpine, en ouvrant par le Simplon une route pour le canon, de *Brigg* à *Dome d'Ossola*. Le 30 nivose, le général Lery avait terminé son travail qui était conforme aux idées du général Lecourbe, familiarisé avec la guerre de montagne. D'après cette reconnaissance, des ingénieurs des ponts-et-chaussées furent envoyés pour faire les projets de la nouvelle route, et les travaux furent commencés dans l'hiver. La surveillance en fut confiée au général Tureau, commandant les troupes françaises dans le Valais. La route devait être praticable toute l'année et pour toute espèce de voitures. On ne lui donnait ni la largeur ni l'élégance des chaussées de France; son luxe ne consistait que dans la solidité, la sûreté et l'audace de la construction. Outre les difficultés que présentaient les hautes vallées du Rhône et du Tésin, il fallait, au milieu des précipices et des masses de rochers escarpés à pic, ou diversement inclinés, couper et soutenir de larges rampes praticables pour l'artillerie, et leur conserver une pente proportionnelle.

Des hospices pareils à celui qui existait sur le grand Saint-Bernard, furent établis sur le Simplon et le Mont-Cenis, pour être desservis par des religieux du même ordre et ne former qu'une seule maison. Ils furent dotés d'un revenu de 20,000 francs en biens fonds, dans le Piémont et la République cisalpine.[1]

La vaccine, découverte en Angleterre par le docteur Jenner, et pratiquée dans ce pays depuis plusieurs années, fut introduite en France. Elle en fut redevable à un citoyen connu par sa philanthropie, Larochefoucault-Liancourt. A son retour dans sa patrie, après le 18 brumaire, il avait proposé une souscription pour faire des expériences et propager cette nouvelle découverte. Plusieurs citoyens et médecins, amis de l'humanité, avaient formé un comité médical. Quoiqu'elle eût des détracteurs, la vaccine ne fut pas du moins ouvertement anathématisée, ainsi que cela était arrivé à l'inoculation. Mais, comme toute innovation, elle eut à combattre les habitudes, les préjugés; elle eut de violens adversaires jusque parmi les gens de l'art. Elle était déjà pratiquée à Genève, en Autriche, en Espagne, dans plusieurs parties du Nouveau-Monde.

En Angleterre, le gouvernement faisait vacciner ses matelots, et l'on se débattait encore vivement à Paris sur les avantages et les inconvéniens de cette méthode. Elle n'avait pas fait de grands progrès en l'an VIII; mais le comité médical ne s'était point laissé rebuter par les obstacles. En l'an IX, il commença à recueillir le fruit de ses efforts et de sa persévérance, et publia le résultat de ses expériences.

---

[1] Arrêté du 2 ventose.

Le comité estimait que la petite vérole tuait un individu sur dix qui en étaient attaqués; que du nombre des morts évalué annuellement en France à neuf cent mille, il en périssait de la petite vérole soixante-quatre mille deux cent quatre-vingt-cinq. Persuadé qu'il y a des choses où la main de l'autorité est plus nuisible qu'utile, le gouvernement consulaire eut la sagesse de ne point prendre parti dans une question qui ne pouvait se résoudre que par l'expérience. Cependant le comité reçut quelques encouragemens. Les maires de Paris établirent des maisons de vaccination pour les citoyens qui voudraient en profiter. Pendant le courant de cette année, la vaccine l'emporta sur ses ennemis, et fit des progrès sensibles dans plusieurs parties de la République.

CHAPITRE XVII.

Concordat.

Jusqu'ici le gouvernement s'était borné à proclamer la liberté et l'égalité de tous les cultes. Il n'y avait plus de distinction entre les prêtres assermentés ou réfractaires ; tous ceux qui avaient fait leur soumission de fidélité à la constitution exerçaient publiquement dans les églises.

Les prêtres assermentés ou constitutionnels formaient un clergé régulièrement organisé, mais sans l'approbation de l'autorité, et sans aucun rapport avec elle. Il comptait environ soixante évêques. Deux lettres encycliques et un concile tenu en 1797 lui avaient donné une discipline à-peu-près homogène. Ce clergé qui, depuis le commencement de la révolution, s'était lié à la cause nationale, avait toujours donné l'exemple de la soumission à la puissance temporelle, et s'était soumis sans difficulté au gouvernement consulaire.

Les prêtres insermentés ou réfractaires n'avaient pas, à proprement parler, d'organisation. Leurs chefs ou évêques avaient émigré, et n'étaient encore rentrés qu'en partie. Excepté cinq ou six diocèses où les anciens évêques exerçaient leurs fonctions, tous les autres étaient livrés à une multitude de vicaires apostoliques, de protonotaires, etc. Ce clergé, essentiellement contre-révolutionnaire, avait fait cause commune avec les émigrés et les ennemis de la France; il avait secondé toutes les hostilités de la cour de Rome contre la révolution. Dans ce moment même, les prêtres réfractaires, tout en profitant de la tolérance du gouvernement pour rentrer dans leur pays, se divisaient entre eux sur la simple promesse de fidélité exigée par la loi. Des évêques damnaient ceux qui la faisaient, parce que la constitution de l'an VIII maintenait l'exclusion des émigrés et la vente des biens nationaux. D'autres évêques la permettaient, la conseillaient même, et employaient à leur tour, en faveur de la promesse, les mêmes argumens que le clergé assermenté, répondant à leurs anathèmes, leur avait autrefois opposés en faveur du serment.

La population de la France évaluée à environ trente-cinq millions pouvait ainsi se décomposer :

Calvinistes, luthériens, anabaptistes, quakers, hernutes, théophilanthropes, juifs. . . .	3,000,000
Individus n'appartenant, par leur manière de penser et d'agir, à aucun culte.	4,000,000
Catholiques suivant les prêtres constitutionnels	7,500,000
Idem suivant les prêtres réfractaires. .	7,500,000
Individus nés catholiques ne professant plus leur culte, soit à cause de son interruption, soit par indifférence. .	13,000,000

Car il ne faut pas s'abuser sur le concours de voix et de témoignages qui s'élevaient en faveur du rétablissement du culte. Le gouvernement savait donner l'impulsion. Le fait est que, depuis long-temps, le culte ne s'exerçant plus dans une infinité de paroisses, les idées religieuses étaient fort affaiblies dans l'esprit des peuples.[1]

Chacun des deux clergés constitutionnel et réfractaire voyait augmenter ou diminuer son troupeau, suivant que les principes de la révolution étaient plus ou moins en honneur, plus ou moins délaissés.

Plusieurs autres causes concouraient aussi à favoriser les prêtres réfractaires et à leur donner de l'importance : c'étaient les enfans chéris du pape, et ils se représentaient comme les victimes d'un attachement inébranlable à la religion, comme les gardiens et les martyrs de la vraie foi. Du reste, quant à la liberté des cultes, ils n'en voulaient que pour eux. L'égalité devant Dieu et la loi les révoltait. Ils condamnaient hautement tout ce qui ne marchait pas avec eux. Le gouvernement était-il tolérant? ils provoquaient la persécution. Se refusait-il à leur faire cet honneur? ils ne s'en donnaient pas moins l'apparence de victimes. Aux mystères religieux ils ajoutaient le secret de leur célébration ; on leur ouvrait des églises, ils exerçaient en cachette. Ils donnaient au culte tout l'attrait d'une chose dé-

---

[1] *Mémoires sur les affaires ecclésiastiques de France*, Jauffret, t. 1, p. 32.

fendue, et le supposaient environné de périls pour le rendre plus méritoire. L'aristocratie les prônait dans ses salons. Irréligieuse par ton avant la révolution, elle était, par esprit de contre-révolution, devenue d'une dévotion fervente; les temples publics étaient pour le peuple, et il fallait aller dans les oratoires non autorisés pour être de bonne compagnie.

Les prêtres constitutionnels avaient contre eux le pape qui les avait excommuniés et l'aristocratie qui les haïssait, comme les auxiliaires de la révolution. Pendant la terreur, plusieurs d'entre eux ayant eu la lâcheté, selon les uns, ou le courage, selon les autres, d'abjurer publiquement le sacerdoce comme une charlatanerie, on en faisait un crime au clergé constitutionnel tout entier, resté fidèle à son caractère. Parce qu'il y en avait qui s'étaient mariés, on les accusait tous de mauvaises mœurs. C'était en vain qu'à l'époque de la proscription de toute religion, ils avaient été compris dans la persécution commune pour avoir conservé la foi catholique: loin d'honorer leurs souffrances et de plaindre leurs malheurs, les contre-révolutionnaires trouvaient qu'ils les avaient bien mérités, et qu'on avait eu encore trop de ménagement pour eux. Leur soumission à la puissance temporelle n'était qu'une complicité des excès commis par les gouvernemens révolutionnaires; leur attachement aux règles de la primitive église, et leur fidélité aux libertés de l'église gallicane n'étaient qu'une révolte contre le saint-siége. Le peuple qui fréquentait leurs églises ne cabalait pas pour eux : attaqués de toutes parts, ils étaient, comme la cause populaire, sur la défensive. Mais enfin le gouvernement ne se mêlait point des débats et des rivalités des prêtres. Les persécutions religieuses avaient cessé : l'exercice de tous les cultes était libre ; on n'exigeait de leurs ministres qu'une simple promesse de fidélité à la constitution. Toutes les religions étaient dans l'état ; la République n'en préférait, n'en constituait aucune.

Dans cette situation de choses, que fit le gouvernement consulaire ? Quelques antécédens ne permettaient plus de douter du parti qu'il prendrait. Pendant ses campagnes d'Italie, le général Bonaparte avait débuté par annoncer qu'il venait rétablir le Capitole et réveiller le peuple romain engourdi. Maître du sort de Rome, il avait soutenu le pape comme chef de l'église catholique, et même comme prince temporel. Premier Consul, avant la journée de Marengo, il avait parlé en apôtre au clergé de Milan, professé hautement sa foi, son respect pour la religion catholique, promis de la protéger et de la défendre par tous les moyens, et annoncé le désir et l'espoir de réconcilier la France avec le chef de l'église. Vainqueur à Marengo, il était allé dans la cathédrale de Milan faire consacrer sa victoire par les chants religieux. Il avait chargé le cardinal Martiniana, évêque de Verceil, d'assurer le pape de son respect pour le saint-siége, et de son désir de faire refleurir la religion en France ; il avait invité le saint-père à y envoyer des négociateurs.

Dans le temps où Murat marchait contre les Napolitains qui occupaient les états romains, le premier Consul avait ordonné qu'il traitât la cour de Rome comme une puissance amie ; qu'il témoignât, en toutes circonstances, que le gouvernement avait beaucoup d'estime pour le pape ; qu'il assistât à quelques grandes cérémonies religieuses pour convaincre le peuple que les Français n'étaient point les ennemis de la religion. Lorsque Soult fut envoyé dans le royaume de Naples, l'intention du premier Consul était qu'il allât à la messe avec son état-major, les jours de fête, avec la musique, et qu'il vécût bien avec les prêtres. Le cardinal Gonsalvi écrivit à Murat et lui exprima le vif sentiment dont le saint-père était pénétré pour le premier Consul auquel étaient, disait-il, attachés la tranquillité de la religion et le bonheur de l'Europe. Tout annonçait donc, de la part du premier Consul et du pape, un égal besoin de se rapprocher, et un grand intérêt à s'entendre. En effet, monseigneur Spina, archevêque de Corinthe, prélat domestique de sa sainteté, assistant du trône pontifical, et le père Caselli, théologien consultant, furent bientôt envoyés à Paris par le pape pour négocier. Dans le même but, le premier Consul nomma de son côté Joseph Bonaparte, Crétet, conseillers d'état, et Bernier, le patriarche de la Vendée.

Le seul fait de traiter avec le pape annonçait évidemment le projet formé de constituer la religion

catholique, apostolique et romaine. Cependant ce projet avait contre lui l'armée, une grande partie du peuple, et des hauts fonctionnaires de l'état qui prévoyaient que lorsqu'on aurait relevé l'autel, le rétablissement du trône ne se ferait pas long-temps attendre. En admettant la nécessité de traiter avec la cour de Rome sur les affaires de la religion, différentes voies se présentaient encore pour parvenir à ce but. Il y avait à examiner une foule de questions graves auxquelles avaient donné lieu les anciennes prétentions de Rome, et surtout les questions non moins importantes qu'avaient fait naître, sous le rapport religieux, les changemens produits par la révolution dans l'intérieur de la France, et dans ses relations avec le saint-siége. Alors on parlait librement au premier Consul. Il écoutait patiemment, il provoquait même la discussion, soit qu'il voulût s'éclairer, soit qu'il désirât connaître les opinions de ceux auxquels il avait affaire. L'un l'entretenait donc du danger de donner au pape, souverain étranger, une autorité dont il abuserait infailliblement. L'autre lui disait qu'il suffisait de laisser un libre cours aux opinions religieuses, et une entière liberté à tous les cultes [1]. Quelques-uns lui représentaient que l'occasion n'avait jamais été plus favorable pour affranchir la République du

---

[1] C'est l'opinion de deux écrivains, l'un catholique, l'autre calviniste, de Pradt dans ses *Quatre Concordats*, et madame de Staël dans ses *Considérations sur la Révolution*.

joug de Rome, et pour établir une religion réformée.[1]

Parmi les prêtres réfractaires, la majorité demandait le retour pur et simple à l'état des choses existant avant 1789, c'est-à-dire la contre-révolution religieuse. Quelques-uns même ne voulaient entendre à rien, si l'on ne commençait pas par rétablir en tout l'ancien régime. D'autres, plus raisonnables ou moins violens, consentaient à faire quelques sacrifices pour acquérir à la religion catholique une suprématie légale, et au clergé réfractaire le privilége de l'exploiter.

Le clergé constitutionnel, alors réuni en concile national à Paris, au nombre de quarante-cinq évêques, et de quatre-vingts prêtres députés, demandait aussi pour lui le même privilége, comme une juste récompense de son dévoûment à la cause nationale, une garantie pour l'indépendance de

---

[1] « Quantité de gens convenaient de la nécessité d'un culte public, et de ce nombre étaient les grands propriétaires, non qu'ils fussent au fond véritablement religieux, mais parce qu'ils regardaient la religion comme la plus sûre garantie de leurs propriétés. Leur désir était de voir les affaires ecclésiastiques se terminer, n'importe de quelle manière; et s'il fût entré dans les intentions du premier Consul de changer de religion, plusieurs n'auraient pas été éloignés de le seconder. » Mém. hist., Jauffret, t. 1, p. 33.

Fox, causant avec le premier Consul après le traité d'Amiens, lui reprocha de n'avoir pas obtenu le mariage des prêtres: il lui répondit : « J'avais et j'ai besoin de pacifier: c'est avec de l'eau, et non avec de l'huile, qu'on calme les volcans théologiques; j'aurais eu moins de peine à établir la confession d'Augsbourg en France. » Month., t. 1, p. 121.

l'état contre les usurpations de la cour de Rome.

Le premier Consul désira entendre un des chefs de ce clergé, l'évêque Grégoire, et lui dit dans la première conférence que la France catholique était partagée en deux partis, il se proposait, pour les réunir, de faire un concordat avec le pape. Il pria l'évêque de lui dire franchement son opinion.

Grégoire répondit qu'il n'était point d'avis qu'on fît un concordat. Suivant lui, pendant douze siècles, l'église catholique n'en avait point eu; elle avait, pour diriger son gouvernement, les traditions apostoliques et les règles canoniques; les quatre premiers conciles œcuméniques étaient respectés à l'égal des quatre Évangiles. Le concile de Nicée avait statué, de la manière la plus claire, sur l'institution des évêques, par le concours de ceux de la province, dirigés par le métropolitain. Dans les concordats, les principes avaient toujours été immolés aux calculs de la politique.

Le premier Consul opposa le concordat de François Ier avec Léon X : c'était son grand cheval de bataille.

Les chapitres des cathédrales, répondait Grégoire, ayant usurpé dans le moyen âge le droit d'élire les évêques, l'exercice de ce droit leur fut assuré par la pragmatique sanction de saint Louis, en 1268, et par celle des états de Bourges, sous Charles VII, en 1438; et, comme cette dernière adoptait les décrets des conciles de Constance et de Bâle qui contrariaient les vues ambitieuses de Rome, elle fit des efforts persévérans pour la faire abolir, et malheureusement elle y parvint. Le chapeau de cardinal fut promis à Balue, évêque d'Evreux, puis d'Angers, et à Jouffroi, évêque d'Arras, s'ils décidaient Louis XI à détruire cette pragmatique : les intrigues de ces ambitieux prélats leur valurent la barette. Après Louis XI, François Ier, ayant porté la guerre en Italie, et persuadé que, pour s'assurer la possession du Milanais, il lui importait de captiver l'amitié du pape, consentit, dans une entrevue à Bologne, l'an 1516, à abolir la pragmatique, à la persuasion d'un autre cardinal de hideuse mémoire, le chancelier Duprat. Alors les élections, si vivement soutenues autrefois par Yves de Chartres, Hincmar de Reims, saint Bernard, Pierre le vénérable, Clémengis, Gerson et autres, furent anéanties. Aux élections fut substituée la nomination par le roi. Le clergé en général et tous les ordres de l'état virent le concordat avec horreur, et le vouèrent à l'exécration.

« Cependant, objecta le premier Consul, le concordat fut enregistré au parlement. »

Grégoire répliqua qu'en effet le parlement, qui, pendant deux ans avait repoussé ce pacte comme contraire aux conciles généraux et aux libertés gallicanes, avait fini par un acte de faiblesse, s'il était vrai qu'il l'avait enregistré, le 19 mars 1518, avec la formule réprobatrice : « Par très exprès comman-
« dement du roi, plusieurs fois réitéré », ce qui emportait la nullité de l'enregistrement. La douleur,

dit l'histoire, était peinte sur les visages de cette compagnie, quand, quelques jours après, le chapitre de Notre-Dame et l'université vinrent à la barre du parlement interjeter appel contre l'abolition de la pragmatique et la réception du concordat. Le recteur Mermel fit même afficher dans les carrefours de Paris un mandement qui défendait aux imprimeurs et libraires d'imprimer et de débiter le concordat, sous peine d'être chassés de l'université. Immédiatement après le concordat de 1516, Luther commença à dogmatiser en 1517, et l'on voyait entre ces deux événemens un rapprochement tout autre que celui des dates. Les prêtres partisans des élections reprochèrent à François Ier un crime qui ne pourrait pas même être expié par les calamités de toute sa descendance. Lui-même, aux portes du tombeau, déclara à son fils Henri II, que cette transaction par laquelle la société chrétienne était dépouillée de ses droits, était le péché qui tourmentait le plus sa conscience.

« Le concordat désastreux de 1516, ajoutait Grégoire, doit nous inspirer la même aversion qu'à nos ancêtres. Une partie des dispositions qu'il renferme sont inapplicables au cas actuel; la plupart concernent les droits des gradués aux bénéfices : or, nous n'avons plus de gradués, et les places ecclésiastiques sont présentement ce qu'elles devaient toujours être, des offices et non des bénéfices. Les préroga-

du clergé de France à Henri III, en l'an 1585.

tives accordées aux ecclésiastiques du haut parage sont un outrage à la religion et à la raison. Quant à la nomination aux évêchés, c'est le droit sacré et imprescriptible de la société chrétienne ». Le premier Consul écouta ces observations avec indulgence et même avec intérêt; mais elles restèrent sans succès, et il s'en tint au projet d'un concordat. Alors, il ne s'agissait plus que de savoir sur quelles bases il serait établi. Cette question fut traitée dans plusieurs autres entretiens et dans cinq mémoires demandés à Grégoire par le premier Consul, et dont l'un avait spécialement pour objet la manière de négocier avec la cour de Rome. L'évêque pouvait d'autant mieux présenter ses vues à cet égard, que récemment il avait compulsé toute la correspondance diplomatique du cardinal Bernis, dernier ambassadeur de France; et que, pour le temps écoulé depuis sa mort, il s'était procuré de Rome des renseignemens qui mettaient entre ses mains le fil qu'il fallait suivre dans le labyrinthe tortueux des négociations.[1]

A ces mémoires, Grégoire joignait un projet de traité d'après lequel le pape reconnaîtrait que toutes les déclarations de soumission et de fidélité exigées par les lois depuis le commencement de la révolution avaient été faites légitimement, et n'avaient pu être justement refusées. L'église gallicane

---

[1] *Essai historique sur les libertés de l'Eglise gallicane*, par Grégoire, p. 212.

devait conserver la jouissance et l'exercice de ses
libertés et de ses anciens usages, sans que le pape
s'y opposât en aucune manière, et ne fît rien qui y
fût contraire. Conformément à ces libertés, l'église
gallicane devait élire elle-même ses pasteurs. Elle ne
reconnaissait aucune juridiction spirituelle dans
les délégués du pape, dans les préfets et vicaires
apostoliques. Il ne devait en envoyer aucun en
France : les démarcations territoriales ecclésiastiques déterminées par l'Assemblée - Constituante
étaient conservées.

Aucune portion du territoire français ne pouvait,
pour ce qui concernait la religion, dépendre d'un
évêque étranger, sauf les rapports purement spiri-
tuels entretenus avec le chef visible de l'église universelle. Le pape, comme père commun des fidèles,
devait employer les moyens que lui suggéraient sa
sagesse et sa charité pour pacifier les troubles de
l'église de France. Dans le bref qu'il adresserait à
la République, il recommanderait le plus profond
silence sur les contestations qui la divisaient. Les
évêques de France adresseraient de nouveau au
pape des lettres de communion auxquelles il ré-
pondrait.

Dans le cas où il n'y aurait pour le même diocèse
qu'un évêque existant en France, il devait être re-
nu de tous, s'il avait fait la promesse de fidélité
à la constitution. Dans le cas où une église aurait
x évêques, l'un désigné et consacré avant 1791,
'autre élu et consacré depuis, le plus ancien serait

reconnu s'il résidait en France et s'il faisait la promesse de fidélité à la constitution ; l'autre lui succéderait de plein droit. Par exception et pour le bien de la paix, les évêques actuellement existans et dont les siéges avaient été supprimés pouvaient continuer leurs fonctions en se soumettant aux lois ; mais ils ne pourraient avoir de successeurs. Les mêmes dispositions étaient applicables aux curés.

Ce projet était à-la-fois le triomphe complet du clergé constitutionnel sur le clergé réfractaire, et celui de l'église gallicane sur les principes ultramontains ; il rendait à l'église ce que François Ier et Léon X étaient accusés de lui avoir enlevé pour se le partager. Espérer que la cour de Rome y consentirait jamais, c'était étrangement se méprendre sur ses principes et sa politique. De son côté, le premier Consul tenait trop à la nomination des évêques, et ne voulait pas plus de démocratie dans l'église que dans l'état. Ces prêtres constitutionnels dont il se faisait dans ce moment un épouvantail pour la cour de Rome, avaient déjà perdu leur procès ; et loin de leur préparer un triomphe, on leur négociait une amnistie. La question du concordat était décidée, et les instructions données par le premier Consul à ses plénipotentiaires avaient préjugé des concessions importantes en faveur du pape. Elles portaient en substance : Que la liberté des cultes étant admise en France, il ne pouvait plus y avoir de religion dominante et exclusive; qu'il fallait, par ce motif, se borner à reconnaître que la religion catholique était celle du gouvernement et de la majorité des Français; que le rétablissement de la paix religieuse était, dans le moment présent, l'objet le plus important; mais que les moyens de ce rétablissement devaient être sagement combinés avec la police et les droits de l'état; qu'il était indispensable, pour faire cesser le schisme, de supprimer les anciens sièges, et de procéder à une nouvelle circonscription des diocèses; qu'il n'y avait pas d'inconvénient à ce qu'on se conformât, en ce qui concernait la nomination et l'institution des évêques et archevêques, aux dispositions du concordat de Léon X; que les lois portant suppression des ordres monastiques et religieux dans lesquels on se lierait par des vœux perpétuels continueraient d'être observées.

Le premier Consul pensait que s'il établissait un culte réformé, ce culte aurait contre lui la moitié de la France, et qu'il en résulterait des querelles et des déchiremens interminables; qu'il valait mieux organiser les cultes et discipliner les prêtres que de les abandonner à eux-mêmes et à la liberté; que, puisque la religion catholique était celle de la majorité des Français, c'était elle qu'il fallait constituer; qu'elle serait un grand moyen de gouvernement; que les gens éclairés ne se souleveraient pas contre elle parce qu'ils étaient indifférens; qu'il s'épargnait donc de grandes contrariétés dans l'intérieur. Il disait que lui-même n'était rien; qu'il était mahométan en Égypte, et qu'il serait catholique en France pour le bien du peuple; qu'il ne croyait pas aux religions, mais qu'il avait l'idée d'un dieu[1]. Ce qu'il ne disait pas, c'est qu'attribuant une influence exagérée à la reconnaissance du gouvernement consulaire par le pape, il mettait un grand prix à l'obtenir.

Malgré les concessions faites par le premier Consul à la cour de Rome devenue plus exigeante à mesure qu'on se montrait plus facile, elle élevait toutes sortes de difficultés, et les négociations n'avançaient pas. Le premier Consul, impatient, menaça de les rompre. Il ordonna au ministre français à Rome, Cacault, de demander ses passeports si l'on ne cédait pas à ce qu'il regardait comme juste. Cacault prit sur lui de différer son départ, si le secrétaire d'état Consalvi voulait se rendre en personne auprès du premier Consul. Ce cardinal partit, arriva à Paris le 2 messidor, et obtint le soir même son audience de réception au palais du gouvernement. Le premier Consul s'entretint pendant fort long-temps avec lui.

Pour atténuer sans doute le mauvais effet que produisait en France tant de condescendance pour la cour de Rome, Bonaparte, en présence des républicains, affectait de plaisanter les envoyés du saint-siége. « Le lendemain de la réception du cardinal,

[1] *Mémoires sur le Consulat*, p. 151.

j'ai eu, disait le premier Consul à trois conseillers d'état, une conversation avec Consalvi. Je lui ai dit : *Si le pape n'en veut pas finir, nous ferons une église gallicane.* Il m'a répondu : *Le pape fera tout ce qui conviendra au premier Consul.* Le cardinal a dit à Talleyrand : *On prétend que je suis dévot : il n'en est rien ; j'aime le plaisir tout comme un autre.* Le cardinal et M⁺ Spina regrettent de ne pouvoir ici aller aux théâtres, de peur de scandaliser le clergé français qui n'est pas fait à cela, tandis qu'à Rome ils y vont avec leurs maîtresses. »[1]

Pendant les négociations du concordat, et tandis que le premier Consul montrait tant de complaisance pour la cour de Rome, et préparait aux prêtres réfractaires un triomphe sur le clergé constitutionnel, il y en avait qui non-seulement refusaient toujours la promesse de fidélité à la constitution, mais qui prêchaient contre les lois, contre les acquéreurs de biens nationaux ; qui cherchaient à alarmer les consciences, à fanatiser les esprits et à troubler la République. Le gouvernement était obligé de sévir contre eux ; les préfets leur donnaient partout la chasse, les faisaient arrêter et rejeter hors des frontières. Chaque jour le journal officiel annonçait de semblables expéditions.[2]

Un des exemples de sévérité les plus remarquables fut celui qui eut pour objet le prêtre Four-

---

[1] *Mémoires sur le Consulat.*
[2] De germinal à thermidor an ix.

nier, se disant vicaire général d'Auch et d'Orléans, et ancien docteur de Sorbonne. Inscrit sur la liste des émigrés, il avait obtenu une surveillance pour résider à Orléans. Ayant quitté cette commune sans autorisation, il était venu à Paris et y prêchait contre les principes du gouvernement. Dans un sermon sur la Passion, il fit des allusions à Louis XVI. Il fut arrêté. On trouva dans ses papiers des sermons contre la vente des biens nationaux et contre la promesse de fidélité à la constitution : lui-même cependant l'avait faite. Le gouvernement annonça, dans le journal officiel, que cette versatilité de conduite, l'incohérence des idées de ce prédicateur, son exaltation et la manie qu'il avait d'amalgamer publiquement des principes aussi étranges avec des paroles de religion, ne permettaient point de douter qu'il n'eût l'esprit aliéné au point de compromettre l'ordre public; qu'en conséquence, le préfet de police, aux termes du paragraphe 6 de l'article 22 de l'arrêté des Consuls du 12 messidor an VIII, l'avait fait conduire à l'hospice des fous à Bicêtre. Le clergé de Paris prit fait et cause pour Fournier, et vint se plaindre au premier Consul de son arrestation. Il répondit que c'était lui qui l'avait ordonnée, et qu'il avait voulu prouver aux prêtres qu'il saurait bien les faire obéir à la puissance civile. En racontant cette démarche du clergé, il dit que l'arrestation de Fournier était un acte révolutionnaire; mais qu'il fallait bien agir ainsi en attendant qu'il y eût quelque chose de réglé; que Fournier ne reverrait pas la France;

qu'il l'enverrait en Italie et le recommanderait au pape. »

Vers le même temps, on apprit avec horreur que le tribunal spécial de Laval avait condamné à mort le prêtre insermenté Clerbeau, convaincu d'avoir fait assassiner au nom de la foi et de la religion son neveu, militaire en convalescence, parce que c'était un *scélérat* et un *gueux* qui servait depuis long-temps la République.

Tandis que ces excès trahissaient les prétentions criminelles et l'esprit vindicatif du clergé inser-menté, Bonaparte, en montrant un vif désir de ter-miner le concordat, faisait beau jeu à la cour de Rome. De son côté, elle craignit, par ses exigences, d'irriter le premier Consul, et parut user envers lui de déférence en acceptant ce qu'il offrait : c'était beaucoup plus qu'elle n'avait osé espérer. Depuis l'arrivée du cardinal Consalvi, les négociations mar-chèrent avec plus de rapidité, et toutes les difficul-tés furent aplanies.

Le droit de nommer les évêques flattait le pre-mier Consul, quoique leur nomination appartînt réellement au pape auquel on reconnaissait le droit de leur accorder et par conséquent de leur refuser l'institution canonique. On le sentit bien; aussi vou-lut-on au moins fixer un délai à l'exercice de ce

---

[1] Il fut détenu dans la citadelle de Turin. Le cardinal Fesch obtint dans la suite sa liberté, devint son protecteur, le fit nommer chapelain de l'empereur Napoléon, et, en 1806, évêque de Montpellier.

[2] Moniteur du 29 messidor.

droit. Les négociateurs du pape s'y refusèrent; le premier Consul céda encore sur ce point important. Quand tout fut réglé, le public en fut instruit par cette communication laconique du journal officiel (24 messidor): « M. le cardinal Consalvi a réussi dans les négociations dont il a été chargé par le saint-siége auprès du gouvernement ». En effet, le concordat fut signé le 26 (15 juillet). Consalvi en fut si joyeux qu'il dit, en parlant du mariage des prêtres, que, si le premier Consul le demandait, la cour de Rome y consentirait parce que ce n'était qu'un point de discipline. Le premier Consul n'en doutait pas; mais il ne voulait pas donner au faubourg Saint-Germain le prétexte d'appeler le pape hérétique; il était dans ses vues d'avoir un pape vraiment catholique, apostolique et romain.[1]

La politique n'avait plus besoin du concile tenu par le clergé constitutionnel : on lui notifia l'ordre de se séparer; ce qu'il fit dans une séance publique, déclarant par un décret qu'il n'avait eu d'autre but que la pacification de l'église gallicane, ainsi qu'il l'avait manifesté dans une lettre au pape.

Après avoir fait au conseil d'état (18 thermidor) une analyse de la situation de la France, sous le rapport religieux, de ce qui s'était passé pendant la révolution, et de l'état actuel des choses, le premier Consul lui communiqua la convention du 26 messidor et ajouta : « Il y aura cinquante évêques

---

[1] Mémoires de M. de Boussert, t. 1, p. 17.

auxquels on donnera 5 à 6,000 francs, et environ six mille curés, un par canton. On paiera les évêques sur les dépenses secrètes, et les curés sur des centimes additionnels. J'ai réglé ce qui concerne les protestans. Les calvinistes ont leur métropole à Genève: il n'y a pas de difficulté. Les luthériens recevaient leurs ministres des princes d'Allemagne; on leur envoyait les plus mauvais sujets: à l'avenir, ils nommeront eux-mêmes leurs ministres. Les luthériens de Strasbourg l'ont demandé. Quant aux juifs, c'est une nation à part : elle ne se mêle avec aucune autre secte; elle est d'ailleurs en trop petit nombre pour qu'on s'en occupe ». Le premier Consul leva de suite la séance. Cette communication fut reçue avec froideur.

La convention conclue avec le pape portait que la religion catholique, apostolique et romaine, reconnue pour être celle du gouvernement consulaire et de la majorité des Français, serait librement exercée, et que son culte serait public, sauf les réglemens de police que le gouvernement jugerait nécessaires; qu'il serait fait par le saint-siége, de concert avec le gouvernement, une nouvelle circonscription des diocèses; que sa sainteté déclarerait aux prélats existans qu'elle attendait d'eux, pour le bien de la paix et de l'unité, toute espèce de sacrifices, même celui de leurs siéges; que s'ils s'y refusaient, il serait pourvu au gouvernement des diocèses par de nouveaux titulaires; que le premier Consul nommerait aux archevêchés et évêchés, et que sa sainteté conférerait l'institution canonique; qu'avant d'entrer en fonctions, les archevêques et évêques prêteraient entre les mains du chef de l'état le serment qui était anciennement en usage, et que les ecclésiastiques du second ordre prêteraient le même serment entre les mains des autorités civiles désignées par le gouvernement; que, dans toutes les églises catholiques de France, on réciterait à la fin de l'office divin, la formule de prière suivante:

Domine, salvam fac Rempublicam.
Domine, salvos fac Consules.

La convention portait encore que les évêques feraient une nouvelle circonscription des paroisses; qu'ils nommeraient aux cures; mais que leur choix ne pourrait tomber que sur des personnes agréées par le gouvernement; qu'ils pourraient avoir un chapitre pour leur cathédrale, et un séminaire pour leur diocèse, sans que le gouvernement fût tenu de les doter, et que toutes les églises non aliénées, nécessaires au culte, seraient mises à leur disposition. Le pape déclarait, pour le bien de la paix, que ni lui ni ses successeurs ne troubleraient en aucune manière les acquéreurs des biens ecclésiastiques aliénés; et qu'en conséquence, la propriété de ces mêmes biens, les droits et revenus y attachés demeureraient incommutables entre leurs mains ou celles de leurs ayans-cause. De son côté, le gouvernement promettait d'assurer un traitement convenable aux évêques et aux curés. Il s'engageait à prendre des mesures pour que les catholiques pussent faire des fondations en faveur de l'église. Sa sainteté reconnaissait dans le premier Consul les mêmes droits et prérogatives dont jouissait près d'elle l'ancien gouvernement, et il était convenu que, dans le cas où quelqu'un des successeurs du Consul ne serait pas catholique, ces droits et prérogatives, ainsi que la nomination aux évêchés, seraient réglés par un nouveau traité.

Quoique longuement discutée et mûrie par d'habiles et dévoués plénipotentiaires du saint-siége, la convention du 26 messidor, envoyée à Rome pour être ratifiée, y éprouva de vifs débats. Des théologiens rigoristes alarmèrent le pape sur les concessions attentatoires aux droits de l'église catholique que contenait concordat. Il ne pouvait, disaient-ils, consentir à ce que l'exercice public du culte fût subordonné aux réglemens de l'autorité temporelle sans l'intervention de l'autorité spirituelle, ni légitimer la spoliation du clergé en consacrant la vente de ses biens. Pie VII. naturellement d'un caractère timoré et indécis, consulta en particulier le cardinal Albani et le frère Ange-Marie Merenda, commissaire du saint-office. A l'aide de quelques distinctions subtiles, ils déclarèrent tous les deux que le pape pouvait ratifier en sûreté de conscience; ce qu'il fit, assisté de tous les cardinaux, par une bulle du 15 août. On y voit un exposé des sentimens qui animaient alors le chef de l'église, les motifs qui le dirigèrent, la marche des négociations, et, dans le style de la chancellerie romaine, des prétentions à la suprématie se déguisant mal sous le voile de l'humilité. En traduisant cette bulle pour la faire publier, le gouvernement crut devoir changer ou supprimer quelques passages qui lui parurent contraires à ses vues et à la dignité de la République.

Jamais Bonaparte ne regarda comme un pacte funeste ce concordat qui devint pour lui la source de tant d'amertumes, et qui contribua si puissamment à ses malheurs. Sur le rocher même où le conduisirent ses revers, il donna toujours une préférence marquée au catholicisme. Il croyait à l'existence d'un dieu, et regardait toutes les religions comme des inventions de l'homme, où les prêtres avaient toujours glissé la fraude et le mensonge. De là cette guerre éternelle d'extermination entre les différentes religions. Dans son enfance, il avait commencé par croire : à treize ans, dès qu'il avait su quelque chose et raisonné, sa croyance était devenue incertaine. Cependant il n'avait jamais douté de Dieu; ses nerfs étaient en sympathie avec le sentiment de son existence. Il regardait la religion comme l'appui de la bonne morale, des vrais principes, des bonnes mœurs, pourvu qu'elle se bornât à donner sa sanction aux lois humaines, et qu'elle ne voulût pas s'élever au-dessus d'elles. Ses idées étaient arrêtées à cet égard lorsqu'il prit le timon de l'état, et il résolut de la rétablir. Il eut à vaincre beaucoup de résistances pour ramener le catholicisme; on l'aurait suivi bien plus volontiers s'il avait arboré la bannière protestante. Sur les ruines où il se trouvait placé, il pouvait choisir. Les dispositions du moment poussaient au protestantisme. Mais, outre qu'il tenait à sa religion natale, en le proclamant il aurait créé en France deux grands partis à-peu-près égaux, lorsqu'il voulait qu'il n'y en eût plus; il aurait ramené la fureur des querelles religieuses, lorsque les lumières du siècle et sa volonté avaient pour but de les faire disparaître. Avec le catholicisme, il y arrivait bien plus sûrement, car le grand nombre absorbait le petit, et l'égalité avec laquelle on les traitait ne mettait entre eux aucune différence. Il ne désespérait pas de diriger le pape, et dès-lors quelle différence, quel levier d'opinion sur le reste du monde! Il ne s'était donc jamais repenti d'avoir fait le concordat; il n'avait jamais dit, comme on le prétendait, que c'était la plus grande faute de son règne; jamais ses bonnes dispositions en faveur de la religion ne furent altérées par ses discussions avec la cour de Rome.[1]

[1] Las Cases, t. IV, p. 160; t. V, p. 323; Montholon, t. I, p. 114; O'Meara. t. I, p. 169, 111; Antommarchi, t. I, 269.

CHAPITRE XVIII.

Brigandage. — Tentatives des Bourbons auprès du premier Consul. — Maintien des lois sur les émigrés. — La confiscation de leurs bois maintenue. — Système de fusion du premier Consul. — Ses principes de gouvernement. — Adresses.

La France avait résisté à l'Europe, battu ses armées, et lui avait dicté la paix. Tout faisait présager que l'Angleterre elle-même serait bientôt forcée de la conclure. Les rois semblaient donc réconciliés avec la République. Dans l'intérieur, tous les partis s'étaient soumis au gouvernement consulaire. Il avait l'affection et la confiance de l'immense majorité de la nation. Cependant une guerre intestine semblait dévorer la France : guerre honteuse, guerre sans gloire, de viols, de pillages et d'assassinats! Des brigands obscurs, des voleurs de grands chemins infestaient les campagnes, portaient le ravage jusqu'aux portes des villes, et des bandes de misérables bravaient un gouvernement qui semblait, par les résistances dont il avait triomphé, n'en avoir plus à craindre. On prenait patience sur le brigandage, trouvant naturel, d'après d'anciens exemples, que, lorsque l'ordre et la paix succédaient aux révolutions et à la guerre, l'état restât encore long-temps troublé par l'écume qu'elles vomissent et qui leur survit. Ces exemples étaient ici sans application. La paix n'avait point encore rendu à leurs foyers ces bras qui, ayant laissé la charrue pour les armes, ne peuvent plus se résigner à la reprendre; ou qui, accoutumés à faire la guerre pour le compte d'autrui, la continuent pour leur propre compte. La composition des armées françaises ne permettait pas même de craindre que des soldats congédiés déchirassent le sein de leur patrie. Pour se rabaisser au plus lâche des crimes, ils s'étaient trop élevés dans la gloire. Enfin, on ne trouvait pas, dans les bandes de brigands, un seul de ces militaires qui avaient servi sous le drapeau national, un seul de ces hommes de la révolution, qui, du rôle qu'ils y avaient joué, n'avaient recueilli que l'abandon et la misère.

On se demandait ce que des assassins et des voleurs de grands chemins pouvaient avoir de commun avec des partis. En effet, ce rapport avait de quoi surprendre. On concevait bien comment un parti qui combat pour une cause politique, pour ses opinions, ses intérêts, ses préjugés même, prend les armes, et donne ou reçoit la mort sur le champ de bataille; enfin on concevait la guerre civile et toutes ses fureurs; mais il était difficile de comprendre comment un parti armait des brigands et des assassins, et avouait hautement leurs lâches forfaits; on le comprenait encore moins de la part d'un parti qui prétendait combattre pour le trône et l'autel. C'était cependant un fait consacré par de sanglans témoignages, que le royalisme avait inventé le brigandage, et s'en appropriait le privilége. Jamais les révolutionnaires ne le lui disputèrent. Ils eurent leurs tribunaux, leurs proscriptions, leurs massacres; le royalisme eut aussi les siens. Mais momentanément vaincus ou opprimés, les patriotes, les jacobins, les terroristes, pour échapper aux vengeances ou pour se venger eux-mêmes, n'allèrent jamais en bandes arrêter, tuer les voyageurs, piller les voitures publiques et les courriers, dévaster pendant la nuit les campagnes, et égorger leurs paisibles habitans. Les uns découvraient leur poitrine devant les poignards de leurs ennemis : les autres, pour échapper à leurs coups, imploraient l'hospitalité et la commisération.

Le brigandage était un auxiliaire de l'Angleterre. Elle conservait toujours cet allié, quand elle n'en avait plus d'autre sur le continent. Elle soudoyait et entretenait les chefs connus de la chouannerie, et leur donnait asile ou les vomissait sur les côtes. Le premier Consul reprochait amèrement aux ministres anglais cette infâme politique. Il avait raison. Un gouvernement capable de payer des assassins, l'était aussi de prendre la peste à sa solde; car quels excès ne doit-on pas redouter de celui qui est une fois sorti à ce point-là des limites de la morale et de la civilisation?

Le brigandage avait son organisation, son mot d'ordre, ses moyens de correspondance. Il était exactement informé des départs et des arrivées des courriers, des diligences, des voyageurs, des envois de fonds. Il avait pour ainsi dire les états de mouvemens de la poste et des messageries, des foires et des marchés, de la gendarmerie et des troupes. C'était un grand polype, dont les mille bras s'étendaient sur toute la France. Ils recevaient leur impulsion d'un centre, d'où les dirigeaient le royalisme et l'Angleterre. Cependant le brigandage affligeait plus particulièrement l'ouest et le midi de la France, l'un où le climat contribue à exalter les passions violentes, l'autre où les restes impurs de la guerre civile bouillonnaient encore, surtout dans le département du Morbihan, où Georges Cadoudal les excitait toujours.

Les recommandations, les injonctions itératives faites aux tribunaux, restaient presque sans effet. Les juges et les jurés étaient frappés de terreur et manquaient de courage. Les prisons se remplissaient de brigands, ou bien les jugemens donnaient le scandale de l'acquittement et de l'impunité du crime. De toutes parts, les préfets réclamaient la création de commissions extraordinaires spéciales, pour juger les prévenus arrêtés. Le gouvernement en établit sur plusieurs points, à la suite de corps d'éclaireurs commandés par des généraux ; elles devaient juger les brigands dans les vingt-quatre heures de leur arrestation[1]. Cet instrument violent, illégal, mais nécessaire, employé dans plus de vingt dépar-

[1] Arrêté du 29 frimaire.

temens, fut confié à des généraux qui réunissaient la prudence à l'énergie, tels que Férino en Provence, Gouvion en Languedoc, Bernadotte en Bretagne. Des postes d'infanterie et de cavalerie renforçaient la gendarmerie pour établir quelque sûreté sur les routes. Le gouvernement ordonna que toute diligence aurait cinq soldats armés sur l'impériale, et la nuit au moins deux gendarmes à cheval pour escorte[1]. Pendant plusieurs mois, les pages du Moniteur ne furent presque remplies que des attentats des brigands et de leurs supplices. On n'y voyait que vols, assassinats, arrestations, fusillades et exécutions. C'était un singulier phénomène que cette sanglante perturbation, à côté d'un gouvernement qui s'élevait majestueusement sur de larges bases d'ordre public. Le premier Consul disait à ce sujet : « Sous le Directoire, la faiblesse des armées provenait de ce qu'une grande quantité de troupes étaient disséminées dans l'intérieur pour la sûreté du gouvernement et le maintien de l'ordre. Dans la dix-septième division militaire, il y avait six mille hommes de cavalerie. On ne peut pas être fort partout à-la-fois. Le brigandage est peu à craindre tant que cela va bien aux armées. »

Un de ses actes les plus remarquables fut celui commis sur la personne du sénateur Clément de Ris, à sa campagne de Beauvais, près de Tours. Le 1er vendémiaire, vers deux ou trois heures après

---

[1] Arrêté du 17 nivose.

midi, six hommes à cheval et armés arrêtèrent la voiture du sénateur, dans laquelle était une dame de sa connaissance qui se rendait chez lui. Ils accompagnèrent sa voiture; les uns se placèrent en sentinelle à l'entrée de sa maison, les autres y entrèrent. Le sénateur était seul; sa famille était allée à Tours. Ils se firent remettre tout ce qu'il pouvait avoir de plus précieux en bijoux, or, argent et meubles portatifs, et le sommèrent de les suivre, sous peine d'être fusillé. Ils le firent monter dans sa voiture, et conduire par son postillon. Celui-ci dit à son retour que les brigands avaient déclaré qu'ils ne rendraient le sénateur que moyennant une rançon de 50,000 francs.

Cet événement fit grand bruit. Le ministre de la police, Fouché, manda quelques chefs de chouans qui étaient à Paris. Il en obtint la confirmation de ses soupçons, et apprit que B....., l'un d'eux, n'était pas étranger à cette expédition. Le ministre lui accorda trois jours pour faire retrouver le sénateur. B....... en demanda huit. D'après les indications qu'il avait données, le ministre mit en campagne quatre agens intelligens et déterminés. Ils rencontrèrent deux des brigands dans la forêt de Loches, le 19, à trois heures après minuit, au moment où, craignant que le sénateur ne fût découvert, ils le transféraient, les yeux bandés, à cheval, dans un autre lieu. Les agens attaquèrent l'escorte à coups de pistolet, la mirent en déroute, délivrèrent le sénateur, et le ramenèrent chez lui. Dix individus furent arrêtés et traduits au tribunal spécial de Tours. C'étaient, la plupart, des habitans ou propriétaires de la Touraine qui avaient figuré, mais d'une manière subalterne, dans la chouannerie, et notamment les propriétaires et fermiers du domaine du Portail, près de Loches, où Clément de Ris avait été détenu en chartre privée. Les causes de cet événement restaient cependant couvertes de nuages. Un parti, pour ennoblir cet attentat, répandait que Clément de Ris avait été enlevé par les royalistes comme otage, pour répondre de quelques-uns des leurs, alors menacés. Mais qu'avaient de commun avec cette représaille le vol de ses effets et la rançon demandée?

L'instruction publique du procès ne commença qu'au mois de thermidor, devant le tribunal spécial de Tours. Le commissaire du gouvernement conclut à la peine de mort contre quatre accusés, défendus par les avocats Chauveau-Lagarde, défenseur juré des royalistes, et Pardessus. Le tribunal de cassation cassa le jugement, et renvoya les accusés devant le tribunal spécial d'Angers, qui en condamna trois à la peine de mort, et deux à six années de fers.

Audrein, évêque de Quimper, en revenant du concile tenu à Paris par le clergé constitutionnel dans son diocèse, fut assassiné par une bande de chouans commandée par un certain Lecat. Ils arrêtèrent la diligence où ils savaient qu'était Audrein, l'appelèrent par son nom, le forcèrent à en descendre, en défendant aux autres voyageurs de faire aucun mouvement. A peine eut-il mis pied à terre, qu'il fut assailli de coups de fusil, et ensuite mutilé de coups de sabre. Les brigands se partagèrent ses effets.

Dans Paris même, le jour de la fête du 14 juillet, on vola à la princesse Santa-Croce ses diamans. Les voleurs étaient Loys, ex-marquis, agent royaliste; Bisson, chevalier d'industrie; Fresnaud, ex-receveur des contributions. Ils avaient pour complices madame de Goyon-Matignon, et Loyauté, chevalier de Saint-Louis. On les arrêta, et tous les effets furent retrouvés et rendus.

Les mesures adoptées par le gouvernement ne tardèrent pas à améliorer la situation de la République. Les commissions militaires avaient jugé un grand nombre de brigands. Dans l'espace d'un mois, depuis l'établissement de l'escorte des diligences, une seule avait été attaquée, et des huit brigands qui avaient fait cette attaque, deux avaient été tués et six arrêtés.

La création des *tribunaux spéciaux* vint enfin légaliser tout ce qu'il y avait eu jusqu'alors d'arbitraire dans les mesures du gouvernement, et leur donner une extension et un caractère qui contribuèrent à leur succès. Ces tribunaux furent établis dans vingt-sept départemens, treize de l'Ouest et quatorze du Midi. Les commissions militaires furent alors supprimées, excepté dans les départemens du Var et des Bouches-du-Rhône, où elles furent maintenues pour juger les brigands pris les armes à la main.

Telle était la vigueur avec laquelle on poursuivait les brigands, que Bernadotte, dans un seul mois (prairial), en fit arrêter trois cent quarante-quatre par ses colonnes. Ceux de la Provence, plus acharnés que partout ailleurs, effrayés cependant d'avoir vu deux cents des leurs tomber sous le glaive de la loi ou périr les armes à la main, offrirent au général Cervoni de se soumettre, et de s'abandonner à la générosité du gouvernement.

Le brigandage avait été frappé au cœur. La vigueur et la persévérance du gouvernement diminuèrent rapidement ses excès, et firent bientôt entrevoir sa complète destruction. La sécurité se rétablit successivement dans les campagnes et sur les routes, et il ne resta plus qu'un noyau de brigands en Bretagne, que le voisinage des îles anglaises y alimentait. Les écrivains disent que, par l'organisation des tribunaux spéciaux, le premier Consul voulut s'emparer de l'arme la plus redoutable et la plus sûre pour maintenir l'exercice du pouvoir dictatorial et absolu[1]. Pour être vrai et juste, il faut ajouter qu'on n'en fit pas un mauvais usage. Cette arme fut consciencieusement employée à réprimer uniquement le brigandage; on n'a pas cité un seul fait qui prouvât qu'on en eût abusé au profit du

---

[1] Entre autres Mathieu Dumas, *Précis des événemens militaires*, t. vi, p. 18.

pouvoir. Dans sept mois, c'est-à-dire jusqu'à la fin de l'année, ces tribunaux prononcèrent sept cent vingt-quatre jugemens; il n'y en eut que dix-neuf d'annulés par le tribunal de cassation, pour cause d'incompétence. Ils n'avaient donc pas envahi la justice ordinaire.

Malgré la réponse peu favorable que le premier Consul avait faite aux Bourbons en l'an VIII, ils n'avaient point désespéré de lui. Le comte de Lille écrivit de Varsovie à Clermont-Gallerande, le 22 mars 1801 (1ᵉʳ germinal an IX):

« Mon cher marquis, j'ai bien reconnu votre zèle dans la promptitude avec laquelle vous avez saisi un moyen qui, employé avec la prudence que vous possédez, peut devenir extrêmement salutaire. Il s'agit de démontrer une grande vérité au général Bonaparte: c'est que son amour-propre exige qu'il s'unisse à moi pour sauver la France; que ses triomphes, sa valeur, ses talens, ne la sauveront pas s'il ne s'établit un ordre de choses fixe, et que cette fixité ne peut se trouver que dans le retour de la monarchie et du monarque légitime. J'ai dit que c'était aussi le véritable intérêt du général Bonaparte, et je le répète. Assis sur un volcan, il sera tôt ou tard renversé, s'il ne se hâte pas d'en fermer le cratère. Chaque éruption manquée lui vaudra sans doute des hommages; mais, à la dernière, ils s'adresseront à ceux dont il sera devenu la victime, et, en attendant cette fatale époque, l'idée qu'elle doit infailliblement arriver ne lui permettra jamais de repos. Assis, au contraire, sur les premières marches du trône qu'il aurait relevé, objet de la reconnaissance du monarque, il recevrait de toute la France des vœux d'autant plus purs qu'ils seraient le fruit de l'admiration et de l'estime. Personne ne peut mieux l'en convaincre que celle dont le sort est lié avec le sien, qui ne peut être heureuse que de son bonheur, honorée que de sa gloire. Je regarde comme un très grand bien que vous ayez pu vous mettre en communication avec elle. Ce n'est pas d'aujourd'hui que je connais sa façon de penser. Le comte de Vioménil, dont assurément les sentimens ne sont pas équivoques, m'a dit plus d'une fois qu'à la Martinique, il lui avait souvent représenté que son royalisme allait jusqu'à l'imprudence; et l'appui qu'elle donne aujourd'hui à ceux de mes fidèles sujets qui ont recours à elle lui mérite bien le surnom d'*Ange de bonté* que vous lui donnez. Faites donc connaître mes sentimens à madame Bonaparte; ils ne doivent pas la surprendre; mais ou je me flatte, ou son âme en jouira. En même temps, mon cher marquis, dites bien à madame Champcenetz combien je suis sensible au dévoûment, au zèle qu'elle me témoigne dans cette importante occasion. Je savais que personne mieux qu'elle ne justifiait l'adage: *Le visage est le miroir de l'âme;* mais j'en reçois en ce moment une preuve bien touchante. »

---

¹ *Mémoires du marquis de Clermont-Gallerande,* t. II.

Sourd aux insinuations du comte de Lille, et irrité contre le brigandage, Bonaparte se montrait alors irréconciliable envers l'émigration. Dans la discussion du Code, le titre *de la Jouissance des droits civils* amena l'examen des lois sur les émigrés. Les rédacteurs du projet, regardant la question en légistes, l'avaient éludée, ou plutôt leur rédaction abrogeait implicitement ces lois. Le premier Consul dit que dans tous les pays, dans tous les temps, il y avait eu des lois semblables, qui appartenaient aux maladies des corps politiques. Il n'hésita pas à demander qu'elles fussent expressément maintenues, et que les émigrés fussent considérés comme morts civilement. Ce fut aussi l'avis de Cambacérès, qui le soutint avec chaleur. Le Consul Lebrun ayant murmuré que c'étaient des lois révolutionnaires : « Quel pays n'a pas ses lois révolutionnaires ? répliqua le premier Consul ; est-ce l'Angleterre ? voyez sa loi du *test*, ses lois sur les Irlandais. Révolutionnaires ! c'est un mot. Il y a cinq ou six mille émigrés qu'on ne doit pas laisser rentrer pour troubler les propriétaires, à moins qu'ils ne passent sur nos cadavres ». Mais les éliminations avaient déjà ramené en France beaucoup de ces cinq à six mille individus qu'il paraissait être alors dans l'intention du premier Consul de maintenir sur la liste. Il fut décidé que les émigrés seraient considérés comme morts civilement.[1]

[1] *Séance du 14 thermidor.*

Avant le gouvernement consulaire, la radiation de la liste des émigrés emportait la restitution des biens non vendus, parce que la radiation était présumée fondée sur ce que le rayé n'était point émigré, et avait été mal à-propos porté sur la liste. Dans ce cas même, il était passé en principe que les immeubles affectés à un service public, et les bois d'une contenance de trois cents arpens et au-dessus, que la loi avait exceptés de la vente des domaines nationaux, devaient être considérés comme n'étant plus disponibles dans la main du gouvernement, et par conséquent non sujets à restitution. En statuant que les biens non vendus seraient restitués aux individus éliminés de la liste des émigrés, l'arrêté du 28 vendémiaire avait introduit un droit nouveau; d'abord il ne faisait aucune exception; ensuite il rendait les biens non plus à des individus jugés innocens du crime d'émigration, mais à de véritables émigrés qu'il plaisait au gouvernement de réintégrer dans leurs droits civils. Ils retrouvaient leurs bois, que la loi avait exceptés de la vente, non pour les leur conserver, mais dans des vues d'intérêt public; et soit qu'ils fussent pressés par le besoin, soit qu'ils n'eussent pas de confiance dans la solidité du gouvernement ou dans celle de leur possession, ils abattaient ces forêts que la nation semblait avoir eu la générosité de respecter pour eux.

Le premier Consul apporta au conseil d'état un projet d'arrêté qui prohibait la levée du séquestre sur les bois de trois cents arpens et au-dessus appartenant aux émigrés. Il exposa ainsi les motifs de cette mesure :

« Des émigrés rayés coupent leurs bois, soit par besoin, soit pour emporter l'argent à l'étranger. Je ne veux pas que les plus grands ennemis de la République, les défenseurs des vieux préjugés, recouvrent leur fortune et dépouillent la France. Je veux bien les recevoir; mais il importe à la nation de conserver les forêts : la marine en a besoin. Leur destruction est contraire à tous les principes d'une bonne économie. Nous ne devons pas garder les bois sans indemnité. On la paiera quand on pourra et progressivement. Ce sera d'ailleurs un moyen, en faisant traîner ce paiement, de tenir les émigrés sous la main du gouvernement. »

Plusieurs conseillers d'état demandant une loi au lieu d'un arrêté, Defermon, afin de ménager l'opinion, réclamant des alimens pour les enfans d'émigrés, et Regnaud s'étant plaint de l'abus des radiations : « J'aime bien, reprit le premier Consul, à entendre crier contre les radiations ! Mais vous-mêmes, combien n'en avez-vous pas sollicité? Cela ne peut pas être autrement. Il n'y a personne qui n'ait sur les listes un parent ou un ami. D'ailleurs n'y a jamais eu de listes d'émigrés; il n'y a que listes d'absens. La preuve, c'est qu'on a tout rayé. Il y a sur ces listes des membres de la vention même et des généraux. Le citoyen Monge était inscrit. Ce sont des figures de rhétorique que vous nous faites là. Si vous étiez ministre ou gouvernant, vous feriez tout comme nous. Avant de crier contre le gouvernement, il faudrait se mettre à sa place...... Que m'importe l'opinion des salons et des caillettes! Je ne l'écoute pas. Je n'en connais qu'une : c'est celle des gros paysans. Tout le reste n'est rien. Il ne faut pas considérer cette question sous le rapport du droit civil; elle est toute politique. Quand je suis arrivé au gouvernement, je ne connaissais pas la législation sur les émigrés. Sieyès se moquait de moi. C'est une chose faite; on pourra pourvoir par chaque arrêté à l'intérêt des familles..... Je ne veux point de loi : il faudrait dire des vérités dangereuses. Je n'ai point voulu renvoyer le projet à la section des finances : il aurait traîné. Il est urgent d'arrêter la dévastation des bois. On aurait imputé cette mesure à quelques-uns de nous; elle est de moi seul, et je veux qu'on le sache. »

Le conseil adopta l'arrêté presqu'à l'unanimité (16 thermidor), et à l'unanimité un autre arrêté relatif aux maisons d'émigrés affectées à un service public.

Napoléon a donné ensuite d'autres motifs à cette mesure. En restituant les bois aux émigrés, il ne tarda pas à s'apercevoir qu'il rendait des gens trop riches, et qu'il ne faisait que des insolens. Tel à qui, grâce à ses sollicitations et à ses courbettes, on rendait 150 et jusqu'à 300,000 francs de rente, le lendemain ne saluait plus; loin d'avoir la moindre reconnaissance, ce n'était plus qu'un impertinent qui prétendait même avoir payé sous main la faveur qu'il avait obtenue. Toute l'ancienne noblesse du faubourg Saint-Germain allait prendre cette direction et recréer sa fortune, tout en restant ennemie et anti-nationale. Le premier Consul empêcha donc la restitution des bois. Il eut un moment la pensée de former une masse de tous les biens des émigrés, et de les leur répartir d'après une échelle proportionnelle, par la raison que l'émigration avait couru une même chance, embarqué sa fortune en commun sur le même vaisseau, éprouvé le même naufrage, encouru la même peine. Pour une grande famille qu'il aurait mécontentée, il aurait rattaché au gouvernement cent nobles de province.[1]

Ainsi ce n'était ni par respect pour les lois de l'émigration, ni particulièrement dans la vue économique de conserver les forêts, que le premier Consul les exceptait de la restitution : il voulait punir les émigrés de leur ingratitude, ou plutôt les tenir dans sa dépendance, en leur présentant leurs bois comme le prix de leur soumission et la récompense de leur fidélité éprouvée ; car il ne se fiait pas aveuglément à leurs paroles, à leurs courbettes, et ne croyait pas leur influence sans danger.

Depuis le 18 brumaire, il s'était fait en France une rapide métamorphose. Avant cette révolution, tout portait les symptômes de la dissolution ; main-

[1] Las Cases, t. III, p. 2 et 3.

tenant tout était empreint des signes de la vigueur. Partout on voyait une noble émulation pour tout ce qui était bon, beau et grand. Il y avait, pour fonder le nouveau régime, un véritable enthousiasme, comme au commencement de la révolution pour renverser l'ancien. On ne marchait plus au but en tumulte et en désordre : une main ferme dirigeait le mouvement, lui traçait sa route et prévenait ses écarts.

Le premier Consul voulait gouverner nationalement, et par conséquent éteindre les partis. Son grand principe était la fusion, c'est-à-dire l'oubli des haines et des discordes, la réconciliation et le concours de tous les Français à la gloire et à la prospérité de la patrie, au maintien du nouveau gouvernement. Il voulait faire oublier aux Français l'émigration, aux royalistes les Bourbons, aux républicains la liberté politique, à tous les patriotes la révolution. Suivant lui, elle était fixée aux principes qui l'avaient commencée; elle était finie; il avait fondé une ère nouvelle dont tout devait dater; et derrière laquelle il ne fallait plus porter ses regards. Amener à cette fusion les passions des hommes, encore plus rebelles à l'amalgame que les plus durs métaux, c'était une entreprise qui paraissait difficile : elle l'était en effet. Tout le monde n'abjurait pas ses ressentimens ou ses préjugés; il y avait des résistances et des conversions hypocrites parmi ceux qui sacrifiaient leur haine sur l'autel de la paix. A peine le premier Consul en avait-il fini avec les anarchistes, qu'il lui fallait recommencer avec les royalistes. La Harpe professait solennellement, au *Lycée républicain*, son horreur pour la République. Le Mercure de France abondait en satires contre tout ce qui avait embrassé les principes de la révolution. On réimprimait, sous toutes les formes, des vers où l'abbé Delille, par des descriptions dramatiques des malheurs qu'il prétendait avoir évités, justifiait son émigration, s'excusait de son refus de rentrer dans sa patrie et de reprendre sa place à l'Institut national. Dans l'organisation de la nouvelle administration forestière, on ne comprit pas quelques conventionnels votans, que le Directoire avait nommés inspecteurs des forêts; on en porta des plaintes au premier Consul, qui s'emporta contre l'administration : « Que veulent donc ces gens-là? s'écria-t-il avec une vive émotion; je ne pourrai donc jamais m'en faire comprendre! Espèrent-ils me faire partager leurs petites passions, et me rendre réactionnaire? Ils me mesurent à leur toise! J'y mettrai bon ordre. Je veux la fusion de tous les partis, de toutes les opinions; je ne veux pas qu'on revienne sur le passé ». Les conventionnels furent rétablis dans leurs places.

Avec cette ferme résolution, le premier Consul avait en moins de deux ans tellement avancé son système de fusion, qu'on vit bientôt les hommes de l'ancien régime et ceux de la révolution, avec toute l'apparence d'une tolérance, d'un amour réciproques, se courber sous le niveau de l'égalité qu'il promenait sur leurs têtes, et vivre en paix dans une commune soumission à ses lois.

Au commencement de la guerre de l'indépendance, la Convention nationale avait, par des mesures violentes, resserré, massé les Français pour les lancer contre leurs ennemis; le premier Consul arrivait au même but par des moyens plus doux. L'école de la gloire militaire est rarement l'école de la liberté; et celui qui verse son sang pour elle dans les camps, souvent est devenu son oppresseur au sein de la cité. Investi jeune encore du commandement, Bonaparte s'était accoutumé à voir son autorité obéie sans contradiction, et, pour exécuter ses volontés, les hommes se dévouer aveuglément à la mort. Les institutions populaires ne lui avaient paru que des obstacles, les corps représentatifs que des empêchemens à la marche du gouvernement. A ses yeux, une balance de pouvoirs indépendans était une chimère, leur concours même impossible. Sénat, Corps-Législatif, tribunat, tout cela n'était pour lui que des instrumens qui devaient rendre fidèlement ses sons, des presses destinées à reproduire exactement les pensées qu'il leur transmettait, à leur donner le type légal, et à les mettre en circulation. Ce n'était qu'une concession par lui faite aux habitudes contractées depuis la révolution, à la vanité d'un peuple qu'on avait nourri de l'idée de sa souveraineté, aux sentimens et aux opinions des hommes imprégnés des lumières du siècle, qu'il regardait, en beaucoup de choses, comme une grande aberration ou une grave maladie.

La France avait trop grandi par la révolution pour ne pas allumer des rivalités et des haines. Pour les calmer, il lui aurait fallu descendre. Voulait-elle suivre sa progression ascendante, ou se maintenir seulement à la hauteur où elle s'était élevée, elle devait se tenir toujours prête à repousser les attaques de l'Europe. Dans l'opinion du premier Consul, une semblable situation exigeait un pouvoir fort, rapide, absolu. Avec les formes et les contradictions des corps représentatifs, avec les gênes constitutionnelles, avec les partis ou les factions qui sont de l'essence des gouvernemens libres ou populaires, on ne pouvait lutter contre les monarchies absolues. L'exemple de l'Angleterre ne prouvait rien : elle était isolée par les mers. Celui de la révolution n'était plus applicable : son ressort était usé. Pour reproduire les efforts et les prodiges de l'enthousiasme populaire, il n'y avait plus qu'une dictature. Elle aurait pu effrayer tout autre que Bonaparte ; il se sentait la force de l'exercer, et s'en croyait le plus capable. Il s'inquiétait fort peu du nom qu'on lui donnerait, pourvu qu'il fût le maître. Les mots *république, souveraineté du peuple, liberté, égalité*, se trouvaient en tête des actes du gouvernement ; ils furent à la vérité supprimés et remplacés par ceux-ci : *Au nom du peuple français* ; mais on pouvait toujours les prononcer devant le premier Consul, devant la France, à condition que, loin de représenter le danger dont l'héritage de la révolution était menacé ou de l'honorer de ses regrets, on se félicitât d'en avoir conservé la jouissance. A cette condition-là, il les prononçait lui-même comme le plus chaud républicain. Ces mots sonores éblouissaient le peuple, qui, lorsqu'il n'était plus consulté pour rien, se croyait encore quelque chose.

Mais la dictature salutaire à l'état, à la liberté même, lorsqu'elle était déférée par le peuple ou ses magistrats suprêmes, et pour un temps de courte durée, Bonaparte l'avait prise pour ne plus la quitter. Les causes qui la lui avaient fait juger nécessaire ne cessèrent point; tout conspirait à l'envi pour qu'il la conservât. Il est dans la nature du cœur humain qu'après avoir une fois exercé toute la plénitude du pouvoir, on soit moins disposé à le limiter qu'à l'abdiquer entièrement. Heureusement du moins le dictateur n'avait point de passions malfaisantes ou honteuses. Il ne respirait que pour la gloire, pour celle de la France, pour sa prospérité et sa grandeur; il voulait en faire la première nation du monde, et laisser un grand nom à la postérité. Atteindra-t-il son but? prendra-t-il les meilleurs moyens d'y parvenir? Nous voilà à la dixième année de la République; nous la voyons commencer sous les plus favorables, sous les plus brillans auspices pour elle et son premier magistrat. « Magistrat! s'écriaient ses ennemis; non; c'est un soldat nourri dans les camps, un Attila, un Gengiskan, qui ne connaît d'autre droit que celui du sabre; et la France est courbée sous le joug militaire ». Mais démentant de telles paroles, tout au plus dignes de pitié, ce guerrier farouche répondait alors à Tronchet, au grand jurisconsulte qu'il venait de placer à la tête du premier des tribunaux : « Les qualités militaires ne sont nécessaires que dans quelques circonstances; les vertus civiles, qui caractérisent le vrai magistrat, ont une influence de tous les momens sur la félicité publique ». En parlant d'un pamphlet où on imputait aux généraux placés auprès de lui l'arrêté relatif aux bois des émigrés, il disait à Fouché dans une sainte colère : « Il faut donc que toute l'Europe croie que j'ai un conseil de caporaux! Il n'y a pas en France un homme plus *civil* que moi [1] ». Telles étaient ses paroles, et les faits y répondaient. Si le militaire avait de l'importance et de la considération, son autorité était rigoureusement circonscrite dans ses attributions naturelles, ses moindres écarts étaient de suite sévèrement réprimés. Le premier Consul soutenait les tribunaux et les préfets contre les généraux; le citoyen n'était soumis qu'à l'autorité civile. Dire le contraire, c'est nier l'évidence.

Le conseil d'état, de fait la première des autorités nationales, et pour ainsi dire à-la-fois le conseil, la maison, la famille du premier Consul, n'était rien moins que militaire, ni, suivant ses ex-

---

[1] On verra plus tard, dans la discussion sur la Légion-d'Honneur, l'éloquent discours du premier Consul sur la prééminence du civil.

pressions, un conseil de caporaux. Les conseillers d'état l'environnaient dans les cérémonies, arrivaient facilement dans son intérieur, mangeaient souvent à sa table, traitaient directement et conversaient familièrement avec lui. Tous les projets de loi et la plupart des arrêtés du gouvernement étaient discutés au conseil d'état. Le premier Consul présidait presque toutes ses séances. L'ordre du jour y était réglé d'avance, et suivi. La discussion y était libre et franche; le premier Consul la provoquait, l'écoutait, y prenait une part très active, et s'y conduisait comme le président d'un corps, et pour ainsi dire le premier entre des égaux. Les séances commençaient à midi, et duraient souvent jusqu'à six, sept et huit heures du soir.

Il envoyait des conseillers d'état dans les départemens. Leur mission s'étendait à toutes les branches de l'administration, à toutes les parties du service public; mais elle n'était que d'observation et de censure. Il était prescrit aux autorités civiles et militaires de rendre des honneurs au conseiller d'état en mission, et de déférer à toutes ses réquisitions. A son retour, il rendait un compte par écrit aux Consuls en séance. C'était une assez bonne institution, suivant que la mission était confiée à des hommes plus ou moins en état de la remplir. Elle tenait tous les fonctionnaires publics en haleine et sur le qui vive; elle fournissait aux citoyens l'occasion de communiquer leurs vues ou de porter leurs plaintes, et au gouvernement des renseignemens précieux sur les hommes et sur les choses, que son œil ne pouvait pas toujours observer ou atteindre.

On accordait au conseiller d'état environ quinze jours par chaque département compris dans une division militaire. Il eût bien fallu un mois pour embrasser tous les détails contenus dans la volumineuse instruction qui lui était donnée. Il y avait donc nécessairement une foule de choses qu'on ne pouvait voir ou traiter que superficiellement; il fallait bien forcément se borner aux objets les plus essentiels. C'était en même temps une très bonne école, où le conseiller d'état qui avait besoin d'instruction pouvait en puiser, et où celui qui était le plus instruit trouvait toujours à apprendre. Ce n'était pas non plus un petit avantage que celui d'avoir au conseil d'état, quand on y discutait des intérêts de localités, des hommes qui avaient appris à les connaître et qui pouvaient en parler pertinemment. Les ministres et les directeurs généraux n'aimaient pas ces missions, qui introduisaient momentanément, entre eux et leurs subordonnés, des intermédiaires indépendans, et qui donnaient au conseil d'état une importance dont le ministère était jaloux.

Depuis l'établissement du gouvernement consulaire, on avait vu, dans différentes occasions, des adresses affluer de toutes les parties de la France : invention funeste, où se confondent la vérité et la flatterie, l'hypocrisie et la bonne foi! pacte honteux entre l'orgueil et la bassesse! formule banale, prodiguée aux tyrans comme aux bons rois, et usée par sa prostitution ! Les adresses avaient d'abord paru libres et spontanées ; la plupart l'étaient. En l'an ix, tous les conseils généraux de département ouvrirent ou terminèrent leur session par des adresses au premier Consul. Il ne manquait pas de justes motifs aux éloges ; mais, par leur unanimité, ces adresses parurent suggérées, et l'étaient en effet, non par le gouvernement, mais par des courtisans qui s'en faisaient un mérite, et même par des citoyens et des fonctionnaires qui croyaient de bonne foi que c'était un moyen de former l'opinion, et de recommander encore plus le chef de l'état à respect et à l'amour du peuple.

« Les habitans de l'Oise, lui disait le conseil général de ce département, connus par leur franchise, savent que votre conscience est la mesure de votre autorité ; que votre raison prévient l'expérience ; que vous trouvez en vous-même ce que les autres ont appris ; qu'enfin la pureté de vos mœurs, la certitude de vos principes, sont des garans assurés contre les séductions de la jeunesse et du pouvoir. Le ciel veut que le chef de cet empire, aimé et révéré par un grand peuple, soit l'arbitre de l'Europe, le héros de ce siècle et l'exemple des autres. Nous vous bénissons avec reconnaissance ; nous vous saluons avec respect. »

Les préfets, les tribunaux, toutes les autorités tenaient à-peu-près le même langage. Ce n'était pas assez du sentiment que le premier Consul avait de ses services, de sa gloire, de tant de qualités qui l'élevaient au-dessus des autres hommes; tout concourait, en France et à l'étranger, à l'exalter à ses propres yeux, à le diviniser, et à le jeter hors des bornes de la nature humaine.

Cependant, à cette époque, sa santé parut s'affaiblir. Sa pâleur, sa maigreur, une petite toux habituelle donnèrent de l'inquiétude. On attribuait ces symptômes à son inconcevable activité, qui ne lui laissait pas un instant de repos; ils étaient produits par une gale rentrée qui remontait au siége de Toulon [1], et que les occupations de la guerre ne lui avaient pas permis de combattre. On lui amena Corvisart, qui lui appliqua deux vésicatoires sur la poitrine. La toux disparut, la maigreur cessa, le premier Consul reprit des forces, et retrouva son énergie. Corvisart devint son médecin.

[1] Voyez tome I, p. 65.

CHAPITRE XIX.

Menou succède à Kléber dans le commandement de l'armée d'Orient. — Origine des partis coloniste et anti-coloniste. — Administration de Menou. — Le premier Consul fait partir de Brest une flotte commandée par Ganteaume, pour porter des secours en Égypte. — Une armée anglaise, commandée par Abercromby, y débarque. — Revers des Français. — Bataille de Nicopolis. — Menou resserré dans Alexandrie. — Les Anglais et les Turcs marchent sur le Kaire. — Tentatives infructueuses de l'amiral Ganteaume pour atteindre l'Égypte. — Mort de Mourad-Bey. — Convention du Kaire. — Convention d'Alexandrie. — Les Français évacuent totalement l'Égypte. — Les Mamlouks renoncent à sa possession.

Après la mort de Kléber, Menou, le plus ancien général divisionnaire, prit, conformément aux lois militaires, le titre de général en chef de l'armée d'Orient. Jusqu'ici nous n'avons eu que des triomphes à décrire; de cette époque datent de fatales dissensions et les revers qui finirent par accabler la plus vaillante armée des temps modernes.

Le chef que lui donnait la loi n'était point légitimé par la victoire, et, pour succéder à Bonaparte et à Kléber, il devait compter plus de batailles que d'années de service. Il ne suffisait pas d'avoir une réputation de brave militaire et d'administrateur éclairé. Aux talens qui préparent les succès et inspirent la confiance, il fallait joindre le don du commandement qui impose aux officiers et entraîne les soldats; il fallait enfin cette auréole de gloire et ce prestige de la fortune qui persuadent aux masses que leur chef est invincible.

Parmi les généraux de l'armée d'Orient, il n'en était aucun qui possédât cette réunion de qualités; nul d'entre eux ne pouvait rivaliser avec le conquérant de l'Italie et de l'Égypte, et le géant du Mont-Thabor et d'Héliopolis. Mais le moins digne d'occuper leur place était, sans contredit, Menou; et les circonstances où il se trouva placé dès le jour où il prit le commandement furent telles, qu'avec plus de capacité, il est même douteux qu'il eût réussi à sauver l'Égypte et l'armée.

On lui a imputé d'avoir donné naissance aux partis *coloniste* et *anti-coloniste;* c'est une injustice. Ils existèrent avant son commandement, et dès le jour où l'armée d'Orient mit le pied sur le sol de l'Égypte. Le parti anti-coloniste fit explosion dès que les Français se mirent en marche d'Alexandrie sur le Kaire. C'était le parti qui, comparant l'Égypte à la France, était consumé de justes regrets, et brûlait du désir de revoir la patrie. Bonaparte le contint et finit, pour ainsi dire, par l'éteindre; mais, après son départ, les anti-colonistes éclatèrent avec d'autant plus de force, qu'ils eurent dès-lors à leur tête Kléber, le chef même de l'armée.

Ce fut le parti anti-coloniste qui porta ce général

à négocier et à conclure la convention d'El-Arych. Des soldats, avides de revoir leur belle patrie, pouvaient-ils songer aux inconvéniens qu'aurait pour elle, dans les calculs de la politique, l'évacuation de l'Égypte? Le parti coloniste se réduisit donc dès-lors à un petit nombre d'hommes qui se passionnaient pour la possession de l'Égypte, à cause du coup mortel qu'elle leur semblait devoir porter à la puissance des Anglais, et des résultats immenses que, dans leur pensée, elle devait avoir pour la France. Ainsi, les anti-colonistes favorisaient sans le vouloir les vues de l'Angleterre, et le parti coloniste était évidemment plus français. La nouvelle de l'élévation de Bonaparte à la première magistrature de la République, la violation de la convention d'El-Arych, et la victoire éclatante d'Héliopolis par laquelle cet outrage fut vengé, imposèrent silence aux anti-colonistes, et relevèrent le parti contraire; Kléber lui-même y entra par nécessité; mais les généraux, les chefs militaires et civils qui avaient délibéré l'évacuation de l'Égypte, pouvaient-ils abdiquer franchement une opinion qu'ils avaient alors si hautement manifestée? Après la mort du chef qui, par son ascendant et la force de son caractère, les faisait marcher dans la voie qu'il avait lui-même forcément embrassée, ils durent, sous un général faible et qui n'avait pas leur estime, rentrer dans un système pour lequel ils s'étaient d'abord chaudement prononcés. Ils se donnèrent pour chef le général Reynier: comme eux, dans le conseil tenu à Salhieh, il avait voté pour l'évacuation de l'Égypte; il leur paraissait avec raison, ainsi qu'à toute l'armée, doué d'une plus grande capacité que le vieux soldat porté au commandement par le hasard peu méritoire de l'ancienneté. Reynier lui-même, quelle que pût être sa modestie, pénétré du sentiment de sa supériorité, ne ferma point l'oreille au jugement, aux vœux et aux regrets de ses camarades. Il porta ombrage à Menou; dès-lors l'armée, loin d'avoir pour son nouveau chef le dévoûment sans lequel il ne pouvait se soutenir et la sauver, ne lui obéit plus qu'avec répugnance. Tel fut le concours de circonstances fatales qui jetèrent la division parmi les chefs de l'armée d'Orient, telle fut la source des désastres qui l'accablèrent.

Menou n'était point, ainsi qu'on l'a prétendu, ignorant dans l'art militaire; mais il n'avait ni l'habitude ni l'instinct de la guerre et du commandement. Il était d'une insouciance extrême, d'un caractère irrésolu et sans énergie. L'expédition d'Égypte aurait mis à la voile sans lui, si ses amis ne l'avaient pas enlevé de Paris pour l'envoyer à Toulon. Il avait guerroyé dans la Vendée, et y avait montré de la bravoure. Il n'en manqua point à la prise d'Alexandrie et au siége du fort d'Abouqyr. Il n'eut pas l'occasion d'en montrer plus souvent, parce que Bonaparte, le croyant plus propre à un rôle sédentaire qu'à un service actif, ne la lui fournit pas. Il avait des connaissances générales et le goût de l'administration; mais il n'avait pas, dans les idées et dans le travail la suite et l'ordre nécessaires; et, faute d'expérience, il s'abandonnait trop à la séduction des théories. Il se fit musulman dans la seule intention d'être utile aux intérêts politiques de sa patrie en Égypte. Il ne fut point l'ami de Kléber, parce que ce général ne voulait pas conserver cette conquête; mais, après sa mort, Menou professa dans tous ses actes publics la plus haute estime pour les talens de son prédécesseur, et le plus grand respect pour sa mémoire[1]. Il ne pouvait avoir de confiance dans la plupart des généraux qui ne lui en témoignaient pas; ces défiances réciproques amenèrent entre eux d'abord de la froideur, ensuite des attaques plus ou moins sourdes et des injustices. Du reste, avec le goût de la dépense et le besoin d'argent, Menou resta toujours fidèle à la probité[2]. Il ne le fut pas moins à la cause nationale qu'il avait un des premiers embrassée, à l'indépendance et à la gloire de son pays. Dans la plupart des écrits qui ont été publiés sur cette époque, Menou a été maltraité par la haine; nous ne tomberons point dans un excès contraire. Nous ne voulons qu'apprécier à sa juste valeur un homme que l'injustice n'a pas

---

[1] Proclamation du 26 prairial, ordre du jour du 5 fructidor an vingt, fête du 1ᵉʳ vendémiaire, ordre du 17 brumaire an IX.

[2] Son adversaire même lui rend cet hommage. Après avoir tracé de lui un portrait dicté par la haine : « On doit cependant, dit Reynier, lui rendre cette justice, qu'en dissipant les ressources de l'armée, il a toujours montré du désintéressement personnel ». *De l'Égypte après la bataille d'Héliopolis*, p. 136.

épargné pendant sa vie, et sur lequel elle s'est acharnée après sa mort. Tous les reproches dont on a chargé sa mémoire ont pris leur source dans l'ouvrage publié par le général Reynier[1]. Précieux sous bien des rapports, cet écrit porte, en ce qui concerne Menou, le caractère de la passion. Lorsqu'il fut publié, à peine un an s'était écoulé depuis la perte de l'Égypte; la plaie était encore saignante; les accusations portées contre le général sous le commandement duquel ce malheur était arrivé, trouvèrent les esprits disposés à les accueillir. Menou n'y répondit pas par déférence pour le premier Consul qui voulait éviter des récriminations inutiles à la chose publique, et jeter un voile sur de malheureuses dissensions, sur des torts réciproques.

On conçoit aisément que Reynier, égaré par l'esprit de rivalité et par une haine que la conduite de Menou à son égard paraissait avoir légitimée, ait décrit avec exagération et amertume les fautes de ce général et les désastres qu'elles entraînèrent : lorsqu'il publia son livre, son adversaire était du moins en situation d'y répondre. Mais on a le droit de s'étonner que quinze ans après l'expédition, un Français qu'avaient conduit en Égypte des fonctions étrangères à la politique et à la guerre, ait publié un ouvrage qui atténue la gloire de l'armée et qui inculpe des hommes morts ou enchaînés par les

---

[1] *De l'Égypte après la bataille d'Héliopolis*, un volume in-8°, Paris an X (1802).

ennemis de la France [1]. Ces deux ouvrages sont les premières sources où plusieurs écrivains, estimables du reste, ont aveuglément puisé, pour transmettre au public des assertions démenties par des faits patens et par les monumens publics de l'époque.

Après avoir proclamé qu'il défendrait l'Égypte jusqu'à la mort, Menou la perdit et ne mourut pas. Dès lors tout lui fut imputé à crime ; des accusations de tous les genres s'accumulèrent sur sa tête; il devint le bouc émissaire sur lequel chacun, acteur ou victime dans la catastrophe, rejeta l'évacuation de l'Égypte.

Après la mort de Kléber, les Anglais et les Turcs essayèrent des négociations avec le nouveau général en chef de l'armée d'Orient. Sidney Smith lui proposa d'évacuer l'Égypte conformément aux clauses stipulées dans la convention d'El-Arych. Menou lui répondit que les plénipotentiaires de l'Angleterre n'ayant pu exécuter la convention sans la ratification de leur gouvernement, il croyait aussi devoir s'en référer à la ratification des Consuls de la République, et que c'était à eux que le ministère britannique devait s'adresser, s'il voulait traiter désormais de l'évacuation de l'Égypte. Il fit la même réponse au grand-visir.

Le capitan-pacha s'était rendu à Jaffa avec Sidney Smith, au commencement de messidor an VIII,

---

[1] *Histoire de l'expédition française en Égypte*, par l'ingénieur P. Martin, deux volumes in-8°, Paris, 1815.

pour concerter avec le grand-visir un plan d'opérations militaires ou de négociations. Ils étaient hors d'état de rien entreprendre. Aussi la conférence entre le chef suprême des forces ottomanes, alors sans armée, dont le crédit avait beaucoup baissé depuis la bataille d'Héliopolis, et le capitan-pacha, son subordonné, mais favori du sultan, se passa sans rien décider et à s'observer mutuellement. Ils se séparèrent, déterminés à négocier chacun de son côté. On vit alors les deux premiers personnages de l'empire ottoman rivaliser d'activité pour renouer les négociations avec l'armée française, et s'en faire un mérite à Constantinople. Menou les écarta l'un et l'autre, en persistant à leur répondre qu'ils eussent à s'adresser à Paris.

Il tranchait ainsi la question diplomatique, et fermait la voie à toute négociation. C'était sortir du système suivi par Bonaparte, qui avait fait tous ses efforts pour ramener la Porte à des sentimens pacifiques, et lui faire comprendre que l'expédition d'Égypte pouvait se concilier avec ses intérêts. Cette conduite du général en chef indisposa encore plus les anti-colonistes qui pensaient que, même pour se maintenir en Égypte, il fallait appeler la politique au secours des armes. Le premier Consul ne désapprouva point la résolution de Menou; elle ne l'engageait à rien; il était toujours libre de la modifier dans les négociations directes qu'il entamait avec la Porte. Il entrait dans sa politique que le général en chef ne prît pas sur lui de renoncer à l'Égypte, dont l'évacuation pouvait être d'un grand poids dans les négociations ouvertes en Europe pour la paix.

Depuis la mort de Kléber jusqu'à la fin de l'an VIII, aucun événement militaire n'avait troublé l'Égypte; l'armée d'Orient était abondamment pourvue de tout, et solidement établie sur tous les points. Par les soins de Champy et de Conté, un grand nombre de manufactures s'élevaient autour du Kaire. On faisait de la bière, des draps, des cuirs, de la bougie, du vin, des galons d'or et d'argent, des chapeaux, et on perfectionnait les raffineries de sucre. Champy fabriquait de la poudre dont la force était supérieure à celle que l'on avait apportée de France. Menou envoya au premier Consul des échantillons de tous ces produits. Il arrivait fréquemment des nouvelles de France; sans les croisières anglo-turques, on se serait cru en pleine paix, et même on ne s'apercevait guère de leur présence que par leurs naufrages. Deux frégates échouèrent près du bogaz de Rosette; un vaisseau de guerre turc vint se briser sur les écueils d'Aboukyr et fut pris à l'abordage par les Français.

Mustapha-Pacha que Kléber avait retenu comme otage avant la bataille d'Héliopolis, et que Menou laissait à Damiette libre sur parole, y mourut après quelques jours de maladie, et on lui rendit les mêmes honneurs qu'à un général de division. Hassan-Thoubar, grand cheyk du canton de Menzaleh, mourut aussi à Damiette, le 10 messidor, d'une attaque d'apoplexie. Cet homme, très considéré par l'ancienneté de sa famille, ses grandes propriétés, et ses nombreuses relations, s'était toujours bien conduit et avait montré beaucoup d'attachement pour la cause des Français, depuis que Bonaparte, après la campagne de Syrie, lui avait permis de rentrer dans ses foyers.

Menou fit plusieurs promotions dans l'armée. L'ordonnateur de la marine, Leroy, fut nommé préfet maritime de l'Égypte, et Daure inspecteur aux revues. Sartelon succéda à Daure dans la place d'ordonnateur en chef. Les fonctions de chef de l'état-major passèrent, du général Damas, anti-colôniste exalté et frondeur, au général Lagrange, bon travailleur, et dont les opinions sur la conservation de l'Égypte étaient conformes à celles du général en chef et du gouvernement.

La présence des croisières anglaises sur les côtes, et l'occupation de la Syrie par le grand-visir, rendaient nul le commerce de l'Égypte par la Méditerranée; et celui de l'intérieur de l'Afrique, dont elle est le principal débouché, devait nécessairement s'en ressentir. Menou suivit les relations que Bonaparte avait établies avec Galib, chéryf de la Mekke, et Abd-el-Rahman, sultan de Darfour; il entretint les liaisons que Desaix avait commencées avec le sultan de Dongola, celui de Sennar, et l'empereur d'Abyssinie; il écrivit aux princes arabes qui régnaient sur la Libye, le Beled-el-Gerid, le Fezzan, le pays de Soudan et les contrées torrides où coule le Niger. Plusieurs de ces princes, éloignés de plus de cinquante journées de l'Égypte, écrivirent à Menou pour lui demander l'amitié de la France, et leurs caravanes apportèrent au Kaire de riches marchandises[1]. Les Arabes de Tor, du mont Sinaï et du désert de l'Égarement, y conduisaient aussi tous les mois leurs petites caravanes ; plusieurs tribus de cultivateurs syriens, que les vexations des Osmanlis contraignaient d'émigrer de leur pays, se présentèrent à Salhieh, et firent demander à Menou des concessions de terrains ; il leur permit de s'établir dans les plaines humides qui environnent les lacs Amers, entre Suez, Belbeïs et Salhieh, et où se trouvent les vestiges de l'ancien canal des deux mers[2]. Mourad-Bey vivait tranquille dans son gouvernement de la Thébaïde, et persistait dans l'attachement inébranlable qu'il avait voué aux Français ; il écrivit souvent à Menou des lettres très amicales[3]. L'Égypte était définitivement soumise, et s'accoutumait au régime du vainqueur ; l'armée d'Orient était crainte et respectée au-dedans comme au-dehors, et les peuples voisins briguaient son alliance. Il ne restait donc à Menou qu'à gouverner sagement ce pays, à entrer avec prudence dans la voie des améliorations, à méditer et à préparer pour l'avenir celles qui ne pouvaient être que l'ouvrage du temps.

[1] Lettres de Menou au ministre de la guerre, 2 vendémiaire an IX, et au premier Consul, 10 brumaire.

[2] Lettre de Menou au premier Consul, 2 vendémiaire an IX.

[3] *Courrier d'Égypte*, n° 76 ; lettre de Menou au ministre de la guerre, 2 vendémiaire an IX.

Il fit des réformes utiles dans le service des hôpitaux et des établissemens sanitaires ; il prit des mesures pour conserver la santé des soldats [1], et pour assurer la bonne fabrication du pain destiné à la nourriture de l'armée [2]. Il régla le tarif et l'administration des douanes [3], la marque d'or et d'argent [4] ; il modifia l'impôt du sel, les droits de pêche et de chasse [5]. Il régularisa l'adjudication des fermes [6], la nomination des cheyks-el-beled, et les droits à payer par eux [7]. Il remplaça la perception arbitraire sur les successions par un droit de cinq pour cent du capital [8]. Il défendit aux propriétaires de couper sans autorisation spéciale de l'administration les bois de chauffage et de construction, afin que le pays pût se suffire à lui-même pendant la guerre, puisqu'on ne pouvait en tirer de l'extérieur [9]. Il fit des réglemens favorables au commerce pour attirer les vaisseaux étrangers dans les ports d'Égypte [10], et fixa le prix du frêt des bâtimens naviguant pour le compte de

---

[1] Ordres des 7, 9, 11 et 20 messidor an VIII; des 14 et 17 vendémiaire an IX.

[2] Ordre du 2 thermidor an VIII.

[3] Ordre des 27 thermidor et 16 fructidor an VIII.

[4] Ordres des 14 fructidor an VIII, 28 vendémiaire et 1ᵉʳ brumaire an IX.

[5] Ordre du 18 fructidor an VIII.

[6] Ordre du 27 fructidor.

[7] Ordre du 5 fructidor.

[8] Ordre du 20 fructidor.

[9] Arrêté du 23 messidor.

[10] Ordre du 12 fructidor.

la République, par mer, sur le Nil et dans les canaux.

Il établit au Kaire une bibliothèque publique[1], créa un jardin de botanique et une commission d'agriculture pour naturaliser les arbres et les plantes d'Europe[2]. Il ordonna que l'institut reprendrait ses séances suspendues par les événemens militaires, et fit ouvrir des cours publics d'anatomie au Kaire, à Alexandrie et à Damiette[3]. Il fonda au Kaire une école de mathématiques, destinée spécialement à former les aspirans de marine et des ingénieurs pour les services publics. L'ingénieur Favier en fut nommé professeur, et Fourier examinateur[4]. Il détermina les formes à suivre par les candidats pour leur admission dans les corps d'artillerie et du génie civil et militaire[5]. Il régla les secours à accorder aux veuves des militaires morts en Égypte[6], et prescrivit des mesures pour l'entretien des digues, la répartition des eaux, et le perfectionnement du système général d'irrigation.[7]

Kléber avait créé une sorte de conseil sous le nom de *comité administratif*. Menou le remplaça par un *conseil privé* composé de généraux et d'administrateurs civils et militaires. Dans l'armée, on le com-

[1] Ordre du 13 fructidor.
[2] Ordre du 27 messidor.
[3] Ordre du 3 fructidor.
[4] Ordre du 27 messidor.
[5] Ordre du 9 vendémiaire an IX.
[6] Ordre du 27 messidor.
[7] Ordre du 8 brumaire an IX.
[8] Ordres des 4 et 5 fructidor an VIII.

para à un club. Ce n'était point, il est vrai, gouverner suivant les erremens de Bonaparte; mais Menou ne tarda point à mieux comprendre les droits d'un général en chef, et le conseil privé ne fut jamais réuni.

Il établit des contributions sur les consommations, augmenta les droits de pesage et de mesurage, et imposa une contribution annuelle aux corporations, en remplacement des rétributions arbitraires dont elles étaient grevées[1]. L'objet de ces dispositions était d'assurer un revenu suffisant au gouvernement de l'Égypte, mais surtout de faire succéder l'ordre, la justice et l'équité à l'arbitraire et à la confusion.

De tous les travaux de Menou, l'organisation judiciaire fut le plus remarquable. Il débrouilla avec une rare sagacité ce chaos obscur que Bonaparte et Kléber avaient laissé subsister tel qu'ils l'avaient trouvé, pour ne point effrayer les Égyptiens par une innovation prématurée. Mais depuis cette époque deux ans s'étaient écoulés; on avait eu le temps de préparer le peuple à ce changement qui devait opérer une grande réforme dans ses mœurs, et Menou crut que le moment de l'effectuer était arrivé: ce fut l'objet de son arrêté du 10 vendémiaire an IX. Il donnait aux nations non musulmanes des garanties suffisantes, et que jusqu'alors elles n'avaient pas eues; elles eurent leurs tribunaux particuliers, et furent représentées dans le divan où elles

[1] Ordre du 20 vendémiaire an IX.

avaient voix consultative. Il abolissait la vénalité des magistratures et le *déeb* ou rachat du sang, institution odieuse et barbare.

Menou eut un fils qu'il nomma Soliman. Il saisit cette occasion pour rappeler au divan que Bonaparte avait établi des registres de décès, et qu'il avait eu le dessein d'établir aussi des registres de naissance. Le divan y donna son assentiment, et Soliman-Abdallah Menou ouvrit la liste des naissances.

Tandis que Menou était gouverneur à Rosette, Bonaparte avait encouragé son penchant à faire la guerre aux dilapidateurs. Devenu général en chef, il s'y livra tout entier. Mais Bonaparte les poursuivait sans bruit, et n'éclatait contre eux que rarement et pour l'exemple : Menou donnait de la publicité à toutes ses attaques, et semblait en tirer vanité. Bonaparte ne cherchait point à faire valoir ses travaux : Menou vantait les résultats des siens avec ostentation, et mettait de l'exagération dans les brillans tableaux qu'il faisait de l'Égypte. Il prenait souvent pour des réalités ses désirs et ses espérances, de même que Kléber, qui voyait tout en noir, exagérait les difficultés et les périls de sa position. L'un n'avait pas voulu rester en Égypte, l'autre en voulait faire une colonie française; l'explication de leur conduite est tout entière dans cette différence. Du reste, l'Égypte ne fut point perdue par des vices d'administration; elle le fut par le mauvais emploi des armées. Si les Anglais eussent été défaits sous Alexandrie, Menou eût été prôné comme le législateur de l'Égypte, et son administration n'eût obtenu que des éloges.

On a reproché à Menou d'avoir eu pour Bonaparte trop d'admiration et de dévoûment. Sans doute il en était enthousiaste; mais qui ne l'était pas alors? Kléber, lui-même, ce superbe républicain, n'avait-il pas, en l'an VI, écrit d'Alexandrie à Bonaparte : « *J'ai résolu, mon général, de vous suivre partout; je vous suivrai également en France; je n'obéirai plus désormais à d'autre qu'à vous.* »

La convention d'El-Arych avait suspendu les voyages des savans dans la Haute-Égypte; Menou leur fit reprendre leurs travaux. Plusieurs d'entre eux formèrent le projet de pénétrer dans les oasis et de remonter la vallée du Nil jusqu'à cent cinquante lieues au-dessus de Syène; Mourad-Bey offrit de procurer toutes les facilités qui dépendaient de lui pour exécuter ce voyage.

Menou célébra avec une grande pompe l'anniversaire de la fondation de la République. Dans sa proclamation à l'armée, après avoir déploré la mort de Desaix : « O toi! dit-il, Kléber! mon compagnon d'armes et de gloire! si du fond du tombeau où t'a fait descendre un vil assassin, tu pouvais entendre les regrets des soldats que tu conduisais à la victoire dans les champs d'Héliopolis; si tu pouvais entendre leurs cris d'allégresse, ton âme étonnée s'affligerait avec eux de la perte d'un héros, ton ami; mais, j'en

---

[1] *V. Guerre d'Égypte*, tome I, chap. IV, page 217.

suis certain, elle répéterait avec eux les cris de la liberté, oui, de la liberté qui vient d'être fondée sur des bases inébranlables dans les plaines de l'Italie. »

Une souscription fut ouverte dans l'armée d'Orient pour l'érection du monument que le gouvernement décernait, à Paris, à la mémoire de Desaix et de Kléber. Le contingent fourni par l'armée s'éleva à 37,790 francs. Le commandant de la légion cophte, Moallem Yacoub, écrivit à Menou :

« Dans ces momens lugubres où l'âme de tout bon républicain déplore la perte de l'intrépide et vertueux Desaix aux plaines de Marengo, permettez, citoyen général, que, compagnon de ses travaux dans la conquête du Sayd, je répande aussi quelques fleurs sur sa tombe. En ce moment de ma plus profonde tristesse, les expressions manquent à ma douleur; mais les faits vont suppléer à mon silence. Desaix! on t'élève en France un monument : Yacoub, que tu aimais et qui te chérissait comme un autre lui-même, en payera un tiers quelle que soit la somme qu'il puisse coûter. Si ce monument, comme il faut l'espérer, transmet fidèlement à la postérité les combats terribles que tu livras pour conquérir et soumettre la Thébaïde, la postérité apprendra aussi que Yacoub, combattant à tes côtés, mérita ton estime. Hélas! depuis long-temps il t'avait dévoué son cœur! »

Menou invita tous les Français qui se trouvaient en Égypte à présenter un projet de monument à élever dans ce pays à la mémoire de Kléber, et nomma une commission pour juger les plans qui seraient proposés.[1]

Cependant, les anti-colonistes pressaient Reynier de s'emparer du commandement. Ce général n'était point insensible au vœu de son parti, et pourtant il n'y céda pas. Ce ne fut point par respect pour les lois militaires : non, l'observation scrupuleuse du devoir n'entra pour rien dans son inaction. Mais il pensa, et lui-même en fit l'aveu[2], qu'il était très difficile de succéder à Menou, parce qu'il avait bouleversé l'administration, dissipé les ressources, démoralisé l'armée. Sans doute, en s'emparant de vive force du commandement, on contractait de grandes obligations et ou courait quelques dangers. Il fallait, absous par le succès, pouvoir répondre au premier Consul : « *J'ai fait ici mon 18 brumaire, comme vous à Paris, comme vous l'eussiez fait à ma place* »; il fallait pouvoir répondre à ses accusateurs : « *J'ai sauvé l'Égypte et l'armée, allons rendre grâces aux dieux* ». Mais, jeter le blâme sur les opérations du chef sans oser faire mieux, obéir avec tiédeur et répugnance, et reculer devant l'usurpation du commandement, c'était se placer dans une fausse situation sans utilité et sans gloire, et empirer, par faiblesse ou calcul personnel, un état de choses que l'audace et le dévoûment pouvaient seuls améliorer.

Reynier, accompagné de plusieurs généraux, se rendit chez Menou avec l'intention de lui faire des

---

[1] Ordre du 17 brumaire.
[2] *De l'Égypte après la bataille d'Héliopolis.* § 7, page 142.

représentations sur sa conduite, et de lui donner des avis. Mais ils firent de tous ses actes une critique amère, frondèrent toutes ses opérations, et la conférence se passa en vaines explications, qui n'eurent d'autre résultat que d'aigrir et d'indisposer les esprits. Menou, quoique assuré du dévoûment des troupes, entrevit dès-lors que si jamais l'armée d'Orient devait se réunir pour faire face à de grands dangers, il ne pourrait plus compter sur le zèle de ses chefs.

Le premier Consul n'ignorait point les dissensions qui régnaient dans cette armée, et les cabales des anti-colonistes. Il n'est pas douteux que Menou l'en instruisit; ceux-là, de leur côté, lui adressèrent une note par un officier qui partait pour la France. Reynier demandait à être rappelé, et les autres généraux écrivaient que, pour sauver l'Égypte, il fallait y envoyer un général en chef pris hors du sein de l'armée d'Orient. Mais Menou reçut enfin l'arrêté du premier Consul qui le confirmait dans le grade de général en chef; alors s'évanouirent les espérances de ceux qui s'attendaient à un autre choix.

Le tribunat, après des discours où étaient retracés avec enthousiasme les glorieux travaux de l'armée d'Orient, émit le vœu que le souvenir en fût perpétué par des médailles, et qu'ils fussent rédigés en corps d'histoire pour servir d'instruction à la jeunesse[1]. Par un message adressé au Corps-Législatif le 19 nivose, le gouvernement proposa un projet de

---

[1] *Pièces diverses et correspondances relatives aux opérations de l'armée*

lui portant que l'armée d'Orient, les administrateurs, les savans et les artistes qui travaillaient à organiser, à éclairer et à faire connaître l'Égypte, avaient bien mérité de la patrie. Ce message était un tableau véridique de la situation de l'Égypte; les mots de *colonie française* y étaient prononcés; l'administration de Menou y était louée; il avait gagné son procès. Mais la plaie, quoique dissimulée, existait toujours; elle était trop invétérée pour pouvoir se guérir. La voix du premier Consul perdait de sa force en traversant les mers. D'ailleurs, lorsque son message arriva en Égypte, le temps avait marché; on approchait du dénoûment; on touchait à la catastrophe.

Le premier Consul ne se bornait point à de pompeuses paroles; il avait à cœur d'envoyer des secours à l'armée d'Orient, et de se maintenir en possession de l'Égypte. Dès la fin de l'an VIII, des armistices avaient été conclus entre la France et les puissances barbaresques; les hostilités avaient cessé, et les relations commerciales étaient rétablies. Les chargés d'affaires de la République avaient obtenu la mise en liberté des Français détenus à Alger et à Tunis. Ces armistices furent bientôt suivis de traités définitifs. Le premier Consul les fit annoncer par des décharges d'artillerie dans tous les ports de la Méditerranée. Outre les ressources que lui offrait encore la marine française, il disposait des escadres espagnoles et des vaisseaux qui restaient à la Hol-

---

d'Orient en Égypte; ouvrage imprimé à Paris en messidor an IX, en exécution de l'arrêté du tribunat en date du 7 nivose de la même année.

lande. Dès que les victoires des armées eurent rendu la sécurité à la République, il ordonna des armemens dans les ports. Il excitait l'émulation des officiers de mer pour se diriger vers l'Égypte à travers les croisières ennemies. Il rédigeait les instructions pour ces expéditions; il accordait une forte prime aux armateurs qui y porteraient des munitions et des marchandises utiles à l'armée.

La convention de Hohenlinden, en ôtant à la cour de Londres tout espoir sur le continent européen, rendait disponible l'armée anglaise qu'elle avait réunie à grands frais aux îles Baléares; la chute de Malte lui fit tourner ses regards vers l'Égypte. Le ministre Dundas, qui s'occupait particulièrement des affaires de l'Orient, avait conçu un plan d'opérations militaires dont le but était d'expulser les Français des bords du Nil. Il s'agissait d'attaquer à-la-fois l'Égypte par la mer Rouge, l'isthme de Suez et la Méditerranée. L'armée réunie à Mahon, un corps détaché de l'Inde, et une armée ottomane que la Porte formait en Syrie devaient combiner ensemble leurs opérations. Les ministres anglais, Pitt lui-même, parurent d'abord effrayés d'un projet aussi audacieux. Le roi Georges III n'y consentit qu'avec beaucoup de peine. « C'est avec la plus grande répugnance, dit-il, que je souscris à une délibération qui envoie la fleur de mon armée dans une contrée lointaine, et pour une expédition dangereuse ». La résolution n'en fut pas moins adoptée dans le cabinet, mais à la plus faible majorité possible.

Le général Ralph Abercromby, qui commandait l'armée de Mahon, corps d'élite de l'Angleterre, reçut, le 5 brumaire an ix, l'ordre de la conduire en Égypte. Il la débarqua à Malte, pour lui faire prendre du repos, et ensuite à Marmorice pour y attendre les secours promis par la Porte. Il voulait avoir la certitude que les Turcs seraient prêts à coopérer à l'expédition, et la probabilité que le corps anglais attendu de l'Inde arriverait assez tôt dans la mer Rouge pour y prendre part.

Dès que le premier Consul eut appris que cette armée était destinée à opérer en Égypte, il fit équiper à Brest une escadre de sept vaisseaux de ligne dont il confia le commandement à Gantheaume. Elle portait des munitions de guerre et de bouche, et un renfort de cinq mille hommes commandés par le général Sahuguet. Gantheaume partit de Brest le 5 pluviose. Le premier Consul ayant fait répandre le bruit que cet armement était destiné pour Saint-Domingue, l'amiral anglais Calder prit le change et cingla vers l'Amérique, croyant marcher à la poursuite de la flotte française. Gantheaume passa le détroit de Gibraltar le 17 pluviose. Quelques jours après, il prit sur la côte d'Afrique une frégate anglaise et un aviso qui lui dirent que l'armée britannique avait mis à la voile de Marmorice pour l'Égypte. Ce n'était pas vrai, puisqu'elle n'en partit que le 1ᵉʳ ventose. La côte d'Égypte était encore libre. Gantheaume aurait eu le temps de l'atteindre et d'y débarquer son monde; mais il s'en laissa imposer par ce rapport, et ramena son expédition à Toulon.

L'armement des Anglais n'était point ignoré au Kaire; mais, par un aveuglement inexplicable, Menou paraissait peu le redouter, et semblait porter toute son attention du côté du grand-visir. Au lieu de pourvoir à la défense des côtes, il attira la plus grande partie de ses forces au Kaire, pour les porter vers le point qui serait le premier attaqué. Mourad-Bey était instruit par les Mamlouks d'Ibrahim du plan de campagne des ennemis. Le grand-visir, qui avait de bonnes raisons pour préférer la voie des négociations à celle des armes, fit proposer à ce bey de s'offrir comme médiateur entre les Ottomans et les Français. Mourad envoya à Menou Osman-Bey-Bardisi pour lui faire connaître le plan des ennemis et les propositions du visir; Menou rejeta ces ouvertures, et ne parut pas croire à l'exécution du plan. Il se livrait à une aveugle sécurité, lorsqu'il fut instruit, le 13 ventose au soir, qu'une flotte anglaise portant une armée de débarquement avait mouillé le 11 dans la rade d'Aboukyr.

Le même jour, la frégate française *la Régénérée*, partie de Rochefort, et qui avait passé le détroit de Gibraltar le 30 pluviose, entra à Alexandrie. Elle portait un renfort de quelques centaines d'hommes et des munitions. Si Gantheaume, qui avait débouché du détroit treize jours avant elle, avait continué de cingler vers l'Égypte, il y serait arrivé le 1er ventose, aurait débarqué tranquillement ses troupes et serait retourné de même à Toulon. Friant qui commandait à Alexandrie avec cinq mille quatre cents hommes, en aurait eu alors dix mille pour s'opposer au débarquement.

A la nouvelle de l'apparition de la flotte anglaise à Abouqyr, toute l'armée française s'attendait à marcher sur ce point. Menou n'avait qu'à répéter la manœuvre de Bonaparte contre les Turcs en l'an VII. L'imminence du danger lui faisait un devoir de partir sur-le-champ pour Alexandrie avec toutes ses troupes; mais ce que le dernier officier, ce que chaque soldat voyait, le général en chef ne le vit pas, ou du moins il le vit trop tard. Au lieu de concentrer ses forces, il les divisa et perdit son temps en fausses marches; il attaqua en détail un ennemi qui se présentait en masse.

Le 13 ventose au soir, il fit partir sur-le-champ Reynier pour Belbeis avec sa division, Morand pour Damiette, et n'envoya à Abouqyr qu'un régiment de chasseurs de deux cent trente chevaux conduits par le général Bron. Reynier, avant de partir pour Belbeis, écrivit à Menou une lettre pleine de sagesse et de modération, où il lui indiquait les moyens de sauver l'armée en la concentrant, et lui représentait son départ pour Belbeis comme s'écartant de ce but. En effet, sa présence dans cette place était inutile, puisque le grand-visir était toujours en Syrie, et ne pouvait pas encore inspirer de craintes. Menou réitéra à Reynier l'ordre de partir.

Bonaparte, en l'an VII, avait reproché à Marmont, qui commandait à Alexandrie, de ne s'être point opposé au débarquement des Turcs avec la garnison de la place, qui s'élevait à douze cents hommes. Friant, qui en avait cinq mille quatre cents, n'encourut point le même reproche; mais il ne tira pas de ses forces le parti que l'on eût pu en attendre. Il pouvait, sans compromettre Alexandrie ni les forts, en confier la garde à quatorze cents hommes et marcher à l'ennemi avec quatre mille. Loin de là, il laissa dans la place plus de la moitié de son monde, jeta dans les forts d'Abouqyr et de Rosette plus de troupes qu'il n'en fallait pour les défendre, et ne se présenta qu'avec dix-sept cents hommes pour s'opposer au débarquement.

Les Anglais ne trouvant pas le temps favorable pour quitter leurs vaisseaux, y restèrent jusqu'au 16 ventose. Ce fut seulement le 17 au matin que la première division de l'armée anglaise, forte de six mille hommes aux ordres du major général Coote, fut disposée dans les embarcations pour effectuer la descente. Il était ordonné aux soldats anglais de rester assis, dans le plus grand silence, au fond des canots, et de ne charger leurs fusils que lorsqu'ils seraient formés à terre[1]. Une vive canonnade s'engagea entre les chaloupes canonnières anglaises et l'artillerie des Français; ceux-ci, trop inférieurs pour empêcher l'ennemi de débarquer, furent contraints de battre en retraite, et allèrent prendre position

---

[1] Ordre du jour du général Abercromby, au quartier général de Marmorice, 16 février 1801.

sur les hauteurs de Nicopolis, en avant d'Alexandrie. Ils perdirent en pure perte quatre cents hommes, et les Anglais sept cents, non compris les marins tués sur les canots. Le même jour, la plus grande partie de l'armée anglaise débarqua; l'état de la mer ne permit que le 19 de mettre à terre le reste des troupes, les chevaux et l'artillerie; pendant ce temps-là l'armée anglaise se renforça de sept compagnies venant de Lisbonne.

Le jour même du débarquement, le général Lanusse, que Menou avait fait partir du Kaire le 14 ventose, arrivait à Rahmanieh. Il entendit le bruit du canon d'Abouqyr, et partit sur-le-champ pour soutenir Friant qu'il rejoignit le 19 sur les hauteurs de Nicopolis.

Le 20 au soir, on apprit au Kaire le débarquement. Menou sentit alors, mais trop tard, toute l'étendue de sa faute. Il restait encore un moyen de la réparer, c'était toujours de faire marcher l'armée à l'ennemi; il était plus que jamais nécessaire de la lui opposer tout entière. Le 24, il fit partir pour Rahmanieh la plus grande partie de ses forces. Reynier et Rampon eurent aussi l'ordre de s'y rendre; mais Menou laissa encore trop de troupes sur des points sans importance dans la crise où l'on se trouvait; l'ordre ne fut pas même donné alors d'évacuer la Haute-Égypte. En l'an VII, Bonaparte avait tout abandonné pour écraser les Turcs, bien sûr qu'une victoire remportée sur eux lui rendrait tout ce qu'il aurait momentanément sacrifié.

Le 20 ventose, les Anglais se portèrent à l'Embarcadère, où ils achevèrent de s'organiser. Le lendemain ils continuèrent leur marche. Friant et Lanusse, considérant qu'il était très important de conserver la communication du canal d'Alexandrie, s'avancèrent jusqu'à la pointe du lac Madieh, sur des hauteurs près des ruines d'un château romain. Ils laissèrent la garde d'Alexandrie aux marins, et prirent position avec quatre mille quatre cents hommes. Lorsque les Anglais virent les hauteurs dont ils voulaient s'emparer occupées par les Français, ils s'arrêtèrent et campèrent à portée du canon. Friant et Lanusse descendirent dans la plaine et attaquèrent vivement la gauche de l'ennemi qui paraissait isolée; mais, au même instant, le centre des Anglais parut sur des monticules qui avaient caché sa marche, et arrêta le mouvement des Français. Lanusse fit exécuter plusieurs charges qui ne furent suivies d'aucun succès. Les Français, accablés par le nombre, furent repoussés et reprirent position sur les hauteurs qu'ils occupaient avant le combat. Ils perdirent cinq cents hommes, et les Anglais quatorze cents. Friant et Lanusse, n'espérant point pouvoir occuper long-temps cette position avec des forces aussi inférieures, la quittèrent, et se retirèrent de nouveau sur les hauteurs de Nicopolis. Les Anglais s'emparèrent des hauteurs du château romain, et s'y fortifièrent en élevant une ligne de redoutes.

Menou était arrivé à Rahmanieh le 24. Il ordonna au général Roize, qui commandait la cavalerie de l'armée, de pousser tous les jours des reconnaissances sur la route d'Alexandrie, et de faire parvenir à Lanusse un billet ainsi conçu : *Le général en chef arrive avec l'armée*. Comme il eût été imprudent d'essayer de faire passer l'artillerie par les digues du canal d'Alexandrie, on chercha et on trouva un passage à travers le lac Maréotis qui était à sec; l'armée défila aussi par cette route, et elle fut enfin réunie le 29 ventose à Alexandrie.

Pendant ce temps-là, les Anglais avaient fait le siége d'Abouqyr. Ce fort étant écrasé par le feu d'une nombreuse artillerie et par les bombes, le commandant Vinache accepta, le 28, une capitulation honorable pour éviter d'être pris d'assaut.

Les Anglais avaient pressé la confection de leurs retranchemens, et débarqué beaucoup d'artillerie pour armer leurs redoutes. Ils restèrent dans leur camp, et se bornèrent à pousser quelques patrouilles vers Beïdah. Des bruits divers et contradictoires circulaient parmi eux sur la marche de Menou, malgré l'avis du cheyk arabe Gouri-el-Bagonsieh, qui écrivit à Sidney Smith que le général français était descendu du Kaire avec toutes ses forces.

Aussitôt que l'armée française fut réunie à Alexandrie, Menou résolut d'attaquer les Anglais. Le 29 au soir, il fit mettre à l'ordre du jour son plan de bataille, concerté entre Lanusse et Reynier. Les Français avaient perdu un millier d'hommes depuis le débarquement des Anglais, et ceux-ci le double de ce nombre. L'armée française à Alexandrie s'élevait à près de dix mille combattans[1], et l'armée anglaise à treize mille.

Pendant la nuit du 29 au 30, Menou disposa son armée sur les hauteurs de Nicopolis, afin d'attaquer l'ennemi avant le jour. Reynier commandait la droite, appuyée au canal d'Alexandrie; Rampon le centre, et Lanusse la gauche, côtoyant la mer. La cavalerie, commandée par Roize, était en position derrière le centre. Lanusse devait diriger l'attaque principale; Rampon, appuyer son mouvement, et Reynier, quand l'attaque serait engagée, se porter *vivement en avant* pour la seconder, et culbuter tout ce qui serait devant lui. Au crépuscule du matin, Menou fit exécuter à sa droite une fausse attaque par le corps des dromadaires, afin d'attirer sur ce point l'attention des Anglais, tandis que Lanusse

---

[1] État de l'armée d'Orient, le 30 ventose an IX :

Armée active :	Sous Alexandrie.	9,710 hommes.
	Au Kaire, à Rosette, Damiette, et dans la Haute-Égypte. . .	5,320
	Artillerie de campagne. . . .	350
	Soldats du train et gardes des parcs.	750
	Total de l'armée active. .	16,130[b]. Ci 16,130[b].

Officiers. 1,960
Cavaliers démontés. 480
Troupes de garnisons, dépôts, marins, artillerie des places. 6,300
Détachement arrivé sur la *Régénérée*. 400
Malades. 996

Total de l'armée d'Orient, non compris six cents employés civils. . . . . 26,266 h.

tomberait sur eux avec la gauche. Ce stratagème réussit d'abord. Cavalier, qui commandait les dromadaires, assaillit l'extrême gauche des Anglais, lui enleva une redoute, prit ou tua ceux qui la défendaient, et en dirigea l'artillerie sur les ennemis. Ceux-ci prirent le change, et plusieurs corps de leur centre se portèrent au secours de leur gauche. Alors Lanusse, emporté par son ardeur, et sans attendre que la fausse attaque eût produit son effet, dirigea la brigade Silly sur la grande redoute que les Anglais avaient pratiquée en avant du château romain, et fit suivre le bord de la mer à celle du général Valentin, sans garder ni seconde ligne ni réserve. Déjà la colonne de Silly avait emporté un redan, lorsqu'elle fut arrêtée par le feu de la redoute. Deux régimens anglais, qui défendaient le château romain, firent éprouver de grandes pertes à la colonne de Valentin, qui s'obstinait, quoique battue en écharpe, à vouloir forcer le passage entre la redoute et le château. Lanusse accourut pour la tirer d'embarras, et reçut un coup mortel. L'élan qu'il avait donné se ralentit, le désordre se mit dans les troupes, qui, écrasées par les feux croisés des Anglais, et n'étant pas soutenues, furent contraintes de se retirer derrière des monticules de sable.

Dans cet instant, Rampon s'avançait avec le centre, fort de deux mille hommes; mais sa gauche se mêla, dans l'obscurité, avec la brigade Silly, qui, rebutée de ses vains efforts pour franchir le fossé de la grande redoute, essayait de la tourner par la droite. Dans le désordre que causa cet incident, Rampon eut un cheval tué sous lui, et l'adjudant commandant Sornet fut blessé mortellement à ses côtés. Le général Destaing, laissant la grande redoute à gauche, voulut se porter sur le château romain; arrêté bientôt par le feu des ennemis qui le défendaient, il reçut une blessure, rétrograda avec sa troupe, et trois cents des siens restèrent prisonniers.

Menou, voyant sa droite et son centre repoussés, jugea nécessaire de faire charger la cavalerie pour rendre à ces deux corps l'impulsion que leur échec avait ralentie. Roize détacha deux régimens de dragons aux ordres du général Boussart. Ce corps tourna la grande redoute et les fossés du camp, enfonça le 42ᵉ régiment anglais, et pénétra jusque dans l'intérieur du camp ennemi; mais forcés de se désunir à cause des piquets d'un ancien campement et des trous des bivouacs, ces braves dragons furent assaillis d'une grêle de balles que faisait pleuvoir sur eux le régiment de Minorque, accouru pour prendre poste entre la grande redoute et le centre. Ils furent contraints de tourner bride, et Boussart fut frappé de deux balles. Aussitôt Roize s'apprêta à soutenir leur retraite avec cinq cents cavaliers qui lui restaient, et s'élança. Pour éviter ce premier choc, les Anglais leur ouvrirent un passage, refermèrent leurs rangs, et dirigèrent sur eux une décharge terrible. Les dragons, furieux, revinrent sur leurs pas, cherchant à s'ouvrir une issue; mais le plus grand nombre succomba, après des prodiges de valeur. Dans cette sanglante échauffourée, Roize perdit la vie, et Abercromby reçut une blessure mortelle.

Au lieu de seconder l'attaque de la gauche et du centre dès qu'elle fut engagée, Reynier attendit qu'elle eût réussi, ne se mit en mouvement que lorsqu'il apprit qu'elle avait échoué, et, croyant qu'elle ne pouvait plus être reprise, renonça à attaquer, et se borna à protéger la retraite de la cavalerie. A la gauche et au centre, la plupart des généraux étaient morts ou blessés; Baudot était blessé mortellement, Silly avait eu une jambe emportée par un boulet. Il ne se trouvait donc plus à la tête des troupes aucun chef qui pût profiter de leur proximité des ennemis, au moment où la charge de cavalerie avait mis le désordre dans leur première ligne. Menou, voyant la bataille perdue, chercha en vain la mort dans la mêlée; elle n'atteignit que ses chevaux, et il en eut deux tués sous lui. Tous ses aides-de-camp furent également démontés; l'un d'eux même reçut la mort en combattant à ses côtés. Plusieurs officiers de ses guides furent tués, ainsi que beaucoup de soldats de cette troupe inimitable par son courage.

A dix heures du matin, après sept heures de combat, il ordonna la retraite. Elle s'exécuta dans le plus grand ordre. Les Anglais ne sortirent point de leurs retranchemens. L'armée française reprit position sur les hauteurs de Nicopolis, qu'elle occupait avant la bataille.

Cette victoire fut le premier succès important que les Anglais obtinrent sur terre depuis le commencement de la guerre de la révolution. Il doit être considéré plutôt comme un assaut livré en règle à une grande forteresse, que comme une bataille rangée. L'attitude des Anglais fut simplement défensive, et après avoir repoussé l'armée française, ils restèrent dans leurs redoutes, au lieu de se jeter vivement à sa poursuite. Le 30 ventose au soir, les deux armées se trouvèrent dans la même situation qu'avant la bataille. Les Français avaient eu quinze cents hommes tués et treize cents blessés. L'armée anglaise, diminuée d'un nombre à-peu-près égal, et consternée de l'état désespéré de son général, qui ne vécut que quelques jours, passa la nuit sous les armes, dans la crainte d'une nouvelle attaque. Mais le succès des Anglais exalta leur moral, et le revers des Français, qui jusqu'alors se regardaient comme invincibles, fit sur eux une impression funeste. Les esprits, déjà irrités dans la prospérité par leurs dissensions, furent encore plus exaspérés dans le malheur. Lannes avait eu la cuisse droite emportée par un boulet. Le chirurgien en chef Larrey lui proposa l'amputation, comme le seul moyen de sauver sa vie. Il s'y refusa, « ne voulant pas, dit-il, survivre à cette fatale journée ». Cependant, huit heures après, déchiré de douleur, il y consentit. L'opération fut faite en treize secondes; mais les forces vitales étaient épuisées; il succomba dans la nuit qui suivit la bataille. Le général Baudot ne voulut pas souffrir l'amputation, et, après quelques jours de tourmens horribles, il mourut de la gangrène. Le général Silly se laissa amputer la jambe gauche; et, quoique âgé de plus de soixante ans, il guérit en très peu de temps.

Reynier rejeta la perte de la bataille sur Menou, dont les rapports ne furent point publiés; il mourut sous le poids des inculpations de son adversaire. Reynier ne remplit pas dans cette journée le rôle qui lui avait été assigné, ou plutôt qu'il s'était assigné lui-même, puisqu'il avait concouru au plan. On lui reprocha d'être resté dans l'inaction, et de ne s'être mis en mouvement que lorsqu'il n'y avait plus rien à faire.[1]

Après la bataille de Nicopolis, Menou écrivit à Belliard, qui occupait le Kaire, d'appeler à lui les forces qui se trouvaient encore éparses dans les places de la Haute-Égypte et du Charqyeh, et d'envoyer le plus de troupes qu'il pourrait à Rahmanieh, où, d'après le conseil de Reynier, il voulait réunir son principal corps d'armée pour tenir la campagne. Morand reçut également l'ordre de ne laisser à Damiette que le strict nécessaire, et de se diriger à grandes journées sur Rahmanieh.

Sidney Smith, qui mêlait toujours la diplomatie aux armes, alla en parlementaire proposer au commandant d'Alexandrie d'évacuer l'Égypte et de retourner en France. Friant répondit de la part de

---

[1] R. Wilson, t. I, p. 71; Jomini, t. XIV, p. 336.

Menou qu'aucune circonstance ne pouvait l'autoriser à accepter une offre aussi déshonorante, et que les Français étaient résolus de défendre l'Égypte jusqu'à la dernière extrémité. Le 5 germinal, le capitan-pacha arriva dans la rade d'Abouqyr, et y débarqua six mille Albanais d'élite. Ce renfort fit cesser l'indécision et l'inaction du lieutenant général Hely Hutchinson, qui avait pris le commandement en chef de l'armée anglaise depuis la mort d'Abercromby. Il fit couper la digue qui séparait le lac Madieh du lac Maréotis; par là les eaux de la mer furent versées dans le Maréotis, s'étendirent autour d'Alexandrie, et couvrirent pour long-temps les terres de trente villages. Cette mesure fortifia considérablement la position des Anglais à Abouqyr, rendit inexpugnables les fortifications d'Alexandrie, et isola cette place du reste de l'Égypte. Hutchinson résolut de faire attaquer Rosette, pour ouvrir la navigation du Nil, se procurer des vivres, et manœuvrer sur les communications des Français. Le colonel Spencer entra à Rosette le 18 germinal, avec cinq mille hommes. Les quatre cents Français qui l'occupaient firent leur retraite sur la route du Kaire, laissant deux cents invalides dans le fort Julien. Ce fort se rendit le 29, après une défense qui excita l'admiration de l'ennemi. Menou avait envoyé le général Valentin à Rahmanieh, avec quinze cents hommes; le 25, il fit partir pour cette ville un second détachement aux ordres du général Lagrange. Réunies à celles qu'avait amenées de Damiette le général Morand, ces troupes s'élevaient à quatre mille hommes. Lagrange en prit le commandement, et s'avança jusqu'à Atfeh pour y attendre l'ennemi.

L'aviso *l'Osiris*, expédié d'Alexandrie au premier Consul par Leroy, préfet maritime de l'Égypte, au moment où les Anglais avaient mouillé à Abouqyr, était parvenu à Toulon, et le gouvernement avait fait publier cette nouvelle dans les journaux; mais on ignorait les événemens qui s'étaient passés en Égypte depuis cette époque. Ce ne fut que dans les premiers jours de floréal que le premier Consul apprit la défaite de Menou à Nicopolis. On dit que, vivement affecté de cette nouvelle, il s'écria : « *Il ne nous reste plus maintenant qu'à faire une grande descente en Angleterre* »! Le canon de la tour de Londres annonça, le 11 floréal, la victoire anglaise, et pendant plusieurs jours cette ville fut dans les convulsions de la joie. La garnison du fort d'Abouqyr arriva à Marseille. Elle fut accusée de n'avoir fait qu'une résistance de trois jours. Une commission fut chargée d'interroger les officiers. Ils écrivirent au premier Consul pour se justifier, repoussant les bruits injurieux qu'on avait répandus sur leur compte. Il leur répondit : « Soldats, j'ai reçu votre lettre. Je me suis fait rendre compte de votre conduite. Je vous reconnais pour de dignes enfans de la 61ᵉ. J'ai donné ordre que l'on vous rendît vos armes. Je saisirai la première occasion pour vous mettre à même de vous venger. Vous ne mourrez pas sans être vainqueurs. Je vous salue. »

Malgré la supériorité de ses forces, le prudent Hutchinson agissait avec une extrême circonspection. Ce fut le système des Anglais pendant toute cette campagne. Le corps d'armée qui avait pris Rosette resta pendant vingt jours campé à Hamâd. Le général en chef, auquel il venait d'arriver d'Europe un renfort de trois mille hommes, ne prit que le 19 floréal la résolution de s'avancer sur Rahmanieh, après avoir laissé six mille hommes aux ordres du général Coote, sur les hauteurs du château romain. Du reste, Menou ne montra pas plus d'activité que son adversaire, et l'armée française, trop dispersée pour présenter à l'ennemi une masse capable de l'arrêter, ne se tint plus dès-lors que sur la défensive. Les Anglais et les Turcs marchèrent sur Aafeh, et Lagrange se replia sur Rahmanieh. Il prit position en avant de cette ville; l'armée anglaise se rangea en bataille. Lagrange, ne jugeant pas la position tenable, résolut de faire sa retraite, et détacha le chef d'escadron Hazar, qui commandait l'artillerie à cheval, avec deux pièces de canon et un obusier, pour inquiéter le flanc des Anglais, et lui donner le temps d'exécuter son mouvement. On se canonna assez vivement de part et d'autre, et on escarmoucha sur divers points de la ligne. Un obus des Français mit le feu à un champ de blé. Le vent du nord, qui soufflait avec force, portait la

¹ Lettre du 20 messidor.

flamme contre l'artillerie française, qui se replia sur Rahmanieh. L'incendie couvrit la plaine, établit une barrière entre les deux armées, et permit à Lagrange de faire tranquillement sa retraite sur le Kaire; mais il abandonna sa flottille avec les vivres et les munitions qu'elle portait.

Depuis que Menou était resserré sous les murs d'Alexandrie, les anti-colonistes, qui auparavant se contentaient de faire entendre des murmures, haussèrent de ton envers le général en chef, et l'étourdirent de clameurs et de menaces. Déjà aigri par l'adversité, Menou crut devoir frapper un coup d'autorité sur les plus exaltés d'entre eux, et éloigner des hommes dont la présence entretenait des divisions dans l'armée. Le 23 floréal au soir, il fit conduire Reynier, Damas, l'adjudant commandant Boyer et l'inspecteur aux revues Daure, à bord de bâtimens, pour être envoyés en France. *Le Good-Union*, sur lequel étaient Damas et Daure, fut pris par les Anglais, qui s'emparèrent de la modeste succession de Kléber, s'élevant à 72,000 francs, dont Damas était dépositaire.

Si Menou eût été capable de déployer une pareille fermeté dès les premiers jours de son commandement, il se serait épargné de grandes contrariétés, et peut-être aurait-il conservé l'Égypte; car il faut, autant qu'à ses propres fautes, imputer les revers de l'armée à la tiédeur que quelques généraux apportèrent dans l'exécution de ses ordres. Ils n'en combattirent pas moins en héros sur le champ de bataille ; la plupart y trouvèrent une mort glorieuse sans doute, mais inutile à leur pays. Quant aux soldats, étrangers aux passions de leurs chefs, ils restèrent constamment soumis à la discipline et fidèles à leur devoir.

Menou chargea le chef de brigade Cavalier d'aller faire un approvisionnement dans la province de Bahyreh. Cet officier partit d'Alexandrie le 24 floréal, avec cinq cent soixante hommes, infanterie et cavalerie, et six cents chameaux conduits par des Arabes. Cavalier jugea à propos de se diriger sur le Kaire par le désert, pour mettre en sûreté de l'argent ou quelques objets précieux qu'il avait, dit-on, laissés dans cette ville. Parvenu à la hauteur d'Alqam, il fut signalé aux Anglais, qui détachèrent à sa poursuite deux cent cinquante cavaliers, commandés par le général Doyle. Il atteignit les Français après avoir fait trois lieues, et n'osant attaquer des forces aussi supérieures, il fit halte pour attendre un corps d'infanterie qui le suivait à une lieue de distance. Dans cet intervalle, Doyle fit proposer à Cavalier de mettre bas les armes, pour être de suite transporté en France avec sa troupe. Cavalier accepta cette offre déshonorante, avec la condition plus déshonorante encore que les officiers conserveraient les effets qu'ils avaient au Kaire, et que l'un d'eux se rendrait dans cette ville pour s'en assurer. Cette capitulation étonna les Anglais eux-mêmes. Un mois après, Menou dénonça à l'armée, dans une proclamation, la conduite de Cavalier : « Soldats de l'armée d'Orient, y disait-il, je vous répéterai jusqu'à mon dernier soupir que l'honneur est tout, que l'argent n'est rien; et soyez bien convaincus que, tant qu'il restera sur ma tête un seul de mes cheveux blancs, je ne souscrirai à aucune convention qui puisse ternir votre gloire, ou me rendre parjure à mes devoirs et au serment que j'ai fait à la patrie en acceptant l'honneur de vous commander. »[1]

En apprenant que Gantheaume, au lieu de continuer sa route vers l'Égypte, était rentré à Toulon avec son escadre, le premier Consul lui fit témoigner son mécontentement, et le fit repartir. Il mit à la voile à la fin de pluviose; mais il rencontra sur les côtes de Sardaigne l'escadre anglaise de l'amiral Warren, et son objet n'étant point de combattre, il fit fausse route pendant la nuit, et rentra encore à Toulon. Warren, cingla vers Alexandrie, pour se réunir à l'escadre de l'amiral Keith. Le premier Consul, encore mécontent du retour de Gantheaume, lui envoya l'ordre de mettre à la voile une troisième fois. Il lui était prescrit de se diriger sur Damiette, ou, si les flottes ennemies l'en empêchaient, de débarquer ses cinq mille hommes avec de l'argent, des outres et deux mois de vivres, au port de Baretoun, situé à cinquante lieues à l'ouest d'Alexandrie, d'où ils seraient allés trouver Menou par terre, après sept jours de marche à travers le désert de

[1] Proclamation du 29 prairial.

Barca. Ce renfort, arrivant à Alexandrie, aurait permis à Menou de battre le général Coote, que Hutchinson avait laissé sur les hauteurs du château romain avec six mille hommes, et de marcher ensuite sur les traces de l'armée anglaise qui s'avançait vers le Kaire. Gantheaume fit route pour Damiette, arriva en vue des côtes d'Égypte, reconnut le cap Bourlos, le 19 prairial; mais, apprenant que les Turcs occupaient Damiette, il se dirigea sur le désert de Barca, et tenta de débarquer ses troupes à quarante lieues à l'ouest d'Alexandrie. Sur ces entrefaites, la flotte anglaise fut signalée. Les braves officiers qui commandaient les troupes françaises demandaient avec instance qu'on les jetât à la hâte sur la côte avec leurs soldats. Gantheaume, ne croyant pas avoir le temps d'effectuer cette opération, et craignant d'être enveloppé et détruit par la flotte anglaise qui s'avançait à pleines voiles, s'éloigna de ces parages, et regagna pour la troisième fois le port de Toulon. Ainsi l'irrésolution d'un amiral, qui consomma son temps en fausses marches, fit perdre au premier Consul l'espoir de secourir l'armée d'Orient.

Les Turcs occupaient en effet Damiette depuis la fin de floréal. L'armée du grand-visir, après avoir passé le désert de Syrie, s'était répandue dans le Charqyeh, et il s'était rendu lui-même à Karaïm, pour y organiser son armée. Instruit de sa marche, Belliard avait établi près du Kaire un camp de trois mille hommes, après avoir rappelé le général Donzelot de la Moyenne-Égypte. Il avait aussi invité Mourad à venir s'unir à lui avec ses Mamlouks. Ce bey descendait vers le Kaire, lorsqu'il fut atteint de la peste, qui exerçait alors de grands ravages dans la Haute-Égypte, ordinairement exempte de ce fléau. Il mourut à Beny-Soueyf, âgé de cinquante ans, après trois jours de maladie. Il avait demandé à être enseveli au Kaire, près du grand Ali-Bey; mais les événemens dont cette ville était menacée de devenir le théâtre ne permettant pas aux Mamlouks d'y transporter son corps, ils allèrent le déposer à Souaqveh, près de Tahtah, dans la Haute-Égypte. Aucun d'eux ne se jugeant digne de porter son sabre, il fut brisé sur sa tombe. Il avait désigné pour successeur Osman-Bey-Tambourgi. Les autres beys le reconnurent pour leur chef; mais au lieu de déférer à l'invitation de Belliard, il écrivit à Sidney Smith qu'il allait se mettre en route avec ses Mamlouks pour rejoindre l'armée anglaise.

Lagrange était arrivé au Kaire le 23 floréal, et se trouvait sous les ordres de Belliard. Ce général, ayant alors réuni un corps de troupes assez imposant, résolut d'aller reconnaître l'armée du grand-visir, de la battre, et de la rejeter dans le désert, avant que les Anglais eussent opéré leur jonction avec elle. Il sortit du Kaire le 25, avec un corps de cinq mille cinq cents hommes, dont neuf cents de cavalerie, et vingt-quatre pièces d'artillerie de campagne. Le 26, il rencontra près du village de Zaouamel, en avant de Belbeis, un corps de neuf mille

Turcs. Le grand-visir arriva bientôt avec le gros de son armée, et manœuvra avec une grande prudence, paraissant vouloir éviter un engagement, et cédant même le terrein pour attirer les Français loin du Kaire. Le but de cette tactique, nouvelle de la part des Turcs, et qui leur avait été recommandée par les Anglais, n'échappa point à la pénétration de Belliard. Il sentit que tandis qu'il aventurait son armée dans le pays, les portes de la capitale restaient pour ainsi dire ouvertes aux Anglais; il ramena ses troupes au Kaire, et les répartit de manière à en défendre toutes les avenues. C'était la première fois qu'en rase campagne des Français se retiraient devant des Turcs; c'était pour la dernière fois qu'ils se trouvaient en présence.

Hutchinson et le grand-visir suivaient avec persévérance le plan qu'ils s'étaient tracé. Regardant l'armée française comme une proie qui ne pouvait plus leur échapper, ils attendaient, pour frapper un coup décisif, l'arrivée de tous leurs moyens. Le 9 prairial, les Mamlouks se réunirent à Hutchinson. Le corps de six mille Anglais, amené de l'Inde par le général Baird, débarqua à Cosseïr, et arriva à Qéné le 19. L'armée anglaise se porta à Embabeh le 1er messidor. Partie de Rahmanieh le 21 floréal, elle avait mis quarante jours à parcourir une route que les Français avaient faite en huit, avant la bataille des Pyramides.

Le Kaire se trouva alors environné par les armées alliées; elles formaient une masse de quarante mille combattans. Belliard n'en avait que huit mille en état d'entrer en campagne. Ce corps lui suffisait pour combattre l'une des armées ennemies; mais en sortant du Kaire, il dégarnissait une enceinte de treize mille toises, et il avait à craindre la révolte d'une nombreuse population. S'il eût agi contre l'armée anglaise, les Turcs seraient entrés dans le Kaire. S'il eût attaqué le grand-visir, les Anglais se seraient emparés de Gizeh, qui renfermait une partie des magasins. Un succès était incertain, tout était perdu par un revers. La Haute-Égypte ne lui offrait pas même la ressource d'une retraite momentanée. Le général Baird l'occupait; elle était, comme on l'a déjà dit, ravagée par la peste; elle n'avait point de place où l'on pût s'établir militairement. Belliard ne pouvait se retirer sur Damiette; elle était au pouvoir des Turcs, qui de plus lui fermaient le passage. Pour se rendre à Alexandrie, il eût fallu éviter l'armée anglaise, gagner deux marches sur elle, et traverser un désert de cinquante lieues; il eût fallu que Menou se fût concerté avec son lieutenant pour venir au-devant de lui, et que cette place eût contenu des approvisionnemens : elle en était dépourvue.

Le Kaire étant complétement cerné par l'ennemi, Belliard se décida à traiter de l'évacuation de l'Égypte. Les hostilités furent suspendues, et on ouvrit des conférences. Lorsque les deux parties furent d'accord sur les conditions, Belliard les soumit à un conseil de guerre. Il était composé de huit généraux; quatre d'entre eux, Robin, Lagrange, Duranteau et Bron, votèrent contre l'évacuation. Dupas, qui commandait la citadelle depuis l'arrivée des Français, refusait de rendre cette inexpugnable forteresse, déclarant qu'il avait reçu des ordres de Menou pour la défendre jusqu'à la dernière extrémité. On appela au conseil de guerre les chefs de brigade, et la majorité approuva les conditions. Il fut donc conclu, le 8 messidor (27 juin), un traité d'évacuation dont les conditions étaient entièrement semblables à celles que Kléber, dans la situation la plus prospère, avait signées à El-Arych. Douze jours après la ratification, Belliard sortit du Kaire avec quatorze mille individus valides et invalides, et se mit en marche pour Abouqyr, escorté par les forces alliées. Pendant la route, son armée avait la même attitude que si elle eût marché au combat, son artillerie en tête, mèches allumées; venaient ensuite les chevaux, les caissons et les équipages. Chaque soir, Hutchinson, Belliard et le capitan-pacha soupaient ensemble. Chacune des trois armées campait dans un village séparé, les Anglais entre-deux. Les Français s'embarquèrent à Abouqyr, avec armes et bagages, emmenant la dépouille mortelle de Kléber. Le vaisseau qui la portait était tout tendu en noir, et l'équipage en deuil. Lorsqu'il eut franchi la bouche du Nil, et qu'il fut entré dans la mer, les flottes turque et anglaise le saluèrent par trois salves de toute leur artillerie.

Belliard adressa au premier Consul un rapport détaillé des événemens qui avaient précédé et amené la convention du Kaire. Il le terminait ainsi : « Je ne vous ferai point l'éloge des généraux, des chefs, des officiers et des soldats. Ces guerriers, couverts de cicatrices, ont battu sous vos ordres cinq armées autrichiennes en Italie, et ont fait la conquête de l'Égypte. Ils luttent depuis trois ans contre les privations de toute espèce, la peste, et les efforts de l'Europe et de l'Asie. Vous les connaissez tous; ils n'ont cessé de se rendre dignes de vous. »[1]

Pendant que l'armée anglo-turque opérait dans l'intérieur de l'Égypte, il ne se passa rien d'important sous Alexandrie. Quoique le corps du général Coote eût été porté à neuf mille hommes, par l'arrivée successive de renforts envoyés d'Europe, les Anglais étaient restés immobiles dans leurs lignes, et Menou, avec un corps actif de quatre mille combattans, avait redoublé d'efforts pour fortifier la place et retrancher les hauteurs de Nicopolis. Lorsque les armées alliées, qui avaient escorté Belliard jusqu'à Aboukyr, arrivèrent devant Alexandrie, Menou perdit tout espoir d'être débloqué. Cependant, instruit que le premier Consul négociait la paix avec l'Angleterre, il sentait que la possession d'Alexandrie, dont le siége exigeait une armée, pouvait être d'un grand poids dans la balance des compensations. Il prit donc le parti de la défendre jusqu'à la dernière extrémité.

---

[1] Rapport du général Belliard au premier Consul, sur la perte du Kaire. Au Kaire, le 19 messidor.

Hutchinson résolut enfin d'attaquer de vive force les positions de Menou. Pour achever l'investissement de la place et empêcher la tribu des Arabes Ouadalis de fournir des approvisionnemens à la garnison française, il fit occuper la langue de terre où est situé le fort du Marabou, dont il s'empara, et ouvrir ensuite des tranchées pour attaquer en règle les forts d'Alexandrie. Tout annonçait que la garnison ne tarderait point à se rendre. Les hôpitaux étaient encombrés de malades et de blessés. Depuis deux mois, on n'avait que de la viande de cheval pour toute nourriture. Malgré la faim, la soif, les maladies, toutes les privations, et la présence de trente mille ennemis, Menou, dont la santé était altérée par la fatigue et les besoins de tout genre, persistait encore à se défendre. Les officiers généraux, prévoyant que l'on ne pourrait pas éviter une capitulation, lui firent observer qu'une plus longue défense ne servirait qu'à en rendre les conditions plus dures. Le 8 fructidor, il demanda au général Hutchinson une suspension d'armes de trois jours; elle lui fut accordée. Le 10, Menou convoqua un conseil de guerre, composé de dix-sept individus; la capitulation y fut décidée à la majorité de quatorze voix : les généraux Destaing, Delzons et Zayonscheck votèrent contre. La capitulation fut présentée à Hutchinson, qui y donna son consentement, après y avoir fait des modifications. Il la renvoya à Alexandrie, avec une lettre que Menou soumit à son conseil de guerre. Les généraux français en trouvèrent le ton insolent et pénible à supporter. Mais telle était la situation d'Alexandrie et de la garnison, qu'il n'était plus possible de reculer; il fallut subir la loi du vainqueur. On accepta la capitulation telle qu'Hutchinson l'avait modifiée. Elle portait que l'armée française serait transportée en France avec armes, bagages et dix pièces d'artillerie de campagne; que la place serait remise dans dix jours, et que l'armée s'embarquerait dix jours après.

Menou avait demandé qu'il fût permis aux membres de la commission des sciences-et-arts d'emporter en France tous les résultats de ses travaux en Égypte, et les objets d'art qu'elle avait fait transporter à Alexandrie. Hutchinson refusa cette condition, et exigea que les monumens, les manuscrits arabes, cartes, dessins, mémoires et collections d'antiquités, appartenant à la commission, fussent laissés à la disposition des généraux anglais. Les membres de la commission prétendant que leurs collections étaient leur propriété, protestèrent qu'ils les détruiraient plutôt que de s'en dessaisir pour les livrer à l'ennemi. Menou adressa à ce sujet des représentations à Hutchinson, et envoya trois membres de l'Institut pour plaider eux-mêmes leur cause auprès du général anglais. Il se désista enfin de ses prétentions, soit qu'il craignit l'effet des menaces des savans, soit qu'il fût persuadé qu'ils seraient mieux que personne en état d'utiliser leurs matériaux au profit des arts et des sciences.

Le nombre des Français qui étaient à Alexandrie s'élevait à onze mille hommes, y compris les malades, les invalides, les femmes, les enfans, les marins et les employés civils. Leur embarquement s'effectua à la fin de fructidor, et il n'en restait plus qu'un petit nombre sur le sol de l'Égypte dans les premiers jours de vendémiaire an x.

Telle fut la fin de cette entreprise qui, suivant l'usage, eut tant d'admirateurs dans son principe et pendant ses succès, tant de détracteurs quand commencèrent les revers, et qui, lorsqu'elle eut échoué, fut traitée de folie. Au milieu d'une époque fertile en grands événemens, l'expédition d'Égypte sera toujours un des exploits les plus mémorables par son éclat et sa grandeur. Elle excita une commotion générale en Orient, et fixa pendant trois ans les regards du monde. Les Anglais en frémirent. Ils prodiguèrent sans mesure leurs vastes ressources pour expulser les Français des bords du Nil. Les dépenses de leur expédition directe en Égypte s'élevèrent, dit-on, à 210 millions de francs. Bonaparte, Desaix et Kléber laissèrent chez les habitans de ces contrées des souvenirs immortels, et les prodiges de civilisation et de guerre qu'ils y accomplirent vivront toujours dans leur mémoire.

Depuis l'arrivée des Français en Égypte, la Porte avait résolu en secret d'y abolir l'autorité des Mamlouks, et pour mieux les tromper, elle n'avait cessé de les assurer que leur rétablissement était le but des efforts faits pour expulser les Français. Lorsque l'armée d'Orient se fut rembarquée, les beys furent invités à se rendre à Alexandrie, auprès du capitan-pacha, pour s'occuper de leurs intérêts. Sept d'entre eux y accoururent et furent bien accueillis; mais le capitan-pacha leur déclara que la volonté de la Porte était qu'ils renonçassent au gouvernement de l'Égypte, et qu'ils fussent transférés à Constantinople, où on leur ferait un état brillant. De son côté, le grand-visir fit arrêter les beys qui se trouvaient sous sa main. Mohammed-Elfi-Bey et Aboudiab-Bey s'échappèrent, et coururent rallier leurs Mamlouks; des troupes turques furent envoyées à leur poursuite. Le capitan-pacha engagea ceux qui étaient en son pouvoir à se rendre dans le port d'Alexandrie, à bord du vaisseau du commodore Bickerson. Le capitan-pacha s'embarqua avec eux dans un canot, sur le lac Maréotis; mais dans la traversée, un messager d'état du grand-seigneur parut sur le rivage, fit signe au capitan-pacha qu'il avait à lui parler, et l'informa qu'il apportait de Constantinople des dépêches de la plus haute importance. Le capitan-pacha, ayant lu ces dépêches, quitta le canot et se rendit à terre. Les beys, pressentant quelque trahison, se repentirent de leur confiance, et demandèrent à être débarqués sur-le-champ; on le leur refusa. Bientôt leur canot fut assailli par plusieurs chaloupes chargées de soldats, qui tirèrent sur eux. Les beys mirent les armes à la main, et se défendirent avec la plus grande valeur. Dans cette lutte inégale, quatre d'entre eux, parmi lesquels se trouvait Osman-Bey-Tambourgi, perdirent la vie; et les trois autres, couverts de blessures et privés de sentiment, furent portés à bord du vaisseau que montait le capitan-pacha. Instruit de cette violence, Hutchinson fit mettre ses troupes sous les armes, adressa les plus vifs reproches au capitan-pacha, et fit marcher contre son camp un régiment avec du canon, pour réclamer avec menaces les trois beys blessés qui avaient survécu à l'assassinat. Le capitan-pacha, pour se justifier, allégua les ordres qu'il avait reçus de la Porte, maîtresse d'établir en Égypte le gouvernement qu'elle jugeait convenable. Le grand-visir assembla chez lui les beys qu'il avait en son pouvoir. Mohammed-Elfi lui-même, l'ancien favori de Mourad, que les Mamlouks regardaient comme leur chef depuis la mort d'Osman-Bey-Tambourgi, se décida à venir au Kaire. Le visir leur renouvela la promesse que leur avait faite le capitan-pacha, et en jura l'observation sur le Coran. Les Mamlouks renoncèrent à l'Égypte, signèrent leur soumission au grand-seigneur, et en informèrent Hutchinson. Ainsi fut extirpé, pour le moment, le pouvoir des Mamlouks, que les Français avaient abattu, et le pacha de la Porte Ottomane en Égypte y régna sans contradicteur.

CHAPITRE XX.

Négociation avec l'Angleterre. — Expédition de la France et de l'Espagne contre le Portugal. — Traité de la Russie avec l'Angleterre; la confédération du Nord dissoute. — Combat naval d'Algésiras. — Préparatifs de descente en Angleterre. — Flottille de Boulogne. — Nelson échoue dans deux attaques. — Reddition de Porto-Ferrajo. — Réunion provisoire du Piémont. — Création du royaume d'Étrurie. — Paix avec la Bavière. — Troubles en Suisse.

Le nouveau ministère anglais révoqua (3 mars) les ordres donnés contre les pêcheurs, et laissa entrevoir qu'il n'était pas éloigné de renouer, pour le rétablissement de la paix, des négociations si souvent rompues par le ministère précédent. Lord Hawkesbury en fit la proposition formelle.[1]

Le premier Consul l'accueillit avec le plus grand empressement; mais la campagne commençait. La flotte anglaise commandée par les amiraux Parker et Nelson était partie d'Yarmouth pour la Baltique (21 ventose). Avant-garde de l'armée d'observation de la Gironde, l'armée espagnole marchait en Portugal. Le premier Consul fit donc présenter au cabinet anglais ces questions : N'est-il pas plus naturel

[1] Note du 21 mars (30 ventose).

de faire précéder toute négociation par une suspension d'hostilités, en convenant des articles d'une trêve générale? Ou, si les obstacles à une suspension d'armes maritime paraissent plus difficiles à lever que ceux qui s'opposent au rétablissement même de la paix, ne serait-il pas au moins convenable de s'entendre préalablement sur les bases de celle-ci?[1]

D'après le ministère anglais, les difficultés prévues dans la note d'Otto, relativement à un armistice, étaient de nature à faire craindre qu'on ne les trouvât insurmontables, ce qui, à tout événement, occasionnerait beaucoup de délais; mais l'autre proposition relative à une communication immédiate, pleine et confidentielle, touchant les termes et les préliminaires de la paix, était entièrement conforme au vœu du cabinet. Lord Hawkesbury annonçait qu'incessamment il serait autorisé à entrer en négociation[2]. En effet, elle commença deux jours après. Il ne fut plus question d'armistice. Le ministère anglais essaya encore de mettre en avant toutes ses anciennes prétentions, et jusqu'à la rétrocession de la Belgique; mais elles furent bientôt abandonnées. Le passage du Sund et la mort inattendue de Paul Ier ayant contribué à donner de la confiance au gouvernement britannique, lord Hawkesbury remit à Otto, dans la deuxième conférence, un

---

[1] Note du 12 germinal.
[2] *Idem* du 2 avril.

aperçu non signé des conditions préliminaires de
la pacification.

D'après cet aperçu, la France devait évacuer
l'Égypte et la rendre à la Porte; l'Angleterre resti-
tuerait à la France et à ses alliés ses conquêtes colo-
niales, même le Cap de Bonne-Espérance, sous condition que l'on en ferait un port franc. L'Angleterre
conserverait la Martinique, la Trinité, Malte et Ceylan. La République batave accorderait à la maison
d'Orange une indemnité entière pour les pertes
qu'elle avait éprouvées dans ses propriétés. Si l'on
recevait, avant la signature des préliminaires, des
nouvelles authentiques sur l'évacuation de l'Égypte
par les troupes françaises, ou d'une convention conclue pour cette évacuation, l'Angleterre ne serait
point tenue de souscrire à ces conditions dans toute
leur étendue.

Le premier Consul fit écrire à Otto qu'il ne pouvait regarder ces premières propositions que comme
un moyen de gagner du temps; qu'il ne s'agissait
donc pas de les discuter sérieusement; qu'il y avait
quelque différence entre la cinquième et la neu-
vième année de la République; qu'il ne consentirait
jamais qu'à une paix honorable et basée sur un
juste équilibre dans les différentes parties du monde;
et que, sous ce rapport, il ne pouvait laisser entre
les mains de l'Angleterre des pays et des établissemens d'un poids aussi considérable dans la balance
de l'Europe que ceux qu'elle voulait retenir.

Pendant quelques semaines, les discussions traînèrent en longueur. Pour leur donner plus d'activité, le premier Consul fit adresser à Otto, pour qu'il la remit à lord Hawkesbury, une note (12 prairial) par laquelle on demandait qu'il spécifiât ses propositions, et que la négociation prît un caractère plus officiel.

Dans sa réponse (6 juin, 17 prairial), lord Hawkesbury s'en référa à l'aperçu non signé qu'il avait remis, et demanda au surplus que le gouvernement français voulût, de son côté, faire connaître ses propositions.

Quand on n'aurait pas su que Pitt n'avait donné sa démission que pour ne pas faire, en contradiction avec ses principes, la paix avec la France, le ton des journaux dans les deux pays n'aurait pas permis de douter que des négociations étaient entamées. Si l'on ne se faisait pas de complimens, du moins on ne se disait plus autant d'injures. En France, le public ne pouvait préjuger l'état de la négociation que par les articles du journal officiel : c'était le baromètre des relations des deux cabinets. Il était tout-à-fait à la paix.

Otto, dans sa réplique du 26 prairial, reconnaissait que les changemens arrivés dans les limites des grands états du continent pouvaient autoriser une partie des demandes de l'Angleterre; il rejetait celles de la conservation de Malte, de Ceylan, de tous les états conquis sur Tippoo-Saib, de la Trinité, de la Martinique; et, pour convenir d'un *ultimatum*, il faisait cette question : « Si, dans le cas où le gouvergement français accéderait aux arrangemens proposés pour les Grandes-Indes par l'Angleterre, et adopterait l'*ante bellum* pour le Portugal, sa majesté britannique consentirait elle-même à ce que le *status ante bellum* fût rétabli dans la Méditerranée et en Amérique. »

Il s'était passé en Portugal des événemens pour l'intelligence desquels il faut remonter au commencement de l'année.

Le prince régent, comptant sur l'appui de l'Angleterre pour conjurer l'orage dont le menaçaient la France et l'Espagne, fit quelques préparatifs de défense et demanda des secours au cabinet de Londres. Il en promit pourvu que les forces alliées fussent commandées par un général anglais. La fierté portugaise fut blessée de cette condition, et le prince régent consentit seulement à ce qu'un commissaire britannique dirigeât les opérations militaires. Du reste, quand même il se serait soumis à cette humiliation, il est probable qu'il n'en aurait recueilli que la honte, car, dès les derniers jours d'octobre 1800, le ministère anglais avait décidé que l'armée d'Abercromby, qui se consumait en promenades dans la Méditerranée, irait faire la guerre en Égypte. L'Angleterre sacrifiait son plus ancien allié à cette conquête, par le motif, toujours prépondérant dans ses conseils, qu'elle était beaucoup plus importante que la défense du Portugal.

Berthier, n'ayant pas pu, dans sa mission extraordinaire, déterminer la cour de Madrid à une expédition contre son voisin, était parvenu cependant à resserrer les liens de l'Espagne et de la France par une convention secrète. Elle érigeait le grand-duché de Toscane en royaume en faveur de l'infant Louis de Parme, et cédait à la France le duché de Parme et de Plaisance, la Louisiane et six vaisseaux[1]. Cet arrangement avait le double but d'extirper de l'Italie l'influence autrichienne, et d'intéresser l'Espagne à faire, dans les événemens de ce pays, cause commune avec la France.

Lucien Bonaparte, en sortant du ministère de l'Intérieur, reçut dans sa disgrâce l'ambassade d'Espagne, et fut chargé d'aller y achever ce qu'avait commencé Berthier. Le frère du premier Consul fut accueilli à Madrid avec plus de distinction encore que son compagnon d'armes, et obtint bientôt à la cour plus de crédit et de considération que n'en avait jamais eu aucun ministre de France. Le roi lui dit : « Le premier Consul peut compter sur ma loyauté comme je compte sur la sienne, et chaque jour vous le prouvera davantage. — Nous savons, ajouta la reine, que le premier Consul a de l'amitié pour nous, et nous le lui rendons bien. Il peut compter sur notre bienveillance, puisqu'il nous donne tant de preuves de la sienne. »

Le renvoi du ministre Urquijo fut à-la-fois le

---

[1] On a donné à cette convention la date du 1ᵉʳ octobre 1800 (9 vendémiaire an IX); elle est relatée, mais sans date, dans le traité de Madrid du 21 mars 1801.

triomphe du prince de la Paix et celui du parti de la France.

Le premier Consul arrêta, le 26 nivose, la réunion à Bordeaux d'un corps d'armée d'environ vingt mille hommes, sous le nom de *corps d'observation de la Gironde*, commandé par un lieutenant général qui correspondait avec le ministre de la guerre et l'ambassadeur de la République à Madrid. Cet arrêté, venant à la suite de la victoire de Hohenlinden, seconda puissamment le négociateur français, et décida la cour de Madrid à se prêter aux desseins du premier Consul. Le Portugal fut de nouveau sommé de fermer ses ports aux Anglais, sous peine, en cas de refus, d'une invasion par les forces combinées des deux puissances. Malgré leurs belles paroles, il en coûtait au roi et à la reine d'Espagne d'agir hostilement contre le Portugal; mais leurs scrupules disparurent après le traité de Lunéville qui laissait l'armée française disponible, et qui cédait la Toscane à la France. Les troupes françaises s'approchaient des Pyrénées; le gouvernement espagnol, par intérêt et par peur, signa le traité du 21 mars (30 ventose).

Il renouvelait les stipulations de la convention Saint-Ildephonse du 1er octobre 1800. Par ce traité, la cession de la Louisiane était consacrée; le duc de Parme régnant résignait son duché à la France; le grand-duché de Toscane était cédé à l'infant don Louis, fils du duc, excepté la partie de l'île d'Elbe, appartenant à la Toscane, qui restait dans la possession de la France, et en indemnité de laquelle le nouveau roi recevait le pays de Piombino. Le traité portait que l'infant se rendrait à Florence pour prendre possession de la Toscane, s'y faire reconnaître roi, et recevoir le serment de *vasselage*; et que le premier Consul contribuerait par son pouvoir à l'exécution pacifique de cet acte.

Ce traité était le prix d'une convention portant que sa majesté Catholique et la République française formeraient une armée combinée, pour obliger le Portugal à se détacher de son alliance avec l'Angleterre, et à laisser occuper jusqu'à la paix définitive, par les troupes françaises et espagnoles, ses ports et le quart de son territoire.

En Espagne, les armemens furent poussés avec activité. Le premier Consul arrêta le plan de campagne et donna la direction supérieure des opérations au général Gouvion Saint-Cyr. L'armée espagnole, qui devait être de quarante mille hommes, se rassembla aux environs de Badajoz; le roi et la reine vinrent dans cette ville avec l'ambassadeur de France Lucien Bonaparte. Il insistait pour qu'on commençât les hostilités : ils étaient d'avis de différer; d'ailleurs l'armée espagnole ne devait pas jouer le premier rôle; mais le prince de la Paix qui la commandait, infatué de sa position, avide de se faire une renommée militaire, et jaloux de se rendre maître de l'expédition pour en avoir le profit et la gloire, se pressa d'entrer en campagne, au moment où le corps d'observation de la Gironde commandé par le général Leclerc, beau-frère du premier Consul, avait à peine passé les Pyrénées. Le généralissime espagnol triompha sans peine de l'armée portugaise formée à la hâte et mal commandée. Fier de voir tout céder devant lui, il remplissait les journaux de Madrid de ses faciles victoires, et se flattait d'aller bientôt à Lisbonne dicter la paix. Les troupes françaises étant arrivées dans le Beira, le prince régent ne voulut pas s'exposer aux coups d'un ennemi un peu plus redoutable que les Espagnols, et s'empressa de leur demander la paix. C'était ce que voulaient le favori, le roi et la reine.

Elle fut conclue à Badajoz le 6 juin (17 prairial). Après un mois de campagne, le Portugal céda à l'Espagne Olivenza avec son territoire et les places fortes sur la Guadiana qui forme la frontière des deux royaumes. Il s'obligea à fermer ses ports aux Anglais. Sa majesté Catholique garantit au prince régent l'entière possession de ses états. Il était dit dans le traité que les plénipotentiaires des *trois* puissances, *s'étant entendus*, avaient résolu de dresser deux traités de paix qui néanmoins n'étaient en réalité qu'un seul traité, et que la garantie en était mutuelle.

Le prince de la Paix se donna à lui, au roi et à la reine un triomphe ridicule. Le traité fait avec ou sans le concours de l'ambassadeur de France (car malgré les termes rapportés ci-dessus, le fait est resté douteux) ne remplissait pas le but pour lequel la guerre avait été entreprise. La précipitation avec

laquelle l'Espagne semblait avoir seule terminé une
expédition qui avait été entreprise en commun
donna lieu à des soupçons peu honorables pour les
signataires de la paix. On dit qu'un convoi espagnol,
apportant 12 millions de piastres, s'était réfugié
dans le Tage pour échapper aux Anglais qui lui
donnaient chasse; qu'il avait été séquestré par le
prince régent, et que la restitution de ce trésor
parut au prince de la Paix et à Lucien Bonaparte
une raison déterminante d'accélérer la conclusion
de la paix. Quoi qu'il en soit, le premier Consul refusa d'approuver le traité de Badajoz, et fit notifier
(27 prairial) son refus au ministère anglais, en donnant pour motif qu'il était déterminé à ne conclure
la paix avec le Portugal qu'autant que l'armée franco-espagnole en occuperait trois provinces, qui pussent servir de compensation pour les colonies françaises et espagnoles au moment de la paix générale;
que du reste le sort du Portugal était remis entre
les mains du cabinet britannique, appelé à en décider par la réponse qu'il ferait aux dernières propositions qu'il avait reçues, sur la question de savoir s'il
voulait admettre le *status ante bellum* pour le Portugal, comme servant d'équivalent au *status ante
bellum* pour l'Amérique.

D'après la réponse de lord Hawkesbury, le *status
ante bellum* dans la Méditerranée ne pouvait pas
être rétabli par la restitution de l'Égypte à la Porte:
il était encore nécessaire que le gouvernement français évacuât Nice et les états du roi de Sardaigne; que

la Toscane fût rendue au grand-duc, et que le reste de l'Italie recouvrât son ancienne indépendance. Si cela ne pouvait être, et si la France conservait encore une partie de l'influence qu'elle avait acquise en Italie, l'Angleterre était légitimement autorisée à garder l'île de Malte, pour protéger son commerce et veiller du moins à ses intérêts dans cette partie du monde.

La proposition du *status ante bellum* en Amérique, comme compensation du *status ante bellum* relativement au Portugal, paraissait au cabinet de Londres tout-à-fait déraisonnable. Les concessions déjà offertes l'avaient été dans le but d'assurer au Portugal et à la Porte Ottomane le *status ante bellum*. Cependant, si le gouvernement français accédait aux propositions faites pour ce qui concernait les Indes-Orientales et la Méditerranée, et s'il consentait également à ce que l'Angleterre gardât en Amérique la Martinique, Tabago, Demerary, Essequibo et Berbice, elle ajouterait à ce qu'elle avait déjà accordé le *status ante bellum* pour l'Espagne, en considération du *status ante bellum* pour le Portugal, et conclurait la paix à ces conditions.

Les relations de la République avec l'Angleterre et la position du premier Consul avaient éprouvé un funeste changement depuis la mort de Paul Ier. Bonaparte avait inutilement essayé de faire entrer le successeur du czar dans le système de la France. Le comte de Kalitschef annonça au premier Consul l'avénement d'Alexandre au trône, et lui remit une lettre de l'empereur (5 floréal). En y montant, il avait déclaré à ses peuples qu'il les gouvernerait selon les lois et dans l'esprit de Catherine II, et manifesté à l'Europe ses dispositions pacifiques. Le premier Consul envoya son aide-de-camp Duroc à Saint-Pétersbourg pour complimenter Alexandre, essayer de renouer avec lui les liens qui avaient existé avec Paul Ier, et surtout pour engager la Russie à ne pas sacrifier les principes reconnus sur les droits des neutres et l'indépendance des mers. Les raisonnemens de l'envoyé français, exprimés dans plusieurs notes, parurent, dit-on, faire quelque effet sur le jeune empereur; mais il était sous l'influence des assassins de son père. Ce parti voulait à tout prix la paix, afin de faire diversion à ce crime, de rendre odieuse la mémoire de leur victime, et de donner le change à l'opinion.

En effet, le changement de la politique russe n'avait pas tardé à se manifester. A peine Alexandre s'était-il assis sur le trône ensanglanté de son père, que les matelots anglais faits prisonniers de guerre par suite de l'embargo furent rappelés de l'intérieur de l'empire et rendus. La commission chargée de la liquidation des sommes dues par le commerce anglais fut dissoute. Le comte Pahlen, le chef des meurtriers de Paul, continuant à être principal ministre, fit connaître aux amiraux anglais (20 avril) que la Russie accédait à toutes les demandes de leur cabinet; que l'intention de l'empereur était de terminer les différends à l'amiable: il demanda la cessation des hostilités. Bientôt les négociations furent dans la plus grande activité à Londres, à Berlin, à Pétersbourg. Hambourg fut évacué par les Danois, et le Hanovre par les Prussiens; la Suède ouvrit ses ports aux Anglais.

Alexandre avait fait à Duroc l'accueil le plus flatteur; mais tout se passa en politesses. Le premier Consul dissimula et les rendit. D'après le journal officiel, qui rapportait les détails de cette mission, la garde de l'empereur était de la plus belle tenue, et manœuvrait avec une précision étonnante. Alexandre était d'une figure qui inspirait la confiance et imprimait le respect. Les étrangers accouraient à Saint-Pétersbourg pour le voir; il était également cher aux peuples et aux soldats. Dernièrement, il était allé visiter la flotte à Cronstadt, et n'en était revenu que très avant dans la nuit : une inquiétude générale s'était emparée des esprits; les régimens avaient d'eux-mêmes couru aux armes, et redemandé à grands cris leur empereur; la plus grande union régnait dans la famille impériale.[1]

Mais lord Saint-Hélène était arrivé à Pétersbourg: après vingt jours de négociations, il signa le traité du 17 juin, qui portait que le pavillon ne couvrait plus la marchandise; que la propriété ennemie était confiscable sur les bâtimens neutres; que ces bâtimens, quoique convoyés, seraient soumis à la visite des croiseurs ennemis. C'était proclamer la souve-

---

[1] Moniteur, 29 prairial.

rainté de la Grande-Bretagne sur les mers. Les Suédois et les Danois que la Russie avait armés pour soutenir ses principes, les Danois qui venaient de verser leur sang pour les défendre, indignés de la défection d'Alexandre, furent cependant obligés d'adhérer à ce traité ignominieux.

Le premier Consul se plaignit (21 messidor) de ce que, d'après les termes de la dernière note de Lord Hawkesbury, la négociation rétrogradait au lieu d'avancer. Le ministre anglais répliqua sur le même ton. Aux progrès des alliés en Portugal, on opposait les succès de l'Angleterre dans le Nord et en Égypte. De part et d'autre on se livrait à des récriminations qui n'avançaient en rien les affaires. Avec la négociation officielle et secrète marchaient de front, dans les journaux officiels des deux pays, une discussion publique de leurs intérêts et une série d'incriminations réciproques, qui reprenaient leur ancienne amertume et n'étaient rien moins que pacifiques.

Le premier Consul s'appliqua à fixer de nouveau les termes de la question. Ce fut l'objet d'une note explicative et catégorique, dans laquelle étaient textuellement énoncées les conditions auxquelles il était prêt à signer les préliminaires de paix (4 thermidor). Il divisait la question en trois points :

La Méditerranée,

Les Indes,

L'Amérique.

L'Égypte devait être restituée à la Porte. La République de Sept-Îles était reconnue. Tous les ports de la Méditerranée et de l'Adriatique occupés par les troupes françaises étaient restitués au roi de Naples et au pape. Mahon était rendu à l'Espagne. Malte était restituée à l'Ordre; et si le roi d'Angleterre jugeait conforme à ses intérêts, comme puissance prépondérante sur les mers, d'en raser les fortifications, cette clause serait admise.

Aux Indes, l'Angleterre devait garder Ceylan et par là devenir maîtresse inexpugnable de ces immenses et riches contrées.

Les autres établissemens étaient restitués aux alliés.

Sans rien articuler sur la restitution de la Martinique, Lord Hawkesbury admit (5 août) l'arrangement relatif aux Indes, comme une juste base de négociation, et se montra disposé à entrer en composition sur Malte, de manière à ce qu'elle n'appartînt ni à l'Angleterre ni à la France. C'était là le point le plus important. Les obstacles aux arrangemens relatifs à la Méditerranée semblaient donc aplanis. Le premier Consul en exprima de la satisfaction. Il se montra même disposé à faire quelque concession en Amérique, ne voulant pas mettre la paix du monde en balance avec la possession d'une île d'un intérêt secondaire pour la France. La note remise à ce sujet par Otto (20 thermidor) indiquait comme le point capital dont il s'agissait de convenir l'arrangement relatif à Malte.

Malgré les négociations, on n'en continuait pas

moins les hostilités. La marine de la République n'était pas en situation de rivaliser avec les armées de terre; elle eut cependant une affaire qui ne fut pas sans gloire. Lorsque Gantheaume reçut, pour la troisième fois, l'ordre de porter des secours à l'armée d'Égypte, les maladies qui s'étaient déclarées sur son escadre l'obligèrent de débarquer un certain nombre de matelots et de soldats dans le lazaret de Livourne, et de renvoyer à Toulon trois de ses vaisseaux, *le Formidable*, *l'Indomptable*, *le Desaix*, et une frégate. Le premier Consul fit ordonner au général Cervoni, commandant la 8ᵉ division militaire, de former sur-le-champ en trois bataillons quinze cents hommes, dont deux cents d'artillerie, et de les embarquer à Toulon sur les trois vaisseaux, sous les ordres d'un général de brigade et d'un adjudant commandant[1]. Le contre-amiral Linois était chargé de conduire cette division à Cadix, pour y rejoindre une escadre espagnole composée de six vaisseaux, commandés par l'amiral Moreno, et de six autres qui, mis par le roi aux ordres du contre-amiral Dumanoir, attendaient de Brest des équipages français. Cette flotte était destinée à soutenir l'escadre de Gantheaume dans la Méditerranée.

Linois appareilla de Toulon, le 24 prairial. Après avoir doublé le cap de Gates, il allait emboucher le détroit, lorsqu'il apprit que le port de Cadix était bloqué par une forte escadre anglaise, commandée

---

[1] Lettre au ministre de la guerre, 1ᵉʳ prairial.

par Saumarez. Linois mouilla, le 15 messidor, dans la rade d'Algésiras. Sur-le-champ Saumarez quitta sa station, passa le détroit, et parut au cap Carnero le 17. Son escadre était de six vaisseaux, *le César, le Pompée, le Spencer* de 84 canons, *l'Audacieux, le Vénérable, l'Annibal* de 74, une frégate et un lougre. Au moment où l'escadre anglaise doublait le cap, et formait sa ligne de bataille, la division française était en mouvement pour prendre sa ligne d'embossage, qui devait être soutenue à sa droite, au sud, par une batterie de sept pièces de vingt-quatre et de dix-huit, établie sur l'Ile-Verte, et à sa gauche, au nord, par une batterie de côte de cinq pièces de dix-huit, dite de *Saint-Jacques*. Linois s'était attendu à être attaqué, mais la négligence et la lenteur des Espagnols à signaler les ennemis, l'exposèrent à combattre avant d'avoir pu achever ses premières dispositions et rectifier sa ligne d'embossage. Les batteries qui devaient lui servir d'appui étaient faibles, en mauvais état et mal approvisionnées.

Saumarez, croyant que la division française était mouillée trop loin de la côte pour que sa ligne fût bien flanquée, voulut imiter la manœuvre de Nelson à Abouqyr, passer entre la terre et la ligne d'embossage, et mettre la division entre deux feux. Linois donna le signal de couper les câbles pour s'échouer. Le combat s'engagea. Il durait depuis deux heures; les manœuvres étaient des deux côtés fort endommagées, lorsque les Anglais tentèrent de s'emparer de l'Ile-Verte, dont la batterie, mal servie par les

Espagnols, avait cessé de tirer. Le capitaine de la frégate *le Muiron* y détacha cent trente hommes, qui y arrivèrent avant l'ennemi, prirent un de ses canots, en coulèrent un autre, servirent la batterie avec une nouvelle activité, et mirent *le Pompée* hors de combat. Le général de brigade Devaux se précipita aussi avec des troupes à la batterie de Saint-Jacques, dont le feu s'était ralenti, et le ranima.

Malgré leur supériorité, les vaisseaux anglais ne purent résister plus long-temps aux batteries de terre et au feu des vaisseaux français. *Le Pompée* était entièrement désemparé; *l'Annibal*, échoué près du *Formidable*, amena son pavillon; trois vaisseaux étaient démâtés de leurs mâts de hune, et avariés dans leur voilure; ceux qui étaient mouillés coupèrent leurs câbles. Saumarez fit cesser le combat, qui avait duré six heures, et se retira sous Gibraltar, avec le reste de son escadre, pour se réparer.

La perte fut considérable des deux côtés. De celui des Français, les capitaines Lalonde, du *Formidable*, et Moncousu, de *l'Indomptable*, périrent glorieusement sur leurs gaillards. Les équipages et les troupes de terre rivalisèrent de zèle et de courage, et combattirent avec un ordre et une constance imperturbables. Cette affaire fit le plus grand honneur au contre-amiral Linois.

N'ayant à Algésiras aucune ressource pour remettre ses vaisseaux en état et se rendre à sa destination, il écrivit à Cadix pour demander qu'on lui envoyât des secours, et qu'on vînt au-devant de lui avant que Saumarez ne se fût réparé. L'amiral Moreno arriva le 20 au mouillage d'Algésiras, avec six vaisseaux, dont trois à trois ponts. Les vaisseaux français et espagnols, réunis, appareillèrent le 23 messidor, à une heure après midi. Saumarez suivit leur mouvement, et, quand la nuit fut venue, força de voiles. Vers onze heures du soir, il ordonna au *Superbe* d'attaquer les vaisseaux d'arrière-garde. Ce vaisseau, passant entre *l'Herménégilde* et *le Real-Carlos*, vaisseaux à trois ponts, lâcha ses bordées sur eux, et doublant leur sillage, se porta sur *le Saint-Antoine*, déjà attaqué par *le César*. Les deux vaisseaux espagnols *l'Herménégilde* et *le Real-Carlos*, qui, dans l'obscurité, n'avaient pas vu le changement de position du vaisseau anglais, croyant l'un et l'autre riposter à son feu, se prirent réciproquement pour ennemis, s'attaquèrent, se canonnèrent avec fureur, et s'abordèrent. Le vent fraîchit et devint violent. Le feu prit à bord du *Real-Carlos*, qui fut promptement embrasé; les flammes gagnèrent *l'Herménégilde*, qui ne put s'en séparer : les deux vaisseaux sautèrent à vingt minutes de distance. Les autres vaisseaux, amis et ennemis, s'en étaient éloignés. Cette explosion produisit dans Cadix l'effet d'un tremblement de terre. De deux mille hommes qui composaient les équipages des deux vaisseaux, trois cents seulement se sauvèrent en se précipitant sur des embarcations, et abordèrent *le Saint-Antoine* au moment où il amenait son pavillon au *Superbe* et au *César*, qui l'avaient entièrement démâté.

Le jour seul révéla à l'amiral Moreno ce désastre. Il rallia le reste de l'escadre combinée, excepté *le Formidable*, commandé par le capitaine Troude, qui, attaqué par presque toute l'escadre ennemie, fit la plus vigoureuse défense, démâta *le Vénérable*, et rentra à Cadix, aux acclamations des Espagnols, qui avaient été témoins du combat. Le reste de la flotte y mouilla aussi le même jour (24 messidor).

La prise du *Saint-Antoine* compensa pour les Anglais la perte de *l'Annibal*. Les Espagnols perdirent trois vaisseaux; mais la victoire remportée par Linois devant Algésiras, et la belle défense du *Formidable*, assurèrent au pavillon français la gloire de cette courte campagne de mer.

Malgré le vif mécontentement que le traité du 17 juin, entre la Russie et l'Angleterre, avait nécessairement causé au premier Consul, il n'en continua pas moins à montrer pour le jeune empereur et sa famille des sentimens propres à se concilier leur amitié. A l'éloge qu'il avait déjà fait de l'empereur, le journal officiel ajouta celui de son frère Constantin. L'estime que ce jeune et brave prince conservait pour la nation et les troupes françaises lui était rendue par l'armée; il n'était pas un soldat qui ne se souvînt de l'humanité et de l'obligeance qu'il avait toujours eues envers les blessés et les prisonniers. C'était le caractère distinctif des grands cœurs:

braves et terribles dans les combats, doux et humains dans la victoire.'

Alexandre envoya à Paris, pour négocier un traité de paix, le comte de Markoff, personnage dont le caractère n'offrait guère de sûreté, et méritait peu de confiance. Quelques jours après, le prince Dolgorowki y vint avec une autre mission spéciale. Les apparences étaient pacifiques; mais la Russie penchait vers l'Angleterre.

Fort de cet appui, le cabinet anglais persistait dans ses prétentions exagérées. Lord Hawkesbury offrit (14 août) cette alternative : ou l'Angleterre devait conserver, dans les Indes occidentales, les îles de la Trinité et de Tabago, et alors Demerary, Essequibo, Berbice, seraient des ports francs; ou bien elle garderait la possession de Sainte-Lucie, Tabago, Demerary, Essequibo, Berbice. Dans sa note, lord Hawkesbury ne parla point de Malte; mais dans ses conversations avec Otto, il convint qu'elle serait restituée à l'ordre de Saint-Jean. La condition alternative sous laquelle il se désistait de la Martinique mit le premier Consul dans l'embarras. S'il abandonnait la Trinité, c'était causer une perte considérable à l'Espagne. Si, pour sauver la Trinité, il sacrifiait Demerary, Essequibo, Berbice, c'était faire porter sur la Hollande tout le poids des sacrifices exigés par la paix; c'était livrer à l'Angleterre le entier du continent américain dans cette partie importante, et porter par conséquent à la puissance même des Espagnols et à leur commerce un coup plus sensible que celui qui résulterait de l'abandon de la Trinité. Le premier Consul, malgré la base immuable qui avait été depuis long-temps posée en France, *que la paix ne devait coûter aucun sacrifice personnel à la République*, aurait préféré abandonner Tabago; mais l'Angleterre ne voulut jamais se contenter de cette île, et ce fut même en vain qu'on lui proposa d'y ajouter Curaçao.

Otto, ayant reçu de son gouvernement le projet d'un traité préliminaire, le communique à lord Hawkesbury. Pour éviter la lenteur que les notes officielles apportaient à la marche des négociations, il fut convenu d'y substituer des conférences et d'ouvrir un protocole. La première se tint le 20 fructidor. Le projet de traité préliminaire y fut adopté comme base, et discuté article par article.

Après avoir établi qu'il n'était pas au pouvoir de son gouvernement de disposer d'aucune colonie appartenant à ses alliés, Otto voulait que, dans les articles relatifs aux restitutions et compensations, on se bornât à énumérer les conquêtes que le gouvernement britannique s'engageait à restituer, et qu'on omît celles qui, par le traité définitif éventuel, seraient censées devoir rester à la Grande-Bretagne, stipulant seulement que la France ne s'opposerait pas aux arrangemens d'après lesquels sa majesté britannique pourrait obtenir du congrès futur telle ou telle possession. Le ministre anglais repoussa la raisonnement et la proposition; il observa que les engagemens de la France avec ses alliés ne pouvaient lier le gouvernement anglais; que la simple omission des objets à conserver donnerait au traité un sens équivoque, dont les plénipotentiaires alliés pourraient tirer avantage. Le moyen présenté par Otto, de ne désigner nominativement que dans un article secret les colonies qui devraient rester entre les mains des Anglais, ne fut pas mieux accueilli. Lord Hawkesbury s'opposa nettement à toute espèce de réserve et de clandestinité : les débats continuèrent.

La restitution et la franchise du Cap de Bonne-Espérance furent consenties des deux parts.

Le mode et l'époque de l'évacuation de Malte furent le sujet des plus sérieuses difficultés. Le premier Consul ne se refusait pas à admettre la garantie de la Russie, mais il voulait ôter tout prétexte aux délais de l'évacuation; il désirait que l'ordre de Saint-Jean-de-Jérusalem fût immédiatement remis en possession, et jugeait inutile de charger l'empereur de Russie d'une protection qu'il avait déjà formellement avouée en se déclarant chef de l'ordre. Le ministre anglais soutenait que le schisme qui existait dans l'ordre de Saint-Jean, et le grand sacrifice que faisait l'Angleterre en renonçant à Malte, rendaient nécessaires toutes les précautions possibles, pour empêcher que cette possession importante ne se trouvât sous l'influence éventuelle du gouvernement français. En laissant cette île sous la protection d'un gouvernement fort et désintéressé dans la question, on écartait tout motif de jalousie. Il fut convenu qu'on attendrait à ce sujet la réponse du premier Consul.

La restitution de l'Égypte à la Porte et l'intégrité du Portugal furent consenties.

Les époques des évacuations respectives furent réciproquement adoptées, à l'exception de celle du royaume de Naples et des États Romains par les troupes françaises. On ne pouvait s'accorder sur ce dernier point que lorsque le mode d'évacuation de Malte serait déterminé.

L'article relatif au renvoi des prisonniers et aux avances faites pour leur entretien, donna lieu à Otto de protester contre la clause proposée par lord Hawkesbury, d'après laquelle les deux gouvernemens, aux termes des préliminaires de 1783, s'engageraient à rembourser respectivement les avances faites pour l'entretien des prisonniers de leur nation. Cet article et celui des arrangemens relatifs à la pêche et à sa franchise, hautement réclamée par la France, furent ajournés pour être résolus au traité définitif.

Lord Hawkesbury, d'après les points convenus et l'avis du conseil sur ceux qui restaient en discussion, rédigea et remit à Otto un contre-projet qui fut adressé au ministre des relations extérieures de France. Talleyrand répondit sur-le-champ (24 fructidor), et chargea Otto de faire insérer au protocole des conférences les dernières observations du premier Consul sur le contre-projet; il devait ajouter, en conversation, que le premier Consul étant allé aussi loin que l'honneur le lui permettait, il n'y avait point à espérer qu'il fît un pas de plus; c'était l'*ultimatum*; on y résumait les discussions sous le triple rapport de la Méditerranée, des Indes orientales et de l'Amérique. On ne pouvait croire, disait-il, que, dominant dans les mers d'Asie, l'Angleterre voulût acquérir la même prépondérance exclusive dans les mers d'Amérique. Le premier Consul avait déclaré qu'il ne s'arrêterait pas à une île du second ordre, s'il n'y avait que cet obstacle qui prolongeât les malheurs de la guerre. Aujourd'hui ce n'était plus une île du second ordre que le gouvernement anglais demandait, c'étaient deux îles, Tabago et la Trinité, cette dernière si importante par sa position, par ses richesses, par ses rapports avec le continent de l'Amérique méridionale; et cette immense acquisition ne lui suffisait pas encore: pour en étendre les avantages, il voulait que Demerary, Berbice, Essequibo, et les principaux débouchés du commerce de l'Amérique méridionale, fussent et demeurassent ouverts à ses vaisseaux.

Le ministre français rejetait aussi la clause de l'occupation de Malte par la Russie. Le souverain de Malte était l'ordre de Saint-Jean-de-Jérusalem. Cet ordre, par son institution, était de temps immémorial sous la protection et la direction immédiate du pape. Si donc il était vrai que l'ordre, dans son état actuel, se trouvât livré à des dissensions dangereuses, ce serait à l'intervention et à l'influence du saint-siège qu'il faudrait recourir pour les faire cesser. Lorsqu'il avait été convenu que l'île de Malte serait restituée à l'ordre sous la garantie d'une grande puissance, il n'avait pu être entendu que cette puissance entretiendrait des troupes dans la forteresse de Malte, puisque cette île était suffisamment reconnue pour être en état de se défendre, et que toute occupation matérielle par une puissance étrangère serait attentatoire à la souveraineté de l'ordre. Comment pouvait-on subordonner en quelque façon le rétablissement de la paix entre la France et l'Angleterre à une condition qui dépendait d'une tierce puissance....! S'il fallait absolument une garantie, et si celle de la Russie était admise, cette garantie ne devait entraîner aucune occupation militaire et aucune autre protection que celle qui résulterait du traité même; et si, en résultat, il y avait encore quelques points à décider à l'égard de Malte, la discussion devait en être remise aux négociations pour le traité définitif.

La dernière réplique de lord Hawkesbury du 22 septembre ferma la discussion et résolut le problème. En persistant à placer l'île de Malte sous la garantie ou la protection d'une puissance en état de la maintenir indépendante de la France ainsi que de la Grande-Bretagne, l'Angleterre consentait à l'évacuer dans le délai qui serait fixé pour les mesures de ce genre en Europe, pourvu que l'empereur de Russie, *ou toute autre puissance qui serait* reconnue par les parties contractantes, se chargeât efficacement de la défense et de la sûreté de Malte; et, comme il fut impossible de tomber d'accord sur le choix de cette puissance, on convint de la remettre à la discussion du traité définitif.

Les autres difficultés furent aplanies; l'Angleterre consentit à ce que les limites de la Guyane française s'étendissent jusqu'à la rivière d'Aravari, conformément à ce qui avait été stipulé par le traité de Badajoz. Elle se désistait de la franchise précédemment réclamée pour les ports de Demerary, Essequibo et Berbice; elle persistait seulement, pour la forme, à demander la conservation de Tabago, presque entièrement peuplée de colons anglais. Tous les points se trouvant fixés par ces concessions mutuelles, on approchait de la conclusion de la paix.

D'après le principe que, pour l'obtenir, il faut se préparer à la guerre, les deux pays développaient à l'envi leurs moyens d'attaque et de défense, et leurs canons tonnaient sur les côtes de la Manche. Sans chercher des exemples dans les temps reculés, les essais faits sous le Directoire indiquaient assez que, quoique défendue par la mer, l'Angleterre n'était pas invulnérable. Le grand capitaine qui avait affronté tant d'autres obstacles ne pouvait pas s'arrêter devant les difficultés d'une descente: il y porta donc sérieusement sa pensée. Il fit mettre en état de défense les côtes de l'Océan, depuis les bouches de l'Escaut jusqu'à la Gironde. Une immense quantité d'artillerie et de munitions y fut répandue. Partout s'élevèrent des redoutes et des batteries; le moindre mouillage fut mis à l'abri d'insulte; les mortiers à grande portée, les grils à rougir les boulets, furent multipliés; tous les postes furent gardés avec la plus sévère vigilance: des lignes télégraphiques assuraient une communication rapide entre Paris et les ports. On y armait les bâtimens de guerre et de tout rang; on y construisait et on y équipait avec la plus grande activité, ainsi que sur les grandes rivières, des chaloupes canonnières et des bateaux plats.

Dans sa correspondance avec le ministre de la guerre, on voit le premier Consul suivre avec l'attention la plus minutieuse tous les détails de ces opérations. Instruit que les Anglais menaçaient l'escadre qui était dans la rade de Rochefort, il presse l'armement des îles d'Aix et d'Oleron; il indique la qualité et le nombre des pièces à y placer, celui des crics et des pinces nécessaires pour les mouvoir avec promptitude, les réparations à faire aux affûts et aux plates-formes, les ustensiles nécessaires pour tirer à boulets rouges. Il veut, dans les deux îles, soixante mortiers à la Gomère, de douze pouces, tirant à-la-fois sur le point où l'escadre ennemie pourrait s'embosser pour attaquer l'escadre française. Il ordonne qu'on fonde de ces mortiers à Rochefort, où il existait des matières. Il se plaint de la qualité de la poudre, du défaut d'approvisionnement de bouche et de guerre, de la négligence avec laquelle on exécute ses ordres, et exige de fréquens états de situation. Informé que les commandans militaires des îles de la côte de l'Ouest se permettent de s'absenter souvent du lieu de leur résidence, il leur fait défendre de sortir de l'arrondissement dont la sûreté leur est confiée. Il donne l'ordre qu'à commencer du 20 messidor, on fasse tous les jours l'exercice du canon et de la bombe, et que, de deux jours l'un, on tire à-la-fois une bombe par mortier, chargée et avec sa fusée, et deux coups à boulets rouges par chaque pièce qui voit sur la rade. Il veut que les bombardiers et les canonniers les plus adroits soient récompensés; que les plus habiles des officiers et sous-officiers de l'artillerie de la garde des Consuls se rendent à Rochefort et à l'île d'Aix, pour diriger ces exercices sous les ordres d'un général d'artillerie; que procès-verbal en soit dressé et signé par le préfet maritime, le commandant de l'escadre, le directeur de l'artillerie et le général commandant les troupes de débarquement.[1]

Le port de Boulogne était le centre des opérations maritimes projetées, et le point de réunion pour la flottille, dont le commandement avait été donné au contre-amiral Latouche-Tréville. Elle se composait de neuf divisions, stationnées depuis le Havre jusqu'à Anvers. A chacune d'elles fut attachée une demi-brigade pour y tenir garnison et s'exercer à

---

[1] Lettres du premier Consul au ministre de la guerre, 4, 9 messidor, 5 thermidor.

la manœuvre des chaloupes canonnières[1]. Pour accoutumer les troupes à la mer, à se mesurer avec l'ennemi, et à toutes les manœuvres qu'exigeait leur destination, on les exerçait dans les ports, ou faisait sortir des bâtimens de la flottille.

Une escadrille composée de six chaloupes canonnières, portant des troupes, mit à la voile de Calais, le 29 messidor, pour se rendre à Boulogne, et fut successivement investie et attaquée par vingt bâtimens ennemis de toute grandeur. Malgré sa bonne contenance, l'escadrille était exposée à un grand danger, lorsque le général Ferrand arriva avec des troupes et de l'artillerie pour la défendre. Le vent étant tombé à plat, elle put traverser à rame l'escadre anglaise, et rentrer intacte à Calais. Quelques jours après (9 thermidor), la même escadrille partit pour Boulogne. Elle engagea une canonnade assez vive avec douze bâtimens ennemis, qui firent de vains efforts pour s'opposer à son passage ou la détruire. Ils se rallièrent à leur escadre, composée d'un vaisseau de 74, d'un vaisseau rasé et de deux frégates, qui mouillaient à une lieue et demie de la côte; et l'escadrille française entra à Boulogne.

Les dispositions faites sur les côtes étaient encore loin de répondre à ce qu'exigeait une expédition aussi grave, aussi périlleuse qu'une descente. Ce n'était que le commencement d'exécution d'un système qui, dans la suite, devait recevoir de plus

---

[1] Arrêté du premier Consul du 23 messidor.

grands développemens. Malgré les prodiges auxquels la guerre de la révolution avait accoutumé la France, beaucoup de gens y doutaient que tous ces préparatifs fussent sérieux. Fascinés par l'idée de la supériorité maritime de l'Angleterre, ils regardaient comme inviolable le sol britannique. Le cabinet de Londres répandait des caricatures et des diatribes pour ridiculiser les projets du premier Consul; elles étaient colportées en secret à Paris, et jusqu'à sa cour, par des ennemis ou par des esprits superficiels et des âmes pusillanimes, incapables de s'élever à sa hauteur et de comprendre sa pensée.

En Angleterre, on avait une meilleure opinion de la France, et l'on jugeait plus sainement de la descente. Conçue et dirigée par le premier Consul, elle y paraissait très possible; la nation et le gouvernement n'étaient pas sans alarmes. On se hâta de faire construire un grand nombre de chaloupes canonnières et de bombardes, qui furent placées à l'entrée des ports et à l'embouchure des rivières. Les vaisseaux de la compagnie des Indes furent promptement armés. Les villes maritimes s'empressèrent de concourir à l'augmentation des forces navales. La même activité fut déployée dans l'organisation des forces de terre. On fit un appel général à tous les corps de volontaires; on multiplia les rassemblemens, les exercices et les revues; on fit le dénombrement des chevaux et des voitures propres au service. La milice supplémentaire, qui avait été licenciée en 1799, fut de nouveau organisée; on prépara la levée en masse. Les ordres de marche vers les points de débarquement présumés furent expédiés.

Après avoir pourvu à la défense intérieure, le gouvernement anglais n'attendit pas que les bateaux français, représentés par lui comme des coquilles de noix que les vaisseaux anglais submergeraient en passant, vinssent se présenter sur les côtes; il jugea prudent de prévenir cette flottille, qu'il affectait de dédaigner, et chargea le premier de ses marins de l'attaquer et de la détruire. De retour de la Baltique, Nelson prit le commandement de l'escadre rassemblée à la rade de Déal, composée de trente à quarante voiles de guerre, dont trois vaisseaux de ligne, deux frégates, quelques bricks et cutters, et tout le reste de brûlots, bombardes et chaloupes canonnières. Il mit à la voile le 1er août (13 thermidor), à la vue des côtes de France, et se dirigea sur Boulogne, ne doutant pas du succès.

Le contre-amiral Latouche, prévenu par le premier Consul, qui avait été informé de cette expédition, avait formé, un peu en avant de la rade, sa ligne d'embossage, de six bricks, deux schooners, vingt chaloupes canonnières et un grand nombre de bateaux plats. Il fit garnir les batteries, et tenir à portée une réserve de quatre mille hommes d'infanterie. Nelson attaqua le 16 thermidor.

Après avoir placé ses bombardes, il longea avec ses vaisseaux le rivage et le mouillage de la flottille. Il s'engagea entre eux et les batteries françaises une vive canonnade; la ligne d'embossage de la flottille n'en fut point ébranlée; elle ne perdit qu'une canonnière et un bateau plat. La flotte anglaise s'éloigna.

Le rapport de l'amiral aux commissaires de l'amirauté (4 août) était beaucoup plus modeste que les nouvelles répandues par les ministres anglais. Il n'y parlait que de quelques dommages par lui causés à l'avant-garde de la flottille. Dans son ordre général du 5, devant Boulogne, à bord de *la Méduse*, après avoir témoigné de la satisfaction aux commandans des bombardes et aux officiers d'artillerie, il ajoutait : « Le commandant en chef n'a pas pu s'empêcher de remarquer le zèle ardent et le désir qui s'est manifesté dans tous les rangs de joindre l'ennemi corps à corps ; il leur eût donné libre carrière, si le moment eût été propice ; mais les officiers et les soldats peuvent compter sur une occasion prochaine de faire paraître leur bon jugement, leur zèle et leur valeur. »

L'amiral Nelson revint en effet à la charge le 27 thermidor, avec des forces doubles, environ soixante-quinze bâtimens de toute espèce. Il mouilla à trois mille toises de l'avant-garde de la flottille, qui occupait toujours la même position, à cinq cents toises en avant de l'entrée du port. Elle était augmentée d'une section, et soutenue par quelques bombardes. Il fut facile de prévoir, dans la soirée, méditait une attaque, ses vaisseaux entourés de chaloupes et de péniches de toute grandeur. Le contre-amiral Latouche avait donc ordonné que l'on tînt plusieurs chaloupes de bivouac, afin d'être averti à temps des mouvemens de l'ennemi. A minuit trois quarts, une de ces chaloupes le découvrit, et fut sur-le-champ attaquée. Le feu commença des deux côtés avec la plus grande vivacité, mais dans une telle position, qu'aucune batterie de terre ne pouvait tirer, dans la crainte d'atteindre les chaloupes françaises. L'ennemi avait embarqué de deux à trois mille hommes sur une grande quantité de péniches et de chaloupes; six d'entre elles abordèrent la chaloupe canonnière *l'Étna*, la plus avancée; son commandant, le capitaine de vaisseau Pévrieux, tua de sa propre main deux matelots anglais. Les péniches ennemies abordèrent en même temps presque toutes les chaloupes canonnières de l'avant-garde, trouvèrent partout la même résistance, et furent partout repoussées. Les Anglais qui tentèrent l'abordage furent jetés à la mer ou faits prisonniers. La dernière chaloupe canonnière de la droite, *le Volcan*, fut vainement attaquée à diverses fois; *la Surprise*, commandée par le lieutenant de vaisseau Carreau, coula bas quatre péniches ennemies, et en prit plusieurs. Pendant que la ligne soutenait ce combat de front, une division ennemie s'efforça, comme à Aboukyr et à Algésiras, de se placer entre la terre et la ligne; mais foudroyée par les batteries, cette division fut forcée de gagner le large. La canonnade ne cessa que vers quatre heures du matin, lorsque les Anglais, ayant pris le parti de la retraite, furent absolument hors de portée. L'ennemi perdit huit bâtimens, coulés bas, quatre pris, et quatre à cinq cents hommes[1]. Le contre-amiral Latouche n'évalua sa perte qu'à dix hommes tués et trente blessés. Les bataillons des 46°, 57° et 108° demi-brigades, embarqués sur l'avant-garde, se couvrirent de gloire.

Pour cette fois, le gouvernement anglais avoua que l'attaque avait échoué. Nelson l'attribua à l'obscurité de la nuit et aux méprises qui en avaient été la suite. « Il ne nous est pas donné, lui écrivit lord Saint-Vincent (17 août), de commander les succès; votre seigneurie et les braves officiers placés sous votre commandement méritaient de les obtenir, et je ne puis suffisamment exprimer mon admiration pour le zèle et le courage avec lesquels cette expédition a été suivie. Il était impossible de prévoir que la flottille ennemie fût fixée au rivage, et que les vaisseaux fussent attachés les uns aux autres ». Nelson, en faisant connaître ces éloges à son escadre, ajoutait : « Quand les Français auront l'audace de renoncer aux chaînes qui fixent leurs vaisseaux au rivage, je suis persuadé que ce sera le moment où mes braves compagnons conduiront la flotte ennemie dans un des ports d'Angleterre, ou la couleront à fond. »

La fable de ces chaînes fut vivement repoussée par le Moniteur. Elle était d'autant plus absurde,

---

[1] L'ennemi avoue deux cents hommes tués ou blessés.

que l'enchaînement de la flottille n'aurait pas pu empêcher l'ennemi de la détruire, si elle n'avait pas trouvé en elle-même son salut.

Le contre-amiral Latouche, dans une fête brillante (13 fructidor), distribua douze haches d'armes, six fusils et quatre grenades d'honneur, que le premier Consul avait envoyés pour les matelots et soldats qui s'étaient le plus distingués dans les combats des 16 et 28 thermidor. Les Anglais purent entendre les canons des remparts de Boulogne, et quatre de leurs vaisseaux étaient assez rapprochés pour voir défiler les troupes sur le rivage.

La paix générale vint bientôt mettre un terme à ces combats, et rendre le calme aux deux mondes. Il n'est pas indifférent de bien fixer l'état dans lequel se trouvaient, au moment où les préliminaires furent conclus avec l'Angleterre, divers états ou territoires envers lesquels la conduite de la France servit ensuite de prétexte au cabinet anglais pour rallumer la guerre.

Les deux parties de l'île d'Elbe autrefois possédées par le grand-duc de Toscane et le roi de Naples, se trouvaient, d'après les traités, appartenir à la France. Le premier Consul attachait une grande importance à la possession de cette île, à cause du refuge qu'offrait son port aux escadres de la République. Les Anglais l'occupaient. Il ordonna à Murat d'employer toute son activité pour les en chasser, de faire partir trois expéditions de Livourne, de Piombino et de la Corse. Il se proposait de faire gouverner cette île par un commissaire extraordinaire, et jeta ses vues sur Salicetti.

Le chef de brigade Marietty partit, le 12 floréal, de Bastia, avec six cents hommes, débarqua près de Marciana, et entra à Porto-Longone, après avoir chassé un rassemblement considérable de paysans insurgés, de déserteurs et d'Anglais. Il fut joint dans cette place par le général Thareau, qui s'était embarqué à Piombino, avec un bataillon français et trois cents Polonais. Ils marchèrent sur Porto-Ferrajo. Le commandant anglais avait quinze cents hommes de garnison. Il ne tint aucun compte des sommations qui lui furent faites, et résolut de se défendre. Après trois mois d'investissement, il fallut en venir à un siége régulier. Vers la fin de thermidor, le général Watrin en prit le commandement et le poussa avec activité. Les troupes du siége avaient été portées jusqu'à cinq mille hommes. L'amiral Warren fit un effort pour prolonger la défense de la place. Le 27 fructidor, il débarqua deux mille cinq cents hommes; les assiégés firent en même temps une sortie. Le général Watrin céda d'abord le terrain, et quand l'ennemi fut à mille toises du rivage, il donna le signal de la charge, le culbuta, et força tout ce qui avait débarqué à regagner précipitamment les chaloupes. A peine s'en sauva-t-il la moitié. La garnison fut aussi repoussée avec une grande perte. Deux cents Anglais furent coupés et faits prisonniers. L'action fut si promptement décidée que les frégates anglaises n'eurent pas le temps d'appareiller; l'une d'elles fut entièrement démâtée par le feu des batteries; dix des chaloupes canonnières furent prises. Cependant la place avait reçu quelques secours, et tenait encore. Elle se rendit bientôt, mais seulement en vertu des préliminaires de paix avec l'Angleterre, et après un siége de cinq mois.

Le premier Consul avait ordonné qu'à compter du 1er vendémiaire, toutes les parties du Piémont situées sur la rive gauche de la Sésia seraient réunies à la Cisalpine[1]. Le gouvernement provisoire conçut des alarmes sur le sort des pays situés à la rive droite de cette rivière, et les communiqua au ministre extraordinaire Jourdan, qui en écrivit à Paris. Talleyrand lui répondit que le gouvernement n'avait pas cessé et ne cesserait jamais de prendre le plus vif intérêt au sort du Piémont, et qu'il ne perdrait jamais de vue, dans ses efforts, le soin d'assurer à ce pays l'existence d'un état indépendant. Le gouvernement provisoire fit publier cette réponse.

L'état précaire du Piémont se prolongeait. Nul doute que le premier Consul ne voulût le réunir à la République. Il l'appelait *un pied à terre en Italie, une tête-de-pont indispensable à la France*. Mais pour toutes choses il y a un moment favorable. Les royalistes espéraient; les patriotes étaient inquiets. Le marquis de Saint-Marsan négociait à Paris la

[1] Arrêté du 20 fructidor an VIII.

restauration du roi Charles-Emmanuel ; le baron de Bossi, d'accord avec le premier Consul, travaillait à faire passer le Piémont, sans secousse, sous le régime français. Un arrêté du 12 germinal, sans prononcer formellement sa réunion, ordonna qu'il formerait une division militaire de la France (la vingt-septième), composée de six subdivisions, formant chacune une préfecture, sous les noms de l'Eridan, le Marengo, du Tanaro, de la Sésia, de la Doire, de la Stura, ayant leurs chefs-lieux à Turin, à Alexandrie, à Asti, à Verceil, à Ivrée, à Coni. Le nom de l'Eridan, paraissant trop poétique, fut changé tout simplement en celui du Pô. Le même arrêté portait que les lois de la République y seraient mises en vigueur sous le rapport de l'administration et de la justice, qu'il y aurait un administrateur général avec un conseil composé de six membres, et nomma le général Jourdan administrateur général. Bossi, un des conseillers, et plusieurs autres nobles allèrent à Paris remercier le premier Consul, et protester de l'obéissance du pays.

Il avait, dit-on, toujours différé cette mesure, dans la crainte de mécontenter l'empereur Paul Ier, dont il ménageait avec grand soin l'alliance. Pour ne pas paraître manquer d'égards envers son successeur, en réunissant sans sa participation le Piémont, il antidata son arrêté comme s'il l'eût pris avant d'avoir reçu la nouvelle de la mort de Paul Ier : il espérait qu'Alexandre, trouvant à son avènement la chose faite, ne s'en formaliserait pas.

20.

On ne voit pas de fondement à cette assertion, du reste puérile; car le sort du Piémont n'était plus douteux; il entrait nécessairement dans le système de la France, et nulle considération ne pouvait en empêcher.

En faisant connaître ce changement par une proclamation, Jourdan disait aux Piémontais : « Combien est précieuse la récompense dont vous allez jouir! Vous avez mérité de prendre part aux destinées de la République; vous allez ajouter à sa gloire, à celle du premier Consul, de ce héros qui, sans cesse occupé du bonheur des peuples, met tout le sien à réunir les cœurs et les esprits. »

Les nouvelles administrations agirent donc comme si le Piémont eût été réuni à la France. Le premier Consul fit écrire à Jourdan de démentir cette opinion, et de s'abstenir de toute démarche qui pourrait donner un caractère définitif à une mesure qui n'était que provisoire : précaution désormais superflue, et qui ne pouvait en imposer à personne en Piémont, en France, ni en Europe.

L'infant de Parme, auquel était destiné le trône de Toscane, vint à Paris avec son épouse, sous le nom de *comte de Livourne*. Pendant près d'un mois, on leur donna des fêtes. Dans la création du *roi d'Etrurie*, et dans les pompeux hommages qui lui étaient rendus, les républicains voyaient une grande contradiction avec les principes de la France, et un essai fait par le premier Consul pour accoutumer peu-à-peu la nation au rétablissement du trône. Pour qui faisait-on tant de frais? A qui livrait-on sans leur consentement les peuples de la Toscane? Le prince, si fêté par les chefs de la République était méprisé au dernier point par Bonaparte lui-même. « C'est encore un pauvre roi, disait-il; on n'a pas d'idée de son insouciance. Je n'ai pas pu obtenir de lui, depuis qu'il est ici, qu'il s'occupât de ses affaires, ni qu'il prît une plume. Il ne pense qu'à ses plaisirs, au spectacle, au bal. Ce pauvre monsieur d'Azara[1], qui est un homme de mérite, s'est mis en quatre, et y perd ses peines. Le prince le traite avec fierté. Tous ces princes se ressemblent bien. Celui-ci se croit vraiment fait pour régner. Il est très mauvais pour ses gens; ils l'avaient déjà signalé au général Leclerc, à Bordeaux, comme faux et avare. En venant dîner hier ici, il tomba du haut mal. Il était très pâle quand il entra; je lui demandai ce qu'il avait; il me répondit que c'était un mal d'estomac. Ce sont ses gens qui dirent qu'il tombait du haut mal, et que cela lui arrivait assez souvent. Enfin il va partir sans savoir seulement ce qu'il va faire. C'est d'ailleurs un homme aussi présomptueux qu'il est médiocre. Je lui ai donné une série de questions; il n'a pas pu y répondre. Sa femme a du tact et de la finesse. Elle est aimée de ses gens. Quelquefois, ayant l'air occupé d'autre chose, j'observe et j'écoute le mari et la femme. Elle lui dit ou lui fait signe des yeux

[1] Ambassadeur d'Espagne.

comment il doit agir. Il était assez politique, au surplus, d'amener un prince dans les antichambres du gouvernement républicain, et de faire voir aux jeunes gens, qui n'en avaient pas vu, comment était fait un roi. Il y en a assez pour dégoûter de la royauté. »[1]

Après un mois de séjour à Paris, le roi d'Étrurie en partit pour la Toscane. A Parme, il nomma le comte Ventura son plénipotentiaire pour prendre possession de son royaume, et il confirma provisoirement les lois et coutumes en vigueur, le gouvernement et les autorités. Le général en chef des troupes françaises, Murat, annonça le roi aux Toscans par une proclamation (9 thermidor) dans laquelle il leur disait : « Vous devez voir dans les Français un peuple ami qui sait respecter, chez les étrangers, les principes monarchiques, autant qu'il est fortement attaché, chez lui, aux principes républicains ». La cérémonie de la prise de possession se fit dans une assemblée solennelle des grands du royaume, en présence de Murat et de son épouse, avant l'arrivée du roi. Le serment fut prêté au pied d'un trône, au-dessus duquel était son portrait.

Le passage et le séjour du roi d'Étrurie en France donnèrent lieu au gouvernement de publier peu après ces observations très remarquables : « Le gouvernement n'a pas plus douté de l'opinion publique que de ses propres sentimens, et il a osé la provo-

[1] *Mémoires sur le Consulat*

quer sans craindre sa réponse. Ainsi un prince issu du sang qui régna sur la France a traversé nos départemens, a séjourné dans la capitale, a reçu du gouvernement les honneurs qui étaient dus à sa couronne, et des citoyens tous les égards qu'un peuple doit à un autre peuple dans la personne de celui qui est appelé à le gouverner; et aucun soupçon n'a altéré le calme du commandement; aucune rumeur n'a troublé la tranquillité des esprits; partout on a vu la contenance d'un peuple libre et les affections d'un peuple hospitalier. Les étrangers, les ennemis de la patrie ont reconnu que la République était dans le cœur des Français, et qu'elle y avait déjà toute la maturité des siècles. » [1]

La paix de Lunéville était à peine signée, que le duc de Bavière montra le plus ardent désir d'en faire une avec la France, et de renouveler avec elle les liaisons d'amitié qui, dans tous les temps, avaient été si utiles à sa maison. La République française avait à lui reprocher des torts nombreux et graves. Quoique lié avec elle par un traité conclu en l'an IV, non-seulement il avait pris part à la guerre comme membre de l'empire, mais il s'était mis à la solde de l'Angleterre, et avait épuisé ses états pour fournir des troupes à la coalition. Cependant on devait croire que les armées de l'Autriche et de la Russie ayant envahi ses états, Maximilien-Joseph avait cédé à la nécessité, et que ses inclinations,

---

[1] Exposé de situation de la République, an x.

comme ses intérêts, l'attachaient plutôt à la France. Au lieu de se venger, l'armée victorieuse fit donc régner en Bavière l'ordre et la discipline; les propriétés furent respectées, les administrations du pays conservées; et, malgré le vœu d'un grand nombre d'habitans, le gouvernement y fut maintenu. Il est vrai qu'alors la politique de la France était changée, et que, dirigée par le premier Consul, elle ne favorisait plus les mouvemens des peuples pour les innovations. Généreux envers le duc de Bavière au milieu des combats et de la victoire, il le fut également dans les négociations de la paix, qui fut conclue le 5 fructidor. Pour prix de la renonciation illusoire de Maximilien aux droits de souveraineté que sa maison avait jusques alors exercés sur les duchés de Juliers et des Deux-Ponts, et sur les bailliages du Palatinat de la rive gauche du Rhin, assurés à la France par le traité de Lunéville, elle garantit à la Bavière l'intégrité de ses états, et les mit, conformément au traité de Teschen, à l'abri des éternelles prétentions de la maison d'Autriche.

La Suisse, entraînée par son voisinage dans le combat de principes et d'intérêts que la révolution française avait suscité, était travaillée par de grandes puissances belligérantes, qui en faisaient un foyer d'intrigues. Elle n'avait eu ni la force ni la volonté de conserver cette ancienne neutralité, si long-temps réputée inviolable. Elle était, depuis plusieurs années, en proie tour-à-tour aux armées étrangères et aux dissensions intestines.

Bonaparte, général de l'armée d'Italie, avait dit dès l'an v [1] : « Les Suisses d'aujourd'hui ne sont plus les hommes du quatorzième siècle ; ils ne sont fiers que lorsqu'on les cajole trop ; ils sont humbles et bas lorsqu'on leur fait sentir qu'on n'a pas besoin d'eux ». Le temps ne marche pas impunément ni sans influence sur les institutions humaines, et quatre siècles s'étaient écoulés depuis le quatorzième. Dans cette ancienne République, assemblage fortuit de féodalité, d'oligarchie et de démocratie, la simplicité des mœurs s'était altérée, et l'esprit public affaibli ; les lois n'étaient plus en harmonie avec l'état des lumières. De là ce combat entre deux partis, les fédéralistes et les unitaires, dont l'un réclamait l'égalité de droits politiques, et l'autre défendait ses priviléges, partis qu'on ne peut mieux caractériser que par la dénomination donnée en France à ceux de l'ancien régime et de la révolution. Chacun d'eux, en Suisse, s'appuyait sur l'étranger. Le parti de la révolution était protégé par la France ; celui de l'ancien régime, par l'Autriche et l'Angleterre. Les unitaires invoquaient les droits sacrés des peuples ; les fédéralistes, le maintien du patriciat comme établi de droit divin. Telle était, au fond, la cause des agitations de la Suisse ; la question de l'unité ou du fédéralisme n'en était que le prétexte.

Le système unitaire avait triomphé, et se soute-

---

[1] Lettre au Directoire, 22 pluviose.

nait à l'aide de la France. Le gouvernement helvétique se composait d'un conseil législatif de quarante-trois membres et d'un conseil exécutif de sept. Il n'avait pas été plus généralement accueilli, et n'offrait pas plus de stabilité que tous ceux qui avaient été essayés depuis la révolution de 1798. Au congrès de Lunéville, on ne put donc pas rester indifférent à la situation précaire de la Suisse. Le traité de paix fut déclaré commun aux Républiques batave, helvétique, cisalpine et ligurienne: les parties contractantes garantirent l'indépendance de ces Républiques, et la faculté aux peuples qui les habitaient d'adopter telle forme de gouvernement qu'ils jugeraient convenable. C'était rendre au principe un hommage éclatant; c'était un phénomène curieux que l'Autriche stipulant pour la souveraineté du peuple; mais elle était pressée par les armées victorieuses de la France. Pour ne parler que de la Suisse, la disposition du traité de Lunéville était à-la-fois une reconnaissance explicite de la forme de son gouvernement et un appel fait à tous ceux qui n'en étaient pas contens. Il était évident que toutes les questions allaient se renouveler, tous les intérêts opposés se retrouver en présence, toutes les passions se déchaîner. Il était impossible que la France et l'Autriche pussent s'entendre pour prévenir ces funestes conséquences. Le premier Consul ne pouvait pas souffrir qu'une autre puissance que la République française intervînt dans les affaires de la Suisse. Ses troupes occupaient encore une partie du territoire helvétique. Il fit assurer à la nation qu'il lui laisserait les mains absolument libres pour se donner la constitution qui lui plairait davantage, ajoutant cependant qu'elle devait être fondée sur l'unité; qu'alors la France coopérerait volontiers à son introduction. Une nouvelle constitution fut préparée et concertée avec la France. L'article 1er portait que la République helvétique était un état indivis. Deux landammans, alternant tous les ans, un sénat de vingt-cinq membres, une diète de quatre-vingts, formaient le gouvernement central. Les cantons choisissaient leurs administrations particulières. Les députés helvétiques Glaize et Rennegger rapportèrent de Paris cette constitution, et la firent publier le 29 mai, pour être soumise à la sanction d'une première diète. Alors éclatèrent les plus vives oppositions, surtout à Berne et dans les trois plus anciens cantons. L'esprit de parti se manifesta avec véhémence dans diverses dietes cantonales, qui précédèrent l'ouverture de la diète générale. L'Europe se taisait; les Suisses mettaient tout leur espoir dans la France. Le premier Consul refusa d'intervenir dans ces débats, rappela ses troupes, excepté quatre mille hommes que demandèrent les autorités locales, et répondit aux Suisses : « Souvenez-vous seulement du courage et des vertus de vos pères. Ayez une organisation simple, comme leurs mœurs. Songez à ces religions, à ces langues différentes, qui ont leurs limites marquées; à ces vallées, à ces montagnes qui vous séparent, à tant de souvenirs attachés à ces bornes naturelles; et qu'il reste de tout cela une empreinte dans votre organisation. Surtout, pour l'exemple des peuples de l'Europe, conservez la liberté et l'égalité à cette nation qui leur a, la première, appris à être libres et indépendans ». Ces conseils furent froidement écoutés. L'Helvétie resta sans pilote au milieu des orages; le premier Consul ne voulut pas, en s'occupant d'elle, compliquer encore plus les négociations ouvertes avec l'Angleterre.

CHAPITRE XXI.

Fête de la fondation de la République. — Exposition des produits de l'industrie. — Paix avec le Portugal. — Préliminaires de paix avec l'Angleterre. — Paix avec la Russie. — Préliminaires avec la Porte. — Première session du Corps-Législatif. — Discussion sur le traité de paix avec la Russie; prorogation de la peine de mort. — Projet de loi sur le rétablissement de la marque. — Rejet des premiers projets de loi du Code civil. — Nouvelle constitution de la République batave. — Consulta de Lyon. — Constitution de la République de Lucques.

Ainsi que les autres anniversaires de la fondation de la République, le 1er vendémiaire an x fut pompeusement célébré. Des exercices de natation sur la Seine, entre le pont des Tuileries et celui de la Concorde; des jeux scéniques et des amusemens de toute espèce aux Champs-Élysées, parmi lesquels on remarqua une grande pantomime à machines exécutée par un nombre prodigieux de danseurs; un superbe concert, donné dans le temple de la Paix; de magnifiques illuminations: tout ce spectacle n'avait plus d'analogie avec l'objet de l'anniversaire; mais s'il ne rappelait pas au peuple la conquête de la liberté, du moins n'avait-il rien qui pût blesser sa dignité, ni l'avilir.

La fête fut précédée de l'exposition des produits de l'industrie dans la cour du Louvre, sous cent portiques construits exprès. Malgré le peu de temps qui s'était écoulé depuis qu'elle avait été annoncée aux fabricans, on y remarqua une grande émulation, et plus de quatre cents produits différens. Pendant plusieurs jours, ce spectacle attira la foule dans ce palais, habituellement solitaire. Le public se complaisait à voir étaler à ses yeux des choses dont en général il ne connaissait pas l'origine. Ses éloges et son admiration étaient déjà une récompense pour les fabricans les plus distingués, auxquels le gouvernement distribuait des encouragemens.

Les Consuls visitèrent l'exposition dans le plus grand détail. Le ministre de l'intérieur leur présenta les membres du jury, et les fabricans et artistes jugés dignes des prix, qui consistaient en médailles d'or et d'argent. Le premier Consul s'entretint avec eux sur la quantité et les prix de leurs produits, sur l'extension qu'ils espéraient donner à leur fabrication, sur le nombre d'ouvriers qu'ils employaient, etc. Il espérait que l'exposition prochaine serait aussi supérieure à celle de cette année, que celle-ci l'était à l'exposition de l'an vi; qu'on y verrait les chefs-d'œuvre des manufactures de Lyon et des villes du Midi, qui n'avaient rien envoyé, parce que le projet d'exposition leur avait été connu trop tard. Il ajouta que son intention était qu'à l'avenir l'époque de l'exposition fût celle d'une foire qui deviendrait un centre d'affaires, et dans laquelle les artistes et les fabricans recueilleraient le fruit de leurs efforts et de leurs succès, lorsque les acheteurs trouveraient réunis des produits supérieurs et des prix modérés. Les artistes et les fabricans qui obtinrent des médailles d'or furent invités à dîner avec le premier Consul.

Le but de l'exposition était moins de présenter un pompeux étalage de chefs-d'œuvre, que d'offrir la réunion et le tableau de tous les objets qui se fabriquaient en France. Il ne s'agissait pas de tours de force, fruits ordinaires d'une patience stérile ou d'une adresse minutieuse. Le gouvernement ne considérait que les résultats d'une fabrication habituelle; il jugeait de l'importance d'une manufacture par l'utilité, la quantité et le prix de ses produits; le drap grossier de Lodève, les serges du Gévaudan étaient pour lui, et pour le commerce en général, du même intérêt que les beaux draps de Sedan et de Louviers. La poterie la plus grossière, si elle était bonne et à bas prix, avait le même mérite à ses yeux que la porcelaine de Sèvres.

Chaque genre de fabrication ayant une destination particulière, chaque objet son caractère et son degré de perfection, chaque produit un prix marqué par le commerce qu'il ne pouvait pas dépasser, celui-là seul avait atteint le but, qui avait su proportionner la qualité et le prix de son produit à l'usage auquel il était destiné, au goût et à la fortune du consommateur. L'intention du gouvernement était donc de réunir l'ensemble de tous les produits des fabriques, pour faire apprécier les progrès de l'industrie, établir une comparaison avec celle des étrangers, indiquer les perfectionnemens qu'elle réclamait, désigner les encouragemens dont elle avait besoin, éclairer à-la-fois l'artiste et l'administration, éveiller une émulation éclairée, et présenter à l'œil de l'observateur le tableau et la marche progressive de l'industrie nationale. C'est d'après ces vues que les préfets secondaient l'impulsion vigoureuse que le premier Consul voulait donner à l'industrie ; ils l'exaltaient comme la base de la prospérité de la France, et ceux qui s'y livraient comme les citoyens les plus utiles et les plus recommandables.

« Nous sommes enfin délivrés, dit Beugnot en installant le conseil de commerce à Rouen, de ces *dignités ridicules, et de ces magistratures parasites* qui absorbaient des capitaux et des hommes revendiqués en vain par le commerce et les arts..... Le négociant français, en voyageant, entendra partout citer un nom qui remplit le monde..... L'habitude du premier Consul est d'étonner jusqu'à l'espérance. »

Le gouvernement ayant refusé son adhésion au traité de Badajoz, les journaux français annoncèrent que trente mille hommes de plus allaient passer les Pyrénées pour se réunir à l'avant-garde commandée par Leclerc. Le général Saint-Cyr, resté comme ambassadeur extraordinaire à Madrid, reçut l'ordre de continuer la guerre, et de se porter à marches forcées sur Lisbonne. Le gouvernement portugais fit toutes les démonstrations d'une défense, moins dans l'espoir de résister à l'armée française, que pour donner le temps aux Anglais de mettre leurs propriétés et leurs intérêts en sûreté. Pendant ce temps-là, ils s'emparèrent de Madère. Le corps du général Leclerc restait immobile. Le chevalier d'Aranjo, envoyé par mer en France pour traiter directement avec le premier Consul, se présenta devant le port de Lorient, et n'obtint même pas la permission de débarquer. Les négociations se continuaient à Madrid. Celles qui existaient entre la France et l'Angleterre étaient parvenues à un point de maturité qui annonçait le prochain rétablissement de la paix entre ces deux puissances; le premier Consul jugea convenable de la conclure d'avance avec le Portugal; elle fut donc signée à Madrid, le 29 septembre (7 vendémiaire an x). Le traité confirmait la cession d'Olivenza et de son district à l'Espagne, abandonnait à la République une partie de la Guyane portugaise, obligeait le Portugal à fermer aux Anglais ses ports d'Europe et d'Amérique, et accordait à la France les préférences réservées jusques alors au commerce britannique. Par un article secret, la cour de Lisbonne s'engagea à payer 25 millions de francs à la République française. Excepté cet article, qui fut maintenu, les conditions du traité furent modifiées par les préliminaires de paix entre la France et l'Angleterre, sur la conclusion desquels la marche du général

Leclerc ne fut pas sans influence auprès du ministère britannique.

Ils furent signés à Londres, le 9 vendémiaire (1er octobre 1801), au moment où toutes les feuilles anglaises annonçaient que les négociations étaient rompues. Sa majesté britannique restituait à la République française et à ses alliés toutes les possessions et colonies occupées ou conquises par les forces anglaises dans le cours de la guerre, à l'exception de l'île de la Trinité et des possessions hollandaises dans l'île de Ceylan. Le Cap de Bonne-Espérance était ouvert au commerce et à la navigation des deux parties contractantes, pour y jouir des mêmes avantages. L'île de Malte était évacuée par les troupes anglaises, et rendue à l'ordre de Saint-Jean-de-Jérusalem. Pour maintenir cette île dans une indépendance absolue de l'une ou de l'autre des deux parties contractantes, elle était mise sous la garantie et la protection d'une puissance tierce, qui serait désignée par le traité définitif. L'Égypte était restituée à la Sublime Porte; ses territoires et possessions étaient maintenus dans leur intégrité. Il en était ainsi de ceux du Portugal. Les troupes françaises évacuaient le royaume de Naples et l'État Romain. Les troupes anglaises évacuaient Porto-Ferrajo et tous les ports et îles par elles occupés dans la Méditerranée et l'Adriatique. La République des Sept-Îles était reconnue par la République française. Les évacuations, cessions et restitutions stipulées devaient être exécutées, pour l'Europe, dans le mois; pour le continent et les mers d'Amérique, dans les trois mois; pour le continent et les mers d'Asie dans les six mois après la ratification du traité définitif. Les prisonniers respectifs étaient rendus en masse et sans rançon de suite après la ratification. A l'égard des pêcheries sur les côtes de Terre-Neuve et des îles adjacentes, et dans le golfe Saint-Laurent, elles étaient remises sur le même pied qu'avant la guerre. Telles étaient les principales dispositions des préliminaires.

Au premier bruit de leur signature, Londres fit éclater sa surprise et sa joie. La famille royale, revenant de Weymouth à Windsor, fut reçue aux acclamations du peuple. Pour répandre plus rapidement cette nouvelle dans les comtés, on écrivit en grosses lettres sur toutes les voitures publiques : « *La paix avec la France.* »

Le premier Consul en fut instruit à la Malmaison, le 11, à quatre heures de l'après-midi. Les ordres les plus prompts furent donnés pour la faire annoncer à la capitale, et par la voie du télégraphe dans tous les départemens. A sept heures du soir, le canon donna subitement le signal de l'allégresse publique; la nouvelle de la paix fut lue dans les théâtres, et proclamée aux flambeaux dans tout Paris. Une grande partie de la ville fut spontanément illuminée; une foule immense se répandit dans les rues en criant : « *Vive la République! vive Bonaparte!* »

Le 12, les grands corps de l'état accoururent aux Tuileries féliciter le premier Consul. Le gouvernement arrêta que, le 18 brumaire, une fête solennelle serait célébrée dans toute la République, à l'occasion des préliminaires de la paix. Dès que le roi d'Angleterre les eut ratifiés, ils le furent aussi par le premier Consul. Lauriston, son aide-de-camp, fut envoyé à Londres pour l'échange des ratifications. A son arrivée, le peuple *libre* dételà ses chevaux et traîna sa voiture. Le soir, la ville fut illuminée, et la paix annoncée par le canon de la tour.

Lauriston fut accueilli par le gouvernement avec la plus grande distinction. « Ceci n'est pas une paix ordinaire, lui dit Addington; c'est une réconciliation entre les deux premières nations du monde ». Lord Saint-Vincent ajouta qu'il s'était empressé d'expédier sur-le-champ des paquebots dans toutes les parties du monde, pour faire cesser les hostilités; que le moindre retard pourrait causer la mort de beaucoup d'hommes, et que l'Europe civilisée n'en avait que trop perdu dans cette longue guerre.

Le premier Consul donna des ordres pour mettre sur le pied de paix tous les équipages des vaisseaux. Des expéditions maritimes furent commandées pour faire cesser partout les hostilités. Toutes les lettres de marque furent annulées. Joseph Bonaparte fut nommé plénipotentiaire pour la négociation de la paix définitive, qui devait s'ouvrir à Amiens, avec lord Cornwalis, le chevalier d'Azara et Schimmelpeninck, plénipotentiaires de l'Angleterre, de l'Espagne et de la Hollande.

Chaque jour voyait conclure et proclamer avec pompe et au bruit du canon un traité de paix. Elle existait de fait entre la France et la Russie, depuis que Paul Ier s'était retiré de la coalition. Elle fut signée le 16 vendémiaire.

Après la reddition du Kaire, la conquête de l'Egypte avait été regardée comme perdue. Alexandrie, privée des secours de la France, ne pouvait pas tenir long-temps. Le premier Consul avait donc fait de l'abandon de cette place un objet de ses négociations avec l'Angleterre, et l'avait présentée comme un équivalent de la restitution des colonies françaises. En même temps, il avait négocié avec la Porte qui avait proposé de faire séparément la paix, et l'évacuation de l'Egypte devait en être la base. Le cabinet anglais, craignant les chances d'un long siége, avait attaché une grande importance à l'évacuation d'Alexandrie. Par les préliminaires de Londres, il fut stipulé, comme on l'a vu, que l'Egypte serait restituée à la Sublime Porte dont les territoires et possessions seraient maintenus. Le jour même de leur signature, le gouvernement anglais reçut, dit-on, la nouvelle de la capitulation d'Alexandrie. Huit jours après, les préliminaires de paix avec la Porte furent signés à Paris (17 vendémiaire) par son ambassadeur. Le premier Consul envoya le colonel Sébastiani à Constantinople avec une lettre pour le sultan Sélim, qui lui fit un accueil amical et distingué.

Le plénipotentiaire anglais tardant à se rendre

en France, le premier Consul exprima son désir de voir les préliminaires le plus tôt possible convertis en traité définitif. Lord Cornwalis arriva à Paris le 16 brumaire, et eut le lendemain une audience. Le 18 n'avait pas été choisi sans dessein pour fêter la paix. Une proclamation du gouvernement l'annonça à la France.

« A la gloire des combats, y disait-il, faisons succéder une gloire plus douce pour les citoyens, moins redoutable pour nos voisins. Perfectionnons, mais surtout apprenons aux générations naissantes à chérir nos institutions et nos lois. Qu'elles croissent pour l'égalité civile, pour la liberté publique, pour la prospérité nationale. Portons dans les ateliers de l'agriculture et des arts cette ardeur, cette constance, cette patience qui ont étonné l'Europe dans toutes nos circonstances difficiles.

« Que l'étranger, attiré parmi nous par un intérêt de curiosité, s'y arrête attaché par le charme de nos mœurs, par le spectacle de notre union, de notre industrie et par l'attrait de nos jouissances; qu'il s'en retourne dans sa patrie plus ami du nom français, plus instruit et meilleur. »

Empruntant les idées émises par Talleyrand peu de temps avant l'expédition d'Égypte, et s'adressant aux débris des partis, aux républicains qui tournaient le dos aux émigrés, et aux émigrés dont les prétentions étaient insatiables, le gouvernement leur donnait ce conseil : « S'il reste encore des hommes que tourmente le besoin de haïr leurs concitoyens, ou qu'aigrit le souvenir de leurs pertes, d'immenses contrées les attendent ; qu'ils osent aller y chercher des richesses et l'oubli de leurs infortunes et de leurs peines. Les regards de la patrie les y suivront ; elle secondera leur courage ; un jour, heureux de leurs travaux, ils reviendront dans son sein, dignes d'être citoyens d'un état libre, et corrigés du délire des persécutions. »

La fête de la Paix, conçue sur un plan très vaste, et d'après des idées aussi neuves qu'heureuses, fut célébrée à Paris, avec un ensemble parfait et une grande magnificence. Elle eut le caractère de toutes celles qu'on avait célébrées depuis le 18 brumaire an VIII. Elle offrit le spectacle d'un grand rassemblement sans trouble et d'une allégresse qui, dans ses démonstrations, s'éloignait autant de l'affectation que du tumulte. Les départemens rivalisèrent avec la capitale.

Par ses transports de joie, l'Angleterre surpassa pour ainsi dire la France. La corporation des *Fishmongers* (marchands de poisson), la plus ancienne et la plus riche de Londres, célébra les préliminaires par une fête brillante, à laquelle furent invités le citoyen Otto, le comte Saint-Vincent, lord Hawkesbury, et beaucoup d'autres personnages de distinction. La réunion était très nombreuse et composée des magistrats et des plus riches négocians. Au milieu d'une table de cent couverts, s'élevait le temple de la Paix, sur lequel flottaient les pavillons réunis des deux nations, avec cette inscription :

Paix perpétuelle entre la Grande-Bretagne et la République française. Sur la base, on lisait d'un côté : *Paris, le 10 brumaire* ; et de l'autre : *Londres, le 1er octobre*. On porta un toast au *premier Consul Bonaparte ! à la liberté et au bonheur de la République française !* Le citoyen Otto se leva pour remercier la société au nom de son gouvernement et de la nation française : « La paix, dit-il, est le vœu général des deux peuples. Dans tous les temps ils ont eu l'un pour l'autre une haute estime. Il ne reste qu'un vœu à faire pour leur bonheur et pour celui du globe : il faut que les deux nations s'aiment ! La sagesse et la modération de leurs gouvernemens inspireront ce sentiment ». De longs applaudissemens répondirent à ce vœu. Lord Herwey, beau-frère de lord Hawkesbury qu'une indisposition retenait chez lui, fit en son nom les remercimens d'usage, et se félicita particulièrement de la célébration d'une époque qui *promettait une paix permanente*.

Après avoir rapporté pendant près de deux mois les adresses de félicitation envoyées de tous les départemens, le journal officiel, n'y pouvant plus suffire, déclara qu'il lui était impossible d'en continuer l'insertion, et qu'il se bornerait désormais à en donner l'analyse.

A la suite des longues calamités de la guerre, dans l'enthousiasme qu'inspirait la paix en France et en Angleterre, tous les vœux étaient permis, tous jusqu'aux plus inconciliables avec la rivalité, pour ne pas dire la haine, qui, chez les deux nations, est sucé avec le lait, et qui probablement les animera toujours. Qui eût osé troubler ce concert de joie et d'acclamations ? Quelle bouche impie se fût ouverte pour empoisonner par l'expression de quelques regrets le bienfait de la pacification ? En France, personne. On eût avec raison étouffé la voix discordante qui eût murmuré contre un traité aussi avantageux qu'honorable pour la République. Il en fut autrement en Angleterre. Le ministère était loin d'en être glorieux, et les hommes d'état partisans ou ennemis de la guerre, également jaloux de l'honneur de leur pays, étaient honteux de la voir terminée aux dépens de l'orgueil britannique.

L'orateur qui proposa à la chambre des pairs l'adresse de remerciment au roi félicita les ministres d'avoir choisi, pour négocier, le moment où les ressources du pays étaient dans toute leur vigueur, où les préparatifs les plus redoutables étaient faits pour repousser une invasion, si l'ennemi eût osé la tenter. Il s'éleva contre la malveillance qui, parce que le peuple s'était livré à une joie *immodérée*, répandait que la paix était nécessaire à son salut et qu'elle avait été arrachée, tandis que les armées anglaises étaient triomphantes, et que le caractère national était porté au plus haut point. Il vanta, en fait de triomphe, le plus récent et l'unique, l'évacuation de l'Égypte. Mais cette vaine jactance n'en imposait à personne. Dans la chambre des communes, Windham déplorait la paix comme la ruine de son pays. Shéridan la regardait comme non glorieuse; on pouvait, disait-il, s'en réjouir, mais non s'en enorgueillir; elle dégradait la dignité anglaise : c'était le résultat forcé du tort qu'on avait eu de s'engager dans une guerre malheureuse. Wighs et Torys reprochaient aux préliminaires d'avoir rendu presque toutes les conquêtes, consacré l'agrandissement de la France, sacrifié une partie du territoire portugais à l'Espagne, et abandonné le prince d'Orange; ils disaient enfin que les conquêtes de l'Angleterre étaient assez importantes pour exiger que la France rendît aussi la plupart de celles qu'elle avait faites. La guerre n'a été que défensive, répondait le ministère; nous conservons notre constitution, notre territoire et quelques conquêtes avantageuses. Notre puissance est affermie dans l'Inde. Nos alliés sont autant que possible rétablis. Le prince d'Orange a la promesse d'une indemnité. Les principes du gouvernement français sont rassurans, tandis qu'en 1793 ceux de la révolution étaient alarmans. Enfin nos alliés ont défectionné, et *il n'y a aucune possibilité de faire une nouvelle coalition sur le continent.*

En France, au milieu des loisirs de la paix, un arrêté du gouvernement régla le cérémonial pour l'ouverture de la session du Corps-Législatif. On y apporta un peu plus de solennité que les années précédentes. Le ministre de l'intérieur se trouva dans la salle des députés pour les recevoir. Des conseillers d'état portèrent la parole. Il y eut un échange de petits discours d'apparat, et, suivant l'usage, complimenteurs. Le lendemain, les orateurs du gouvernement firent *l'exposé de la situation de la République*. L'époque à laquelle s'ouvrait la session était féconde en grands, en heureux résultats. Tout s'améliorait rapidement dans l'intérieur; au dehors la République n'avait plus d'ennemis. Une députation du Corps-Législatif alla féliciter le premier Consul. Dans cette circonstance, Grégoire parla avec dignité et en républicain.

« Le gouvernement, répondit le premier Consul, apprécie la démarche du Corps-Législatif. Il est sensible à ce que vous venez de lui dire de sa part. Les actes du Corps-Législatif, pendant la dernière session, ont contribué à aider la marche de l'administration, et à nous faire arriver à l'état où nous sommes. Il portera les mêmes sentimens dans les travaux de la session qui commence. C'est un moyen sûr de faire le bien-être et la prospérité du peuple français, *notre souverain à tous*. Il juge tous nos travaux. Ceux qui le serviront avec pureté et zèle seront accompagnés dans leur retraite par la considération et l'estime de leurs concitoyens. »

Les premières délibérations du Corps-Législatif eurent pour objet des traités de paix. Jamais elles ne commencèrent sous de plus brillans auspices. Le gouvernement lui soumit, dans l'espace de cinq jours, les traités conclus avec les États-Unis, les Deux-Siciles, la Bavière, la Russie et le Portugal. Discutés pour la forme, ils furent la plupart adoptés à la presque unanimité. Qui eût osé alors montrer de l'opposition à une pacification qu'appelaient également et les vœux de l'Europe et ceux de la France? D'ailleurs, quant aux intérêts et à la dignité de la République, on pouvait en toute sûreté se confier au premier Consul qui mettait sa gloire à stipuler pour eux.

Le traité avec la Russie fut le seul qui donna lieu à une vive discussion, et pour un seul mot. L'article 3 portait : « Les deux parties contractantes voulant, autant qu'il est en leur pouvoir, contribuer à la tranquillité des gouvernemens respectifs, se promettent mutuellement de ne souffrir qu'aucun de leurs *sujets* se permette d'entretenir une correspondance quelconque, soit directe, soit indirecte, avec les ennemis intérieurs du gouvernement actuel des deux états, d'y propager des principes contraires à leurs constitutions respectives, ou d'y fomenter des troubles; et, par une suite de ce concert, tout *sujet* de l'une des deux puissances qui, en séjournant dans les états de l'autre, attenterait à sa sûreté, sera éloigné dudit pays et transporté hors des frontières, sans pouvoir, en aucun cas, se réclamer de la protection de son gouvernement. »

Au tribunat, la lecture de cet article fut interrompue par Thibaut : « On ne peut pas, dit-il, mettre dans un traité de paix conclu avec la République *les sujets des deux puissances*; les Français sont citoyens et ne sont pas sujets ». Plusieurs membres répondirent : « C'est une faute de copiste »;

d'autres : « Vous ferez vos observations lors de la discussion. »

Dans la séance du 15, le rapporteur Costaz établit, après avoir réfuté ceux qui se fondaient sur le dictionnaire de l'Académie, que la dénomination de *sujets* pour désigner les citoyens avait toujours paru impropre et mal sonnante dans la République française, et que jamais les protocoles ne l'avaient admise. Recherchant ensuite les motifs qui avaient pu déterminer le gouvernement à déroger pour ce cas particulier à une règle qu'il avait lui-même constamment suivie, le rapporteur, d'après des explications qu'il avait reçues à cet égard, affirmait que la dénomination de sujets avait pour objet les *émigrés* résidant en Russie qu'on n'avait pas voulu appeler par leur nom ni qualifier de *citoyens;* et que l'article était dans le fond une concession faite à la République par la Russie. La commission proposa donc l'adoption du projet de loi.

Dans la séance du 16, Jard-Panvilliers rappela que tous les membres du tribunat avaient désapprouvé le mot *sujet*, en tant que ce mot s'appliquait aux citoyens français; que déjà l'explication donnée par le rapporteur avait détruit les doutes à cet égard; que cependant il était nécessaire d'entrer dans un grand développement, et il demanda qu'on discutât en conférence particulière. La discussion y fut violente : « Nos armées, dit Chénier, ont combattu pendant dix ans pour que nous fussions *ci-toyens*, et nous sommes devenus des *sujets!* Ainsi s'est accompli le vœu de la double coalition »! Le traité fut cependant adopté (17 frimaire) par une très grande majorité, de soixante-dix-sept voix contre quatorze.

Le premier Consul attacha peu d'importance à calmer les scrupules des républicains sur l'emploi du mot *sujet*. Pour prouver que ce mot s'appliquait aux émigrés, Costaz avait dit dans son rapport, d'après quelques explications qu'avait reçues la commission, « que pour premier gage de réconciliation, le gouvernement français demanda au czar de retirer la protection éclatante qu'il avait accordée jusqu'alors aux émigrés, etc. » Le fait était vrai, et Costaz l'avait appris du gouvernement; mais le premier Consul fut mécontent qu'on l'eût révélé publiquement, et craignit probablement que ces expressions ne déplussent à l'empereur de Russie. Aussi, à la séance du Corps-Législatif du 18, le conseiller d'état Fleurieu, en donnant lecture d'une note qui sortait directement du cabinet du premier Consul, déclara que l'assertion de Costaz était supposée; que c'était mal connaître le caractère de Paul Ier, ne pas rendre justice à la franchise et à la loyauté qui le distinguaient; que lorsqu'il conçut l'idée de se rapprocher de la République, il cessa de lui-même, et sans y être provoqué, de reconnaître les prétentions des Bourbons; que le gouvernement français avait appris en même temps et la résolution de l'empereur de se rapprocher de la France, et le parti qu'il avait pris d'éloigner de ses états le comte de Lille et ses alentours; que l'expression *sujets* désignait les émigrés, mais que la stipulation avait été réciproque. La note s'attachait à détruire tout soupçon que le gouvernement eût la prétention de dicter des traités, et déplorait les révolutions et les guerres faites pour de vaines abstractions. Le projet de loi fut adopté par deux cent vingt-neuf voix contre trente-et-une.

L'Assemblée Constituante avait réduit à quelques crimes et délits graves l'application de la peine de mort, si étendue avant la révolution. La Convention l'avait entièrement abolie : ce fut son dernier acte. Elle avait seulement ajourné l'effet de cette abolition jusqu'à la paix générale. L'époque était donc arrivée où devait se réaliser un vœu depuis long-temps émis par la philosophie et l'humanité; mais le premier Consul faisait peu de cas de cette philanthropie qui reculait devant le sang même d'un coupable; des jurisconsultes fort humains partageaient du reste son avis. On proposa donc au Corps-Législatif d'ajourner indéfiniment l'abolition de la peine de mort. Dans une question aussi long-temps controversée, on n'était pas embarrassé pour motiver le projet de loi; mais on se fondait principalement sur la nécessité de réprimer, par des exemples éclatans, le brigandage qui ravageait encore l'intérieur. La loi passa à la majorité de soixante-et-onze voix contre dix, au tribunat, et de deux cent trente-quatre contre trente, au Corps-Législatif.

Il fut question de rétablir la peine de la marque

abolie par l'Assemblée Constituante. Voici les motifs qu'en donna le premier Consul en conseil d'état (14 frimaire) : « La marque est principalement nécessaire pour le crime de faux. Les faussaires sont extrêmement multipliés. Presque toutes les pièces de comptabilité sont fausses. Voilà pourquoi l'on vend sur la place à soixante, cinquante ou trente pour cent ce qu'on appelle des *exercices*. Il faut donc effrayer les faussaires par la peine. Le faussaire est ordinairement riche; il est condamné aux fers, il s'échappe, rentre dans la société, et avec un beau salon on va dîner chez lui. Cela n'arrivera pas quand la main du bourreau l'aura flétri. Le faussaire restera alors isolé. Cela est dans nos mœurs. En Angleterre, on punit de mort le faussaire. Le roi ne peut lui faire grâce. Cette rigueur est fondée sur la nécessité de prévenir la falsification du papier-monnaie. Appliquera-t-on la marque au voleur? Cela n'est pas si urgent. Il y a cent voleurs à Paris qui, la veille des fêtes nationales, se constituent prisonniers; ils sont connus du préfet de police. »[1]

On présenta donc au Corps-Législatif (3 nivose) un projet de loi qui rétablissait la marque pendant cinq ans pour le crime de faux et pour tout individu condamné en cas de récidive à une peine de quatre ans de fers ou plus. Le tribunat ne parut pas favorable à ce projet. On ne lui donna pas de suite.

Un projet de loi relatif aux droits à percevoir sur

---

[1] *Mémoires sur le Consulat.*

les marchandises importées du grand-duché de Berg, fut rejeté au tribunat par cinquante-deux voix contre vingt-deux, et adopté au Corps-Législatif par deux cent dix-sept contre trente-cinq.

Neuf projets de loi du code civil étaient prêts. Le premier Consul mettait avec raison une grande gloire à le donner à la France. Dès l'ouverture de la session du Corps-Législatif, Portalis apporta le premier projet *sur la publication, les effets et l'application des lois en général*. L'honneur d'entrer le premier dans cette belle carrière appartenait au jurisconsulte qui savait le mieux revêtir la science des couleurs du style et des charmes de l'éloquence. Il exposa dans un discours le plan et la division du code, les principes fondamentaux de la législation *des personnes*, et, après avoir indiqué les bases de ceux *de la propriété*, il annonça que cette deuxième partie ne serait point présentée dans la session.

Andrieux, rapporteur de la commission du tribunat, proposa le rejet de ce premier projet, en disant qu'il était relatif non-seulement au code *civil*, mais à tous les autres codes et même à toutes les lois; que plusieurs de ses dispositions paraissaient non des articles de loi, mais des principes énoncés, des axiomes de morale ou de jurisprudence; qu'elles appartenaient plutôt au code judiciaire: on reprochait de l'incohérence à la rédaction générale et à l'ensemble du projet. On disait qu'une loi en huit articles non ordonnés entre eux et dont la rédaction était en général vicieuse, n'était ni une introduction convenable au code civil, ni un portique digne de la majesté du monument qu'on voulait élever. Le projet fut donc rejeté par soixante-cinq voix contre treize, et au Corps-Législatif, malgré les efforts de Portalis, par cent quarante-deux voix contre cent trente-neuf.

Pendant cette discussion, le gouvernement avait fait présenter deux autres projets de loi; par Boulay de la Meurthe, celui sur *la jouissance des droits civils;* et par Thibaudeau, celui sur *les actes de l'état civil.* Siméon fit au tribunat un rapport sur le premier titre de ces projets, et annonça que, s'il avait été composé de ce seul titre, la commission aurait proposé de l'adopter, quoiqu'elle y eût remarqué de légers vices de rédaction; mais que les défectuosités qui se trouvaient dans le titre second, sur lequel Thiessé devait faire un rapport le lendemain, avaient décidé la majorité de la commission à proposer le rejet de la totalité du projet.

Ce début était de nature à déplaire au gouvernement, et causa un grand mécontentement au premier Consul. «Quand je vois, dit-il au conseil d'état, un homme fort comme Siméon mettre en doute si les individus nés dans les colonies sont Français, je me demande si la tête m'a tourné; car c'est un point clair comme le jour. Sans bonne foi, il n'y a point de code civil faisable. Quelle loi aurait passé dans le conseil d'état, si on n'y avait pas mis de bonne foi? Une heure avant que le citoyen Portalis ne parlât au Corps-Législatif, les tribuns disaient que les Consuls et les conseillers d'état n'étaient que des ânes »

Dans le conseil d'état, il fallut revenir sur la question de savoir quelle serait la meilleure forme de présentation du code civil, pour éviter cette désunion apparente entre les premières autorités. Le premier Consul demanda s'il ne conviendrait pas de présenter le premier livre tout entier, et même tout le code à-la-fois dans la même forme qu'un traité de paix. Il inclinait pour le dernier parti, parce que, disait-il, le Corps-Législatif était le peuple au petit pied, et que le peuple ne pouvait pas résoudre des questions de science. Portalis, Cambacérès, Thibaudeau, Rœderer, Dumas, pensaient qu'il fallait présenter le code en grandes masses, et Tronchet était d'avis qu'il valait mieux continuer comme on avait commencé. Ce fut aussi le parti auquel s'arrêta le premier Consul. « Deux projets de lois sont à la discussion du tribunat, dit-il; il faut encore risquer une bataille. Si on les rejette, nous prendrons nos quartiers d'hiver. »

Le second titre sur *la jouissance des droits civils* fut rejeté au tribunat par soixante-une voix contre trente-une. Le premier Consul retira les projets de lois. « Le gouvernement, dit-il dans son message, s'était convaincu que le temps n'était pas venu où l'on porterait dans ces grandes discussions le calme et l'unité d'intention qu'elles demandaient ». En attendant, une commission fut nommée pour rédiger un projet de code de *procédure civile*[1]. Au conseil d'état, on ne cessa pas de s'occuper du code civil. « Les bonnes lois, dit quelques jours après le premier Consul à des députations de juges, et des tribunaux impartiaux contribuent plus que toute autre chose au bonheur du peuple. J'espère qu'avant la fin de l'année, les lois du code civil seront présentées au Corps-Législatif, qui sentira sûrement que le mieux possible est l'ennemi du bien. »

Examiner ici jusqu'à quel point les motifs du rejet des projets étaient fondés ou plausibles, ce serait se jeter dans une dissertation déplacée; mais attribuer uniquement ce rejet à une cabale formée dans le tribunat et dans le Corps-Législatif par le parti républicain, pour essayer ses forces contre le gouvernement[2], c'est une opinion très hasardée et un peu trop tranchante, car le rapporteur qui proposa le rejet du projet *de la jouissance des droits civils* était, comme on vient de le voir, le beau-frère de Portalis, Siméon, proscrit comme royaliste au 18 fructidor an v.

A l'exemple de l'ancienne Rome, la République française donnait des lois, et de préférence les siennes, aux peuples soumis ou protégés par ses armes. La constitution de l'an III s'était reproduite dans toutes celles qui leur avaient été dictées; les copies avaient

---

[1] Composée de Treilhard, Try, Berthereau, Séguier, Pigeau, Fondeur (arrêté du 3 germinal).

[2] Locré, *Législation civile*, t. 1, p. 85.

subi toutes les modifications éprouvées par l'original. Le premier Consul voulut, à son tour, mettre en harmonie avec son gouvernement ceux des Républiques alliées. Elles eurent donc leur 18 brumaire. Une nouvelle constitution plus rapprochée des anciennes institutions des provinces unies fut faite à Paris pour la République batave, de concert avec son ambassadeur Schimmelpenninck, qui se rendit à La Haye pour la faire adopter. Le directoire exécutif la présenta à l'acceptation du peuple, comme tenant un juste milieu entre les diverses opinions qui avaient divisé les habitans du pays, avec l'assurance que *ses traits principaux n'étaient pas désagréables à l'allié naturel* de la République. Les deux chambres législatives improuvèrent ce changement. Le directoire suspendit leurs séances, fit fermer leurs salles par des troupes, invita Sémonville, ministre plénipotentiaire de France, et Augereau, commandant des troupes françaises, à se rendre auprès de lui, confia à ce général le commandement de sa garde, de celle du corps législatif et des autres troupes bataves stationnées dans le rayon constitutionnel. Quoique l'influence de la France dans cette affaire fût notoire, et que des faits publics ne permissent pas d'en douter, on crut devoir la démentir dans le journal officiel. Tel fut le résultat du vote national sur la constitution. De quatre cent seize mille quatre cent dix-neuf citoyens ayant droit de suffrage, cinquante-deux mille deux cent dix-neuf votèrent contre. Le silence de ceux qui n'avaient pas voté, fut pris pour un assentiment. Le directoire déclara donc qu'elle était acceptée, et prit des mesures pour la mettre à exécution.

Le gouvernement français s'expliqua ainsi sur ce changement : « La Batavie reprochait à son organisation de n'avoir point été conçue pour elle ; mais, depuis plusieurs années, cette organisation régissait la Batavie. Le principe du gouvernement est que rien n'est plus funeste au bonheur des peuples que l'instabilité de leurs institutions, et le directoire batave a été constamment rappelé à ce principe; mais enfin le peuple batave a voulu changer, et il a adopté une constitution nouvelle. Le gouvernement l'a reconnue, et il a dû la reconnaître, parce qu'elle était dans la volonté d'un peuple indépendant. »[1]

Bientôt vint le tour de la République cisalpine. On en agit envers elle plus ouvertement. Ainsi que les autres états d'Italie alliés de la France, elle n'avait qu'une organisation provisoire. Le premier Consul résolut de lui en donner une définitive. Il voulut que la République cisalpine lui demandât elle-même l'appui dont elle avait besoin pour se constituer, afin de faire croire au peuple qu'on avait quelque respect pour son opinion et ses droits, et surtout pour ne pas paraître, aux yeux des puissances rivales, attenter à son indépendance. On prépara donc en Italie les esprits à un changement. La Cisalpine, disait-on, pouvait seule, d'accord avec la France, oppo-

---

[1] Exposé de la situation de la République, an x.

ser une barrière à l'Autriche : il lui fallait des institutions fortes pour assurer sa tranquillité intérieure et sa considération au-dehors. Les populations qui la composaient différaient de caractères et d'habitudes, étaient divisées d'intérêts, d'opinions et en proie à des rivalités. Un bras vigoureux, un gouvernement énergique et puissant pouvaient seuls les confondre et en former un tout homogène. Il fallait donc un régime nouveau, mieux coordonné, et plus en harmonie avec les anciens gouvernemens de l'Europe. En même temps le commissaire français Pétiet communiquait aux chefs de la Cisalpine un projet de constitution, et se concertait avec eux pour leur faire émettre le vœu qu'attendait le premier Consul.

Ne paraître qu'y céder, lorsqu'il le provoquait; sanctionner les vues des Cisalpins, lorsqu'il leur ferait adopter les siennes; s'entourer aussi des lumières qu'ils pourraient fournir sur les intérêts de leur pays; en un mot, frapper les imaginations, tels furent les motifs qui décidèrent le premier Consul à donner un grand éclat au changement qui se préparait. Il n'ira donc pas à Milan promulguer la constitution qu'il a jugée le plus conforme aux besoins du peuple cisalpin; ses représentans viendront la recevoir en France : Lyon est désigné pour leur réunion, comme le point le plus à la portée de tous les acteurs de cette grande scène.

La consulta législative rendit un décret portant qu'une *Consulta* extraordinaire de quatre cent cinquante membres s'assemblerait dans cette ville pour fonder la République, sous les auspices et en présence du premier Consul (21 brumaire). Elle se composa de députations des évêques et des curés, des tribunaux, des académies, des universités, de la garde nationale, de l'armée, des chambres de commerce et de notables des départemens. On y remarquait les personnages les plus distingués par leur naissance et leur fortune, leurs dignités et leur savoir, en un mot l'élite de la nation. Les députés vinrent à Lyon, et y trouvèrent le ministre Talleyrand, dépositaire des pensées du premier Consul, et Marescalchi, envoyé de la Cisalpine près de la République française, intermédiaire naturel des communications des notables cisalpins avec le ministre. Talleyrand leur fit les honneurs de la France et les traita[1]. Pour la facilité des délibérations, on divisa la Consulta en cinq comités représentant les cinq principales nations qui formaient la Cisalpine. Dans chaque comité, on suivit une marche uniforme, afin d'avoir, au moment de l'arrivée du premier Consul, une opinion bien formée sur les différens objets soumis à leur examen. Les bases de la constitution, déjà adoptée par la consulta législative de Milan, furent présentées aux comités, pour

---

[1] A un dîner qu'il leur donna, l'archevêque de Milan, âgé de quatre-vingt-deux ans, assis à sa droite, en se penchant pour lui parler, tomba mort. Des Romains auraient été effrayés de ce triste présage, et se seraient séparés. On continua le dîner, et l'on fit un bel enterrement au défunt.

en obtenir des observations utiles à la rédaction des lois organiques. Ils furent aussi chargés de faire des listes de candidats au corps législatif. Le résultat de toutes ces opérations était remis au ministre Talleyrand.

Le premier Consul partit de Paris le 18 nivôse, à minuit, et arriva à Lyon le 21, à neuf heures du soir. Le journal officiel annonça qu'il ne serait pas plus de dix jours absent de la capitale. Les autorités civiles et militaires et toute la population de Lyon étaient allées à une lieue au-devant de lui. Cent cinquante jeunes gens des premières familles l'escortèrent à cheval. Il fut accueilli par les plus vives acclamations. A l'escalier de son palais, on lisait cette inscription :

LE 21 NIVOSE DE L'AN X,

BONAPARTE,

VAINQUEUR ET PACIFICATEUR,

EST ARRIVÉ DANS CETTE VILLE ET A RÉSIDÉ DANS CE PALAIS.

CINQ CENTS DÉPUTÉS CISALPINS RÉUNIS PRÈS DE LUI

FIXÈRENT SOUS SES AUSPICES

LES LOIS ET LES DESTINÉES DE LEUR PATRIE.

A SA VUE

LES ARTS SE RÉVEILLÈRENT DANS CETTE CITÉ ;

LE COMMERCE REPRIT SON ANTIQUE SPLENDEUR,

ET LES LYONNAIS RECONNAISSANS, FORMANT POUR LUI

LES MÊMES VŒUX QU'AUTREFOIS POUR ANTONIN,

ONT DIT :

« QUE SON BONHEUR ÉGALE SA GLOIRE. »

Le premier Consul prit connaissance de toutes les opérations faites jusqu'à son arrivée. Il réunit chez lui les présidens des cinq comités, fit lire et discuter les observations qu'ils avaient présentées sur la constitution. Elle fut adoptée avec quelques modifications indiquées par l'expérience et la connaissance des intérêts de la Cisalpine ; elle confiait le gouvernement à un président élu pour dix ans.

Un comité de trente membres fut chargé par la Consulta, réunie pour la première fois en assemblée générale, de former des listes de candidats à indiquer au premier Consul pour remplir les premières places du gouvernement. Ici se présentait la question principale, le choix du président. Un parti considérable avait jeté ses vues sur Melzi. Mais le premier Consul aspirait lui-même à la présidence et se la fit offrir. Le comité vint donc dire à l'assemblée générale de la Consulta: « Si l'on compte très peu d'hommes capables d'être élevés à la première place du gouvernement, il faut convenir que notre situation intérieure doit les faire paraître parmi nous plus rares qu'ils ne le sont réellement. Si l'on considère que la République se compose de six nations différentes, on ne peut guères espérer de trouver parmi elles un homme qui leur inspire une égale confiance, et qui, renonçant à tout système particulier, puisse arracher la masse du peuple à ses anciennes habitudes, et lui donner un esprit national. En supposant qu'on pût désigner un homme capable de soutenir une si grande charge, beaucoup de graves difficultés empêcheraient qu'on ne pût entièrement se reposer sur ce choix. La Cisalpine, quoiqu'elle ait été reconnue par les traités de Tolentino et de Lunéville, ne peut, dans les premiers momens, espérer d'obtenir par elle-même, de la part des anciens gouvernemens de l'Europe, cette considération nécessaire pour se consolider au-dedans et au-dehors. Il faut qu'on la fasse reconnaître par plusieurs puissances qui ne sont pas encore entrées en relation avec elle : elle a besoin d'un homme qui, par l'ascendant de son nom et de sa puissance, la mette au rang qui convient à sa grandeur ; mais ce nom, cette puissance, on les aurait inutilement cherchés chez nous. On doit donc désirer ardemment que le général Bonaparte veuille honorer la Cisalpine en retenant la magistrature suprême, et en ne dédaignant pas, au milieu de la direction des affaires de la France, d'être la grande pensée de notre gouvernement, pendant le temps qu'il croira nécessaire pour amener à une parfaite uniformité les différentes parties de notre pays, et faire reconnaître par toutes les puissances de l'Europe la République cisalpine ». La Consulta adopta cette proposition et décréta que le rapport du comité serait, comme l'expression fidèle de ses sentimens et de ses opinions, présenté au premier Consul.

Il annonça que, le lendemain (6 pluviose), il se rendrait au milieu de la Consulta extraordinaire, pour proclamer la constitution et le choix des membres destinés à entrer dans la première formation des autorités. Il nomma Melzi vice-président. A l'assemblée de la Consulta, le premier Consul donna aux Italiens de graves conseils et de sévères leçons.

« La République cisalpine, leur dit-il, reconnue depuis Campo-Formio, a déjà éprouvé bien des vicissitudes. Les efforts que l'on a faits pour la constituer ont mal réussi. Envahie depuis par des armées ennemies, son existence ne paraissait plus probable, lorsque le peuple français, pour la seconde fois, chassa par la force de ses armes vos ennemis de votre territoire. Depuis ce temps, on a tout tenté pour vous démembrer. La protection de la France l'a emporté; vous avez été reconnus à Lunéville. Accrus d'un cinquième, vous existez plus puissans, plus consolidés, avec plus d'espérances!!!

« Composés de six nations différentes, vous allez être réunis sous le régime d'une constitution plus adaptée que toute autre à vos mœurs et à vos circonstances. Je vous ai réunis à Lyon autour de moi, comme les principaux citoyens de la Cisalpine. Vous m'avez donné les renseignemens nécessaires pour remplir la tâche auguste que m'imposait mon devoir, comme premier magistrat du peuple français et comme l'homme qui a le plus contribué à votre création. Les choix que j'ai faits pour remplir vos premières magistratures l'ont été indépendamment de toute idée de parti, de tout esprit de localité. Celle du président, je n'ai trouvé personne parmi vous qui eût encore assez de droits sur l'opinion publique, qui fût assez indépendant de l'esprit de localité, et qui eût enfin rendu d'assez grands services à son pays, pour la lui confier.

« Le procès-verbal que vous m'avez fait remettre par votre comité des trente, où sont analysées avec autant de précision que de vérité les circonstances extérieures et intérieures dans lesquelles se trouve votre patrie, m'a vivement pénétré. J'adhère à votre vœu; je conserverai encore, pendant le temps que ces circonstances le voudront, la grande pensée de vos affaires. Au milieu des méditations continuelles qu'exige le poste où je me trouve, tout ce qui vous sera relatif et pourra consolider votre existence et votre prospérité, ne sera point étranger aux affections les plus chères de mon âme.

« Vous n'avez que des lois particulières: il vous faut désormais des lois générales. Votre peuple n'a que des habitudes locales: il faut qu'il prenne des habitudes nationales. Enfin, vous n'avez point d'armées: les puissances qui pourraient devenir vos ennemies en ont de fortes; mais vous avez ce qui peut les produire, une population nombreuse, des campagnes fertiles et l'exemple qu'a donné dans toutes les circonstances essentielles le premier peuple de l'Europe. »

Ce discours, interrompu à chaque phrase par de nombreux applaudissemens, fut suivi de la lecture de la constitution. Au moment où on en lisait le titre, un mouvement général de l'assemblée indiqua le vœu de substituer au nom de République cisalpine celui de *République italienne*, et le premier

Consul parut se rendre à ce vœu général. Ce fut probablement une chose concertée d'avance. Le citoyen Mariani développa l'esprit de la constitution, tous les avantages qui devaient en résulter pour l'ensemble de l'état, et tout ce qu'elle avait de conforme aux vœux et aux intérêts de chacune des divisions territoriales de la Cisalpine. On lut ensuite la première loi organique de la constitution, celle du clergé. L'archevêque de Ravenne exprima l'assentiment du clergé cisalpin, et invita tous les ministres du culte à se servir de leur ascendant sur le peuple, pour lui inspirer le respect dû aux propriétés et pour l'attacher au nouveau pacte social. Le premier Consul, confirmant le vœu exprimé par l'archevêque, fit sentir combien le peuple devait être attaché aux principes de sa religion, et le clergé aux principes adoptés par la République. Après la proclamation des membres des autorités constitutionnelles, le premier Consul invita le vice-président Melzi à venir se placer auprès de lui, le prit par la main et l'embrassa. Le citoyen Prina fit sentir, en peu de mots, combien on avait lieu d'espérer qu'une constitution fondée sur les intérêts et la situation de la Cisalpine lui permettrait d'atteindre rapidement les belles destinées qui lui étaient promises. « Si la main, dit-il, qui nous a créés et défendus veut bien se charger de nous guider vers ce but, aucun obstacle ne peut nous arrêter, et notre confiance doit égaler l'admiration que nous inspire le héros à qui nous devons notre bonheur ». Le premier Consul leva la séance et fut reconduit au palais du gouvernement, au milieu des acclamations des Cisalpins et des Lyonnais.

Le gouvernement de la République se composait d'un président, d'un vice-président, d'une consulte d'état, de huit ministres, d'un conseil législatif. Les pouvoirs du président étaient à-peu-près les mêmes que ceux du premier Consul. La consulte d'état, formée de dix membres âgés d'au moins quarante ans, était chargée de l'examen des traités, des affaires extérieures, et de nommer les juges. Le conseil législatif, composé aussi de dix membres âgés au moins de trente ans, élus par le président pour trois ans, donnait son avis sur les projets de loi qu'il proposait. La loi était délibérée sur la présentation du président, par un corps législatif de soixante-quinze membres, sans discussion, au scrutin secret, à la majorité absolue. Une censure de vingt-un membres élisait à des emplois dont la nomination n'appartenait ni au président ni à la consulte d'état : elle statuait, d'après les dénonciations du gouvernement, sur les inconstitutionnalités en matière de lois et sur les dilapidations de deniers publics. Trois colléges électoraux composés des *propriétaires*, des *doctes* et des *commerçans*, en tout de sept cents individus, représentaient le peuple et exerçaient sa souveraineté. Ils s'assemblaient au moins une fois tous les deux ans sur la convocation du président, pour se compléter, nommer la consulte d'état, le corps législatif, les tribunaux de tion et de révision, les commissaires de la comptabilité. Enfin la constitution consacrait la liberté des personnes, celle des consciences, l'égalité devant la loi.

Le premier Consul resta plus de quinze jours à Lyon. Tout ce temps fut partagé entre les fêtes et les affaires, les spectacles, les bals, les illuminations, les revues, la visite des ateliers et fabriques, les audiences, les conseils, l'administration de la ville, des départemens voisins, et l'objet principal de son voyage, la constitution de la Cisalpine. Lyon semblait être devenu pour un instant la capitale de la République. La présence du premier Consul y attira tout le Midi. Les préfets y accoururent; des députations y affluèrent de toutes parts. Jaloux de l'honneur fait à Lyon, les Bordelais envoyèrent leurs plus illustres citoyens le réclamer aussi. Le premier Consul leur exprima sa sensibilité pour le témoignage d'attachement qu'ils lui donnaient, et leur annonça que son intention était de visiter, aussitôt que les circonstances le permettraient, les diverses parties de la République, et particulièrement la ville de Bordeaux. Il conversa ensuite avec ses députés sur tout ce qui concernait son commerce et sa prospérité.

Par un heureux hasard, la plupart des troupes de l'armée d'Égypte étaient à Lyon: elles retrouvaient avec enthousiasme, élevé au faîte du pouvoir et des grandeurs, le général qui les avait commandées avec tant de gloire, et le premier Consul revoyait avec un juste orgueil ces vieilles phalanges sur les drapeaux desquelles était écrite une des belles pages de son histoire.

Le 25 nivose, la ville donna une fête magnifique dans la salle de spectacle. Le coup-d'œil était superbe. Sur huit rangs de gradins étaient plus de mille femmes éclatantes de parure. Le premier Consul paraît accompagné de son épouse; les spectateurs se lèvent; les applaudissemens, les acclamations éclatent et se prolongent; l'enthousiasme est à son comble. La décoration du fond du théâtre disparait, et l'on aperçoit la *place Bonaparte* restaurée. Au milieu est une pyramide surmontée de la statue du premier Consul, dont la main repose sur un lion. Le bas de la pyramide offre des trophées d'armes: d'un côté, est représentée la bataille d'Arcole; de l'autre, celle de Marengo. Aux transports unanimes succède bientôt le plus grand silence; la musique se fait entendre et on exécute une cantate. Un chœur débuta par ces vers:

« Le voilà, le voilà, le dieu de la victoire!
  Voilà ses faisceaux triomphans;
  Voilà ces guerriers si vaillans,
Dont les noms sont inscrits au temple de Mémoire!
  Lyon! Lyon! sois fière de ta gloire;
Que la reconnaissance éclate dans tes chants!
. . . .
Quand Bonaparte seul nous apparut soudain,
Triomphateur du Nil, du Sort et de Neptune,
Il vit les Lyonnais embrasser sa fortune....
Sa présence aujourd'hui les venge du Destin. »

On entendit ensuite un hymne et des couplets

adressés au héros de la fête, aux guerriers français et aux représentans de l'Italie.

Ces fêtes, ce mouvement, cette agitation, ce concours de citoyens et de peuples divers, ne ressemblaient point à ces vaines parades imaginées par la flatterie pour cacher au peuple la nullité du prince, au prince la misère et le mécontentement du peuple, et pour les étourdir et les tromper l'un et l'autre. Les hommages étaient libres; la joie était sincère. Inépuisable, infatigable comme sa renommée, le premier Consul marquait chacune de ses journées, chacun de ses pas, par un travail utile, un nouveau bienfait, un germe d'espérance, une profonde pensée.

Le ministre Talleyrand écrivit aux trois maires de Lyon que le premier Consul, occupé sans cesse de faire prospérer l'industrie manufacturière, avait profité du rétablissement de la paix avec la Russie, pour inviter le chef de cet empire à favoriser le retour et l'extension des anciens rapports de commerce; que le czar avait écrit directement au premier Consul une lettre pleine des dispositions les plus analogues à celles du gouvernement et les plus favorables au développement des relations commerciales entre la France et la Russie. La prospérité des fabriques de Lyon était une des pensées dominantes de Bonaparte. Le commerce de cette ville lui avait fait hommage d'un habit magnifiquement brodé, dont le dessin, le goût et la richesse annonçaient que le génie de l'industrie lyonnaise avait survécu aux malheurs dont elle avait été accablée. Le premier Consul y fit des commandes importantes pour vêtir sa personne et meubler ses palais. Il remit ainsi à la mode et en honneur ces étoffes magnifiques dont le monde entier avait été tributaire, et qu'avaient presque condamnées à l'oubli la légèreté de la cour, l'insouciance de l'ancien gouvernement, l'anglomanie et les orages de la révolution.

Avant son départ de Lyon, le premier Consul envoya aux trois maires des *écharpes de distinction*, comme un témoignage donné à la ville, du contentement qu'il avait éprouvé pendant son séjour. Il fit remettre une tabatière avec son portrait au cardinal Belisoni : c'était la première imitation, du moins publique, d'un usage des monarchies absolues, où, le prince étant tout, le don de son image est la faveur la plus distinguée. Le préfet du palais alla, au nom du premier Consul, rendre visite au duc d'Ostrogothie, oncle du roi de Suède, que l'état de sa santé conduisait à Montpellier. Ce prince se montra extrêmement sensible à cette marque d'intérêt, et témoigna les plus vifs regrets de ce que sa maladie ne lui permit pas de se tenir levé et l'empêchât de se présenter au premier Consul.¹

Une médaille fut frappée à Lyon. Elle portait d'un côté son effigie avec ces mots : *Leges, munera pacis;* de l'autre cette inscription :

---

¹ Il mourut à Montpellier le 21 frimaire an XII.

AUSPICE
BONAPARTE
INTER GALLOS
GALLORUM NEPOTES
CISALPINI
ANTIQUUM FOEDUS
RENOVANTES
GENTEM SUAM
LEGIBUS CONDIDERUNT
LUGDUNI
ANNO X REIP. GAL.

L'effigie du premier Consul n'était pas bien ressemblante. A cette occasion, les flatteurs qui trouvaient que c'était le défaut de toutes ses médailles, disaient, comme si sa ressemblance avec un personnage antique eût pu le grandir encore, qu'on la trouvait dans une tête d'Antonin, fils d'Adrien et père de Marc-Aurèle.

Le premier Consul fut de retour à Paris le 11 pluviose au soir. Le lendemain, toutes les autorités vinrent le complimenter. Il répondit à la députation du Corps-Législatif : « Il était de la gloire et de l'intérêt de la France d'assurer pour toujours le sort d'une République qu'elle a créée. J'espère que sa constitution et ses nouveaux magistrats feront son repos et son bonheur. Ce bonheur et ce repos ne seront point étrangers au nôtre. Notre prospérité ne peut désormais être séparée de la prospérité des peuples qui nous environnent.

« J'ai recueilli dans mon voyage la plus douce récompense des efforts que j'ai faits pour la patrie. J'y ai recueilli surtout l'expression libre et franche de l'opinion publique, dans l'abandon de la confiance particulière, dans le langage simple du commerçant, du manufacturier, du cultivateur. Tous demandent que le gouvernement soit fidèle aux principes qu'il a développés : c'est de là qu'ils attendent leur bonheur. J'étais déjà plein de reconnaissance pour les marques d'intérêt dont la nation a honoré mes premiers efforts. Je reviens pénétré de sentimens encore plus profonds. Le sacrifice de toute mon existence ne saurait payer les émotions que j'ai senties. J'en éprouve une bien douce, en vous voyant associer votre vœu au vœu de la nation. »

Murat, général en chef de l'armée d'Italie, installa à Milan (25 pluviose) le gouvernement constitutionnel de la République italienne, aux acclamations d'un peuple immense. Des discours furent prononcés par lui, par Fontana, pro-président de la consulte législative, Sommariva, président du comité de gouvernement provisoire, et Melzi, vice-président de la République. Tous ces discours étaient remplis de sentimens patriotiques, de grandes espérances, et de reconnaissance pour le premier Consul.

« Le gouvernement constitutionnel, dit le vice-président dans sa proclamation à ses concitoyens, que les vœux publics réclament depuis si long temps, entre aujourd'hui dans l'exercice de ses fonctions. Ouvrage du grand homme qui a créé la République, il vous offre, dans le nom de son fondateur, le gage le plus sûr de l'accomplissement de vos plus flatteuses espérances. Lorsque Bonaparte est notre appui et guide nos premiers pas, lorsque Bonaparte, à la face de toute l'Europe, prend l'engagement solennel d'être la pensée et le conseil de la République, jusqu'à ce qu'elle se soit élevée à ce degré de prospérité au-dedans, et de considération au-dehors, que la gloire de ce héros et notre sûreté demandent, quelles espérances ne devons-nous pas concevoir ! »

Quelques patriotes ardens ne voyaient dans la République italienne qu'une esquisse mal déguisée de la monarchie. Ils déploraient donc la perte de la liberté; ils s'indignaient de l'intervention de l'étranger dans leur constitution, dans leurs affaires intérieures, et surtout de ce que la Consulta de Lyon avait déclaré qu'il n'existait pas, dans la République italienne, un citoyen capable de tenir les rênes de son gouvernement. L'Autriche, jalouse de l'influence de la France en Italie, faisait cause commune avec les patriotes, défendait hypocritement leur cause, entretenait leur exaspération; elle paraissait légitime. Cependant abandonnée à elle-même, la République italienne ne pouvait pas se soutenir. Pour la maintenir contre ses ennemis, et la défendre contre elle-même, il lui fallait un protectorat. Qui avait plus de droits que la France à l'exercer, et autant d'intérêt qu'elle à la liberté de l'Italie? Ne pas accepter, ne pas prendre ce protectorat, c'était le laisser à l'Autriche, ou plutôt lui livrer la République italienne et consentir à sa ruine. Qu'elle eût de bons et grands citoyens, on ne le contestait pas; mais un seul qui fût taillé dans d'assez fortes proportions pour commander la confiance générale, étouffer les rivalités et vaincre les obstacles, nous ne pouvons le croire. L'aveu de cette vérité de la part des Cisalpins aurait pu passer pour une lâcheté devant tout autre que Bonaparte, et pour une insolence dans la bouche de tout autre que le premier Consul. Melzi, dont ils s'enorgueillissaient avec raison, aurait pu gouverner leur patrie, mais consolidée par dix ans d'existence et de paix. D'ailleurs un président italien excluait le protectorat, et le fondateur de la République pouvait seul imposer aux ennemis intérieurs et extérieurs qui assiégeaient son berceau.

L'amour des Lyonnais, la pompe et la magnificence des fêtes, les acclamations des députés italiens, les félications de la France, la joie des peuples de la nouvelle République, n'enivrèrent pas le premier Consul au point de ne pas entendre les alarmes des Républicains et surtout les reproches que la jalousie des puissances propageait en Europe. La France, disaient-elles, va donc réunir à ses trente millions d'habitans l'accroissement d'influence attachée aux quatre millions dont se compose la République italienne. Le premier Consul leur répondait par la comparaison de la France de 1788 avec la France actuelle. En 1788, elle exerçait en Italie un patronage bien déterminé sur Venise, Naples et le roi de Sardaigne, c'est-à-dire sur douze millions d'habitans. Maintenant Venise appartenait à l'empereur, Naples était livrée à l'Autriche et à l'Angleterre. La République italienne compensait à peine ces pertes, et l'ascendant que Venise donnait à l'empereur. Dans le reste de l'Europe, autrefois la Pologne, la Turquie et la Suède se réunissaient au système politique de la France. La Pologne n'existait plus, la Turquie n'y était plus d'aucun poids, la Suède n'y avait plus de puissance réelle; la Belgique et les départemens du Rhin n'étaient que l'équivalent de l'accroissement qu'avaient reçu les trois puissances co-partageantes de la Pologne. Dans le système de l'Inde, Tippoo-Saïb avait disparu, et ses états avaient accru l'immense territoire des Anglais.

Spécieux ou fondé, ce calcul n'était pas de nature à convaincre les puissances rivales de la France: mais, occupées à se remettre de leur défaite ou retenues par le vœu prononcé des peuples pour le maintien de la paix, elles dissimulèrent leur jalousie, et félicitèrent même le premier Consul sur l'issue du congrès de Lyon. Lucchesini se présenta le premier au nom de la Prusse, Cobentzel le suivit de près. Par l'organe de son ambassadeur, l'empereur assura qu'il avait vu avec intérêt l'organisation définitive de la République italienne, et annonça la résolution qu'il avait prise d'admettre des ministres plénipotentiaires des Républiques batave, helvétique et italienne; il était disposé à nommer des ministres du même rang pour résider auprès de ces Républiques. Marcow, qui était venu remplacer Kalitschew et conclure le traité de paix, reçut de l'empereur de Russie ses lettres de créance pour résider à Paris comme ministre plénipotentiaire. Le chef de brigade Caulaincourt, qui avait remplacé Duroc à Saint-Pétersbourg, écrivit de cette ville qu'Alexandre avait vu avec intérêt le mouvement qu'on se donnait à Lyon pour r'ouvrir le commerce avec ses états, et avait paru satisfait de la nomination du général Hédouville, pour résider auprès de lui comme ministre de France.

Quant aux patriotes italiens, un mot, un seul mot leur donnait l'espoir que les peuples transalpins seraient un jour réunis en une seule nation. La Cisalpine venait de recevoir le nom de *République italienne;* ce changement n'était pas l'effet du hasard, et semblait cacher un vaste dessein. Dans le fait, jamais circonstance n'avait été plus favorable pour réaliser le vœu européen de l'*unité* en Italie. Jamais homme ne s'était trouvé plus en état que Bonaparte d'en réunir toutes les parties en un seul corps, et de cimenter cette fusion. Le souvenir de ses immortelles campagnes, l'ascendant de son nom, la force de son caractère, secondés par la puissance de la République dont il était le premier magistrat, tout semblait l'avoir prédestiné à cette difficile et glorieuse entreprise. L'administration intérieure de la République italienne fut en général organisée sur le modèle de la France et dirigée par les mêmes principes. Le premier Consul y faisait des essais de ce qu'il se proposait d'introduire dans son propre gouvernement. Ainsi le calendrier décadaire fut aboli à Milan, en attendant qu'à Paris on rétablît le calendrier grégorien.

Salicetti, envoyé extraordinaire de la République française, fit adopter à la République de Lucques une nouvelle constitution dont le premier Consul se déclarait le garant. En rappelant les anciennes dénominations, elle consacrait des institutions nouvelles appropriées au temps et au pays.

CHAPITRE XXII.

Émigrés. — Leurs attaques contre les acquéreurs de biens nationaux. — Contentieux de ces biens attribué à l'administration. — Libération des acquéreurs. — Biens d'émigrés provenant de partage de présuccession, irrévocablement acquis à la République. — Amnistie des émigrés; ses conditions. — Comment elle est accueillie par la nation. — Intrigues contre le gouvernement et le premier Consul. — Brigandage, pamphlets, exils. — Pièces de théâtre contre le gouvernement consulaire, par Duval et Dupaty.

Dans les orages de la révolution ou sur les champs de bataille, un million d'hommes a péri ou souffert pour la cause nationale et la liberté; qu'ils soient, eux, leur mémoire, leurs familles, livrés à l'abandon et à l'oubli, à peine s'élévera-t-il en leur faveur quelques voix timides, isolées, parlant dans le désert. En ouvrant les portes de la France aux émigrés, ose-t-on mettre quelques conditions à leur grâce? aussitôt des milliers de voix crient à l'injustice, à la tyrannie. Les échos payés de l'aristocratie retentissent aux oreilles du pouvoir. Ainsi, dans les salons, dans des écrits publics, on attaqua l'arrêté du 14 thermidor qui maintenait la nation en possession des bois des émigrés. Le premier Consul n'en persista pas moins dans une mesure qu'il disait fondée sur l'intérêt de l'état, et reprocha hautement à Fouché de laisser circuler des écrits dans lesquels on l'attribuait aux militaires qui l'environnaient. Il en prit occasion de réprimander le ministre sur ce qu'il accordait à tort et à travers des surveillances aux émigrés. Il est vrai que, sensible aux caresses de l'aristocratie, il la favorisait de tout son pouvoir, et qu'il se complaisait dans les louanges qu'elle lui prodiguait.

Encouragés par d'aussi hautes protections, les émigrés ne mettaient péril à rien : ils menaçaient les acquéreurs de leurs biens, et les poursuivaient devant les tribunaux. Les juges, cédant aux suggestions de l'aristocratie, et croyant se conformer aux intentions du gouvernement, se montraient favorables à l'émigration. Le chef d'état-major de l'armée de Condé intentait un procès à un sénateur, qui avait acquis un de ses domaines, et disputait la validité du paiement fait à la République.

Ces contestations, qui touchaient de près à une des plus grandes questions de la révolution, avaient toujours été attribuées par les lois à l'autorité administrative. Par un arrêté du 13 brumaire, le gouvernement en fit revivre les dispositions. Considérée sous le rapport du maintien des ventes nationales, cette mesure paraissait sage et politique. L'administration ayant dans sa juridiction ce qu'on appelait le contentieux administratif, le même arrêté chargeait les préfets d'élever le conflit, lorsqu'ils seraient informés qu'une contestation de la compétence administrative serait portée devant les tribunaux, et ordonnait qu'alors il serait sursis à toutes procédures judiciaires. Cette disposition était aussi conforme à la législation existante, qui avait confié aux administrations centrales de département le droit d'élever les conflits. Le Directoire en était le juge supérieur: maintenant c'était le conseil d'état, c'est-à-dire le gouvernement. Qu'était-ce qu'une juridiction administrative? Comment, dans un pays où il y avait des tribunaux inamovibles, soumettait-on à l'administration des procès entre des citoyens, entre elle et des particuliers? Quelle garantie offraient des conseils de préfecture et un conseil d'état révocables à volonté, jugeant sans publicité, sans formes déterminées de procédure? Ces graves questions ne furent point abordées: elles n'étaient plus de saison. La révolution les avait décidées; on ne répudiait pas ses décisions, quand elles favorisaient le pouvoir du gouvernement. On vit bientôt les préfets, forçant les termes de l'arrêté du 13 brumaire, élever le conflit après des jugemens en dernier ressort, attirer ainsi devant la juridiction administrative des procès terminés, et remettre en litige la chose jugée.

Ce n'était pas assez d'avoir donné aux acquéreurs des biens d'émigrés une garantie contre la connivence de quelques juges. Le premier Consul crut devoir agir directement sur l'opinion par un exemple de sévérité. Le tribunal d'appel de Besançon avait condamné un acquéreur libéré envers la République à payer une seconde fois à un émigré une partie notable du prix de son acquisition. Le préfet avait élevé le conflit. Un arrêté rendu en conseil d'état annula le jugement, et ordonna que le président du tribunal et le commissaire du gouvernement se rendraient à la suite du conseil. Lorsqu'ils furent introduits à sa barre (22 frimaire) : « Le tribunal que vous présidez, leur dit le premier Consul, est sorti des bornes de sa compétence, dans une matière qui intéresse le repos des citoyens et le salut de la République. Il était averti par l'exemple de plusieurs tribunaux qui ont respecté les limites posées par les lois ; il aurait dû l'être encore par le commissaire du gouvernement, dont le devoir était de dénoncer cette infraction au ministre de la justice. Il y a donc eu, d'un côté, violation des principes ; de l'autre, oubli volontaire d'un devoir. Le gouvernement n'a voulu y voir encore qu'une erreur. Une seconde infraction serait un délit qui appellerait l'animadversion publique. Allez, dites à vos collègues qu'on n'est point véritablement magistrat sans le respect le plus profond, sans le dévoûment le plus absolu aux grands intérêts de la patrie ! »

Une décision du ministre des finances, portant que les paiemens faits en assignats par les acquéreurs de biens nationaux, après la loi du 28 ventose an IV, ne pourraient être admis que pour le trentième de leur valeur nominale, donna lieu à beaucoup de réclamations. Sur l'avis du conseil d'état, le gouvernement déclara ces paiemens libératoires, malgré l'opinion du second Consul qui, d'après le point de vue très borné d'où il considérait la matière, dit que ce qui jetait de la défaveur sur les biens nationaux, c'étaient les paiemens illusoires faits par les acquéreurs dont il s'agissait dans l'arrêté, et que tôt ou tard on y reviendrait comme en Angleterre. On répandit que l'on devait imposer une taxe particulière sur les acquéreurs ; le gouvernement les rassura par cette déclaration : « Le premier devoir du peuple français, la première politique de la République, sera toujours de maintenir intacts et sans aucune espèce de distinction, les acquéreurs des biens nationaux. En effet, avoir eu confiance dans la République lorsqu'elle était attaquée par l'Europe entière, avoir uni son sort et son intérêt privé au sort et à l'intérêt général, ce sera toujours un acte mémorable aux yeux de l'état et du peuple. »

On voit que, facile, libéral même, pour la rentrée des émigrés, le premier Consul l'était beaucoup moins pour la restitution des biens. D'après la loi du 9 floréal an III, la République avait acquis et définitivement réuni à son domaine des biens provenant des partages de présuccessions faits entre elle et les ascendans d'émigrés. Les éliminés de la liste demandèrent la restitution de ces biens qui se trouvaient invendus. Le ministre des finances fut favorable à leur prétention. La question ayant été portée au conseil d'état, il y fut décidé que ces biens ne devaient pas être rendus et étaient irrévocablement acquis à la République, parce que le partage de présuccession était un véritable marché à forfait;

que la République n'avait obtenu une portion des biens qu'en laissant à l'ascendant un préciput de 20,000 fr., en renonçant à la part du successible et à toutes les successions directes et collatérales qui pourraient échoir aux émigrés.'

Ils avaient contre eux l'art. 93 de la constitution consulaire, portant « que la nation française ne souffrirait en aucun cas le retour des Français qui avaient abandonné leur patrie depuis le 14 juillet 1789 »; les circulaires foudroyantes de Lucien Bonaparte, ministre de l'intérieur, et de Fouché, ministre de la police; les vifs accès de mécontentement du premier Consul au sujet de certaines radiations et de la conduite peu pacifique de plusieurs émigrés rentrés; son opinion émise pour le maintien des lois sur l'émigration, et l'anathème énergique par lui lancé contre cinq à six mille émigrés, qui ne devaient rentrer que sur les cadavres des hommes de la révolution. Mais on a vu comment le gouvernement s'était successivement relâché de la rigueur des lois, et quel terrain immense avait gagné l'émigration, depuis la première mesure prise en faveur des membres de l'Assemblée Constituante jusqu'à l'arrêté du 28 vendémiaire an IX, concernant l'élimination. Toutes ces mesures du gouvernement, contenant à-la-fois un empiétement sur le pouvoir législatif et une violation de la constitution, annonçaient clairement l'abrogation totale des lois rela-

' Arrêté du 19 germinal.

tives aux émigrés. L'élimination qui les rappelait en foule parut un moyen encore trop lent : on imagina de les absoudre et de les faire rentrer en masse. Des républicains disaient: « C'est une des questions les plus graves de la révolution ; il s'agit peut-être de la révolution tout entière. Les émigrés n'ont point été proscrits. La nation n'a point repoussé des Français de son sein : elle ne les a ni déportés, ni bannis. Quand elle reconquit ses droits, les privilégiés s'en séparèrent volontairement, ils désertèrent librement leur patrie. Elle les rappela au jour du danger commun : ils furent sourds à sa voix. Le roi constitutionnel leur fit entendre la sienne : ils la méprisèrent. Eux et leurs amis défendaient l'émigration comme un acte de leur choix, comme un droit. C'est alors seulement que la foudre nationale, patiemment contenue, éclata enfin sur leurs têtes. Pendant dix ans, ils ont conspiré et combattu contre la France, à la solde des rois coalisés, sous leurs drapeaux. La révolution a triomphé de tous leurs efforts. Si elle avait été vaincue, quel sort lui était réservé, à elle, à ses partisans, à ses défenseurs? Leur arrêt est écrit dans les manifestes de la coalition et des émigrés. Ils ont succombé: qu'ils subissent leur destinée! La France survécut à la plaie profonde que lui fit, lors de la révocation de l'édit de Nantes, l'expatriation d'un million de ses enfans industrieux et inoffensifs: elle ne périra point par la privation de quelques milliers d'émigrés qui ne peuvent y rapporter que la haine et des troubles. Du reste, le moment n'est pas venu d'être généreux; la révolution n'est point assez consolidée pour s'associer ses plus cruels ennemis. Nés dans les douceurs du privilége, ils ne se courberont point sous le niveau de l'égalité; comblés des faveurs de la monarchie, ils ne se soumettront pas sincèrement à la République; dépouillés de leurs biens, ils ne les verront pas tranquillement dans les mains de ceux qui les ont acquis. »

Mais les républicains qui parlaient ainsi étaient peu nombreux : on les flétrissait du nom de jacobins, de révolutionnaires; on ne les écoutait pas. Le premier Consul avait trop de pénétration pour ne pas concevoir les justes alarmes des hommes de la révolution; mais, se plaçant dans une autre sphère, il n'éprouvait pas ces alarmes, et se croyait assez fort pour contenir la fougue des émigrés rentrés et le mécontentement des patriotes. Investi depuis plus de deux ans du pouvoir suprême, il était sorti de la voie qui l'y avait conduit et s'était frayé une route nouvelle. Il ne datait que du 18 brumaire et voulait que la France aussi ne datât pas de plus loin. Pour compléter son système de fusion, il ne lui suffisait pas d'éteindre tous les partis nés parmi les hommes de la révolution : il désirait mettre en présence les émigrés et la nation française; il voulait qu'ils se donnassent la main, et qu'ils vécussent en paix. Suivant lui, il ne pouvait y avoir que deux grands partis à l'égard des émigrés, celui d'extirper ou celui de fuser. Le premier ne pouvait entrer dans sa pensée; le second n'était pas facile ; mais il ne le croyait pas au-dessus de ses forces.¹

Ajoutons que bien des hommes de la révolution, aussi recommandables par leur sagesse que par leur fermeté, croyaient sincèrement qu'il ne devait point y avoir de peine éternelle en matière de délit politique ; que les révolutions ne sont bien terminées que par la réconciliation des partis ; que la France devait clore la sienne par un grand acte de générosité. D'ailleurs, disaient-ils, la question de l'émigration, grave pour la République, l'est beaucoup moins pour la monarchie vers laquelle le premier Consul marche à grands pas. Les émigrés ne demandent qu'un maître. Ne pouvant le choisir à leur gré, ils se soumettent à celui que leur donne le sort.

Il faut être juste : ils ne tromperont point la prévoyance du premier Consul. Il les trouvera tels qu'il les avait jugés. Sermens, soumission, courbettes, complaisances, nous dirions presque dévoûment, rien ne leur coûtera. On verra les races antiques non-seulement peupler la cour et les anti-chambres de l'homme prodigieux devant lequel s'inclinent déjà des fronts encore plus superbes, mais briguer l'honneur de former la domesticité de toute sa famille. Tant qu'elle prospérera, on les verra fidèles.

Le gouvernement délibéra en conseil d'état d'accorder amnistie pour fait d'émigration à tout indi-

¹ Las Cases, t. v, p. 35.

vidu qui en était prévenu et non rayé définitivement, aux conditions suivantes : de rentrer avant le 1er vendémiaire an xi ; de se déclarer, en rentrant, à l'autorité, dans neuf villes frontières désignées ; de prêter serment de fidélité au gouvernement établi par la constitution, et de n'entretenir directement ni indirectement aucune liaison, ni correspondance avec les ennemis de l'état ; de renoncer aux places, titres, décorations, traitemens ou pensions accordés par les puissances étrangères, sous peine de déchéance. Les émigrés amnistiés, éliminés, rayés, étaient mis pendant dix ans sous la surveillance spéciale du gouvernement, et il pouvait même leur assigner une résidence ; ils jouissaient au surplus de tous leurs droits de citoyen. On exceptait de l'amnistie : 1° les individus qui avaient été chefs de rassemblemens armés contre la République ; 2° ceux qui avaient eu des grades dans les armées ennemies ; 3° ceux qui, depuis la fondation de la République, avaient conservé des places dans les maisons des ci-devant princes français ; 4° ceux qui étaient connus pour avoir été ou pour être actuellement moteurs ou agens de guerre civile ou étrangère ; 5° les commandans de terre ou de mer, ainsi que les représentans du peuple qui s'étaient rendus coupables de trahison envers la République ; 6° les archevêques et évêques qui, méconnaissant l'autorité légitime, avaient refusé leur démission. Tous ces individus étaient définitivement maintenus sur la liste des émigrés. Les exceptions, surtout la quatrième, semblaient réduire singulièrement l'étendue de l'amnistie ; mais il fut statué que le nombre des exceptés ne pourrait excéder mille, dont cinq cents seraient nécessairement désignés dans le cours de l'an x. Les biens qui étaient encore dans les mains de la nation devaient être rendus aux amnistiés, excepté ceux qui lui étaient échus par partages de présuccession, succession ou autres actes et arrangemens faits entre la République et les particuliers, les bois et forêts déclarés inaliénables par la loi du 2 nivose an iv, les immeubles affectés à un service public, les droits de propriété ou prétendus tels sur les grands canaux de navigation, les créances qui pouvaient leur appartenir sur le trésor public et dont l'extinction s'était opérée par confusion.

L'amnistie des émigrés dérogeant formellement à l'article 93 de la constitution, on ne pouvait en faire la matière d'une loi. D'ailleurs, quoique, par le renouvellement d'un cinquième du Corps-Législatif et du tribunat, on eût écarté de ces deux corps les principaux membres de l'opposition, on craignit d'en retrouver encore une, et l'on voulait éviter même jusqu'à l'ombre d'une discussion sur une mesure qu'on présentait comme ayant l'assentiment national. Il fut donc décidé en conseil d'état qu'elle serait présentée au sénat : elle y fut adoptée par le sénatus-consulte du 6 floréal. Quelle fut l'opinion de la France sur l'amnistie des émigrés ? On ne peut mieux en juger qu'en ouvrant le Moniteur de cette époque. Ses pages furent pendant plusieurs mois remplies d'adresses envoyées de toutes parts au gouvernement, à l'occasion de la publication du concordat et de la paix continentale; on n'y en trouve pas une seule pour remercier le premier Consul de l'amnistie, qui était son ouvrage. Le bien qu'il faisait à l'émigration, elle le lui attribuait; s'il ne lui en faisait pas davantage, elle l'imputait aux hommes de la révolution qui l'entouraient. Napoléon est convenu que le parti national était contre les émigrés.[1]

L'abbé Delille, qui aurait pu revenir dès l'an VIII, ne rentra que comme amnistié. Grand versificateur, homme aimable, c'était en politique un pauvre personnage. Après avoir admiré Danton, loué Robespierre, composé un dithyrambe pour la fête de l'Être suprême, avoir passé en France tout le temps de la terreur, il avait émigré, quitté sa patrie lorsque les émigrés cherchaient à y rentrer, et s'était fait royaliste. Croyant désormais le gouvernement consulaire inébranlable, il rentrait pour jouir de la tranquillité que, suivant l'expression d'un écrivain royaliste, *un héros venait de rendre à la patrie*. Le faubourg Saint-Germain s'empara facilement de l'abbé Delille : c'était son ancien élément. Il refusa d'abord de prendre place à l'Institut, craignant de déroger à son titre d'ancien académicien.

Pendant sa mission, avortée à Paris, pour le rétablissement des Bourbons, Montlosier était parvenu

---

[1] Las Cases, t. III, p. 257, 260; t. V, p. 35, 160.

à reconnaître les bonnes dispositions du premier Consul en faveur de la religion catholique et de l'émigration. De retour à Londres, il en parla dans le journal qu'il rédigeait, et lui donna une physionomie qui lui fit perdre la protection du gouvernement anglais et lui valut celle du premier Consul. Rappelé en France, il continua, à Paris, le *Courrier de Londres*. Après quelques mois, ce journal cessa de paraître, et Montlosier fut attaché au département des affaires étrangères. Ces conversions flattaient singulièrement le premier Consul.

Le gouvernement avait fait publier au commencement de l'an IX, sous le titre de *Conspiration anglaise*, la correspondance des agens du comte d'Artois saisie à Paris. Il publia une autre correspondance de ce genre sous le titre de *Papiers saisis à Bareuth et à Mende, département de la Lozère*. C'était celle de l'agence dite d'Augsbourg, dont les opérations étaient soumises à la direction particulière du comte de Lille. Les chefs principaux de cette agence étaient Dandré, Précy et Imbert-Colomés. Ces deux derniers, ainsi que plusieurs de leurs agens secondaires, avaient été arrêtés l'année précédente par ordre du roi de Prusse, leurs papiers saisis, examinés par la régence de Bareuth, et remis en original à l'ambassadeur Beurnonville qui les avait envoyés au gouvernement. Le zèle qu'il déploya dans cette affaire le conduisit ensuite au sénat. Dans le même temps on avait arrêté en France des agens subordonnés du comité de Bareuth et saisi leurs correspondances. On s'était emparé de quelques dépôts d'armes et de poudre, qu'ils étaient parvenus à former dans les lieux où ils présumaient qu'ils auraient le plus d'avantage à s'en servir.

Cette suite de complots et de manœuvres embrassait un intervalle d'environ six ans. Les chefs et subalternes se montraient dévorés de la soif de l'or. Les libelles et les attentats, tout se faisait à prix d'argent. Mais l'or étranger s'arrêtait presque tout entier dans la main des chefs; les complices subalternes commettaient, à leur profit personnel, des délits étrangers à leur mission principale, et pour l'expiation desquels plusieurs étaient morts sur l'échafaud.

En effet, le brigandage, quoiqu'en général détruit ou comprimé, existait encore dans certains départemens, notamment dans ceux des Côtes-du-Nord et du Morbihan, où les restes de la chouanerie étaient toujours excités par quelques chefs à la solde du cabinet britannique.

Le ministre de la justice reprochait aux tribunaux la crainte et la molle condescendance qui leur avaient dicté des jugemens réprouvés par la loi et par l'opinion publique. Ces reproches étaient nominativement adressés aux juges criminels de la Drôme, des Bouches-du-Rhône et d'Indre-et-Loire. On a vu que le tribunal de Tours avait montré plus que de la mollesse, dans le jugement rendu contre les brigands qui avaient enlevé le sénateur Clément de Ris.

D'un autre côté, des défenseurs officieux se permettaient, dans la défense des brigands, un langage et des principes qui ne pouvaient être familiers qu'aux ennemis de la révolution. Le ministre de la justice chargea les commissaires du gouvernement de réprimer et de punir cet abus. « Il serait étrange, leur écrivait-il, que le gouvernement français, honoré dans toute l'Europe, fût impunément insulté dans les tribunaux de la République. »[1]

Des considérations de haute police empêchèrent de publier beaucoup de lettres qui faisaient partie de la correspondance de Bareuth. On voulut aussi ménager quelques individus qui avaient depuis abandonné la cause royale et s'étaient convertis au gouvernement consulaire, tels que Camille Jordan. Dans une des lettres saisies, il disait : « Il faut enfin que l'on donne les bases sur lesquelles je peux négocier avec les gouvernans actuels (les Consuls). Il faut que sa majesté (le comte de Lille) fasse de grands sacrifices et se conduise avec modération, parce qu'*une fois rétablie sur le trône, elle ne manquera pas d'autorité* ». Camille Jordan s'était donc aussi flatté d'amener le premier Consul à résigner le pouvoir entre les mains des Bourbons! Cette lettre fut cependant colportée; le premier Consul en parla publiquement; mais il usa d'indulgence envers son auteur qui lui avait été présenté à Lyon, et qu'on disait avoir rendu des services.

Malgré l'activité de Fouché et la surveillance de

[1] Lettre du 8 brumaire.

la police, il paraissait toujours quelques écrits hostiles et surtout royalistes contre le gouvernement. Tel était le journal *l'Invisible*, établi en l'an VIII par le comité royaliste, imprimé clandestinement à Paris, et qui contenait des détails de mauvais goût et des mensonges sur la vie privée des personnages les plus considérables de l'état, et sur l'intérieur du premier Consul, ou qui envenimaient la vérité. Il circulait aussi sous le manteau un bulletin à la main qui avait le même but. On prétendait y faire connaître ce que le premier Consul faisait, disait, ou pensait à chaque instant du jour ou de la nuit. Les étrangers, alors en grand nombre à Paris, répandaient ce bulletin dans toute l'Europe, et les journaux d'Allemagne et d'Angleterre y puisaient toutes sortes d'anecdotes scandaleuses et de nouvelles controuvées. Les ennemis du gouvernement les faisaient circuler dans les salons de Paris, d'où elles se propageaient dans les départemens. La police découvrit et fit arrêter (20 nivose) le rédacteur de ce bulletin, un nommé Fouilloux. On trouva dans ses papiers la liste de ses abonnés et de ses patrons. On y voyait le citoyen Serbelloni, ambassadeur de la République cisalpine, le marquis de Luchesini, ambassadeur de Prusse, le comte de Marcow, ambassadeur de Russie et autres. Ce dernier, vendu à l'Angleterre, indiquait même le sens dans lequel le bulletin devait être rédigé.

Le premier Consul en parla dans son cabinet devant le conseil d'état. « Il ne contient, dit-il, que des absurdités. Il paraît, d'après ce que l'on y dit de moi, que l'auteur ne connaît seulement pas mon physique; on y suppose des scènes galantes semblables à celles de Louis XV. En effet, je ressemble beaucoup à ce monde-là, n'est-ce pas? On m'y fait dépenser des sommes énormes pour mes voyages de Malmaison; on sait, en effet, comment je jette l'argent par les fenêtres. On y raconte une scène violente entre moi et Barbé-Marbois (ministre du trésor), à qui j'aurais demandé 15 millions pour mon voyage de Lyon et qu'il m'aurait refusés, tandis que je n'ai pas dépensé 50,000 francs. On y parle de prétendues querelles entre moi et Lannes[1]. J'ai dit au citoyen Serbelloni, à Lyon, et en présence de plusieurs de ses compatriotes, qu'il avait donné 300 francs à l'auteur, et que son nom était sur la liste des abonnés. Il y a parmi eux bien d'autres *gobe-mouches* étrangers. On ne conçoit pas que des gens revêtus d'un caractère respectable en abusent pour encourager de semblables rapsodies. On exagère dans ce bulletin les dangers de l'opposition du tribunat et du Corps-Législatif. On attribue à la crainte que j'en ai eue une prétendue hésitation à faire mon voyage à Lyon. Il n'y en a eu aucune, car si Paris fût devenu inquiétant, après avoir tout arrangé, j'y serais revenu dans trois fois vingt-quatre heures. A Lyon, tout était concerté et disposé d'avance par Talleyrand. »

---

[1] Elles étaient vraies.

Ce fut vraisemblablement l'étrange conduite de ces agens diplomatiques qui, dans la discussion d'un article du code civil, par lequel on proposait de les exempter de la juridiction des tribunaux, fit dire au premier Consul qu'il ne fallait pas donner ce privilége aux ambassadeurs en France, où ils pouvaient plus facilement conspirer parce que c'était une République, ni les grandir encore aux yeux de la nation qui n'avait que trop de considération pour les étrangers.[1]

Nous avons rapporté sans ménagement les actes arbitraires du gouvernement consulaire dans les années VIII et IX. Nous citerons avec une scrupuleuse exactitude ceux que l'avenir nous révélera. Nous pensons que rien ne peut les justifier, qu'ils sont même de mauvais calculs du pouvoir. Mais si l'on prend un jour la peine de les additionner et de les comparer à ceux des gouvernemens dont on vante la paternité et le respect pour l'ordre légal, on s'étonnera peut-être de la modération d'un homme dont la volonté a fait loi pendant treize ans en France et dans une grande partie de l'Europe.

En parlant du mauvais esprit des salons de Paris, le second Consul avait dit que le gouvernement serait obligé de chasser quatre à cinq cents personnes de la capitale. Il y en eut quelques-unes d'exilées, mais en petit nombre. Madame de Champcenetz fut renvoyée dans la Hollande, sa patrie, et madame

---

[1] *Mémoires sur le Consulat.*

de Damas, femme d'émigré, aux frontières. Elles étaient accusées d'entretenir habituellement des correspondances avec les ennemis de l'état, madame de Champcenetz avec Vaudreuil, membre du comité Dutheil, et madame de Damas d'avoir long-temps donné refuge à Hyde de Neuville et à Limoelan, lors de l'affaire du 3 nivose an ix.

La Harpe, d'abord ultra-révolutionnaire, qui avait ensuite quitté le bonnet rouge pour la haire et le cilice, condamné à la déportation le 18 fructidor an v, rappelé après le 18 brumaire, tenait chez lui des assemblées de vingt à vingt-cinq personnes. C'était à-la-fois un bureau d'esprit et un conciliabule mystique et politique; on y parlait fort mal du gouvernement. A la tribune du Lycée, il profitait de son cours de littérature pour faire du fanatisme et de la contre-révolution. Il reçut l'ordre de se rendre à vingt-cinq lieues de la capitale, pour vivre dans une petite commune à son choix. « Cet homme si estimable, dit le journal officiel, et auteur de très bons ouvrages, âgé de soixante-dix-huit ans, et tombé dans l'enfance, est en proie à une espèce de délire réacteur que nourrit et entretient chez lui le caquetage de quelques coteries. A son âge et lorsqu'on se met tous les jours dans la position de demander pardon de tout ce qu'on a dit et écrit dans les plus belles années de sa vie, on n'a que le droit de se taire et d'être pardonné. » [1]

---

[1] Moniteur du 9 ventose.

Malgré la censure exercée par le ministre de l'intérieur sur les théâtres, deux pièces attirèrent l'attention particulière du premier Consul. L'une de Duval, intitulée *Édouard en Écosse*, avait été reçue au Théâtre-Français, et attendait, à la censure, qu'on en permît la représentation. Le ministre n'y paraissait pas disposé. L'auteur fit des démarches pour obtenir cette permission. Il lut sa pièce chez Maret, secrétaire d'état, qui en parla à Chaptal. D'un autre côté, on lui dépêcha mademoiselle Contat qui avait un rôle dans la pièce. Il consentit à ce qu'on en fît lecture dans son salon. Elle eut lieu à la suite d'un dîner, en présence d'une société nombreuse. A chaque instant, mademoiselle Contat, tenue par ses opinions et son jeu pour une actrice de bonne compagnie, s'écriait : « C'est charmant, c'est divin »! On ne pouvait pas dire autrement sous peine de passer pour un homme sans goût ou un révolutionnaire. La pièce emporta donc le suffrage général, et le ministre en autorisa la représentation.

La première eut lieu le 28 pluviose. Les royalistes et les émigrés s'y rendirent en foule, firent de nombreuses allusions aux Bourbons, et applaudirent avec fureur; la pièce eut un grand succès. Le lendemain, ils allèrent en foule s'écrire chez l'auteur.

On proposa au premier Consul d'interdire la pièce; il voulut la voir jouer pour la juger lui-même, et il alla à la deuxième représentation. Il écouta le premier acte avec beaucoup d'attention;

on crut même voir qu'il était ému par la triste situation du prince Édouard. Mais des applaudissemens affectés et prolongés partirent de plusieurs loges et surtout d'une placée en face de la sienne, et où se trouvaient des émigrés rentrés. Le premier Consul prit un air sévère, resta au théâtre, mais parut donner peu d'attention à la suite de la pièce. On lui rapporta que parmi ces émigrés se trouvaient les ci-devant ducs de Choiseul et de Richelieu. Le premier était un des émigrés *naufragés de Calais*, à qui Bonaparte avait, immédiatement après le 18 brumaire, rendu la vie et la liberté, et qui venait d'obtenir sa rentrée en France. Le second y était revenu avec un passeport du ministre de la police, qui lui avait écrit une lettre extrêmement flatteuse. Le premier Consul fit de vifs reproches à Cambacérès qui les rendit au ministre Chaptal. La pièce fut interdite. Richelieu reçut l'ordre de quitter Paris dans vingt-quatre heures et le territoire français dans huit jours[1]. Les royalistes et les émigrés crièrent à la tyrannie.

Le premier Consul justifia cette mesure en disant dans son salon : « Voilà ce que c'est que les ministres qui font représenter des pièces politiques sans prendre l'avis du gouvernement. Cela ne s'est jamais fait nulle part, même dans les temps les plus cal-

---

[1] Voilà comment il retourna en Russie, et non, comme on le lit dans la *Biographie universelle*, parce que le premier Consul mettait à sa rentrée la condition qu'il quitterait le service de cette puissance, ce qui, du reste, était par trop juste.

mes. On dit ensuite que c'est moi qui fais jouer ces pièces pour sonder l'opinion. Cependant je n'ai pas laissé donner *la Partie de chasse d'Henri IV*, quoiqu'il y ait une grande différence; car Henri IV a sauvé son pays de la domination de l'Espagne qui était alors puissance prépondérante, et sans le secours des étrangers. Mais tout cela est sans but; c'est même tendre des piéges aux royalistes. Car, à la fin, s'ils se montraient trop à découvert, il faudrait bien frapper dessus.... Aucune puissance ne veut garder le prétendant. Ce n'est qu'à ma considération qu'on ne le renvoie pas de Prusse. Le prince de Condé n'a pas pu avoir une audience du gouvernement anglais; il est à vingt lieues de Londres. La raison en est que tous ces princes coûtent de l'argent, ne sont bons à rien, et offrent sans cesse aux peuples l'exemple des rois détrônés par la philosophie. »

L'auteur d'*Edouard en Écosse* eut peur, et se réfugia à Rennes, son pays. Le premier Consul l'ayant appris de Talma : « Pourquoi s'est-il enfui »? dit-il : et Duval revint à Paris.

Peu de temps après, on représenta au théâtre de l'Opéra-Comique une pièce d'Emmanuel Dupaty, intitulée *l'Antichambre, ou les valets entre eux*, à laquelle assistait Lucien Bonaparte. On rapporta au premier Consul que les personnages étaient trois laquais portant des habits de la même couleur que ceux des Consuls. Un militaire, interrogé par un de ces laquais sur son état, répondait : « *Je suis au ser-*

rice », et le laquais lui répliquait : « *Et moi aussi : nous sommes collègues* ». On dit que l'acteur Chénard, dans cette pièce, avait singé les manières du premier Consul.

Le ministre Chaptal, appelé aux Tuileries, dit qu'il ne connaissait pas la pièce. Arnault, chef de division au ministère et chargé des théâtres, ne la connaissait pas davantage. Il se trouva que c'était un commis subalterne qui l'avait examinée. Le premier Consul répéta son mot ordinaire : « Voilà ce que c'est que de n'avoir pas de ministre »! Le Consul Cambacérès conseillait à Chaptal de sacrifier Arnault; mais on ne le pouvait pas ; c'était le beau-frère de Regnault de Saint-Jean-d'Angely.

Cette pièce renouvela l'irritation qu'avait causée au premier Consul *Edouard en Écosse*. Dans le premier moment il dit qu'il fallait vérifier les habits, et que si leur similitude avec les costumes consulaires était reconnue, on en revêtirait les acteurs en place de Grève, et on les ferait déchirer sur eux par la main du bourreau. Il ordonna que Dupaty serait envoyé à Saint-Domingue, mis comme réquisitionnaire à la disposition du général en chef, et que la scène ci-dessus rapportée serait mise à l'ordre de l'armée.

Quelles étaient les intentions de l'auteur? Duval dit qu'il lui envia l'idée d'avoir été le premier à attaquer de front les ridicules naissans de la cour de Bonaparte. Quoi qu'il en soit, Dupaty ne fut point conduit à Saint-Domingue; il resta quelque temps à Brest attaché à la garnison en qualité d'officier du génie, et le premier Consul lui permit bientôt de revenir à Paris où il reprit ses travaux, et enrichit le théâtre d'une foule d'ouvrages pleins d'esprit et de grâce. Sa pièce, telle qu'elle était alors, fut rejouée quelques mois après sous le titre de *Pierre et Diégo*, et resta long-temps au répertoire. Le premier Consul le dédommagea même de cette mésaventure de la manière la plus noble et la plus flatteuse.

Ces incidens paraîtraient peu dignes de figurer dans l'histoire, s'ils n'y avaient pas déjà été dénaturés par la passion. Ils rendirent la censure des pièces plus attentive et plus sévère. Les fonctionnaires qui en étaient chargés, allant toujours par peur ou par flatterie au-delà des intentions du chef de l'état, parlaient sérieusement de retrancher du répertoire *Tancrède et Tartufe*, la première pièce, parce que c'était un proscrit qui rentrait dans sa patrie; la seconde, parce qu'elle déplaisait au clergé qu'on venait de rétablir.

Parmi les hommes à talent qui honoraient la scène française, le premier Consul avait une estime particulière pour Talma. Il assistait à suivre les représentations de ce tragédien célèbre et à s'entretenir avec lui. On a dit qu'il s'était établi entre ces deux hommes, jouant le même rôle sur des théâtres différens, une sympathie dont le résultat fut une sorte de réaction continuelle du personnage idéal sur le personnage réel, et du personnage réel sur le personnage idéal : on en a conclu que Bonaparte prenait des leçons de Talma. Il est plus vrai de dire que le premier Consul fournit à l'acteur de grandes inspirations.

CHAPITRE XXIII.

Retour de l'armée d'Orient en France. — Traité de paix d'Amiens. — Le premier Consul et les Anglais le considèrent comme une trêve. — Traités de paix avec le Wurtemberg et la Porte.

L'armée d'Orient arriva à Toulon et à Marseille, et y fit quarantaine. Dans l'exposé de situation de la République, le gouvernement dit que cette armée était composée de vingt-trois mille hommes, non compris les étrangers qui avaient suivi sa fortune. Des termes équivoques dans lesquels cette assertion était énoncée, on pouvait conclure que c'étaient vingt-trois mille hommes en état de porter les armes. Menou le comprit ainsi; il écrivit de Toulon que si cela était vrai, il mériterait d'être pendu à l'arbre le plus élevé qui se trouverait en France; qu'au moment de la descente des Anglais à Abouqyr, l'armée active n'était que de quinze mille hommes; que le calcul du gouvernement pouvait être vrai, si l'on y comprenait les invalides, les dépôts, la marine, les employés, négocians et autres; qu'il parlerait, qu'il écrirait, si le gouvernement voulait être instruit. Menou avait raison. « Je ne lui en veux pas, dit le premier Consul; je n'en veux à personne. Lorsque je quittai l'Égypte, je prévis ce qui arriverait. Kléber lui-même ne l'aurait pas conservée; cela n'entrait pas dans sa tête. Nous y reviendrons un jour. Je ne veux pas que Menou se justifie; il n'en a pas besoin. Qu'il vienne; tout s'arrangera. »

Malgré le mauvais état de sa santé, Menou aurait pu se rendre à Paris; mais, suivant son usage, il n'y arriva que cinq mois après son débarquement. « En me présentant devant vous, dit-il au premier Consul, la douleur d'avoir vu perdre votre plus belle conquête se renouvelle vivement. — Le sort des batailles est incertain, lui répondit Bonaparte; vous avez fait tout ce qu'après la malheureuse journée du 30 ventose[1] on pouvait attendre d'un homme de cœur et d'expérience. Votre longue résistance à Alexandrie a contribué à la bonne issue des préliminaires de Londres. Votre bonne et sage administration vous a mérité l'estime de tous les hommes qui en apprécient l'influence sur la prospérité publique. Je connais bien tout ce qui s'est passé à votre armée. Vos malheurs ont été grands; mais ils ne vous ont rien fait perdre dans mon estime, et je m'empresserai de le publier hautement, afin qu'aucune clameur ne puisse entacher votre conduite. »

Menou fut nommé tribun (le 27 floréal), et ensuite le premier Consul lui donna l'administration générale des six départemens piémontais formant la vingt-septième division militaire.

---

[1] Où se livra la bataille de Nicopolis.

L'Égypte perdue, il était inutile d'en rechercher les causes. Il fut donc à-la-fois juste et politique de la part du gouvernement de ne blâmer personne, d'interdire même les justifications, d'absoudre tout le monde, et de jeter un voile épais sur le passé. Ce fut par ces motifs que le premier Consul, qui avait refusé au général Reynier de faire examiner sa conduite et celle des autres généraux qui s'accusaient entre eux, défendit au général Menou de rien publier. Mais à peine le général Destaing, qui ne s'était point écarté de son devoir envers le général de l'armée d'Orient, fut-il arrivé à Paris, que Reynier le provoqua en duel, et lui donna la mort. Le premier Consul exila Reynier, accorda une pension à la veuve de Destaing, et le journal officiel fit l'éloge de ce général.[1]

Reynier publia un livre sur l'Égypte[2]. « Quoique l'impartialité, disait-il dans un avant-propos, soit difficile à conserver lorsqu'on écrit sur des événemens dans lesquels on a joué un rôle, j'ai tâché de ne pas m'en écarter. Je dois décrire des revers. Il faut, pour l'honneur de l'armée d'Orient, en publier les causes, afin qu'on sache qu'elle s'est toujours montrée digne de son ancienne gloire ». Personne n'en doutait; mais à l'abri de ce motif, le livre de Reynier contenait, avec des matériaux excellens pour l'histoire de l'expédition, une ac-

[1] Moniteur, 6 prairial an x.
[2] De l'Égypte après la bataille d'Héliopolis, et Considérations générales sur l'organisation physique et politique de ce pays. Paris, an x (1802).

cusation amère contre Menou, qui, fidèle à la promesse qu'il avait faite au premier Consul, ne répondit pas. Dans ce procès, le public n'entendit donc qu'une partie. En retraçant le généralat de Menou et les opérations de l'armée d'Orient, nous avons fait assez pressentir ce qu'il aurait opposé à ses accusateurs. Il aurait pu les compromettre et se justifier d'imputations passionnées et injustes, sans se réhabiliter entièrement, comme général, dans l'opinion qui lui imputait la perte de l'Égypte.

À cette époque, le premier Consul posa les bases du grand et magnifique ouvrage connu sous le titre de *Description de l'Égypte*, dont la première idée avait été conçue par Kléber[1], et qui a, presque autant que la victoire, immortalisé l'expédition. Il ordonna que les mémoires, plans, dessins, et tous les résultats relatifs aux sciences et aux arts, obtenus pendant l'occupation, seraient publiés aux frais du gouvernement; que les membres de l'Institut d'Égypte et autres savans qui avaient coopéré à ces recherches, seraient chargés de la rédaction, de la direction et de la publication de l'ouvrage, et que l'édition entière serait vendue au profit des auteurs.[2]

Pour conclure la paix définitive avec l'Angleterre, des conférences préalables avaient eu lieu à Paris,

---

[1] Voyez lettre de Kléber au citoyen Dongenettes, président de l'Institut du Kaire, et la réponse de l'Institut à Kléber. *Courrier de l'Égypte*, n° 48, 19 frimaire an VIII.

[2] Arrêté du 17 pluviôse. Les frais de cet ouvrage s'élevèrent à plusieurs millions; la première livraison parut en juillet 1810.

entre le marquis de Cornwalis et Joseph Bonaparte, dans les premiers jours de frimaire. Dès le début, il fut évident que l'article de Malte présenterait le plus de difficultés; et cependant, dans le traité définitif, il n'y avait pas autre chose à faire que de désigner la puissance à qui serait confiée la garantie de cette île. Mais à peine la négociation fut-elle transportée à Amiens, que le plénipotentiaire britannique commença à élever sur ce point des questions nouvelles. Malte était donc tout le nœud de la négociation.

Quatre mois s'étaient écoulés en projets et en discussions. De la part de la France, on voulait que la garantie portât la moindre atteinte possible à l'indépendance de l'ordre de Malte. Du côté de l'Angleterre, on cherchait à fortifier cette garantie par l'appui d'une garnison de troupes étrangères. A Londres, les partisans de la guerre continuaient leurs déclamations. La nomination du premier Consul à la présidence de la République italienne fut pour eux un texte nouveau. Quand il fut question, à la chambre des communes (12 ventose, 3 mars), de voter les états du service de l'armée, ils s'élevèrent contre son ambition et l'extension de puissance que la France avait reçue depuis les préliminaires, tant par son influence sur un des principaux états de l'Italie, que par l'acquisition de Porto-Ferrajo et de la Louisiane. Le ministère éluda d'entrer dans cette discussion, par la raison qu'il la trouvait hors de propos, et que les intérêts du pays seraient plus convenablement défendus au congrès d'Amiens.

Les discours des orateurs du parlement étaient pleins d'amertume contre la France et le premier Consul. La plupart des journaux anglais étaient encore plus virulens; les uns et les autres soufflaient la guerre. Le premier Consul leur fit répondre dans le Moniteur (22 ventose) et dans le *Bulletin de Paris*, auxiliaire du journal officiel. Le Bulletin déplorait ces vaines clameurs, qui ne diminuaient pas la gloire, la puissance de la République ni la force de son gouvernement, et qui n'empêcheraient pas la paix, mais qui entretenaient chez les deux nations de fausses idées, des préjugés injustes, des préventions fâcheuses, propageaient des ressentimens, réveillaient des souvenirs qu'il faudrait éteindre chez deux peuples dont la durable intelligence commanderait glorieusement la paix au monde. Il réfutait les journaux anglais en ce qu'ils dépréciaient la richesse de la France; il élevait ses ressources au-dessus de celles de l'Angleterre. Il en tirait la conclusion que le peuple dont le gouvernement avait vaincu en l'an VIII pouvait, comme alors, désirer la paix, mais moins encore qu'alors redouter la guerre, si on le forçait à la soutenir.

Des réfugiés irlandais publièrent à Paris, sous la direction du gouvernement, un journal anglais intitulé *l'Argus*, destiné aussi à faire tête aux attaques du parti de la guerre. Le ton de ces discussions n'était pas propre à rassurer le public sur l'issue du congrès, dont les travaux étaient enveloppés de mystère. Mais les motifs politiques qui avaient déterminé le cabinet anglais à négocier la paix subsistaient toujours. Malgré la guerre d'injures, il avait bien fallu finir par s'entendre. Les plénipotentiaires étaient d'accord. La paix arriva aussi inopinément que les préliminaires; le traité d'Amiens fut signé le 4 germinal. Leurs stipulations étaient pour la plupart les mêmes. D'après celles qui furent ajoutées dans le traité définitif, les parties contractantes s'engageaient à maintenir une parfaite harmonie entre elles et leurs états, sans permettre que de part ni d'autre on commît aucune sorte d'hostilités par terre ou par mer, pour quelque cause et sous quelque prétexte que ce pût être; à éviter soigneusement tout ce qui pourrait altérer à l'avenir l'union heureusement rétablie, et à ne donner aucun secours ni protection, soit directement, soit indirectement, à ceux qui voudraient porter préjudice à aucune d'elles. (Art. 1.)

Le Cap de Bonne-Espérance restait à la République batave en toute souveraineté; les bâtimens de toute espèce, appartenant aux autres parties contractantes, avaient la faculté d'y relâcher et d'y acheter des approvisionnemens. Les stipulations des traités conclus par le Portugal avec la France et l'Espagne étaient maintenues. La maison de Nassau recevait une compensation équivalente aux pertes qu'elle avait éprouvées par l'établissement de la République batave. Les parties contractantes s'obligeaient de livrer en justice les personnes accusées des crimes de meurtre, de falsification ou de banqueroute frauduleuse, commis dans la juridiction de la partie qui le requerrait. Tout le traité était dans l'article 10, qui stipulait treize conditions pour la restitution de l'île de Malte à l'ordre de Saint-Jean-de-Jérusalem, dont les principales étaient que les chevaliers dont les langues continuaient de subsister s'y rendraient, et nommeraient un grand-maître, pris parmi eux; qu'il n'y aurait ni langue française ni langue anglaise; qu'il y aurait une langue maltaise; que l'indépendance de Malte était mise sous la protection et garantie de la France, de la Grande-Bretagne, de l'Autriche, de l'Espagne, de la Russie et de la Prusse; que le roi de Naples serait invité à fournir deux mille hommes pour servir de garnison pendant un an ou plus long-temps, au jugement des six puissances; que les troupes anglaises évacueraient l'île dans les trois mois après l'échange des ratifications, ou plus tôt s'il était possible, pourvu que le grand-maître, ou des commissaires légalement autorisés, fussent dans l'île pour en prendre possession, et que les troupes napolitaines y fussent arrivées. Le traité fut déclaré commun à la Sublime Porte, alliée du roi d'Angleterre; elle fut invitée à transmettre son acte d'accession, et l'envoya le 13 mai.

Le 5 germinal, à trois heures après midi, la paix fut annoncée à Paris par le canon, et ensuite proclamée dans les formes accoutumées. L'Institut national, se trouvant réuni, fut le premier à aller complimenter le premier Consul. Après d'aussi grands résultats, l'éloge était de droit, la flatterie même excusable; mais le président de l'Institut, Duthoil, héritier de l'esprit obséquieux des académies, excéda toutes les bornes en reprochant au premier Consul de manquer d'un genre de courage, celui de supporter la louange la plus légère et la mieux méritée. Les autres corps et autorités arrivèrent à leur tour, et les départemens envoyèrent leurs adresses.

Quoique le traité eût été conclu le 4, les plénipotentiaires donnèrent, le 6, un grand appareil à sa signature. Elle eut lieu en présence du peuple, auquel leur salle fut ouverte; ils s'embrassèrent, au milieu des acclamations et des cris de joie. On dit que lord Cornwalis, regardant sa promesse comme sacrée, signa le traité malgré l'arrivée d'un courrier de sa cour, qui en improuvait plusieurs articles.[1]

Le 15, à l'audience du corps diplomatique, sir Jackson, ministre plénipotentiaire d'Angleterre pendant les négociations d'Amiens, présenta au premier Consul beaucoup d'Anglais de distinction. D'après le désir du premier Consul, le gouvernement anglais donna, avant l'échange des ratifications, l'ordre de faire rentrer le plus tôt possible dans leur pays les prisonniers français, au nombre de quatorze mille.

[1] O'Méara, t. 1, p. 459; Las Cases, t. IV, p. 297.

Les ratifications furent échangées le 28 germinal, jour de la fête célébrée pour la paix. Elle fut accueillie en Angleterre, et surtout à Londres, avec les mêmes transports de joie que l'avaient été les préliminaires. Elle fut proclamée au bruit des canons du parc et de la tour, et avec un degré de pompe et de solennité qu'on n'y avait peut-être jamais vu en pareille circonstance. Les rues où passait le cortége étaient remplies de monde; les fenêtres, les toits et tous les endroits capables de contenir des spectateurs en étaient garnis. La foule était si grande qu'il y eut, suivant l'usage du pays, plusieurs personnes blessées, écrasées, tuées. Les illuminations furent on ne peut pas plus brillantes. La cour, qui était à Windsor, vint prendre part à la joie commune. Il n'y eut pas un jour du mois de mai où il ne fût donné une fête en l'honneur de la paix, soit par des personnes en place, des riches particuliers ou des clubs.

Le gouvernement envoya le traité d'Amiens au Corps-Législatif, avec un message qui fut communiqué au sénat et au tribunat (16 floréal). Il contenait un résumé de la situation de la France à l'égard de la plupart des puissances de l'Europe, et en particulier des Républiques ses alliées. « Bien des années, y était-il dit, s'écouleront désormais pour nous sans victoires, sans triomphes, sans ces négociations éclatantes qui font les destinées des états; mais d'autres succès doivent marquer l'existence des nations, et surtout celle de la République. Partout l'industrie s'éveille, partout le commerce et les arts tendent à s'unir pour effacer les malheurs de la guerre. Des travaux de tous les genres appellent la pensée du gouvernement. Les années qui vont s'écouler seront, il est vrai, moins célèbres; mais le bonheur de la France s'accroîtra des chances de gloire qu'elle aura dédaignées ». Sur un rapport du tribun Gallois, le tribunat et le Corps-Législatif votèrent à l'unanimité la promulgation du traité d'Amiens comme loi de l'état.

En Angleterre, le parti de la guerre était loin de se laisser imposer par l'allégresse publique. Il attaqua le traité définitif, comme il avait attaqué les préliminaires. Il trouvait de nouveaux prétextes dans les événemens qui depuis avaient opéré des changemens politiques favorables à la France. Présenté au parlement le 27 avril, le traité fut, à chaque séance, l'objet des critiques les plus amères et des accusations les plus violentes contre les ministres. La discussion s'ouvrit le 13 mai. Lord Grenville dans la chambre des pairs, et Windham dans celle des communes, se firent remarquer par l'âcreté de leurs paroles et la force de leurs argumens. Après avoir relevé tout ce que le traité avait, suivant lui, de déshonorant et de dangereux pour son pays, Windham s'écria : « N'y a-t-il donc de chances pour nous que dans la paix? La continuation de la guerre ne nous en présente-t-elle pas de plus avantageuses? La guerre amène bien des révolutions. Ne peut-il pas survenir un changement dans le gouvernement actuel de la France? Un seul événement suffit pour changer la face de la France et celle de l'Europe. Ce n'est pas que je croie ni que je veuille assurer que *la mort de Bonaparte* changeât quelque chose aux projets d'agrandissement dont la France s'occupe dans ce moment; mais je dis que, si un événement de cette nature arrivait, la France serait probablement mise en pièces, et des insurrections éclateraient bientôt dans tous les autres pays qu'elle tient sous sa dépendance. Je dis que l'énorme puissance qui nous fait trembler aujourd'hui croulerait : l'immense empire de Bonaparte aurait le sort de celui d'Alexandre. La question qui doit nous occuper dans ce moment n'est pas si la paix que vous avez conclue est bonne ou mauvaise, honorable ou déshonorante, égale ou inégale, mais si elle est préférable à la continuation de la guerre. Pour répondre à cette question, il ne suffit pas de considérer les cessions que nous avons faites, il faut voir encore l'effet qu'elles produisent sur le caractère national. Si nous avons conclu une paix qui avilisse le caractère de cette grande nation, si en la concluant nous avons laissé apercevoir quelques symptômes de faiblesse, si nous avons donné lieu de croire que nous ne la faisions que parce que nous craignions des troubles dans l'intérieur, il m'est impossible de ne pas préférer à une paix semblable tous les hasards attachés à la continuation de la guerre. On a souvent répété, et avec vérité peut-être, que la conservation de l'honneur national était presque la seule cause légitime qui dût armer les nations l'une contre l'autre. L'honneur national est quelque chose d'extrêmement délicat. L'apparence seule de la violence le blesse; la plus légère attaque devient un sujet de plainte et de vengeance ». Ensuite l'orateur cita un passage de Junius, dans lequel ce célèbre écrivain compare l'honneur des nations à celui des femmes. « Un peuple, dit-il, qui dans une seule circonstance se relâche sur ce point est perdu; il court à l'infamie. »

Quoique Pitt vît avec satisfaction ses anciens collègues critiquer amèrement une paix qu'il détestait, fidèle à sa politique du moment, il continuait à soutenir le ministère, et dit ces paroles remarquables : « Il n'est pas question de savoir si les événemens de Lyon sont contraires au traité de Lunéville, s'ils compromettent l'indépendance de Malte, mais si on aurait dû les regarder comme un obstacle insurmontable à la paix. Quand on considère la situation de l'Angleterre et celle de la France, quand on voit qu'il était plus qu'incertain *que l'Europe voulût prendre aucune part à la continuation de la guerre, ou plutôt que chaque état avait fait sa paix séparément*, peut-on demander si le traité définitif, vu par rapport aux intérêts distincts de la Grande-Bretagne, n'est pas aussi avantageux qu'on pouvait raisonnablement l'exiger? C'est sous ce point de vue que la chose doit être envisagée, et rien n'est plus déplacé que de considérer chaque article séparément. Il est bon de se rappeler combien notre position était pénible dans le moment où la paix se négociait; non que je croie que ces difficultés fussent telles qu'elles rendissent la paix indispensable pour nous, mais du moins on peut assurer qu'elle était désirable aux conditions auxquelles nous l'avons faite. »

C'était aussi la conclusion de tous les discours des ministres : pour justifier le traité, ils disaient que dans l'alternative de la guerre ou de la paix, la nécessité les avait forcés à choisir la paix comme le moindre des maux.

En lui donnant son approbation, Fox reprocha à l'ancien ministère d'avoir entrepris une guerre qui n'offrait à l'Angleterre d'autre alternative qu'une ruine totale ou une paix semblable à celle qu'on venait de faire. Shéridan répéta que c'était une paix dont tout le monde pouvait être content, mais dont aucun Anglais ne pouvait être orgueilleux. En Angleterre, la paix, quoique populaire, n'était donc, dans la pensée des hommes d'état de toutes les opinions, qu'un pis aller, qu'une trêve par conséquent qui ne pouvait être de longue durée¹. Le gouvernement anglais, ayant souvent témoigné le désir de concerter des réglemens particuliers pour l'établissement ou le maintien des relations commerciales entre les deux nations, le premier Consul envoya à Coquebert-Montbret, commissaire géné-

---

¹ Un traité accordé à regret, et seulement par forme d'épreuve. *Vie Napoléon*, W. Scott, t. IV, p. 337.

ral du commerce à Amsterdam, pour s'occuper conjointement avec Otto de cette importante négociation, que le premier Consul désirait voir promptement conduite à une fin mutuellement avantageuse[1]. Il proposa un traité de commerce, par lequel les deux puissances se seraient engagées à recevoir, chacune, des marchandises et produits des fabriques de l'autre pour une égale valeur. Les ministres anglais trouvèrent cette réciprocité présomptueuse de la part de la France, outrageante pour l'Angleterre, et la repoussèrent.

Les traités de paix ne sont pas régis par les mêmes lois que les conventions et les contrats civils, ni les différends des états soumis à la justice ordinaire, comme ceux des citoyens. La morale des gouvernemens diffère beaucoup de la délicatesse bourgeoise des particuliers. L'intérêt peut commander, à celui que dévore le démon de la guerre, de faire la paix. Il est difficile de fixer des limites à la bonne ou à la mauvaise foi politique. Nous ne ferons donc point un crime au ministère anglais d'avoir signé les préliminaires de Londres et le traité d'Amiens avec la ferme résolution de rompre la paix, dès que la nécessité qui la lui avait fait conclure n'existerait plus. Comme cette rupture fut suivie de la longue guerre qui, pendant dix ans, ensanglanta encore l'Europe, nous voulons seulement constater une vérité

---

[1] Lettre d'Otto à lord Hawkesbury, 23 mai 1802.
[2] Napoléon, dans O'Méara, t. 1, p. 327.

qui ressort de tous les documens publics, et qu'il n'est pas permis de méconnaitre, à moins de vouloir fermer les yeux à la lumière. Nous le voulons pour opposer cette vérité aux esprits prévenus, qui ont rejeté sur le premier Consul seul la rupture de la paix. Il la fit, non par nécessité comme l'Angleterre, mais parce que le peuple français la désirait, qu'elle était glorieuse, et qu'elle complétait la reconnaissance de la nouvelle existence politique de la France. Du reste, quoi qu'on en ait pu dire[1], il pensait que la paix ne serait pas de longue durée; il se fondait sur l'inimitié persévérante des puissances continentales, sur la rivalité haineuse de l'Angleterre. N'en avait-il pas fait l'expérience? N'avait-il pas des yeux et des oreilles pour voir et pour entendre ce qui se faisait, ce qui se disait, soit dans le secret des cabinets de Vienne et de Londres, soit à la tribune du parlement anglais? Aurait-il été digne de sa grande renommée et du haut rang où il s'était élevé, s'il avait pu croire un instant à la bonne foi de monarques et d'aristocrates, qui cachaient mal leur inimitié ou qui ne se donnaient pas la peine de la dissimuler? Le premier Consul pensait qu'il n'y avait à espérer ni bonne foi ni solidité dans les traités de paix, tant que la forme des gouvernemens étrangers ne se serait pas rapprochée de celle du gouvernement de la France, ou que ses institutions politiques ne seraient pas un peu

---

[1] Las Cases, t. VII, p. 174.

plus en harmonie avec celles des autres puissances; qu'il y avait toujours un esprit de guerre entre de vieilles monarchies et une république toute nouvelle; que c'était la racine des discordes européennes. Il se proposait de supporter la paix, tant que les ennemis de la France sauraient la garder; mais s'ils l'obligeaient à reprendre les armes avant qu'elles ne fussent émoussées par la mollesse et une longue inaction, il y voyait un avantage. Il les connaissait trop bien pour n'être pas assuré qu'ils seraient les agresseurs ou qu'ils lui fourniraient de justes motifs de recommencer la guerre. Il la jugeait nécessaire à un gouvernement nouvellement établi, pour imposer aux ennemis intérieurs et extérieurs, pour étonner, éblouir et se consolider. Il fallait que ce gouvernement fût le premier de tous ou qu'il succombât. C'était le malheur de sa position, c'était une nécessité.[1]

Il ne restait plus que quelques traités de paix à conclure pour la forme. On signa à Paris celui avec le duc de Wurtemberg (30 floréal) et celui avec la Porte Ottomane (6 messidor). On n'en prêtait pas moins à la France et à la Russie des projets ambitieux sur la Turquie. Le gouvernement fit démentir ces bruits, disant que la fureur des conquêtes n'animait point Alexandre; que le premier Consul donnait assez de preuves de désintéressement en retirant successivement ses troupes des états du

---

[1] *Mémoires sur le Consulat*, p. 389.

pape, du royaume de Naples, des Républiques batave et ligurienne; et qu'il ne fallait pas être grand politique pour voir l'intérêt qu'avait la France au rétablissement de l'empire ottoman dans toute sa force et dans toute sa puissance.

Une députation de la ville de Marseille présenta au premier Consul une médaille frappée en son honneur; il répondit (15 fructidor) que le gouvernement avait sans cesse les yeux ouverts sur cette grande cité, et prenait un vif intérêt à sa splendeur; que, par le traité de paix conclu avec le grand-seigneur, la République ayant obtenu la libre navigation de la mer Noire, les relations commerciales de la Méditerranée s'accroîtraient d'une manière plus avantageuse que jamais. Le premier Consul exprima le désir que le commerce de Marseille ne négligeât point une autre source de prospérité que lui offrait l'ouverture des bouches du Pô, par lesquelles les bâtimens pouvaient remonter jusqu'à Ferrare, pénétrer jusqu'au sein du Piémont, et de là fournir des savons et d'autres produits de Marseille à la Suisse et à une partie de l'Allemagne.

Moniteur du 23 thermidor.

CHAPITRE XXIV.

Discussion au conseil d'état sur le système des listes de notabilité. — Tribunal de cassation; compte à rendre. — Vues du premier Consul sur l'organisation du tribunat. — Deuxième session du Corps-Législatif. — Lois diverses. — Conscription. — Finances.

L'article 38 de la constitution portait que le renouvellement du premier cinquième du Corps-Législatif et du tribunat aurait lieu en l'an x. Les élections des nouveaux membres devaient se faire sur la liste de notabilité nationale; le moment étant venu d'expédier les listes au sénat, et de mettre à exécution le système, ses nombreux adversaires au conseil d'état profitèrent d'une simple formalité pour attaquer le fond. Ils opposaient à Rœderer, auteur et défenseur des lois, instructions et réglemens relatifs à cette institution, que les listes n'étaient pas toutes parvenues au gouvernement, et qu'elles avaient suscité beaucoup de réclamations. Il répondait qu'il ne manquait qu'une douzaine de listes, que les réclamations ne portaient que sur des intérêts privés. Emmery déclara franchement que l'opinion publique était contre les listes, parce qu'elles privaient un grand nombre de citoyens de ce qui les flattait le plus dans les résultats de la révolution, l'aptitude aux fonctions publiques; que dans le conseil on avait toujours pensé que le système n'était pas bon, et qu'il ne serait point exécuté.

« L'institution est mauvaise, dit le premier Consul; c'est un système absurde, un enfantillage, de l'idéologie. Ce n'est pas ainsi qu'on organise une grande nation. Cinquante hommes réunis dans un temps de crise pour faire une constitution n'ont pas le droit d'aliéner les droits du peuple: sa souveraineté est inaliénable. Cependant, quelque détestable que soit l'institution, elle est dans la constitution; nous devons l'exécuter. Nous faisons notre devoir et preuve de bonne volonté. Les neuf dixièmes de ces listes sont envoyés au gouvernement. Il faut les laisser aller. Pendant leur exécution, chacun en jugera; l'opinion se prononcera, et l'on agira selon qu'elle se sera manifestée. D'ailleurs le peuple ne peut rester sans aucune espèce d'organisation. Il vaut encore mieux en avoir une mauvaise que de n'en point avoir du tout; car un peuple n'est pas organisé parce que la constitution a créé des pouvoirs. Il faut au gouvernement des appuis intermédiaires; sans cela, un gouvernement n'a aucune prise sur la nation, aucun moyen de lui parler ni de connaître son vœu. Il ne faut donc pas renoncer aux listes avant d'y avoir substitué autre chose. On convient qu'elles offrent une marge suffisante pour faire dans ce moment de bons choix. Enfin la constitution les a établies. Nous avons fait une loi organique. Toute la France s'est mise en mouvement pour l'exécuter. Dans les campagnes, on est allé à ces élections plus qu'à aucunes autres. Nous ne devons pas mépriser ce mouvement du peuple ni son vœu, parce que Paris aura fait une mauvaise liste, et que Paris ne compte les départemens pour rien. »

Plusieurs membres du conseil ayant répondu que la mise à exécution du système lui donnerait plus de force : « Eh bien! ajouta le premier Consul, si les listes sont favorablement accueillies et si l'opinion les consacre, tant mieux. Il est peut-être plus convenable pour le gouvernement d'avoir affaire à cinq mille individus qu'à toute la nation. Quel mal y a-t-il donc de marcher deux ou trois ans avec ces listes? C'est la seule influence du peuple dans le gouvernement. On verra lorsqu'il sera question de les renouveler. On avait d'abord cru l'article de la constitution inexécutable, et cependant nous avons fait une loi. Elle était bien difficile à comprendre; nous pensions qu'il n'y avait que le citoyen Rœderer qui l'entendît. Le peuple s'est donné la peine de l'apprendre et de l'exécuter. Annuler tout cela, ce serait manquer de respect à la nation qui a donné une grande preuve du sien pour la loi. »

Le conseil adopta presque à l'unanimité l'avis du premier Consul. Les listes furent expédiées au sénat qui les fit publier.

Le tribunal de cassation devait rendre au gouvernement un compte annuel de ses travaux. En discutant au conseil d'état la forme dans laquelle ce compte serait rendu, quelques propositions parurent porter atteinte à l'indépendance du tribunal. Le premier Consul les combattit : « Le tribunal de cassation, dit-il, ne doit aucun compte des motifs de ses jugemens: sans cela il ne serait plus indépendant. Il doit seulement donner ses vues sur l'amélioration de la législation; ce sera une occasion où l'opinion des jurisconsultes se manifestera et préparera l'opinion publique sur des points importans à soumettre au Corps-Législatif. Le tribunal communiquera son compte au ministre de la justice qui se disposera à répondre au jour indiqué. Si le compte contient des choses étrangères à l'administration de la justice, le gouvernement ne le recevra pas, ou bien le premier Consul dira : « Avocats, à l'ordre! mêlez-vous de justice et non de finances. »

Un arrêté du 5 ventose statua que le tribunal de cassation enverrait chaque année une députation de douze membres pour présenter aux Consuls, en conseil d'état, les ministres présens, le tableau des parties de la législation dont l'expérience aurait fait connaître les vices ou l'insuffisance; que dans ce tableau seraient spécialement exposés les moyens : 1° de prévenir les crimes, d'atteindre les coupables, de proportionner les peines, et d'en rendre l'exemple le plus utile; 2° de perfectionner les différens codes; 3° de réformer les abus qui se seraient glissés dans l'exercice de la justice, et d'établir dans les tribunaux la meilleure discipline à l'égard des juges et des officiers ministériels.

Tronchet ayant été promu au sénat, Muraire, secondé par Cambacérès, obtint la présidence du tribunal de cassation. Courtisan aimable, et distillant la flatterie avec une grâce naturelle, ce magistrat réussit auprès du premier Consul et fut bientôt nommé conseiller d'état tout en conservant la présidence.

On fit circuler dans les départemens que le gouvernement avait le projet d'exiger un cautionnement de tous les juges. Il fut désavoué par le journal officiel comme une des absurdités que répandaient les gazettes de Hambourg et de Londres, et plusieurs bulletins à la main colportés avec affectation, dont le but était de semer l'inquiétude.

La discussion qui s'était élevée au sujet du traité avec la Russie, et surtout le rejet des premiers projets de loi du code civil, déterminèrent le gouvernement à prendre, comme l'avait dit le premier Consul, ses quartiers d'hiver. Suivant la menace de Portalis, on mit le Corps-Législatif et le tribunat à *la diète des lois.* On ne leur en présenta plus aucune. On les laissa chômer jusqu'à la fin de ventose, c'est-à-dire jusqu'au renouvellement du cinquième qui devait avoir lieu cette année. On voulait profiter de cette circonstance pour éliminer de ces deux corps les membres qui gênaient, et pour se débarrasser de toute opposition.

Le 2 nivose, à l'occasion du projet de loi sur l'instruction publique qu'il s'agissait de présenter au Corps-Législatif, on manifesta dans le conseil d'état des craintes sur l'opposition du tribunat. « Ils n'entendront pas, dit le premier Consul, un projet de loi fait pour constituer la nation, car c'est à cela que tendent les six mille élèves. Ils trouveront que la loi donne trop d'autorité au gouvernement, comme si l'instruction publique n'était pas son premier ressort. Ils se livreront à une foule de déclamations vagues; ils diront des injures pour se donner de l'importance, pour faire quelque chose. Avec la nation française, qui est toute prête à mépriser son gouvernement si elle voit qu'on l'insulte impunément, il faut éviter ces injures. Il n'y a rien à y gagner, même lorsque nous les réfuterions. N'ont-ils pas vu dans l'article sur l'effet rétroactif l'abolition des effets de la nuit du 4 août 1789, dans la mort civile une institution féodale? Ils sont comme de petits chiens qui attaquent la citadelle de Strasbourg pour la renverser; je leur ai dit : Croyez-vous que si le gouvernement voulait conspirer, vous l'en empêcheriez? Est-ce que la constitution ne lui donne pas autant de pouvoir qu'il en veut, et plus qu'il n'en peut porter? On a dit que le citoyen Boulay avait fait perdre des voix en leur disant des injures. Moi, je trouve qu'il n'en a pas dit assez. On ne peut pas marcher avec une institution aussi désorganisatrice. La constitution a créé un pouvoir législatif composé de trois branches. Chacune d'elles n'a pas le droit de s'organiser: ce doit être la loi. Il faut donc en faire une qui organise le mode de délibérations de ces trois branches. Il faut diviser le tribunat en cinq sections. La discussion des lois aura lieu secrétement dans chaque section; on y bavardera tant qu'on voudra. On pourra même introduire une discussion entre ces sections et celles du conseil d'état. Il n'y aura que le rapporteur qui parlera en public. Alors on aura des choses raisonnables. »

Le 17 nivose, on discutait au conseil d'état la question du renouvellement constitutionnel des membres du Corps-Législatif et du tribunat. Le premier Consul en prit occasion de faire une digression sur l'opposition, et trancha la question.

« Il n'en faut point, dit-il. En Angleterre elle n'a aucun danger. Les hommes qui la composent ne sont point des factieux. Ils ne regrettent ni le régime féodal ni la terreur. Ils ont l'influence légitime du talent, et ne cherchent qu'à se faire acheter par la couronne. Chez nous, c'est bien différent. Ce sont les anciens privilégiés et les jacobins qui forment l'opposition. Ces gens-là ne briguent pas seulement des places ou de l'argent; il faut aux uns le règne des clubs, aux autres l'ancien régime. Il y a une grande différence entre la discussion dans un pays depuis long-temps constitué, et l'opposition dans un pays qui ne l'est pas encore. Dans le tribunat, les plus honnêtes gens courent après les succès, sans s'inquiéter s'ils ébranlent l'édifice. Qu'est-ce que le gouvernement? Rien, s'il n'a pas l'opinion. Comment peut-il balancer l'influence d'une tribune toujours ouverte à l'attaque? Là où il n'y a pas de patriciens, il ne doit pas y avoir de tribunat. A Rome, c'était autre chose. Encore les tribuns y ont fait plus de mal que de bien. L'Assemblée Constituante mit le roi au second rang: elle eut raison. Le roi avait dans sa main la noblesse et le clergé; il était d'ailleurs le représentant du régime féodal; le gouvernement actuel est le représentant du peuple. Ces observations peuvent paraître étrangères à l'objet de la discussion, mais je suis bien aise de les faire, pour que les bons esprits les propagent; je crois que c'est la vérité ». Ce système du premier Consul était au contraire une grande erreur.

Le lendemain, au moment de son départ pour Lyon, où avait été convoquée la Consulta cisalpine, le conseil d'état alla lui *souhaiter un heureux voyage et un prompt retour*. Ce fut tout le discours de Boulay de la Meurthe, qui porta la parole. Le premier Consul parla pendant plus d'une heure de la situation des choses, et notamment du Corps-Législatif et du tribunat; il établit ainsi son système: il voulait que le tribunat fût divisé en cinq sections correspondant à celles du conseil d'état; que tout projet de loi fût secrètement communiqué à la section compétente; qu'elle nommât trois orateurs chargés de discuter le projet avec la section du conseil d'état; qu'après la discussion et la rédaction de la loi, elle fût envoyée au Corps-Législatif; que le rapport en fût fait publiquement, et que là seulement le projet de loi devînt l'objet d'une discussion publique entre les orateurs du gouvernement et du tribunat. On objecta que ce système détruisait la publicité des séances du tribunat.

« Je ne vois pas cela, dit le premier Consul; d'ailleurs une constitution doit être faite de manière à ne pas gêner l'action du gouvernement, et à ne pas le forcer à la violer. Aucune constitution n'est restée telle qu'elle a été faite. Sa marche est toujours subordonnée aux hommes et aux circonstances. Si un gouvernement trop fort a des inconvéniens, un gouvernement faible en a bien davantage. Chaque jour on est obligé de violer les lois positives; on ne peut pas faire autrement : sans cela, il serait impossible d'aller. J'ai fait arrêter Bourmont et deux cents personnes dans l'Ouest, des contrebandiers de grains. Il n'y a pas un seul ministre qui ne fût dans le cas d'être accusé. Le gouvernement ne peut pas être despotique, parce qu'il n'a pour l'appuyer, ni système féodal, ni corps intermédiaires, ni préjugés. Le jour où le gouvernement serait tyrannique, il perdrait l'opinion publique, il serait perdu. Il faudrait un conseil extraordinaire pour les cas imprévus. Le sénat serait très propre à cela. J'avais à me plaindre de torts faits à un Français à Venise; j'en demandai réparation; on m'opposa les lois : je menaçai de les anéantir, et je dis qu'on avait le conseil des dix, les inquisiteurs, etc. Les inquisiteurs trouvèrent bien le moyen de me satisfaire.

« Mon projet assure l'examen calme et impartial de la loi, et donne de la considération au tribunat. Tribunat! qu'est-ce que cela signifie? C'est seulement une *tribune*, une tribune sage qu'il nous faut. Le gouvernement en a besoin. Il n'est pas nécessaire d'avoir cent hommes pour discuter des lois faites par trente. Ils bavardent sans rien faire. Au Corps-Législatif, les trois cents sont sans parler. Trois cents hommes qui ne parlent jamais prêtent au ridicule. Il eût suffi que le Corps-Législatif eût nommé, au commencement de chaque session, trente orateurs pour examiner et discuter les lois. Il faut enfin organiser la constitution de manière à ce que le gouvernement marche. On n'est pas assez convaincu de la nécessité de l'unité entre les grandes autorités: sans cela, rien ne peut aller. Alors il y a une inquiétude générale. Toutes les spéculations sont arrêtées. Chez une aussi grande nation, le plus grand nombre est hors d'état de juger sainement des choses.

« On parle souvent d'un événement possible, la mort du premier Consul. Dans ce cas, si les autorités n'étaient pas unies, tout serait perdu. Au contraire, si elles étaient animées du même esprit, l'état ne serait point ébranlé; le peuple serait tranquille, il aurait une garantie. La France n'a point encore la République; la question de savoir si elle en aura une est encore très problématique. Ce sont ces cinq ou six premières années qui en décideront. Si les autorités sont en harmonie, nous l'aurons; sinon, nous irons pendant dix ou vingt ans, et ensuite les privilégiés l'emporteront. C'est la marche naturelle des choses; les hommes ont une tendance à cela. Encore une fois, il ne faut point d'opposition. Que voulez-vous faire avec des hommes comme Ganilh et Garat Mailla[1]? Tout ce qui entoure Sieyès se conduit mal. On ne peut pas se dissimuler que c'est sa faute. Il regrette de n'être pas *grand-électeur*, c'est-à-dire maître du gouvernement. Il aurait fallu créer cette dictature exprès pour lui. Je désire qu'on écrive d'après les idées que je viens d'émettre, afin d'éclairer l'opinion. »

Ainsi, *le tribunat était une institution désorganisatrice. La discussion des lois devait avoir lieu secrètement. Il ne fallait point d'opposition. Le gouvernement ne pouvait pas balancer l'influence d'une tribune toujours ouverte à l'attaque. Le gouvernement était le représentant du peuple*. On avait dit du Corps-Législatif et du tribunat qu'on *les mettrait à la diète des lois*; une autre fois on voulait bien *leur donner un os à ronger*, c'est-à-dire leur envoyer en détail et non en masse, pour les occuper, une foule de projets de lois relatifs à des échanges ou à des objets minutieux d'administration locale. On voit où conduisaient ces opinions et ces principes du premier Consul. L'unité qu'il voulait entre les grandes autorités était tout simplement la prépondérance incontestée de la sienne, et l'obéissance aveugle de toutes les autres. Avec ce système, un bras fort, un cœur droit, du génie, on pouvait régner glorieusement. Mais la nation éclairée par les souvenirs de son histoire, et retrempée par une grande révolution, aspirait à quelque chose de plus

[1] Membres du tribunat.

qu'à être gouvernée arbitrairement ou sans exercer le moindre contrôle.

Lorsque le premier Consul revint de Lyon, et que les grands corps de l'état allèrent le complimenter, il répondit au tribunat (12 pluviose) que l'organisation de la République italienne était un devoir sacré pour le peuple français; qu'il voyait avec plaisir les principaux membres du tribunat se réunir de cœur et d'intention aux grandes autorités de la République; que ces sentimens étaient nécessaires au bonheur du peuple, seule gloire véritable, tandis que tout le reste n'était rien.

Par un arrêté du 17 nivose, les Consuls avaient invité le sénat à s'occuper sans délai du renouvellement du premier cinquième du tribunat et du Corps-Législatif. On avait discuté au conseil d'état le mode de procéder à cette opération. La constitution portait seulement que les membres de ces deux corps étaient *renouvelés par cinquième tous les ans*. Les conseillers d'état qui penchaient pour conserver une opposition proposaient la voie du sort. Ceux qui voulaient anéantir l'opposition, Roederer à leur tête, voulaient la voie du scrutin. Suivant lui, le sort était destructif du droit d'élection qui appartenait au sénat. On répondait qu'il exercerait ce droit en choisissant le nouveau cinquième; mais qu'il n'avait pas le droit de désigner le cinquième sortant : que cette opération n'avait rien de commun avec le droit élection; que l'appliquer à ce cas, c'était procéder par voie d'exclusion et jeter de la défaveur sur les membres sortans; que le sort était le moyen le plus impartial et le plus convenable. On finit par laisser cette question indécise, sur le motif que c'était au sénat lui-même à déterminer le mode qui lui paraîtrait le meilleur. On savait bien qu'on y ferait passer celui de la désignation.

En effet, le 22 ventose, le sénat adopta, comme plus conforme à la nature de ses fonctions, le mode d'un scrutin électif de ceux des membres des deux corps qui devaient continuer leurs fonctions. Ce sénatus-consulte passa à la majorité de quarante-six voix contre treize, malgré Garat, Lambrechts et Lecouteulx qui parlèrent pour le tirage au sort. Par ce moyen, on élimina du tribunat Chénier, Daunou, B. Constant, Ganilh, Thiessé, Chazal, Thibaut, Garat-Mailla, Bailleul, Isnard et plusieurs autres qui ne convenaient pas au gouvernement. Les listes des membres conservés du Corps-Législatif et du tribunat furent publiées avec deux sénatus-consultes du 27 ventose. Parmi les nouveaux tribuns élus par un sénatus-consulte du 6 germinal, on remarquait Lucien Bonaparte et Carnot.

Quand le tribunat fut renouvelé, on s'occupa de mettre à exécution les idées qu'avait émises le premier Consul sur l'organisation de ce corps, pour la discussion des projets de loi. Le tribunat, devenu plus docile, délibéra donc, le 11 germinal, un règlement intérieur intitulé *du travail préparatoire*, et se divisa en trois sections, de législation, de l'intérieur, et des finances, pour discuter les projets de lois en conférence particulière. De son côté, le gouvernement régla par un arrêté ses relations avec ces sections, dans le cas où il voudrait leur envoyer un projet de loi en communication préalable, et décida que les conférences qui pourraient avoir lieu entre les tribuns et les conseillers d'état seraient présidées par un Consul.

Dès-lors s'évanouirent l'ombre du gouvernement représentatif que la constitution avait conservée dans le tribunat, et les dernières traces du caractère essentiel de ce gouvernement, la discussion libre et publique des lois; elle sera bientôt, pour la plus grande partie, transportée de la tribune dans le salon d'un Consul. Tous les projets de loi rédigés au conseil d'état seront envoyés à la section compétente du tribunat, avant d'être présentés au Corps-Législatif, discutés en comité privé, et ensuite dans des conférences entre deux ou trois délégués de la section, et autant de conseillers d'état, sous la présidence du second ou du troisième Consul. Dans ces conférences, on proposera les objections, on les discutera, on se mettra d'accord; les projets de loi n'arriveront plus au Corps-Législatif qu'épurés par toutes ces manipulations préparatoires; on n'y entendra que des apologies.

Ce mode de discussion était convenable, dit-on, pour amortir l'effervescence nationale et diriger notre jeunesse en fait de liberté politique[1]. Sans

[1] Las Cases, t. 7, p. 248.

doute ce procédé offrira des avantages. Il en aura beaucoup pour la discussion des projets de loi du code civil. On élaguera ainsi, par voie de conciliation, quelques discours inutiles. Souvent on améliorera les projets par des concessions réciproques. Mais, d'un autre côté, le peuple ne saura presque plus rien de la discussion de ses intérêts, et, dans ces conférences secrètes, le tribunat luttera toujours avec désavantage contre l'amour-propre des auteurs des projets de loi, et le poids immense qu'apporteront dans la discussion les conseillers d'état. D'ailleurs, il n'y aura plus de discussion contradictoire devant le Corps-Législatif. Les orateurs du gouvernement et du tribunat n'y viendront qu'après s'être mis d'accord, et pour plaider en faveur du projet de loi, les uns comme les autres. Le jury n'entendra donc pas le débat; il n'aura point à prononcer sur un procès. Il ne s'agira plus pour lui que de donner ou de refuser son assentiment à une transaction. Certes, on n'était pas en France si jeune en matière de liberté politique, et l'effervescence nationale n'était pas assez menaçante, pour qu'on ne pût laisser sans danger au tribunat la discussion publique des lois, et le débat devant le Corps-Législatif des projets présentés par le gouvernement.

Comment le premier Consul, qui accordait une pleine liberté d'opinion dans le conseil d'état, ne put-il pas la supporter dans le tribunat? C'est qu'elle s'y exerçait publiquement, et qu'au conseil d'état la discussion était secrète. Il avait dit quelquefois à des tribuns : « Au lieu de déclamer à la tribune, pourquoi ne venez-vous pas discuter avec moi dans mon cabinet? Nous aurions des conversations de famille comme dans mon conseil d'état ». Mais la constitution avait créé un tribunat et une tribune publique; il la fallait à la France; elle était même nécessaire au gouvernement, quoique, loin d'en sentir le besoin, il la trouvât gênante ou dangereuse.

Le premier Consul, ne croyant plus avoir à redouter d'opposition dans le Corps-Législatif ni dans le tribunat, depuis leur épuration par le renouvellement du premier cinquième, convoqua une session extraordinaire pour le 15 germinal jusqu'au 1er prairial. Le président, Marcorelle, débuta par des louanges au premier Consul, et des conseils aux députés : « S'il est, leur dit-il, des choses qui sont du domaine de l'opinion, il en est aussi qui doivent se rapporter à l'amour de la patrie : l'amour de la patrie donne le plus noble des courages; il élève l'âme au-dessus des petits intérêts, des petites passions; il fait sacrifier les préjugés, souvent même les abstractions philosophiques, à ce qui est grand et utile : l'instinct du bien est quelquefois un guide plus sûr que le froid calcul de la raison ». Dans la bouche de ce président docile à l'impulsion du second Consul, ces phrases entortillées, ces grands mots signifiaient : « Point d'opposition, pas même de discussion contradictoire. Rapportez-vous-en au premier Consul; il sait mieux que vous ce qui convient à la France, et vous n'êtes ici que pour la forme ». Le Corps-Législatif arrêta qu'une députation de vingt-cinq membres irait porter au gouvernement le tribut de sa joie et de sa reconnaissance.

Plusieurs lois sur divers objets d'administration furent en effet adoptées sans difficulté, telles que le projet d'un canal de dérivation de la rivière de l'Ourcq, pour amener des eaux à Paris, conçu par le célèbre Riquet, et accueilli par Colbert [1]; l'établissement d'un droit sur la navigation des fleuves et canaux affecté à leur entretien [2]; plusieurs améliorations d'intérêt local; la création de bureaux publics de pesage et de mesurage, établis pour répandre l'usage des nouveaux poids et mesures, et fournir des revenus aux communes [3]; le règlement du poids des voitures dans une proportion relative à la forme de leurs roues, pour amener l'usage des roues à larges jantes, et la conservation des routes [4]; l'attribution à l'autorité administrative de la répression des contraventions en matière de grande voirie [5]; l'établissement d'une nouvelle compagnie d'Afrique pour la pêche du corail [6]; l'amélioration de la perception du droit sur la fabrication du tabac; une amnistie aux militaires de terre et de mer [7]; une loi nouvelle sur la marque. Elle était appliquée à la récidive du crime emportant peine afflictive, aux cri-

[1] 29 floréal. — [2] 30. — 29. — [4] Id. — [5] Id. — [6] 17. — [7] 24.

nes de faux et de fausse monnaie. Cette disposition ne devait avoir d'effet que jusqu'à l'époque où la déportation pourrait être substituée à la peine de la flétrissure : la loi attribuait la connaissance du crime de faux, de fausse monnaie, d'incendie de granges, meules de blé et autres dépôts de grains, à un tribunal spécial composé de six juges, sans jurés, dans la même forme de procéder que les tribunaux spéciaux établis par la loi du 18 pluviose an IX, contre le brigandage. Cette disposition devait durer autant que l'existence des tribunaux spéciaux.[1]

Une loi ordonna une levée de cent vingt mille conscrits, savoir : soixante mille pour remplacer les militaires congédiés et tenir l'armée au complet de paix, et soixante mille pour former une réserve. En cas de guerre, elle pouvait être portée à cent cinquante mille. Cette loi apportait des améliorations notables à la législation de la conscription, telles que l'intervention des conseils de départemens, d'arrondissemens et de communes dans les opérations de la levée; elle ordonnait l'établissement des capitaines de recrutement[2], la réunion des conscrits du même département dans les mêmes corps.

Dès l'année précédente, cette matière avait été discutée au conseil d'état. La section de la guerre y avait présenté un projet, d'après lequel la classe en-

---

[1] 23 floréal. — [2] 28.

tière de la conscription aurait été soumise à une organisation et à la discipline militaire, et commandée, avant son incorporation dans l'armée, par des officiers réformés. Ce projet avait été combattu comme nuisible à l'étude des sciences et des arts, au commerce, aux diverses professions et changeant les conscrits en Mamlouks. Le premier Consul l'attaqua ainsi : « Les officiers réformés, dit-il, ne songeront qu'à conserver leurs bataillons sur les lieux pour la gloriole, céderont aux affections locales, et n'auront pas l'esprit de l'armée. Ils demanderont une augmentation de traitement, ce sera une grande dépense. Des officiers détachés des corps vaudront mieux ; ils en auront l'esprit, celui de l'armée. Stimulés par leurs supérieurs, ils seront intéressés à accélérer les levées, les départs, à n'envoyer que des hommes capables d'un bon service, et à prévenir la désertion. Je laisserais aux autorités civiles la désignation des hommes ; c'est une affaire municipale. Elles sont moins capables d'injustices, et moins susceptibles de corruption que des militaires de passage, qui s'inquiètent fort peu de ce qu'on dira d'eux après leur départ. L'organisation de bataillons auxiliaires ne va point au but : elle donnerait plutôt aux conscrits l'esprit de localité que celui de l'armée. D'ailleurs, en temps de paix, que veut-on faire de tant d'hommes ? Pourquoi vexer, mécontenter ? Il ne faut lever que le nombre nécessaire au complétement de l'armée, et laisser tout le reste libre. Il faut songer aux arts, aux sciences, aux métiers. Nous ne sommes pas des

Spartiates; une réserve de vingt-cinq ou trente mille hommes pour le cas de guerre suffit. Il faut admettre le remplacement. Chez une nation où il y aurait égalité de fortune, chacun devrait servir de sa personne; chez un peuple où les fortunes sont inégales, il convient de laisser aux riches la faculté de se faire remplacer, et d'en tirer seulement quelque argent pour concourir à l'équipement de la réserve des conscrits. Les détails sur le mode de recruter la cavalerie et l'artillerie sont inutiles. Tous les Français sont également propres à ces deux armes. La cavalerie aura plus d'hommes de bonne volonté qu'il n'en faudra. On doit seulement avoir soin de placer les hommes des pays de montagnes dans l'infanterie légère. »

C'était parler à-la-fois en magistrat et en capitaine, et concilier les besoins du camp avec les intérêts de la cité. La loi fut conçue d'après le système du premier Consul, et adoptée à une grande majorité. On était alors en pleine paix. Pourquoi le démon de la guerre vint-il bientôt renverser les plans conçus par la raison et la sagesse?

Pendant cette session, le gouvernement proposa aussi d'autres lois sur des objets du plus grand intérêt, telles que le concordat et ses lois organiques, l'instruction publique, le régime des colonies, et l'établissement de la Légion-d'Honneur [1]. Pour la

---

[1] Voyez les chapitres XXV, XXVI, XXX.

plupart de ces lois, l'opposition ne fut presque plus sensible; elle ne fut imposante que contre le projet relatif aux colonies, qui y maintenait l'esclavage, et contre l'établissement de la Légion-d'Honneur. Mais, avant que l'année ne se passe, il y sera mis bon ordre, afin d'étouffer, si on le peut, toute opposition.

Le traité d'Amiens avait achevé la pacification de l'Europe; mais la guerre laissait un fardeau qui devait peser long-temps sur les finances. Acquitter des dépenses qui n'avaient pu être prévues ni calculées, récompenser les services militaires, ranimer les travaux dans les arsenaux et dans les ports, refaire la marine, recréer tout ce que la guerre avait détruit, tout ce que le temps avait consumé, porter enfin tous les établissemens au point où le demandaient la grandeur et la sûreté de la République, tout cela ne pouvait se faire qu'avec un accroissement de revenus.

L'ordre établi, l'année précédente, dans la perception des recettes et dans la distribution des dépenses n'avait laissé que peu d'améliorations à y faire. Une surveillance active avait porté la lumière sur des dilapidations passées et sur des abus présens; des coupables avaient été dénoncés aux tribunaux; des mesures avaient été prises pour accélérer encore les versemens dans les caisses publiques, pour assurer plus de régularité dans l'acquittement des dépenses, pour en rendre la comptabilité plus simple et plus active.

Le directeur général du trésor public était sous les ordres du ministre des finances. Le premier Consul créa un ministère du trésor : il fut donné à Barbé-Marbois, déjà directeur. Cette séparation isolait de la perception des revenus et du système des contributions les opérations du trésor, que le premier Consul voulait suivre et diriger lui-même. Elle distinguait mieux les objets; elle établissait un contrôle mutuel. On raconte que, pendant la direction de Dufresne, le premier Consul, en vérifiant la balance d'une année, avait relevé une erreur de deux millions, au préjudice de la République. Le directeur n'en voulait rien croire; cependant, comme c'était une affaire de chiffres, il fut bien obligé d'en convenir. Au trésor, on employa plusieurs mois à découvrir l'erreur; elle se trouva enfin dans un compte du fournisseur Seguin, qui, sur la présentation des pièces, la reconnut et paya la différence. Cette découverte commença la réputation du premier Consul en comptabilité. Il la soutint, et son administration des finances put être bientôt offerte comme un modèle.

La liquidation des créances sur l'état, d'abord faite dans les ministères, ensuite soumise à la vérification d'un conseil, fut confiée à un directeur général de la dette publique, le conseiller d'état Defermon, homme d'une probité trop implacable pour ne pas se faire beaucoup d'ennemis.

La caisse d'amortissement reçut une organisation plus complète.

Les intérêts de la dette perpétuelle étaient de 42,600,000 francs. Des mesures furent prises pour en effectuer le paiement dans le mois qui suivrait chaque semestre échu. La dette fut nommée *cinq pour cent consolidés*, au lieu de *tiers consolidé*, qui rappelait sans cesse la banqueroute des deux tiers. Des liquidations devaient accroître la dette. Mais la loi statua que les cinq pour cent consolidés ne pourraient, dans aucun temps, excéder 50 millions, et que si, par l'effet des consolidations restant à faire, la dette se trouvait portée au-delà des 50 millions, il serait affecté un fonds d'amortissement suffisant pour amortir l'excédant au plus tard en quinze ans[1]. La dette viagère était fixée à 20 millions en intérêts annuels.

Ces dispositions, qui passèrent en France presque sans être remarquées, étaient de la plus haute sagesse et de la plus grave importance. C'était la condamnation du système des emprunts, c'est-à-dire du système commode de sacrifier les générations futures aux fautes et à la voracité de la génération présente.

C'est pour cet exercice que fut mis en activité le système vicieux adopté pour le règlement du budget. L'état des recettes et dépenses de l'an ix n'était connu que par le compte rendu quatre mois après qu'elles avaient été faites. Pour l'an x, une loi porta définitivement à 500 millions le crédit provisoire accordé au

---

[1] Loi du 21 floréal.

gouvernement par la loi de l'an IX. Pour l'an XI, une loi prorogea les contributions de l'an X, et ouvrit au gouvernement un crédit provisoire de 300 millions.[1]

Aucun aperçu des dépenses ne fut présenté. Cependant, au tribunat, il s'éleva encore des voix pour réclamer contre ce système. On demanda un état des dépenses de l'an XI; on invoqua, mais sans succès, l'article 45 de la constitution.

Il y avait, il est vrai, une extrême probité dans l'administration des finances. Le premier Consul y portait une surveillance et une sévérité qui prévenaient les abus. Dans l'emploi des revenus, il n'avait qu'un sentiment, qu'une pensée, le bien de la République, sa prospérité, sa puissance et sa gloire. Mais l'homme était viager, et la nation était déshéritée d'un de ses droits les plus précieux, celui de délibérer l'emploi des tributs qu'elle s'imposait.

Les dépenses de cet exercice s'élevèrent à 503 millions, et les recettes atteignirent à-peu-près cette somme. Par suite de la paix, les revenus s'étaient améliorés, et les dépenses avaient subi une diminution. On arrivait à l'équilibre. Les finances d'aucun état de l'Europe n'étaient dans une situation aussi prospère, aussi peu onéreuse pour le peuple. Avant la révolution, vingt-cinq millions d'habitans payaient annuellement au trésor plus que ne payaient actuellement trente millions d'hommes.

---

[1] 13 floréal.

Pour une administration véritablement nationale, ce n'était pas assez d'avoir obtenu de l'exactitude dans la rentrée des contributions, il fallait encore alléger autant que possible ce fardeau par une égale répartition. Celle de la contribution foncière avait depuis long-temps donné lieu à beaucoup de plaintes. Une loi du 23 septembre 1791 avait donc consacré le principe et déterminé les règles d'un cadastre parcellaire de la France; mais elle était restée sans exécution. Dans une discussion incidente sur la contribution foncière, le premier Consul dit à ce sujet: « Votre système d'imposition est le plus mauvais de toute l'Europe. Il fait qu'il n'y a ni propriété ni liberté civile; car la vraie liberté civile dépend de la sûreté de la propriété. Il n'y en a point dans un pays où l'on peut chaque année changer la cote du contribuable. Celui qui a 3000 francs de rente ne sait pas combien il lui en restera l'année suivante pour exister. On peut absorber tout son revenu par la contribution. On voit, pour un misérable intérêt de 50 ou de 100 francs, plaider solennellement devant un grave tribunal; et un simple commis peut d'un seul coup de plume vous surcharger de plusieurs mille francs! Il n'y a donc plus de propriété. Lorsque j'achète un domaine, je ne sais pas ce que je fais. En Lombardie, en Piémont, il y a un cadastre; chacun sait ce qu'il doit payer. Le cadastre est invariable. On n'y fait de changemens que dans des cas extraordinaires et après un jugement solennel. Si l'on augmente la contribution, chacun en supporte sa part au marc la livre, et peut faire ce calcul dans son cabinet. On sait alors ce qu'on a; il y a une propriété. Pourquoi n'y a-t-il pas d'esprit public en France? C'est qu'un propriétaire est obligé de faire sa cour à l'administration. S'il est mal avec elle, il peut être ruiné. Le jugement des réclamations est arbitraire. C'est ce qui fait que chez aucune autre nation on n'est aussi servilement attaché au gouvernement qu'en France, parce que la propriété y est dans sa dépendance. En Lombardie, au contraire, un propriétaire vit dans sa terre sans s'inquiéter qui gouverne. On n'a jamais rien fait en France pour la propriété. Celui qui fera une bonne loi sur le cadastre méritera une statue. » [1]

Le gouvernement créa une commission de sept membres, choisis, sur la présentation des ministres de l'intérieur et des finances, parmi les citoyens réunissant les connaissances relatives à ce travail, pour s'occuper sans délai des moyens d'obtenir, dans la répartition de la contribution foncière, la plus grande égalité [2]. La commission, effrayée de la durée et de la dépense d'un cadastre parcellaire, proposa de le faire par masses de culture. Cette proposition fut modifiée sur l'avis d'une réunion, composée de membres du Corps-Législatif, du tribunat et du conseil d'état, qui jugèrent suffisant de faire ar-

---

[1] *Mémoires sur le Consulat.*
[2] *Arrêté du 11 messidor.*

penter et expertiser un petit nombre de communes choisies dans divers cantons de chaque département, pour fixer ensuite, par analogie, les revenus de toute la France.

CHAPITRE XXV.

Démission des anciens évêques. — Concordat proclamé loi de l'état. — Légat du pape à Paris. — Nomination des nouveaux archevêques et évêques. — Persécution des évêques et des prêtres constitutionnels par la cour de Rome. — Fête pour la paix générale et le concordat, en France et à Rome; réclamation du pape contre les articles organiques. — Mise en activité du concordat. — Obstination de la cour de Rome contre les prêtres constitutionnels. — Esprit du nouveau clergé. — Efforts du gouvernement pour maintenir la paix religieuse.

Il avait été stipulé par le concordat que le pape demanderait aux prélats existans la démission de leurs siéges, et qu'en cas de refus, il serait pourvu au gouvernement des diocéses par de nouveaux titulaires. Le jour même où il ratifia le concordat, le pape adressa aux évêques réfractaires un bref par lequel il leur annonçait que ce sacrifice, qu'il aurait voulu pouvoir leur épargner, était devenu absolument nécessaire, et qu'il attendait de leur zèle pour la religion une réponse prompte, claire et précise. Monseigneur Spina, se fondant sur un autre bref, écrivit aux évêques constitutionnels que le pape les exhortait à revenir promptement à l'unité, à donner chacun par écrit leur soumission au saint-siége, et leur profession d'obéissance, à manifester leur acquiescement sincère à ses jugemens sur les affaires ecclésiastiques, et à renoncer de suite aux siéges épiscopaux qu'ils occupaient sans avoir obtenu l'institution canonique. En comparant la forme gracieuse employée envers les réfractaires, avec le ton impérieux pris à l'égard des évêques constitutionnels, ceux-ci se montrèrent sensibles à cette différence, la regardèrent même comme un outrage, et s'en plaignirent énergiquement par un mémoire au premier Consul. Dans la nouvelle organisation, il avait bien pris la résolution de les sacrifier à leurs rivaux; mais il ne voulait pas de réaction, ni que la cour de Rome renouvelât des dissensions dont il ambitionnait d'effacer les traces. Il s'expliqua donc très vivement avec les évêques constitutionnels sur les prétentions et les exigences du pape à leur égard, leur dit qu'il ne souffrirait rien de contraire à leur honneur, ni qui blessât leur conscience, et leur défendit toutes rétractations ou formules particulières de déclaration. Ils firent donc au pape des réponses remplies de sentimens de respect pour le chef de l'église, mais dans lesquelles ils revendiquaient les droits de l'épiscopat, le maintien de leurs libertés, et faisaient sentir l'injustice et l'indécence avec lesquelles on procédait à leur égard.[1]

Le premier Consul établit alors un conseiller d'état

---

[1] En compulsant plus tard, à Paris, les archives du Vatican, on y trouva un bref paternel du pape aux prêtres constitutionnels, qu'ils n'avaient pas reçu, et l'on n'y trouva pas la minute de la circulaire insolente que leur avait écrite Spina, d'où l'on conclut que ce prélat avait fait un faux.

chargé de toutes les affaires concernant les cultes. Ses attributions étaient de présenter les projets de lois, réglemens, arrêtés et décisions, de proposer à la nomination du gouvernement les sujets propres à remplir les places de ministres des différens cultes, d'examiner, avant leur publication en France, tous les rescrits, bulles et brefs de la cour de Rome; d'entretenir la correspondance intérieure relative à ces objets. Ces fonctions furent confiées au conseiller d'état Portalis.

D'après les ordres du gouvernement, il négocia auprès du légat, qui était arrivé à Paris, quelques changemens à la bulle de ratification du concordat, et aux termes dans lesquels on avait demandé aux évêques constitutionnels leur démission. Le légat y consentit. Tous, excepté deux, signèrent une formule de démission adressée au pape. Ils lui déclaraient qu'aucuns sacrifices, aucunes démarches ni privations ne leur coûtaient, quand ils étaient exigés par le bien de la religion et l'amour de la paix; que, pénétrés de ces religieux sentimens, ils donnaient librement, purement et simplement, la démission de leurs siéges. Ils vouaient à sa sainteté, comme successeur légitime de saint Pierre, obéissance et soumission, conformément aux canons et aux saints décrets de l'église. Ils adhéraient à la convention relative aux affaires ecclésiastiques de France, et aux principes que sa sainteté et le gouvernement y avaient consacrés. Leur foi était celle des apôtres. Ils voulaient tous vivre dans le sein de l'église apostolique et romaine. Tels étaient leurs sentimens, leurs principes et leurs vœux. Ils priaient sa sainteté d'en agréer le témoignage, et d'y joindre sa bénédiction apostolique. Un des refusans, Clément, évêque de Versailles, publia une protestation par laquelle il se rendit appelant comme d'abus, tant en son nom qu'en celui de ses confrères. Pour atténuer l'éclat de cette démarche, le gouvernement négocia avec les plus influens des évêques constitutionnels, qui la désavouèrent. Le pape avait résolu de ne donner l'institution à aucun évêque constitutionnel qui serait nommé aux nouveaux siéges. Il fallait encore négocier avec lui; il consentit à se départir de cette résolution, seulement à condition qu'il n'en serait nommé qu'un très petit nombre. C'était d'ailleurs l'intention du premier Consul.

Les évêques réfractaires résidant en France s'empressèrent de donner aussi leur démission; plusieurs de ceux qui étaient encore à l'étranger suivirent cet exemple. Les pages du Moniteur furent remplies de lettres qu'ils écrivirent au légat ou au pape. Quelques-uns, sans refuser, demandèrent du temps pour délibérer; on le leur accorda, et on parvint, à force de ménagemens et d'insinuations, à les décider. Sur cent trente-cinq évêques dont se composait l'ancien clergé français, quatre-vingt-quatre seulement vivaient encore; quarante-sept avaient donné leur démission; on n'avait pu vaincre la résistance des autres. Treize d'entre eux, résidant en Angleterre, furent inébranlables, et se mirent ouvertement en guerre avec la cour de Rome. Le manteau de la religion couvrait des vues politiques. Quoique le cas de ce refus eût été prévu, il répugnait au chef de l'église d'agir avec rigueur envers des fils qui, malgré leur rébellion, restaient chers à son cœur; mais le premier Consul, ne voulant plus différer l'exécution du concordat, pressa le pape de passer outre, comme il s'y était engagé. Par une bulle du 29 novembre, il déclara donc déroger à tout consentement des évêques et archevêques légitimes, des chapitres et autres ordinaires; annuler, supprimer et éteindre à perpétuité les anciennes églises épiscopales et archi-épiscopales, avec leurs chapitres, droits, priviléges et prérogatives. Toute juridiction fut interdite aux anciens titulaires, sous peine de nullité. Il érigea dix nouvelles églises métropolitaines et cinquante siéges épiscopaux. Des instructions furent en même temps données au légat pour procéder, de concert avec le gouvernement, à la nouvelle circonscription. A ce coup d'autorité, jusque alors sans exemple, les évêques refusans jetèrent les hauts cris, et accusèrent le saint-siége d'attentat révolutionnaire aux lois de l'église. Alors commença à se déborder en France et en Europe un déluge d'écrits théologiques pour et contre, qui dans le temps firent sensation, et qui depuis sont tombés dans l'oubli.

Le concordat n'était pas encore publié, et il avait déjà pour adversaires une partie des anciens évêques, les philosophes, la plupart des hommes de la révolution, et jusqu'à la petite secte des théophilanthropes, qui en était sortie. Ils prétendaient, dans leurs discours, que le pape allait gouverner en France, et qu'on allait retourner au quatrième siècle. Le premier Consul dit qu'ils avaient la marche, non d'une secte religieuse, mais d'un club; qu'il ne voulait tourmenter personne pour des opinions religieuses, mais qu'il ne souffrirait pas que, sous ce prétexte, ils se mêlassent des affaires publiques. Il leur fit retirer les églises où ils se réunissaient.

Attachant un grand prix à ce que le concordat ne fût pas contesté, et à ce qu'on crût en France à l'unanimité des suffrages des corps représentatifs, et en Europe à celle des vœux de la France, le premier Consul attendit pour le présenter au Corps-Législatif que les principaux membres de l'opposition eussent été exclus du tribunat par le renouvellement du cinquième. Cette présentation eut lieu le 15 germinal. Portalis porta la parole. Il fit un long préambule sur la nécessité des religions, que personne ne contestait, et s'efforça de rassurer, par l'état et le progrès des lumières, sur le retour du fanatisme. Il combattit l'idée d'une religion nouvelle plus adaptée aux mœurs et aux institutions républicaines; et, partant de ce principe qu'on ne fait pas une religion comme on promulgue des lois, il entreprit la défense du christianisme, qu'on n'attaquait pas. Il combattit aussi le système des religions non organisées et livrées à leur libre concurrence, donnant à comprendre que, pour avoir la paix avec les prêtres catholiques, il fallait que l'état leur cédât, et qu'on rétablît le clergé. L'orateur avoua franchement le secret du gouvernement et la grande raison d'état qui présidait à toute cette opération. « La religion catholique, dit-il, est un grand ressort, et le gouvernement doit l'utiliser, de crainte que d'autres ne s'en emparent ». L'orateur trouvait un chef étranger bien préférable à un chef du pays, tel que le patriarche dans la religion grecque, ou au chef de l'état, comme dans la religion réformée. Une révolution religieuse n'était pas aussi facile en France qu'elle l'avait été dans la Grande-Bretagne, non que le clergé français et les citoyens fussent trop attachés au catholicisme, mais parce qu'il n'y avait plus de biens ecclésiastiques à donner aux prêtres, pour les payer du sacrifice de leur discipline et de leur hiérarchie.

Du moins aurait-on dû profiter des circonstances pour épurer la religion catholique. En répondant à cette objection, l'orateur justifiait à-peu-près tous les abus qu'on avait reprochés à ce culte, et même sa maxime favorite *Hors de l'église point de salut*, par cette phrase officieuse : « Les ministres catholiques ne pourraient prêcher l'intolérance sans offenser la raison, sans violer les principes de la charité universelle, sans être rebelles aux lois de la République, et sans mettre leur doctrine en opposition avec la conduite de la Providence ». Quant aux entreprises de la cour de Rome, on ne devait pas s'en alarmer. Le pape, comme souverain, ne pouvait plus être redoutable à aucune puissance; comme chef d'une société religieuse, il n'avait qu'une autorité limitée par des maximes connues, qui avaient été plus particulièrement gardées en France, mais qui appartenaient au droit universel des nations.

Enfin, l'orateur motivait en ces termes l'intervention du pape dans l'affaire des domaines nationaux : « Le temporel des états étant entièrement étranger au ministère du pontife de Rome, l'intervention du pape n'est certainement pas requise pour consolider et affermir la propriété des acquéreurs des biens ecclésiastiques; mais on a pensé que la voix du chef de l'église apaiserait dans les consciences des inquiétudes que la loi n'a pas toujours le pouvoir de calmer. »

Après ce discours, venaient deux rapports, faits au conseil d'état, sur les articles organiques de la convention avec le pape et sur l'organisation du culte protestant. C'était le contre-poison. Portalis y établissait parfaitement les saines doctrines, l'indépendance où l'état doit être de la religion, les libertés de l'église gallicane et l'égalité qui devait régner entre tous les cultes.

Lorsque la députation du Corps-Législatif vint complimenter le premier Consul à l'occasion du traité d'Amiens : « La session commence, lui dit-il, par l'opération la plus importante qui puisse occuper les conseils d'une nation. La population entière de la France sollicite la fin des querelles religieuses et l'organisation du culte. Vous serez unanimes comme la nation dans le résultat de votre délibération. Le peuple français apprendra avec une vive satisfaction qu'il n'y aura pas eu un seul de ses législateurs qui n'ait voté la paix des consciences et la paix des familles, plus importante pour le bonheur du peuple que celle sur laquelle vous venez de féliciter le gouvernement. »

Au tribunat, il n'y eut point à ce sujet de discussion : sur quatre-vingt-cinq membres, soixante-dix-huit votèrent pour le concordat. Lucien Bonaparte et Jaucourt furent, avec le rapporteur, chargés de porter ce vœu au Corps-Législatif. On choisissait le *protestant* Jaucourt pour prouver le bon accord qui régnait entre toutes les religions. Lucien, converti au catholicisme, parla comme un apôtre, et le projet fut adopté par deux cent vingt-huit voix contre vingt-et-une.[1]

Le même jour, on publia la bulle du pape du 24 août 1801, qui nommait le cardinal Caprara légat *à latere*, et un arrêté des Consuls du 18 germinal, qui l'autorisait à exercer ses fonctions, à la charge :

1° De jurer et promettre, suivant la formule usitée, de se conformer aux lois de l'état et aux libertés de l'église gallicane, et de cesser ses fonctions

---

[1] 18 germinal.

quand il en serait averti par le premier Consul;

2° Qu'aucun acte de la légation ne pourrait être rendu public, ni mis à exécution, sans la permission du gouvernement;

3° Que le cardinal légat ne pourrait commettre ni déléguer personne sans la même permission;

4° Qu'il serait obligé de tenir ou faire tenir registre de tous les actes de la légation;

5° Que, la légation finie, il remettrait ce registre et le sceau de sa légation au conseiller d'état chargé de tous les cultes, pour être déposés au secrétariat du conseil d'état;

6° Qu'il ne pourrait, après la fin de sa légation, exercer directement ou indirectement, soit en France, soit hors de France, aucun acte relatif à l'église gallicane.

Un indult du légat fixa le nombre des fêtes; outre les dimanches, elles étaient réduites à quatre, Noël, l'Ascension, l'Assomption et la Toussaint.

Cependant, d'après l'usage de la cour de Rome habile à glisser dans ses actes le pour et le contre et des clauses contradictoires pour s'en servir au besoin, l'indult portait que rien ne serait innové dans l'ordre et le rit des offices et des cérémonies, c'est-à-dire que les fêtes supprimées n'en seraient pas moins célébrées dans l'intérieur des églises.

Le 19, le légat se rendit à l'audience du premier Consul, le loua d'avoir du même bras qui gagna les batailles, qui signa la paix avec toutes les nations, redonné de la splendeur aux temples du vrai

Dieu, relevé ses autels et raffermi son culte; lui exprima les tendres sentimens du pape; l'assura qu'il ne se permettrait rien de contraire aux droits du gouvernement et de la nation; prononça ensuite et signa un serment en latin qui contenait toutes les obligations rappelées dans l'arrêté des Consuls du 18.[1]

Le premier Consul répondit: « Les vertus apostoliques qui vous distinguent font que je vous vois avec plaisir dépositaire d'une aussi grande influence sur les consciences. Vous puiserez dans l'Évangile les règles de votre conduite, et par là vous contribuerez puissamment à l'extinction des haines, à la consolidation de l'union dans ce vaste empire. Le peuple français n'aura jamais qu'à s'applaudir du concert qui a eu lieu entre sa sainteté et moi dans le choix de votre personne. Le résultat de votre mission sera pour la religion chrétienne, qui dans tous les siècles a fait tant de bien aux hommes, un nouveau sujet de triomphe. Elle en recevra de nouvelles félicitations du philosophe éclairé et des véritables amis des hommes. »

La bulle de ratification de la convention signée entre la République française et sa sainteté, et le bref qui donnait au cardinal légat le pouvoir d'instituer les nouveaux archevêques et évêques, furent publiés en vertu d'arrêtés du gouvernement, avec

[1] Dans une édition du concordat et des pièces y relatives, sortie des presses de la chambre apostolique, à Rome, on supprime du serment du légat ces mots, *de se conformer aux libertés de l'église gallicane*.

la clause ordinaire, *sans approbation de ce qu'ils renfermeraient de contraire aux lois de la République, aux libertés, franchises et maximes de l'église gallicane.*

Le concordat et les articles organiques ayant été déclarés lois de la République, il ne restait plus qu'à nommer les soixante archevêques et évêques; c'était une opération délicate. Le premier Consul aurait voulu un épiscopat tout nouveau ; il se défiait des évêques réfractaires ; il avait peu d'estime pour les évêques constitutionnels, et croyait qu'ils n'auraient pas la confiance du peuple. D'ailleurs le pape n'en voulait pas, et n'avait consenti à donner l'institution qu'à un très petit nombre. Pour satisfaire toutes les prétentions, tenir la balance entre les partis et les concilier, le premier Consul nomma aux nouveaux siéges douze évêques constitutionnels, dix-sept évêques et trente-et-un prêtres réfractaires. Le clergé constitutionnel ne fut donc compris dans la nouvelle organisation de l'épiscopat que pour un cinquième. Ces nominations furent faites sur des listes rédigées par Portalis, d'après les notes de l'abbé Bernier, qui fut promu à l'évêché d'Orléans. Ce prêtre, un des pacificateurs de la Vendée, un des négociateurs du concordat, et qui avait joué un des principaux rôles dans les affaires ecclésiastiques, s'attendait à une grande récompense. Après avoir porté successivement ses vues sur l'archevêché de Paris et sur celui de Rouen, il s'était enfin rabattu sur celui de Tours, prétendant qu'il y serait à portée de tenir en respect le clergé vendéen et breton, sur lequel il se flattait d'avoir conservé une grande influence. Vraie ou fausse, cette assertion tourna contre lui dans l'esprit du premier Consul, qui ne voulait pas conserver à l'abbé Bernier son ascendant. On lui fit croire que, placé à Orléans, il pourrait aider le vieux archevêque de Paris dans les travaux de l'épiscopat; on lui donna même à entendre qu'il succéderait à ce prélat, et qu'il serait fait cardinal [1]. Lorsque les évêques nommés furent présentés au premier Consul, il leur dit : « Que désormais il n'y ait en France ni prêtres dissidens ni prêtres constitutionnels! qu'on n'y voie que de dignes ministres de cette religion de paix que le ciel a donnée à la terre pour alléger le poids des maux qui l'affligent! »

Les évêques constitutionnels compris dans la nouvelle organisation étant allés chez le cardinal Caprara lui demander l'institution, il leur proposa de signer une lettre au pape, par laquelle ils lui déclaraient *être repentans de ce qu'ils avaient fait en conformité de la constitution civile du clergé*. Plusieurs refusèrent de la signer [2], et en informèrent le conseiller d'état Portalis. Il parut improuver les

---

[1] Il travailla en effet à l'organisation de ce diocèse, et quand elle fut terminée, on le renvoya à Orléans.

[2] Lecoz, archevêque de Besançon; Primat, archevêque de Toulouse; Saurine, évêque de Strasbourg; Lacombe, d'Angoulême; Beaulieu, de Soissons; Perrier, d'Avignon; Belmas, de Cambray; Reymond, de Dijon.

prétentions du légat, et dit qu'il y apporterait remède; que l'intention du premier Consul était toujours qu'on ne fît pas de rétractation, et qu'on se bornât à une adhésion pure et simple au concordat. Portalis manda l'abbé Bernier, évêque d'Orléans, le chargea d'aller parler au légat, et de lui dire que l'affaire des évêques constitutionnels devait se terminer dans la journée. Bernier rédigea une lettre au légat, contenant l'adhésion des évêques constitutionnels au concordat; il s'y trouvait une phrase absolument exigée par le légat, par laquelle ils abandonnaient volontairement la constitution civile du clergé[1]. Ils objectèrent avec raison que cette phrase était au moins superflue, puisque la constitution civile du clergé était abolie de fait par le concordat, et que par conséquent le légat ne pouvait tenir à la phrase que pour la représenter comme une rétractation. Portalis combattit ce scrupule, et les engagea à signer la lettre telle qu'elle était, pour le bien de la paix et pour faire une chose agréable au premier Consul. Ils cédèrent.

Cependant le légat ne fut pas encore satisfait de cette lettre; il rendit de son propre mouvement un décret d'absolution, comme s'il eût été demandé par les évêques constitutionnels, dans lequel il était dit que celui auquel on le délivrerait, avait déclaré adhérer et se soumettre aux jugemens portés par

---

[1] *Ab constitutionem, ut aiunt, civilem cleri gallicani alias decursam.*

le saint-siége sur les affaires ecclésiastiques de France, au moyen de quoi il était relevé des censures qu'il avait pu encourir pour sa conduite pendant la révolution. L'évêque Bernier se chargea de leur faire accepter ce bref. Ils rejetèrent une absolution offerte au mépris des règles usitées, puisqu'ils ne l'avaient ni voulue ni demandée; mais, pour la cour de Rome, c'était moins une affaire de conscience que de politique. Il lui importait fort peu que les évêques constitutionnels n'eussent pas voulu accepter le décret d'absolution, pourvu qu'elle pût faire croire qu'ils l'avaient accepté. Bernier et l'évêque de Vannes, Pancemont, attestèrent donc par écrit qu'ils avaient remis le décret aux évêques constitutionnels, et qu'il avait été reçu par eux avec le respect convenable. Le légat se contenta de ce subterfuge. Cet acte et l'existence du décret furent présentés comme une preuve qu'ils l'avaient sollicité, et qu'ils s'étaient rétractés. Ils écrivirent de toutes parts pour protester contre cette supposition, et publièrent un écrit à Paris pour faire connaître la conduite artificieuse du légat, si peu conforme à ses doucereuses promesses et à son serment solennel. La police fit saisir cet écrit, qui fut cependant réimprimé dans les départemens. Le prélat qui avait fait cette révélation en fut blâmé. Cette affaire attira des reproches à l'évêque Bernier, de la part du premier Consul, pour avoir à l'insu du gouvernement donné cette attestation, et la cour de Rome, peu satisfaite de ce qui avait été publié à cet égard, imputa à cet évêque d'avoir voulu tromper le pape.

Une proclamation des Consuls annonça aux Français la convention et les lois relatives aux cultes. C'était une homélie sortie de la plume de Portalis.

Le dimanche 28 germinal, jour de Pâques, la loi sur le concordat fut publiée solennellement à Paris. Les Consuls, les grands corps de l'état, le corps diplomatique, les autorités, se rendirent dans l'église de Notre-Dame. La messe y fut célébrée pontificalement par le cardinal Caprara; Boisgelin, archevêque de Tours, prononça un sermon. Les nouveaux évêques prêtèrent serment, même les évêques constitutionnels, quoique le légat ne leur eût pas encore donné l'institution. Un *Te Deum* pour la paix générale et celle de l'église termina cette cérémonie, où fut étalé tout l'appareil militaire, et que des salves d'artillerie avaient dès le matin annoncée à la capitale. Cette journée fut terminée par une illumination générale et par un concert, donné dans le jardin des Tuileries.

Excepté les prêtres, qui devaient prendre un vif intérêt à ce spectacle, fonctionnaires, peuple, mili-

---

[1] On lui en tint tellement rancune que sa conduite à cette époque l'empêcha, plus tard, d'être promu cardinal.

[2] Le numéro 207 du Moniteur était daté : *Sepidi, 27 germinal*; le numéro 208 fut daté : *Dimanche, 28 germinal*.

[3] A la chapelle de King-street, dans un discours adressé aux enfans, au sujet de leur première communion, en leur parlant de leur roi légitime et de ses droits, cet ancien évêque d'Aix avait dit : « Nous ne prononcerons pas de sermens violateurs de nos premiers sermens; plutôt mourir que de violer le pacte de la religion et de la monarchie. »

taires, citoyens, tout resta froid ou en fit la satire. L'armée surtout fut difficile à convertir. On connaît cette réponse du général Delmas au premier Consul, qui lui demanda comment il avait trouvé la cérémonie : « C'est une belle capucinade ; il n'y manque qu'un million d'hommes tués pour détruire ce que vous rétablissez ». Le premier Consul avait, dit-on, décidé de faire bénir les drapeaux des troupes. On ne l'osa pas, parce que les soldats menaçaient hautement de les fouler aux pieds. Il circula secrètement une caricature qui représentait le premier Consul se noyant dans un bénitier, et des évêques qui le repoussaient au fond de l'eau avec leurs crosses.

Les adresses de félicitations sur le concordat affluèrent de toutes parts, au gouvernement, aux Consuls, au premier Consul, en même temps que celles pour la paix et le consulat à vie. Les colonnes du Moniteur en étaient remplies. Les autorités de toute espèce, les prêtres et les consistoires des églises réformées, chantaient à l'envi les louanges du héros qui avait pacifié le monde et restauré les autels. Le *Te Deum* fut, à l'exemple de Paris, chanté dans les départemens. Tous les arts furent appelés à célébrer les deux époques de la paix d'Amiens et de la loi sur les cultes. Un concours fut ouvert par arrêté du ministre de l'intérieur (26 germinal) pour des médailles, des tableaux, des sculptures, un arc de triomphe. Il fut établi des prix de 6, 12 et jusqu'à 20,000 francs. Châteaubriand paya son tribut à cette époque, en publiant son *Génie du Christianisme*[1], et Fontanes, nouvellement député au Corps-Législatif, profita de cette occasion pour faire à-la-fois sa profession de foi religieuse et l'éloge de l'ouvrage.

Le gouvernement et toute l'administration quittèrent le système décadaire et se rangèrent au système hebdomadaire. Les bureaux vaquèrent le dimanche. Il fut ordonné aux officiers de l'état civil de faire ce jour-là les publications de mariage. Le dimanche 1ᵉʳ messidor, la messe fut, pour la première fois, célébrée dans la chapelle des Tuileries par l'archevêque de Paris.

L'enthousiasme qui semblait se manifester en France, était le résultat des instructions données aux

---

[1] Lors de la deuxième édition, publiée en 1803, l'auteur écrivit au premier Consul :

« Vous avez bien voulu prendre sous votre protection cette édition du *Génie du Christianisme* ; c'est un nouveau témoignage de la faveur que vous accordez à l'auguste cause qui triomphe à l'abri de votre puissance. On ne peut s'empêcher de reconnaître dans vos destinées la main de cette Providence qui vous avait marqué de loin pour l'accomplissement de ses desseins prodigieux. Les peuples vous regardent ; la France, agrandie par vos victoires, a placé en vous son espérance, depuis que vous appuyez sur la religion les bases de l'état et de vos prospérités. Continuez à tendre une main secourable à trente millions de chrétiens, qui prient pour vous au pied des autels que vous leur avez rendus.

« Je suis avec un profond respect,

Général,

Votre très humble et très obéissant serviteur,

CHATEAUBRIAND. »

Le premier Consul dit que jamais il n'avait été mieux loué.

préfets, qu'on chargeait de diriger l'opinion dans le sens connu du gouvernement. Il y avait des dévots et des personnes religieuses satisfaites du rétablissement du culte; d'autres, surtout la jeunesse, étaient simplement curieux d'un ordre de choses qui avait pour eux l'attrait de la nouveauté; mais le plus grand nombre, déshabitué de l'église, était dans l'indifférence, et le retour du clergé effrayait ceux qui avaient contribué ou applaudi à sa chute, et en particulier les nombreux acquéreurs de ses biens.

Si on faisait, en France, des démonstrations aussi favorables au concordat, on conçoit quelle devait être la joie dont tressaillait la cour de Rome. Le pape tint un consistoire extraordinaire le 8 prairial (24 mai), où il publia les actes relatifs à l'église de France, et la nomination de tous les évêques. Il célébra lui-même la messe dans l'église de la Grande-Basilée de San-Giovani, et chanta un *Te Deum*. Il reçut les félicitations des cardinaux, qui le proclamèrent le restaurateur de l'église, et reconnurent ce qui avait été fait comme la plus grande chose qui se fût passée dans les temps modernes. « Dieu, disait le pape dans son allocution, a disposé les choses de manière qu'un personnage illustre, auquel la France n'est pas moins redevable de ses triomphes que de sa prospérité, de son repos et de la paix qu'il lui a procurée, conçût le plus grand de tous les projets et le mît en exécution (ce qui lui procurera dans toute la postérité une gloire supérieure à toutes les gloires). Par lui, l'ancienne religion de leurs pères fut rendue à tant de millions d'hommes que la France contient, et avec elle les vrais et solides fondemens de leur félicité. Vous comprenez que nous voulons ici parler de Napoléon Bonaparte, premier Consul de la République française ». La joie de la cour de Rome, en voyant finir « un schisme qui, tant à raison de la grande étendue de la France qu'à cause de la célébrité de ses habitans et de ses villes, exposait la religion catholique aux plus grands dangers », n'était cependant pas sans quelque amertume. Elle prenait sa source dans les *articles organiques* publiés avec le concordat et consacrant les libertés de l'église gallicane, que Rome n'avait jamais voulu reconnaître. Mais le pape, suivant les traces de ses prédécesseurs, se proposait d'y demander des modifications, et espérait les obtenir de la religion du premier Consul.

Le pape terminait son allocution en protestant que jamais aucune vue d'avantage temporel, ou le désir de posséder ce qui n'appartenait pas à l'église, ne pourrait l'occuper ; qu'il aurait toujours présentes ces paroles divines : *A César ce qui est à César, à Dieu ce qui est à Dieu*. Il recommandait aux prêtres de ne point s'immiscer dans les affaires qui ne les regardaient pas, et d'enseigner aux fidèles, par leurs discours et par l'exemple, l'obéissance due aux puissances civiles. On verra comment ces sages conseils furent suivis, et ces belles protestations observées.

Le concordat portait que la religion catholique serait librement exercée en France, et que son culte serait public, sauf les réglemens de police que le gouvernement jugerait nécessaires. Cette réserve n'aurait pas été consentie par le pape, qu'elle aurait été sous-entendue dans un pays et dans un temps où la puissance civile avait le sentiment de sa dignité et de ses droits. D'ailleurs le légat, auquel le pape s'en était référé pour expliquer les plaintes qu'il portait contre les articles organiques, ne donna que des éclaircissemens vagues, dont la conclusion était que ces articles imposaient une trop grande gêne au ministère ecclésiastique. On lui répondit qu'ils n'étaient que le développement de l'ancien droit public ecclésiastique; que la France n'abandonnerait jamais ses libertés et franchises. Le premier Consul fit écrire dans ce sens au ministre de la République à Rome, et le chargea de témoigner son mécontentement de ce que le pape avait blâmé les articles organiques en plein consistoire; de représenter que ce langage, dans une occasion solennelle, était peu convenable; que les réclamations du chef de l'église, contre des actes de souveraineté nationale, ne comportaient pas une publicité capable de jeter de l'inquiétude dans les esprits et de mettre obstacle au bien.

Le ministre français eut ordre aussi de se plaindre du silence gardé par le pape sur la conduite des évêques non démissionnaires; le premier Consul trouvait mauvais que sa sainteté, ayant parlé de l'indulgence dont elle avait usé envers les évêques constitutionnels, n'eût pas blâmé la conduite des réfractaires qui s'étaient montrés sourds à sa voix. En effet, par sa conduite partiale, le saint-siége trahissait son penchant pour la partie du clergé qui se montrait le moins soumise au gouvernement et aux lois de la République; mais la cour de Rome sentait qu'elle tenait le premier Consul dans ses filets, et qu'il ne pouvait plus reculer.

L'allocution du pape fut insérée en entier dans le Moniteur pour faire cesser les bruits que la malveillance répandait sur son contenu. Dans l'ancienne France, l'exécution des articles organiques n'éprouva point d'obstacles. Dans la Belgique, des prêtres protestèrent contre eux; sévèrement réprimandés, ils persistèrent dans leur protestation. Un abbé, nommé Stevens, que poursuivait en vain l'autorité, les maintenait, par ses écrits fanatiques, dans la désobéissance. L'évêque de Namur voulut recourir au légat; il fallut lui rappeler que l'église et le pape n'avaient aucun pouvoir sur le temporel des états.

En s'occupant de l'organisation des divers cultes, le gouvernement n'avait point perdu de vue la religion juive; elle devait participer, comme les autres, à la liberté décrétée par les lois; mais les juifs formaient bien moins une religion qu'un peuple. Ils existaient chez toutes les nations sans se confondre avec elles. Le gouvernement crut devoir respecter l'éternité de ce peuple, qui avait traversé les révolutions et les débris des siècles, et qui, pour tout ce qui concerne son sacerdoce et son culte, fier de n'avoir que Dieu même pour législateur, regardait comme un de ses plus grands priviléges de n'avoir d'autres réglemens que ceux sous lesquels il avait toujours vécu. Le gouvernement crut cependant devoir faire une modification à ce privilége, en arrêtant (1ᵉʳ prairial) que les rabbins ne pourraient donner la bénédiction nuptiale qu'à ceux qui justifieraient avoir contracté mariage devant un officier civil.

D'après les instructions remises aux évêques avant qu'ils se rendissent dans leurs diocèses, ils ne devaient exiger des prêtres constitutionnels que la déclaration de vivre dans leur communion et d'adhérer au concordat. Les évêques réfractaires étaient obligés de choisir un de leurs vicaires généraux parmi les prêtres constitutionnels; les évêques constitutionnels ne pouvaient les choisir que parmi les prêtres réfractaires. Les prêtres constitutionnels devaient être compris pour un tiers dans la nouvelle organisation des chapitres, cures et succursales. Aucun prêtre ne pouvait être employé sans l'aveu du magistrat civil. Ceux qui étaient nouvellement rentrés étaient soumis à une épreuve d'un an. Pour prévenir les abus des oratoires particuliers, le gouvernement se réservait, en cas de nécessité, de les autoriser sur la demande des évêques. Il leur fut enfin recommandé d'éviter, dans leurs instructions, de revenir sur le passé et de réveiller des souvenirs propres à perpétuer les haines et les divisions.

Ces mesures et ces précautions étaient fort sages; elles prouvaient qu'en organisant la religion de la majorité des Français, le premier Consul voulait aussi protéger la liberté des cultes, et les réconcilier tous. Mais la même bonne foi ne régnait pas dans tous les cœurs. Les prêtres, divisés, aigris par de longues querelles, ne donnaient pas au peuple l'exemple du pardon et de l'oubli. Pour quelques-uns qui se montraient animés d'une charité vraiment chrétienne, le plus grand nombre persévérait dans la haine et l'intolérance. Les questions que le gouvernement avait eues à résoudre dans ses négociations avec la cour de Rome, les prétentions des divers partis du clergé qu'il avait eues à concilier, les difficultés qu'il croyait avoir aplanies, se représentèrent toutes, lorsque les nouveaux évêques arrivèrent dans leurs diocèses. Loin de se conformer aux instructions qu'ils avaient reçues du chef de l'état, chacun d'eux voulut les interpréter d'après ses vues, ses principes, ses passions. Nous ne ferons point ici le tableau de l'extrême agitation à laquelle furent alors livrés la plupart des départemens; mais sans la volonté forte et le bras puissant du premier Consul, le concordat, loin de pacifier la France, l'aurait livrée à de nouveaux troubles. La cour de Rome, souple ou impérieuse suivant qu'elle redoute ou qu'elle méprise les obstacles, ne renonçant jamais à ses principes, voyant qu'elle ne pouvait emporter de vive force la rétractation des prêtres constitutionnels, et ne voulant pas en avoir le démenti, persistait sous main à l'exiger. Les évêques réfractaires répandaient donc dans leurs diocèses le bruit de la rétractation des évêques constitutionnels, professaient hautement que les prêtres constitutionnels qui ne se rétracteraient pas, seraient des intrus, et traitaient avec une préférence marquée, et comme les seuls vrais et dignes ministres de la religion, les prêtres de leur parti. Quelques prêtres constitutionnels, par faiblesse ou par amour de la paix, se rétractaient. Le plus grand nombre, encouragé par les évêques constitutionnels, tenait bon ; les dissensions continuaient.

L'archevêque de Rouen, Cambacérès, était un des plus intolérans. Il accueillit fort mal les prêtres constitutionnels, et ne voulait pas qu'ils vinssent à son installation, à moins qu'ils ne se fussent purifiés. Le préfet lui signifia que, s'ils n'étaient pas à cette cérémonie, il n'y assisterait pas, et les invita à s'y rendre. L'archevêque céda de mauvaise grâce. Il fut exposé, pendant la marche du cortége, à des propos désagréables ; des officiers et des soldats refusèrent de l'accompagner. L'évêque de Versailles, Charrier de la Roche, ancien évêque constitutionnel de Rouen, s'étant rétracté, montrait beaucoup d'ardeur pour imposer la rétractation aux prêtres constitutionnels de son diocèse.

Toutes ces menées étaient le résultat d'instructions secrètes données par le légat ; le premier Consul le fit venir à Malmaison, eut une explication très vive avec lui, et lui dit que de telles instructions étaient contraires à son serment de légat ; qu'il ne pouvait faire en cette qualité aucun acte qui n'eût reçu la sanction de l'autorité publique ; qu'il ne devait point se rendre, en France, le régulateur des consciences ; que c'était à chaque évêque à connaitre ses devoirs et à les remplir ; que la religion ne pouvait d'ailleurs se rétablir sans la paix, et qu'on ne l'aurait jamais en usant de précautions humiliantes envers les anciens prêtres constitutionnels, en les avilissant, en exigeant d'eux autre chose que l'adhésion au concordat. Le légat balbutia et s'excusa mal. Sala, secrétaire de la légation, qui jouissait de toute sa confiance, eut sa part de ces reproches ; il fut remplacé quelque temps après. Le légat ne prit aucune mesure ; il fallut le requérir, par une note officielle, de faire cesser les plaintes qui s'élevaient de toutes parts. Après beaucoup d'hésitations, il promit enfin de retirer ses instructions. Le premier Consul ne se contenta point de cette promesse ; il exigea des instructions contraires : après une longue résistance, le légat finit par y consentir. Il écrivit donc aux évêques de ne rien exiger des prêtres constitutionnels au-delà de ce qu'autorisait le gouvernement ; mais toujours fidèle à la double politique de Rome, il ajoutait de les avertir pourtant *qu'ils eussent à mettre ordre à leur conscience.* Pour en finir, le gouvernement voulut bien regarder ces mots comme n'intéressant que le for intérieur. On écrivit seulement aux évêques de ne les considérer que comme un simple avis, et de laisser au prêtre, qui serait dans le cas de le recevoir, le soin de se consulter lui-même, d'user de son libre arbitre, et de tenir telle conduite qu'il croirait utile à sa position. Le gouvernement fit écrire aux préfets que l'organisation des cultes était dans l'église ce que le 18 brumaire avait été dans l'état; que ce n'était le triomphe d'aucun parti, mais la réunion de tous dans l'esprit de la République et de l'église; que si les divisions, terminées dans l'état, venaient à se prolonger dans l'église, elles ne pourraient plus être excitées que par les écrits et correspondances de quelques évêque non démissionnaires, qui gémissaient comme des victimes, parce qu'ils ne pouvaient plus rallumer en France les feux de la guerre civile; que ces écrits et correspondances sembleraient appartenir aux fureurs du fanatisme, si leurs auteurs n'étaient pas connus pour n'avoir aucune opinion ni aucune vertu religieuses; que la majorité de la nation n'avait pas le droit d'imposer son culte à la minorité, et que le domaine des consciences n'était au pouvoir d'aucune puissance humaine.[1]

Rome se jouait de ces belles phrases, et n'en marchait pas moins vers son but. En admettant extérieurement les prêtres constitutionnels à la communion de l'évêque, on les représentait toujours comme des hérétiques. Si l'on cessait ostensiblement de leur demander des rétractations, on les exigeait d'eux en secret. Quoiqu'ils dussent entrer pour un tiers dans la distribution des places, on ne

---

[1] Circulaire du ministre de la police du 18 prairial.

leur donnait en général que des titres révocables à volonté. A Paris, sous les yeux du gouvernement, la veille de l'installation de l'archevêque, des prêtres réfractaires rebénirent la cathédrale, comme si elle eût été profanée par les prêtres constitutionnels. Plusieurs nouveaux curés répétèrent la même scène dans leurs paroisses. Des citoyens, les autorités dénoncèrent au conseiller d'état chargé des cultes, et au préfet de police, le curé de Saint-Médard, pour avoir, dans la purification de son église, commis lui-même des profanations sur les objets consacrés par le prêtre constitutionnel qui l'avait précédé.

Le cardinal Caprara, qui soufflait ou tolérait tous ces excès, passait cependant pour un des prélats les plus recommandables par son désintéressement, son urbanité et une certaine noblesse de caractère. Il avait dit dans son discours au premier Consul : « Je ne me permettrai rien qui soit contraire aux droits du gouvernement et de la nation »; il en avait donné pour garant sa *franchise connue*. Dans le style de la diplomatie romaine, ce mot-là avait sans doute une autre signification que dans la vie commune et profane.

Du sein de toutes ces agitations sortit un fait digne de remarque, c'est qu'une partie considérable de la nation se montra favorable aux prêtres constitutionnels, qu'on avait toujours représentés, pendant les négociations du concordat, comme entièrement discrédités. Dans plusieurs départemens, il fallut employer l'autorité pour réprimer les mouvemens du peuple en leur faveur et pour installer les réfractaires. Ce n'était ni le fanatisme ni même le sentiment religieux qui l'animait; mais l'instinct de ses nouveaux intérêts l'attachait à un clergé qui s'était montré national, et lui inspirait au contraire de la défiance pour des prêtres qui s'étaient déclarés les ennemis de la révolution, et plus dévoués à la cour de Rome qu'à la France.

Le gouvernement avait pris des mesures pour mettre un terme aux disputes théologiques et interdire aux prêtres la publication des écrits qui n'étaient propres qu'à entretenir les divisions. Il ne laissa aux évêques que la faculté d'imprimer des mandemens et des instructions pastorales. Ils en profitèrent encore pour faire des tableaux amers de la révolution, et accuser la philosophie. Le ministre de l'intérieur fut chargé d'écrire aux préfets pour leur recommander de ne laisser paraître, sans leur permission, aucun écrit adressé au peuple *par quelque autorité que ce fût*. Les évêques se trouvèrent offensés, et réclamèrent une exception en faveur de leurs mandemens, pour lesquels précisément la mesure avait été prise. Afin d'éviter des altercations entre eux et les préfets, le gouvernement se réserva d'exercer lui-même cette surveillance, et les écrits de cette espèce furent soumis à l'approbation du conseiller d'état chargé de tous les cultes. Cette précaution gênante finit par tomber en désuétude; mais elle prouve quelle était alors la défiance du gouvernement envers les évêques. Les mandemens de l'archevêque de Paris, connu cependant par sa modération et sa sagesse, furent mis, avant l'impression, sous les yeux du premier Consul. Il y indiquait les changemens dont ils paraissaient susceptibles, et souvent il en fit de sa propre main, notamment à celui du *Te Deum* pour le consulat à vie.

D'après la loi, nul prêtre ne pouvait prêcher sans une autorisation spéciale de l'évêque. Cependant les sermons devinrent aussi une occasion de déclamations contre le passé, qui n'étaient qu'une critique mal déguisée du présent. Il y eut en chaire des attaques contre les protestans, contre la vente des biens nationaux, et même des regrets donnés à l'ancienne dynastie. Le gouvernement fut obligé de faire poursuivre ces prédicateurs devant les tribunaux.

Rome propagea des doutes sur la légitimité des mariages contractés civilement sans être consacrés par l'église, ainsi que sur la validité des bénédictions nuptiales données par les prêtres constitutionnels. Ce fut l'objet de questions adressées par le gouvernement au légat, et de nouvelles négociations. On demandait qu'au nom de l'église et du pape, il confirmât ce qui avait été fait par le clergé constitutionnel; mais tout se termina, du moins en apparence, par un bref qui laissait les évêques libres d'agir selon le besoin et les circonstances, par conséquent de condamner ce qui s'était pratiqué avant le rétablissement du culte. Plusieurs évêques ne manquèrent pas de l'interpréter ainsi. Ce fut un nouveau sujet d'alarmes pour les consciences timorées, et de controverses entre eux et le gouvernement.

Les évêques avaient été invités à appuyer la levée de la conscription de toute leur influence. Il fallut sévir contre des prêtres qui entravaient l'exécution de la loi, et qui favorisaient la désobéissance et la désertion. Le gouvernement n'employait les voies de rigueur qu'à la dernière extrémité, et n'opposait aux écarts du clergé que la modération et la patience, espérant le gagner par quelque condescendance et de bons procédés, et voulant surtout éviter l'éclat et le scandale. Il est juste de le reconnaître : en relevant la religion catholique, le premier Consul prit toutes les précautions compatibles avec une œuvre de cette espèce pour mettre l'état à l'abri des entreprises du clergé, opposer une barrière à celles de la cour de Rome, maintenir la liberté des autres cultes, et anéantir les dissensions religieuses. S'il n'y réussit pas complètement d'abord, si, après avoir paru entièrement éteintes, elles se réveillèrent dans la suite, ce fut contre ses intentions et ses principes, et la conséquence inévitable du système qu'il avait embrassé.

Tandis qu'il faisait du moins ses efforts pour renfermer les prêtres dans de justes limites, le roi qu'il avait placé sur le trône d'Étrurie, se mettait lui et son royaume dans leur dépendance, et renouvelait les scènes honteuses de ces temps flétris par l'histoire, où les rois faisaient hommage de leur couronne au chef de l'église. Puissance spirituelle illimitée, puissance pécuniaire, puissance de propriété qui rendait les biens du clergé inaliénables, puissance sur la pensée en la soumettant à la férule des évêques[1], tout était livré à l'église, et le pape, à l'instar de ses prédécesseurs, pouvait à son gré déposer le nouveau Louis, s'il osait s'écarter de l'obéissance qu'il avait vouée au saint-siége.

Clarke, ministre de France en Étrurie, fidèle aux principes philosophiques qu'il avait professés en Italie comme agent du Directoire, fut révolté de ce degré d'abaissement de la puissance civile. Le premier Consul le chargea de faire des représentations; elles échouèrent contre l'influence de la cour de Rome. Elle prévalut sur celle du guerrier-magistrat, fondateur de ce nouveau trône, et dans un pays tout rempli de sa domination et de sa gloire.

Les prêtres qui, faute d'avoir fait les promesses ou prêté les sermens ordonnés par les lois antérieures, étaient dans le cas de perdre la pension ecclésiastique à laquelle ils pouvaient avoir droit, furent admis pendant un an à la faire liquider, en justifiant qu'ils étaient réunis à leur évêque, conformément à la loi du 18 germinal. Cette faveur ou cette justice fut accordée aux ex-religieuses.

Les lois des assemblées nationales n'avaient point

---

[1] Aucun livre, sur quelque matière que ce fût, ne pouvait être imprimé sans l'approbation de l'évêque. (*Édit du 15 avril 1802.*)

été mises à exécution dans les nouveaux départemens du Rhin, ni dans ceux du Piémont. Les ordres monastiques, les congrégations régulières, les titres et établissemens ecclésiastiques, autres que les évêchés, les cures, les chapitres cathédraux et les séminaires établis ou à établir, conformément à la loi du 18 germinal, y furent supprimés, tous leurs biens mis sous la main de la nation, et les titulaires pensionnés. Les établissemens qui avaient pour objet l'éducation publique ou le soulagement des malades furent exceptés. Il fut réservé des couvens de filles pour servir de retraite aux ci-devant religieuses qui voudraient, sans distinction d'ordre, s'y réunir pour y vivre en commun, et des monastères pour les religieux âgés de plus de soixante ans qui voudraient adopter la vie commune.

L'évêque de Versailles consacra solennellement, en présence des autorités, la chapelle du collége de Saint-Cyr. On profita de cette circonstance pour relever le monument érigé autrefois à madame de Maintenon, fondatrice de cet établissement, dont le directeur, Crouzet, avait sauvé les restes. On y plaça cette inscription :

Elle fonda Saint-Cyr, édifia la France ;
Son tombeau fut détruit, ses restes outragés :
La jeunesse en gémit, et la reconnaissance
Élève une autre tombe à ses mânes vengés.

Pour ne pas tromper la jeunesse, il fallait lui dire que Saint-Cyr avait été bâti en 1686, un an après la révocation de l'édit de Nantes, à laquelle le bigotisme de madame de Maintenon avait eu la plus grande part.

Tandis qu'on recueillait de tous côtés les fruits amers du concordat, le journal officiel en faisait ainsi l'apologie : « De tous les actes conservateurs de la fortune publique qui ont signalé le gouvernement consulaire depuis son établissement, nul ne lui est plus glorieux que celui qui, réunissant les branches éparses de la religion chrétienne, a relevé subitement l'autel de l'Évangile, détrôné par dix années de barbarie! Cette morale éternelle des nations devait retrouver son antique patrie. Elle est rentrée dans son sein comme une mère long-temps absente, au milieu de ses enfans, réunis pour la recevoir. Les chrétiens de Rome et ceux d'Augsbourg sont redevenus frères, à la voix du chef de la France, et les sectaires s'embrassent sous l'étendard du patriotisme. Le fanatisme religieux et le fanatisme politique, tour-à-tour bourreaux et victimes, ont disparu pour jamais avec les conspirations et les sacriléges des temps révolutionnaires. La loi qui protége et l'Évangile qui console se sont donné la main pour le bonheur de la France. La paix des nations qui détruit la guerre, la paix des consciences qui détruit la haine, sont l'ouvrage du même homme. Les souvenirs funestes vont s'éteindre dans le sein de la religion, comme une eau corrompue se perd dans le cours d'une source limpide. La véritable philosophie a retrouvé son auxiliaire naturel, et l'athée, chassé du temple, a encore pour lui le repentir. La fausse philosophie n'a plus d'empire, et le système des abstractions a fui devant la vérité. Si j'avais une province à punir, disait le grand Frédéric, je la ferais gouverner par des philosophes. Les philosophes dont parle ce grand homme ne puniront plus la France, parce qu'elle a aussi un grand homme qui s'est chargé de ses destinées. »[1]

Rome n'aurait pas mieux dit, et les prêtres au moins imprudens, dont le gouvernement semblait vouloir réprimer ou punir les prédications indiscrètes, n'allaient pas aussi loin. Que ces déclamations contre la philosophie et la révolution différaient de ces expressions de la lettre du général Bonaparte à Bataglia, provéditeur de Venise (12 nivose an v)! « Je me convaincs tous les jours d'une vérité bien démontrée à mes yeux, c'est que si le clergé de France eût été sage, modéré, attaché aux principes de l'Évangile, la religion n'aurait subi aucun changement en France; mais la corruption de la monarchie avait infecté jusqu'à la classe des ministres de la religion; on n'y voyait plus d'hommes d'une morale pure et d'une vie exemplaire. »

Le premier Consul fit présent le 10 fructidor, à dix-neuf évêques, d'un anneau épiscopal, en témoignage de sa satisfaction pour le rétablissement de la bonne harmonie entre les prêtres de leurs diocèses et la destruction de toute semence de schisme.

---

[1] Moniteur du 9 thermidor.

L'archevêque de Paris, Dubelloy, ancien évêque de Marseille, et qui avait, le premier, donné au pape la démission de son siége, fut nommé sénateur. Le premier Consul annonça au sénat sa nomination en ces termes (28 fructidor) : « Il a été, pendant cinquante ans d'épiscopat, le modèle de l'église gallicane ; placé à la tête du premier diocèse de France, il donne l'exemple de toutes les vertus apostoliques et civiques ». Jamais éloge ne fut mieux mérité. Le premier Consul, dit-on, voulut faire Talleyrand cardinal, et le mettre à la tête des affaires ecclésiastiques, en lui disant que c'était son lot; qu'il rentrerait dans le giron, réhabiliterait sa mémoire et fermerait la bouche aux déclamateurs. Il ne le voulut jamais; son aversion pour l'état ecclésiastique était invincible[1]. Loin d'être tenté de le reprendre, il obtint du pape un bref qui le rendait à la vie séculière et laïque. Il y eut au conseil d'état quelque opposition à son enregistrement, parce que c'était une simple affaire personnelle, de conscience, et qui n'intéressait pas le public. Le premier usage que fit Talleyrand de la liberté que lui rendait le pape fut de contracter mariage. Jarente, ancien évêque d'Orléans, déjà marié, obtint aussi un bref de retour à la vie civile. Ces concessions étaient

[1] Las Cases, t. III, p. 51.

« Dans son intimité, on l'entendait parler gaîment de sa profession ecclésiastique. Il réprouvait un jour un air que l'on fredonnait ; il l'avait en horreur : il lui rappelait le temps où on le forçait d'apprendre le plain-chant et de chanter au lutrin. » (*Idem*, p. 50.)

moins faites par esprit de tolérance que pour prouver la toute-puissance papale.

En ordonnant d'enlever aux théophilanthropes les églises dont ils avaient fait leurs temples, et qui, dans le fait, étaient beaucoup trop spacieuses pour cette petite secte, le premier Consul avait dit : « Qu'on leur donne une chapelle »! Quand la loi eut consacré la liberté des cultes, ils demandèrent qu'on leur assignât un édifice public pour leur réunion. Leur demande fut rejetée par le motif que le théisme était du domaine de la philosophie, et non dans la classe des religions positives qui avaient droit à l'exercice public de leur culte.

CHAPITRE XXVI.

Création de la Légion-d'Honneur; son organisation. — Fête du 14 juillet. — Loi sur l'instruction publique. — L'Institut est chargé de faire le tableau des sciences. — Encouragemens donnés au galvanisme. — Monument à Dussault et Bichat. — Travaux au Louvre pour la Bibliothèque nationale. — Travaux publics; quai Desaix, canal de l'Ourcq, du Blavet, de Saint-Quentin. — Établissemens publics à Pontivi. — Commerce de l'Inde. — Monumens offerts au premier Consul.

Depuis la fameuse nuit du 4 août 1789, il n'y avait plus d'autres distinctions en France que les costumes et les signes affectés aux fonctions civiles et militaires. Pour les récompenses nationales, il n'y avait point de système fixe; des mesures spéciales y pourvoyaient suivant les circonstances. Le soldat, le magistrat, le citoyen se dévouaient par devoir, par honneur, par amour de la liberté et de la patrie. Malgré les taches que la fureur des partis avait imprimées aux dix années qui s'étaient écoulées depuis l'origine de la révolution jusqu'au 18 brumaire, elles avaient été fécondes en belles actions dans les cités, dans les camps. Général de l'armée d'Italie, Bonaparte avait fait l'essai des armes d'honneur; Consul, il en avait fait, par un simple arrêté, des récompenses militaires. Pendant la dernière campagne contre l'Autriche, l'armée nationale n'avait pas dérogé à la gloire que lui avaient acquise huit années de combats. Les fonctionnaires civils servaient avec autant de zèle qu'à aucune autre époque ; cependant le premier Consul projeta l'établissement de la Légion-d'Honneur. D'abord conçue pour les militaires et, par réflexion, étendue au civil, elle fut destinée à exciter l'émulation, à récompenser les services, à relever la valeur de l'homme à ses propres yeux, aux yeux de ses semblables. « Cela impose : il faut de ces choses-là pour le peuple », avait dit le premier Consul en voyant paraître l'ambassadeur de Prusse chamarré de décorations.

A la séance du conseil d'état du 14 floréal, Rœderer lut le projet de loi. Voici en résumé les motifs qu'en donna le premier Consul : « Le système actuel des récompenses militaires n'est point régularisé. L'article 87 de la constitution assure des récompenses nationales aux militaires ; mais il n'y a rien d'organisé. Un arrêté a bien établi une distribution d'armes d'honneur ; cela emporte double paie et occasione une dépense considérable. Il y a des armes d'honneur avec augmentation de paie ; d'autres sans rétribution. C'est une confusion ; on ne sait ce que c'est. D'ailleurs il faut donner une direction à l'esprit de l'armée, et surtout le soutenir. Ce qui le soutient actuellement, c'est cette idée dans laquelle sont les militaires, qu'ils occupent la place des ci-devant nobles. Le projet donne plus de consistance au système de récompenses; il forme un ensemble; c'est un commencement d'organisation de la nation. »

Dumas lut un mémoire en faveur de l'institution. Il combattit le projet en ce qu'il admettait les *citoyens* dans la Légion-d'Honneur. Il voulait qu'elle fût toute *militaire*, pour soutenir cet esprit dans la nation et dans l'armée. « L'honneur et la gloire militaires ont toujours été en déclinant depuis la destruction du système féodal, qui avait assuré la prééminence aux militaires », dit-il ; et après avoir développé cette idée, il demanda qu'aucun citoyen ne pût du moins être admis dans la Légion-d'Honneur, sans justifier qu'il eût satisfait aux lois sur la conscription. « Ces idées, dit le premier Consul, pouvaient être bonnes au temps du régime féodal et de la chevalerie, ou lorsque les Gaulois furent conquis par les Francs. La nation était esclave; les vainqueurs seuls étaient libres; ils étaient tout; ils l'étaient comme militaires. Alors la première qualité d'un général, ou d'un chef, était la force corporelle. Ainsi Clovis, Charlemagne, étaient les hommes les plus forts, les plus adroits de leurs armées; ils valaient à eux seuls plusieurs soldats, un bataillon ; c'est ce qui leur conciliait l'obéissance et le respect. C'était conforme au système militaire du temps; les chevaliers se battaient corps à corps; la force et l'adresse décidaient de la victoire. Mais quand le système militaire changea, quand on substitua les corps organisés, les phalanges macédoniennes, les masses au système militaire des chevaliers, il en fut tout autrement. Ce ne fut plus la force individuelle qui décida du sort des batailles, mais le coup-d'œil, la science. On peut en voir la preuve dans ce qui se passa aux batailles d'Azincourt, de Crécy, de Poitiers. Le roi Jean et ses chevaliers succombèrent devant les phalanges gasconnes, comme les troupes de Darius devant les phalanges macédoniennes. Voilà pourquoi nulle puissance ne put arrêter la marche victorieuse des légions romaines.

« Le changement de système militaire, et non l'abolition du régime féodal, dut donc modifier les qualités nécessaires au général. D'ailleurs le régime féodal fut aboli par les rois eux-mêmes pour se soustraire au joug d'une noblesse boudeuse et turbulente. Ils affranchirent les communes, et eurent des bataillons formés de la nation. L'esprit militaire, au lieu d'être resserré dans quelques milliers de Francs, s'étendit à tous les Gaulois. Il ne s'affaiblit point par là ; au contraire, il acquit de plus grandes forces. Il ne fut plus exclusif, fondé seulement sur la force individuelle et la violence, mais sur des qualités civiles. La découverte de la poudre à canon eut aussi une influence prodigieuse sur le changement du système militaire et sur toutes les conséquences qu'il entraîna. Depuis cette révolution, qu'est-ce qui a fait la force d'un général ? ses qualités civiles, le coup-d'œil, le calcul, l'esprit, les connaissances administratives, l'éloquence, non pas celle du jurisconsulte, mais celle qui convient à la tête des armées, et enfin la connaissance des hommes : tout cela est civil. Ce n'est pas maintenant un homme de cinq pieds dix pouces qui fera de grandes choses. S'il suffisait, pour être général, d'avoir de la force et de la bravoure, chaque soldat pourrait prétendre au commandement. Le général qui fait de grandes choses est celui qui réunit les qualités civiles. C'est parce qu'il passe pour avoir le plus d'esprit que le soldat lui obéit et le respecte. Il faut l'entendre raisonner au bivouac; il estime plus le général qui sait calculer, que celui qui a le plus de bravoure; ce n'est pas que le soldat n'estime la bravoure, car il mépriserait le général qui n'en aurait pas. Mourad-Bey était l'homme le plus fort et le plus adroit parmi les Mamlouks; sans cela, il n'aurait pas été bey. Quand il me vit, il ne concevait pas comment je pouvais commander à mes troupes; il ne le comprit que lorsqu'il connut notre système de guerre. Les Mamlouks se battaient comme les chevaliers, corps à corps et sans ordre; c'est ce qui nous les a fait vaincre. Si l'on eût détruit les Mamlouks, affranchi l'Égypte, et formé des bataillons dans la nation, l'esprit militaire n'eût point été anéanti; sa force, au contraire, eût été plus considérable. Dans tous les pays, la force cède aux qualités civiles. Les baïonnettes se baissent devant le prêtre qui parle au nom du ciel, et devant l'homme qui impose par sa science. J'ai prédit à des militaires qui avaient quelques scrupules, que jamais le gouvernement militaire ne prendrait en France, à moins que la nation ne fût abrutie par cinquante ans d'ignorance. Toutes les tentatives échoueront, et leurs auteurs en seront victimes. Ce n'est pas comme général que je gouverne, mais parce que la nation croit que j'ai les qualités civiles propres au gouvernement. Si elle n'avait pas cette opinion, le gouvernement ne se soutiendrait pas. Je savais bien ce que je faisais lorsque, général d'armée, je prenais la qualité de **membre de l'Institut**; j'étais sûr d'être compris, même par le dernier tambour.

« Il ne faut pas raisonner des siècles de barbarie aux temps actuels. Nous sommes trente millions d'hommes réunis par les lumières, la propriété et le commerce. Trois ou quatre cent mille militaires ne sont rien auprès de cette masse. Outre que le général ne commande que par les qualités civiles, dès qu'il n'est plus en fonctions, il rentre dans l'ordre civil. Les soldats eux-mêmes ne sont que les enfans des citoyens. L'armée, c'est la nation. Si l'on considérait le militaire, abstraction faite de tous ces rapports, on se convaincrait qu'il ne connaît point d'autre loi que la force, qu'il rapporte tout à lui, qu'il ne voit que lui. L'homme civil, au contraire, ne voit que le bien général. Le propre du militaire est de tout vouloir despotiquement; celui de l'homme civil est de tout soumettre à la discussion, à la vérité, à la raison. Elles ont leurs prismes divers; ils sont souvent trompeurs; cependant la discussion produit la lumière. Je n'hésite donc pas à penser, en fait de prééminence, qu'elle appartient incontestablement au civil. Si l'on distinguait les bouneurs en militaires et en civils, on établirait deux ordres, tandis qu'il n'y a qu'une nation. Si l'on ne décernait des honneurs qu'aux militaires, cela serait encore pire, car dès-lors la nation ne serait plus rien.»

Ainsi parlait l'homme qu'on veut nous représenter comme ayant établi le gouvernement militaire. Ces principes, soutenus avec une force d'éloquence et de raisonnement peu commune, étaient partagés par la grande majorité du conseil, composée d'hommes civils, et avaient un poids immense dans la bouche du chef du gouvernement, du premier général de l'armée. Dumas ne fut pas tenté de répondre. Personne ne prit la parole. On semblait craindre d'affaiblir l'impression produite par ce discours, et le premier Consul leva la séance pour laisser lui-même cette impression tout entière.

Mais on n'avait pas touché à la question la plus délicate, l'utilité ou les inconvéniens de l'institution. La discussion continua dans la séance du 18. Les adversaires du projet ne rejetaient pas tout système de récompenses et de distinctions. Les assemblées législatives en avaient décerné; mais ils regardaient le projet comme un ordre, et le trouvaient contraire à l'esprit d'égalité, caractère essentiel de la République française. Il échappa à quelques orateurs de citer les Grecs et les Romains. « L'ordre proposé, dit Berlier, conduit à l'aristocratie; les croix et les rubans sont les hochets de la monarchie. Je ne prendrai point pour exemple les Romains; il existait chez eux des patriciens et des plébéiens. Ce n'était pas là un système de récompenses; c'était une organisation politique, une combinaison de classes qui pouvait avoir ses avantages et ses inconvéniens. On était classé par la naissance et non par les services. Les honneurs, les récompenses nationales n'étaient que des distinctions passagères, ne changeaient rien aux classes, et ne formaient point de ceux qui les obtenaient une classe particulière. Du reste, nous n'avons plus de classes; ne tendons pas à les rétablir. Les magistratures et les emplois doivent être, dans la République, les premières récompenses des services, des talens, des vertus ». Il réfuta ensuite l'opinion de Dumas.

Le premier Consul répondit à Berlier, et surtout à ceux qui avaient cité les peuples anciens : « On nous parle toujours des Romains; il est assez singulier que, pour repousser les distinctions, on cite l'exemple du peuple chez lequel elles étaient le plus marquées. Est-ce là connaître l'histoire? Les Romains avaient des patriciens, des chevaliers, des citoyens et des esclaves. Ils avaient pour chaque classe des costumes divers, des mœurs différentes. Ils décernaient en récompense toutes sortes de distinctions, des noms qui rappelaient des services, les couronnes murales, le triomphe. Ils employaient jusqu'à la superstition. Otez la religion de Rome, il n'y restait plus rien. Quand ce beau corps de patriciens n'exista plus, Rome fut déchirée; le peuple n'était que la plus vile canaille; on vit les fureurs de Marius, les proscriptions de Sylla et ensuite les empereurs. Ainsi l'on cite toujours Brutus comme l'ennemi des tyrans; eh bien! Brutus n'était qu'un aristocrate; il ne tua César que parce que César voulait diminuer l'autorité du sénat pour accroître celle du peuple. Voilà comme l'ignorance ou l'esprit de parti cite l'histoire!

« Je défie qu'on me montre une république ancienne ou moderne, dans laquelle il n'y ait pas eu des distinctions. On appelle cela des *hochets;* eh bien! c'est avec des hochets que l'on mène les hommes. Je ne dirais pas cela à une tribune; mais dans un conseil de sages et d'hommes d'état, on doit tout dire. Je ne crois pas que le peuple français aime *la liberté, l'égalité;* les Français ne sont point changés par dix ans de révolution; ils sont ce qu'étaient les Gaulois, fiers et légers. Ils n'ont qu'un sentiment, *l'honneur.* Il faut donc donner de l'aliment à ce sentiment-là; il leur faut des distinctions. Voyez comme le peuple se prosterne devant les crachats des étrangers; ils en ont été surpris; aussi ne manquent-ils pas de les porter.

« Voltaire a appelé les soldats des *Alexandres à cinq sous par jour;* il avait raison, ce n'est pas autre chose. Croyez-vous que vous feriez battre des hommes par l'analyse? Jamais. Elle n'est bonne que pour le savant, dans son cabinet. Il faut au soldat de la gloire, des distinctions, des récompenses. Les armées de la République ont fait de grandes choses, parce qu'elles étaient composées de fils de laboureurs et de bons fermiers, et non de la canaille; parce que les officiers avaient pris la place de ceux de l'ancien régime; mais aussi par sentiment d'honneur. C'est par le même principe que les armées de Louis XIV ont aussi fait de grandes choses. On peut appeler, si l'on veut, le projet un *ordre;* les mots ne font rien à la chose; mais enfin, pendant dix ans, on a parlé d'institutions; qu'a-t-on fait? rien; le temps n'était pas arrivé. On avait imaginé de réunir les citoyens dans les églises pour geler de froid à entendre la lecture des lois, les lire et les étudier; ce n'est déjà pas trop amusant pour ceux qui doivent les exécuter; comment pouvait-on espérer d'attacher le peuple par une semblable institution? Je sais bien que si, pour apprécier le projet, on se place dans la calotte qui renferme les dix années de la révolution, on trouvera qu'il ne vaut rien; mais si l'on se place après une révolution, et dans la nécessité où l'on est d'organiser la nation, on pensera différemment. On a tout détruit; il s'agit de recréer. Il y a un gouvernement, des pouvoirs; mais tout le reste de la nation, qu'est-ce? des grains de sable. Nous avons au milieu de nous les anciens privilégiés, organisés de principes et d'intérêts, et qui savent bien ce qu'ils veulent. Je peux compter nos ennemis; mais nous, nous sommes épars, sans système, sans réunion, sans contact. Tant que j'y serai, je réponds bien de la République; mais il faut prévoir l'avenir. Croyez-vous que la République soit définitivement assise? Vous vous tromperiez fort. Nous sommes maîtres de la faire; mais nous ne l'avons pas, et nous ne l'aurons pas, si nous ne jetons pas sur le sol de la France quelques masses de granit. Croyez-vous qu'il faille compter sur le peuple? Il crie indifféremment vive le roi! vive la ligue! Il faut donc lui donner une direction et avoir pour cela des instrumens. J'ai vu, dans la guerre de la Vendée, quarante hommes maîtriser un département. C'est ce système dont il faut nous emparer.

« Enfin l'on convient qu'il nous faut des institutions. Si l'on ne trouve pas celle-là bonne, qu'on en propose donc d'autres. Je ne prétends pas qu'elle doive seule sauver la République; mais elle y jouera son rôle. »

Le second Consul appuya le projet et s'attacha principalement à prouver que la constitution ne réprouvait point les distinctions. Portalis le soutint aussi, et développa les principes de J.-J. Rousseau sur l'influence et la nécessité des signes. Le projet fut discuté dans une autre séance du conseil, où n'était pas le premier Consul. Il présida celle du 24. Il dirigea la discussion et la rédaction des objets de détail, comme si le fond eût été adopté; il ne le mit point aux voix, et proposa tout de suite la question de savoir s'il fallait envoyer le projet au Corps-Législatif, vu le peu de temps que devait encore durer la session.

« C'est, dit Thibaudeau, une loi très importante et un système diamétralement opposé aux principes professés pendant la révolution. L'abolition des distinctions n'a pas eu lieu dans ces temps désastreux qui jettent tant de défaveur même sur les meilleures choses. C'est l'Assemblée-Constituante qui l'a décrétée à une des époques les plus honorables de la révolution. La nation a un sentiment profond de l'honneur ; mais ce sentiment même lui fait par-dessus tout aimer *l'égalité*. Ce sont ces deux mobiles, combinés avec l'amour de la liberté, de la patrie et de son indépendance, qui donnèrent la victoire aux premières armées de la République. Je ne vois pas qu'avec la Légion-d'Honneur elles eussent fait de plus grands prodiges. Considérée comme garantie de la révolution, l'institution me paraît aller contre son but, et, comme corps intermédiaire, partir d'un principe inapplicable au gouvernement représentatif. Je crains que l'amour des rubans n'affaiblisse le sentiment du devoir et l'honneur lui-même, au lieu de les accroître et de les fortifier. Je respecte les motifs qu'on a développés dans la discussion en faveur du projet ; ils sont imposans ; mais j'avoue que je conserve encore quelques doutes. Il est à désirer qu'une semblable institution ne soit établie qu'avec l'assentiment éclairé et bien prononcé des premiers corps de l'état et de la nation. La session du Corps-Législatif doit finir dans deux ou trois jours. Convient-il de lui envoyer un projet de loi qui exige les plus sérieuses méditations? Je ne le pense pas. Je prévois qu'il éprouvera de vives oppositions. Il me semblerait plus prudent de l'ajourner. »

Portalis, Dumas, Roederer, combattirent l'ajournement. Le premier Consul le mit aux voix ; il fut rejeté par quatorze voix contre dix. Lacuée, Emmery, Berlier, Bérenger, Jolivet, Defermon, Cretet, Réal et Thibaudeau, opposés au projet, votèrent pour l'ajournement. Il fut porté, le 25, au Corps-Législatif. Rœderer le fit précéder de ce court résumé des motifs :

« C'est une institution auxiliaire de toutes nos lois républicaines, et qui doit servir à l'affermissement de la révolution. Elle paie aux services militaires, comme aux services civils, le prix du courage qu'ils ont tous mérité. Elle les confond dans la même gloire, comme la nation les confond dans sa reconnaissance. Elle unit, par une distinction commune, des hommes déjà unis par d'honorables souvenirs ; elle convie à de douces affections des hommes qu'une estime réciproque disposait à s'aimer. Elle met sous l'abri de leur considération et de leur serment nos lois conservatrices de l'égalité, de la liberté, de la propriété. Elle efface les distinctions nobiliaires qui plaçaient la gloire héritée avant la gloire acquise, et les descendans des grands hommes avant les grands hommes. C'est une institution morale qui ajoute de la force et de l'activité à ce ressort de l'honneur, qui meut si puissamment la nation française. C'est une institution politique qui place dans la société des intermédiaires par lesquels les actes du pouvoir sont traduits à l'opinion avec fidélité et bienveillance, et par lesquels l'opinion peut remonter jusqu'au pouvoir. C'est une institution militaire qui attirera dans nos armées cette portion de la jeunesse française qu'il faudrait peut-être disputer, sans elle, à la mollesse, compagne de la grande aisance. Enfin, c'est la création d'une nouvelle monnaie d'une bien autre valeur que celle qui sort du trésor public; d'une monnaie dont le titre est inaltérable et dont la mine ne peut être épuisée, puisqu'elle réside dans l'honneur français; d'une monnaie qui peut seule être la récompense des actions regardées comme supérieures à toutes les récompenses. »

Lucien Bonaparte, rapporteur de la commission du tribunat, lui proposa l'adoption du projet. Savoye-Rollin le combattit dans un discours fort de principes et de faits, et qui produisit une grande sensation. Chauvelin compléta le système d'attaque par une opinion également bien raisonnée.

Voici leurs principales objections. La Légion-d'Honneur renferme tous les élémens qui ont fondé parmi tous les peuples la noblesse héréditaire. On y trouve des attributions particulières, des pouvoirs, des honneurs, des titres et des revenus fixes. Presque nulle part la noblesse n'a même commencé avec autant d'avantages. On ne peut être rassuré par le progrès des lumières et la différence des temps. Le cœur humain ne change pas. Les mêmes circonstances le font retomber dans les mêmes erreurs, et lui font éprouver les mêmes penchans. La Légion reproduira donc des préjugés mal éteints, honorés dans toute l'Europe; ces préjugés fortifieront l'influencer militaire et les idées nobiliaires qui en sont toujours découlées, et introduiront un esprit particulier dans l'esprit général. Sous prétexte d'effacer toute noblesse, la Légion en fait naître une nouvelle et réhabilite forcément l'ancienne. Comme corps *intermédiaire*, la Légion est au moins une superfluité. Les corps intermédiaires sont de quelque utilité dans les états despotiques; mais dans un gouvernement représentatif, et chez un peuple assez heureux pour posséder une discussion publique de ses lois, les véritables, les seuls intermédiaires entre lui et son gouvernement, ce sont les corps constitués. L'institution est contraire à l'esprit et aux principes de la République, et au texte de sa constitution.

Fréville défendit le projet; Lucien Bonaparte, dont on a voulu depuis faire à toute force une victime héroïque des principes républicains, répliqua aux adversaires du projet comme un jeune présomptueux, fort des liens qui l'attachaient au premier Consul. Il prêta à ceux qu'il combattait des intentions criminelles, les accusa d'attaquer le gouvernement, parla de l'indignation qu'il éprouvait, et déversa une partie de sa bile sur la nation elle-même, qu'il voulut flétrir par l'épithète de *pitoyable*. L'imprudence de l'orateur enleva beaucoup de voix au projet. Il ne fut adopté que par cinquante-six suffrages contre trente-huit.

La discussion recommença au Corps-Législatif; mais là elle ne fut plus contradictoire. Les trois orateurs du gouvernement et les trois orateurs du tribunat, chargés uniquement de défendre le projet, accumulèrent tout ce qu'il fut possible de réunir de moyens et de considérations en sa faveur. La discussion fut terminée par une allusion que Dumas puisa dans un trait de l'histoire romaine, relatif à Marcus-Claudius-Marcellus, qu'on appela *l'Epée-de-Rome*. « Eh bien! s'écria l'orateur, notre *Marcellus*, notre Consul, dont le peuple vote en ce moment la perpétuelle magistrature; celui qui protégea les sciences et les arts au milieu des horreurs de la guerre; qui, sous les ailes de la victoire, les fit revivre en Égypte, dans leur premier berceau, d'où les Grecs et Archimède les avaient reçus; enfin notre *Epée-de-France* vous propose, pontifes de la loi, d'élever un double temple à l'honneur et à la vertu. » Les pontifes votèrent sur le projet, et malgré tout ce que l'éloquence avait pu imaginer pour entraîner leurs suffrages, la Légion-d'Honneur ne fut consacrée que par cent soixante-six voix contre cent dix.[1]

Une victoire si vivement disputée et péniblement arrachée à deux corps qui venaient de subir une épuration ne flatta pas beaucoup le premier Consul. « Vous voyez, lui dit Thibaudeau, que les conseillers d'état qui votaient l'ajournement, avaient quelque raison. C'est toujours une chose fâcheuse qu'une si forte opposition. — C'est vrai, répondit-il;

---

[1] Loi du 29 floréal.

il eût mieux valu attendre. On n'a pas laissé assez de temps. Cela n'était pas si urgent. Les orateurs qui ont défendu le projet n'ont pas donné les bonnes raisons. »

Ainsi la Légion-d'Honneur ne fut adoptée :
au conseil d'état, que par 14 voix contre 10 ;
au tribunat. . . . . . 56 . . . 38
au Corps-Législatif. . 166 . . . 110
       236 158
   Majorité. 78

Nulle institution n'éprouva une opposition plus imposante.[1]

On a voulu l'imputer à un très grand nombre de républicains, anciens conventionnels, qui siégeaient dans le Corps-Législatif. C'est une erreur. Les conventionnels étaient en très petite minorité, et presque inaperçus dans les premiers corps de l'état. La France ne voyait dans la Légion-d'Honneur qu'un ordre de chevalerie et le rétablissement d'une institution monarchique. Comme récompense, surtout militaire, elle ne fut pas sans effet ; elle n'eut aucune influence comme organisation de la nation, corps intermédiaire, soutien du gouvernement.

[1] Quoique tout ce que nous venons de dire de la Légion-d'Honneur ait été inséré dans nos *Mémoires sur le Consulat*, nous n'avons pas hésité à le rapporter ici en entier. Ce sujet ne nous a pas paru susceptible d'analyse. Elle n'aurait pu suppléer les détails auxquels les opinions du premier Consul donnent le plus grand intérêt, et qui ne se trouvent nulle autre part.

[2] Dumas, t. VIII, p. 107.

C'était dans un autre ordre d'idées et de moyens qu'il aurait dû chercher son véritable appui.

D'après la loi, la Légion-d'Honneur était créée pour récompenser les services et les vertus civils et militaires. Elle était composée de seize cohortes; chaque cohorte, de sept grands-officiers au traitement de 5,000 francs, de vingt commandans à 2,000, de trente officiers à 1,000, et de trois cent cinquante légionnaires à 250. Ces traitemens étaient payés par le revenu des biens affectés à la Légion. Les membres de la Légion l'étaient à vie. Par leur serment, ils juraient, entre autres choses, de combattre toute entreprise tendante à rétablir le régime féodal; de concourir de tout leur pouvoir au maintien de la liberté et de l'égalité. La première formation de la Légion se composait de tous les militaires qui avaient reçu des armes d'honneur; ceux qui avaient rendu des services majeurs dans la guerre de la liberté pouvaient y être nommés, ainsi que les citoyens qui, par leur savoir, leurs talens, leurs vertus, avaient contribué à établir ou à défendre la République, ou fait aimer et respecter la justice ou l'administration. Les nominations étaient faites par le grand conseil d'administration que présidait le premier Consul. Durant les dix années de paix qui pourraient suivre la première formation, les places qui vaqueraient demeuraient vacantes jusqu'à concurrence du dixième de la légion, et, par la suite, du cinquième. Ces places ne devaient être remplies qu'à la fin de la première campagne. En temps de guerre, il n'était nommé aux places vacantes qu'à la fin de chaque campagne, et les actions d'éclat faisaient titre pour tous les grades. En temps de paix, il fallait avoir vingt-cinq ans de service militaire pour pouvoir être nommé; les années de service en temps de guerre comptaient double, et chaque campagne de la dernière guerre comptait pour quatre années. Les grands services rendus à l'état dans les fonctions législatives, la diplomatie, l'administration, la justice ou les sciences, étaient aussi des titres d'admission, pourvu que celui qui les avait rendus eût fait partie de la garde nationale. Nul n'était admis qu'après avoir exercé pendant vingt-cinq ans ses fonctions avec distinction. Nul ne pouvait parvenir à un grade supérieur qu'après avoir passé par le plus simple. Dans chaque chef-lieu de cohorte, il était établi un hospice et des logemens, à l'instar des succursales de l'hôtel national des Invalides, pour recueillir, soit les membres de la Légion que leur vieillesse, leurs infirmités ou leurs blessures auraient mis dans l'impossibilité de servir l'état, soit les militaires qui, après avoir été blessés dans la guerre de la liberté, se trouveraient dans le besoin. Diverses mesures furent prises pour l'exécution de la loi relative à l'institution de la Légion-d'Honneur. Au grand conseil d'administration furent nommés, par le sénat, le général Kellermann; par le conseil d'état, Joseph Bonaparte, et par le tribunat, son frère Lucien.

Le territoire français fut divisé en seize arrondissemens de cohortes. Des règles furent prescrites pour l'organisation du grand conseil d'administration, des conseils d'administration des cohortes, pour l'établissement et l'administration des hospices. Des biens furent affectés aux cohortes avec indication de leur chef-lieu. Les militaires qui avaient obtenu des armes d'honneur furent répartis entre les seize cohortes, et formèrent le premier noyau de la Légion.[1]

L'anniversaire du 14 juillet fut annoncé par une proclamation du premier Consul, qui retraçait la situation prospère de la République, et invitait les citoyens, éclairés par les malheurs passés, à conserver, au sein de la sagesse et de la concorde, cet édifice de grandeur qu'avait élevé leur courage. Mais il n'y eut plus de réjouissances publiques ni de fête pour le peuple. On se borna à célébrer des mariages dans les municipalités de Paris. Le ministre de l'intérieur posa la première pierre du quai d'Orsay, dont le gouvernement avait ordonné la construction, et qui fut appelé *quai Bonaparte*. A la grande parade qui eut lieu, le premier Consul distribua des drapeaux aux demi-brigades d'infanterie légère.

Avant la parade, le préfet et les douze maires du département de la Seine prièrent le premier Consul, au nom du conseil municipal, d'accepter, comme un témoignage de reconnaissance et d'amour des

---

[1] Arrêtés des 13, 23 et 27 messidor.

citoyens de Paris, un cheval de race française dont les meilleurs ciseleurs de la capitale avaient embelli le harnois. Le premier Consul répondit qu'il se ferait un plaisir de le monter souvent, et surtout s'il se présentait encore quelque occasion de combattre pour l'honneur du peuple français.

Le système d'instruction publique du premier Consul, dont la base principale était la création des lycées et de six mille quatre cents bourses à sa nomination, fut, après de longues discussions, adopté au conseil d'état. Fourcroy présenta le projet de loi au Corps-Législatif. Membre du comité d'instruction publique à la Convention nationale, il avait pris part à l'organisation existante; orateur du gouvernement qui la renversait, il joignit sa voix à celle des accusateurs de la révolution. Dans la discussion du projet de loi, personne ne pensa à rétablir au moins la vérité; on n'osa la défendre, personne, excepté le tribun Daru, qui fit cette belle profession de foi :

« Ecoutez certains hommes; ils accuseront la révolution et les philosophes d'avoir anéanti l'instruction et la morale. Les philosophes n'ont pas besoin de défenseurs; ils ne repoussent pas l'injure. La cause de la révolution n'est la cause de personne; personne ne peut se vanter de l'avoir faite. Ses malheurs appartiennent au moins autant à ceux qui l'ont nécessitée par leurs fautes, qu'à ceux qui l'ont provoquée par leurs plaintes ou par leur courage; et lorsqu'elle compte parmi ses accusateurs un si grand nombre de ses complices, sa défense est peut-être plus particulièrement le devoir de ceux qui, indépendans de tous les partis après dix ans de querelles, sont assez heureux pour n'avoir pas un mot à rétracter. »

Le plan du premier Consul était vaste, bien conçu, embrassait toutes les branches et tous les degrés de l'enseignement, depuis les premiers élémens jusqu'aux sciences transcendantes, depuis les écoles primaires jusqu'aux écoles spéciales. Généreux envers les degrés supérieurs de l'instruction, l'état ne payait rien pour les écoles primaires; leur établissement était mis à la charge des communes, et le salaire des instituteurs à celle des écoliers, comme si l'on eût craint que la masse du peuple, qui a le plus besoin d'instruction, ne fût trop éclairée.

Les écoles secondaires, c'est-à-dire celles dans lesquelles on devait enseigner les langues latine et française, les premiers principes de la géographie, de l'histoire et des mathématiques, étaient aussi laissées au compte des communes. Il était libre aux particuliers d'en établir; le gouvernement leur promettait des encouragemens; mais elles ne pouvaient être établies sans son autorisation. La liberté accordée à l'industrie particulière était donc illusoire.

Des lycées étaient créés aux frais de l'état, au moins un par arrondissement de tribunal d'appel, pour enseigner les langues anciennes, la rhétorique, la logique, la morale et les élémens des sciences mathématiques et physiques, à des élèves que le gouvernement y plaçait, aux élèves des écoles secondaires qui y seraient admis par un concours, à ceux que les parens pourraient y mettre en pension, à des externes.

Les professeurs étaient nommés par le premier Consul sur une liste de candidats présentée par une commission de trois inspecteurs généraux des études et de trois membres de l'Institut national. Il nommait les administrateurs, créés sous le nom de proviseur, de censeur, de procureur gérant. Après la première formation, ils devaient être mariés ou l'avoir été. Cependant aucune femme ne pouvait demeurer dans l'enceinte des bâtimens occupés par les pensionnaires. On voulait empêcher que l'administration ne passât dans la main des prêtres, qui la convoitaient. Cette disposition tomba en désuétude. Les prêtres s'introduisirent dans les premières places des lycées.

Les écoles spéciales existantes étaient maintenues, sauf les modifications que le gouvernement jugerait convenable d'y faire. La loi portait qu'il pourrait en être institué d'autres, notamment dix écoles de droit et trois nouvelles écoles de médecine; quatre écoles d'histoire naturelle, de physique et de chimie; deux pour les arts mécaniques et chimiques, une de mathématiques transcendantes, une de géographie, d'histoire et d'économie publique; une quatrième école des arts du dessin, outre les trois qui existaient à Paris, Dijon et Toulouse; que les observatoires actuellement en activité auraient un professeur d'astronomie; qu'il y aurait, près de plusieurs lycées, des professeurs de langues vivantes; qu'il serait nommé huit professeurs de musique et de composition. Tous ces professeurs étaient à la nomination du premier Consul, sur la présentation des classes de l'Institut correspondantes aux places, et des trois inspecteurs généraux des études.

Enfin une école militaire devait être établie dans une des places fortes de la République, et destinée à enseigner, à une portion des élèves sortis des lycées, les élémens de l'art de la guerre; elle était dans les attributions du ministre de ce département.

Six mille quatre cents pensionnaires étaient entretenus aux frais de la République, dans les lycées et dans les écoles spéciales, dont deux mille quatre cents choisis parmi les fils de militaires ou de fonctionnaires civils, judiciaires, administratifs ou municipaux qui auraient bien servi la République; et, pendant dix ans, parmi les enfans des citoyens des départemens réunis à la France, quoiqu'ils n'eussent été ni militaires ni fonctionnaires publics. Les quatre mille autres pensionnaires étaient pris dans un nombre double d'élèves des écoles secondaires présentés au gouvernement d'après un examen et un concours.

Les élèves externes des lycées et des écoles spéciales furent astreints à payer une rétribution, spéculation indigne d'une grande nation, et limitative du bienfait de l'instruction publique!

Le traitement des fonctionnaires et professeurs était divisé en portion fixe et en portion casuelle.

La première était réglée d'après le nombre des élèves nationaux placés dans chaque lycée et le taux de leurs pensions; la seconde, d'après le nombre des pensionnaires et des externes.

Dans le projet de loi ne se trouvaient pas même une seule fois prononcés le mot de *religion* ni celui de *philosophie*. La philosophie, on lui attribuait la révolution, toutes ses calamités; elle était passée de mode: mais la religion! on avait relevé le clergé catholique par le concordat; depuis un mois, on venait de le publier. Dans le développement des motifs de la loi, Fourcroy s'éleva contre ceux qui désiraient qu'on puisât dans les préceptes de la religion les règles de la morale. Daru l'aurait admise, si certaines idées religieuses avaient été plus conformes à la raison. Carrion-Nisas, plus hardi, demanda qu'elle fût enseignée; il parla même en faveur des congrégations enseignantes. Au Corps-Législatif, Jard-Panvilliers, orateur du tribunat, et Rœderer, orateur du gouvernement, tout en rendant hommage à la religion, fondèrent son exclusion des écoles publiques sur ce que des élèves de toutes les croyances religieuses y étaient admis. Le 11 floréal, le projet de loi fut adopté à une grande majorité. Rœderer avait, sous le ministre de l'intérieur, la *direction de l'instruction publique;* mais il ne la conserva pas longtemps.

Il fut établi, le 1er fructidor de chaque année, une distribution générale des prix décernés aux élèves des lycées, écoles spéciales, prytanée, conservatoire de musique, école de peinture, etc., par le ministre de l'intérieur, en présence des autorités constituées du département de la Seine.[1]

Le gouvernement créa deux écoles pratiques de mines, l'une à Geiselautern, département de la Sarre; l'autre à Pesay, département du Mont-Blanc.[2]

L'école française des beaux-arts, à Rome, fut remise en activité, et transférée de l'ancien palais, situé sur le *Corso*, à la *Villa-Médicis*, que le gouvernement acquit par échange. Quinze élèves y furent envoyés.

Indépendamment des quarante élèves admis au prytanée, pris dans les départemens du Morbihan, du Finistère, d'Ille-et-Vilaine et des Côtes-du-Nord, le gouvernement accorda à chaque arrondissement de justice-de-paix des départemens du Morbihan et des Côtes-du-Nord, deux places au prytanée de Compiègne pour des enfans de huit à douze ans, appartenant à de riches fermiers, aux principaux chefs d'ateliers ou à de petits propriétaires. Un élève devait être pris dans des familles où il y avait au moins quatre enfans, et de préférence parmi celles qui mettraient à leurs frais, au prytanée de Compiègne, un frère ou un cousin de l'élève désigné.

L'Institut national fut chargé de former un tableau général de l'état et des progrès des sciences, des

---

[1] Arrêté du 13 fructidor.
[2] Arrêté du 23 pluviose.

lettres et des arts, depuis 1789 jusqu'au 1ᵉʳ vendémiaire an x, pour être présenté au gouvernement en conseil d'état, par une députation, dans le mois de fructidor an xi. Un semblable tableau devait être fait et présenté tous les cinq ans. L'Institut était en outre chargé de proposer en même temps ses vues concernant les découvertes dont il croirait l'application utile aux services publics, les secours et les encouragemens dont les sciences, les arts et les lettres auraient besoin, et le perfectionnement des méthodes employées dans les diverses branches de l'enseignement public[1]. Lorsque cet arrêté fut discuté au conseil d'état : « Soignez bien cette rédaction, dit le premier Consul à Regnaud qui en était le rapporteur, car elle sera examinée par les pédagogues de toute l'Europe. »

Le premier Consul fonda un prix d'une médaille de 3,000 francs pour la meilleure expérience qui, au jugement de la première classe de l'Institut, serait faite dans le cours de chaque année sur le fluide galvanique. Il accorda un encouragement de 60,000 f. à celui qui, par ses expériences et ses découvertes, ferait faire à l'électricité et au galvanisme un pas comparable à celui dont on était redevable à Franklin et à Volta, cette partie de la physique étant, selon lui, le chemin des grandes découvertes. Les étrangers de toutes les nations furent admis au concours.[2]

---

[1] Arrêté du 13 ventose.
[2] Lettre du premier Consul au ministre de l'intérieur, 26 prairial.

En encourageant ainsi l'essor de l'esprit humain, le premier Consul n'oubliait aucun des services passés. A cette époque, le médecin Bichat mourut, jeune encore. Personne à son âge n'avait tant ni mieux fait pour la science médicale; nul n'avait donné de si grandes espérances ni des gages plus précieux de ce que devait être son avenir. La médecine ne pouvait éprouver une plus grande perte. Sa mort rappelait le souvenir de celle de son maître Desault, qui avait illustré la chirurgie par trente ans d'un travail infatigable. Le premier Consul, rendant hommage à ces deux hommes distingués, écrivit au ministre de l'intérieur: « Je vous prie de faire placer à l'Hôtel-Dieu un marbre dédié à la mémoire des citoyens Desault et Bichat, qui aient la reconnaissance de leurs contemporains pour les services qu'ils ont rendus, l'un à la chirurgie française, dont il est le restaurateur, l'autre à la médecine, qu'il a enrichie de plusieurs ouvrages utiles. Bichat eût agrandi le domaine de cette science si importante et si chère à l'humanité, si l'impitoyable mort ne l'eût frappé à vingt-huit ans. »[1]

En exécution de l'arrêté du 3 fructidor an IX, qui ordonnait que la Bibliothèque nationale serait transférée au Louvre, déjà consacré aux grandes collections de peinture et de sculpture, les artistes qui occupaient ce palais l'évacuèrent, et furent logés

[1] Lettre du 14 thermidor.

dans des maisons nationales ou indemnisés. Il fut ordonné que les travaux qu'il exigeait, seraient mis en activité le 1er vendémiaire an XI, et une somme de 25,000 francs par mois y fut affectée jusqu'à ce qu'ils fussent terminés.[1]

Le gouvernement fit continuer la mesure de la méridienne de France depuis Barcelonne jusqu'aux îles Baléares.

A Paris, les travaux du pont du Jardin-des-Plantes furent commencés; ceux du quai Desaix continués.

Un arrêté du gouvernement (25 thermidor) ordonna que le canal de l'Ourcq serait commencé le 1er vendémiaire an XI, de manière à ce que les eaux arrivassent à la Villette à la fin de l'an XIII.

Ainsi qu'on l'avait déjà fait dans le département de la Vendée, des dispositions furent prises pour civiliser celui du Morbihan, et y introduire les mœurs et l'esprit français. Le premier Consul ordonna de travailler à la navigation du Blavet, de Pontivi à Hennebond, et de construire, dans la première de ces villes, des bâtimens destinés aux tribunaux, aux casernes, à un hôpital militaire et à une école secondaire.

[1] Arrêté du 25 thermidor.

Le ministre de l'intérieur ayant fait au premier Consul le rapport qu'il avait demandé en l'an IX, sur les moyens d'ouvrir une communication par eau entre la Belgique et Paris, il fit examiner les divers projets par la première classe de l'Institut et s'y rendit. Il s'agissait d'opter entre le projet de l'ingénieur Laurent et celui de l'ingénieur Devic. Il y eut une longue discussion, à laquelle le premier Consul prit part. On vota au scrutin, et la majorité donna la préférence au projet Devic (10 thermidor). Le lendemain, un arrêté du gouvernement ordonna que les travaux seraient commencés, et que les canaux formant la réunion de l'Oise à l'Escaut porteraient le seul nom de *canal de Saint-Quentin*.

Quoique reposant sur des bases peu solides et peu propres à inspirer une grande confiance, la paix maritime, en rendant à la France ses possessions dans l'Inde, ouvrait la carrière aux expéditions lointaines. On examina, dans le conseil d'état, s'il convenait de limiter le retour des armemens pour l'Inde aux ports de Lorient et de Toulon, ou s'il pourrait se faire dans tous les ports. Cette discussion amena la question de savoir si le commerce de l'Inde serait libre ou confié à une société privilégiée. La section de la marine était pour le privilége, et la majorité du conseil pour la liberté.

Le premier Consul dit qu'il avait été d'abord pour une compagnie privilégiée; que depuis deux ans il avait réuni des négocians de tous les ports; qu'ils avaient tous été pour la liberté[1] : « Ils m'ont donné de bonnes raisons, ajouta-t-il; ils ont détruit tous les argumens des partisans de la compagnie. Le commerce de l'Inde doit se faire par compagnies, mais par compagnies libres. C'est ainsi que le faisait la maison Rabaud, de Marseille. Elle prenait des fonds en commandite, et cependant l'on ne connaissait qu'elle. Avec de telles compagnies dans les ports, on fera mieux le commerce de l'Inde qu'avec une compagnie privilégiée, car une semblable compagnie est comme le gouvernement; ses opérations sont toujours plus chères que celles des particuliers; son administration est plus coûteuse. Elle se forme une marche dont elle ne s'écarte pas. C'est un canal qui a sa longueur et sa largeur, et qui est parcouru uniformément. Les particuliers, au contraire, se détournent de ce canal, suivant qu'ils y trouvent leur intérêt. Ils vont fouillant partout les divers débouchés et les points les plus avantageux. Que le gouvernement arme des corsaires et leur désigne leurs stations, ils ne feront jamais autant de prises que les corsaires particuliers, qui ont leurs correspondances et une foule de notions que n'a pas un gouvernement. On m'a démontré par des calculs et des faits que, pendant vingt ans que le commerce de l'Inde a été libre, il a été plus productif que sous le régime de la compagnie, et que

[1] C'était aussi l'avis des chambres de commerce.

l'on a plus exporté de nos produits industriels. La compagnie envoyait principalement de l'argent dans l'Inde. C'est une erreur de croire que l'Angleterre est maîtresse absolue du commerce de l'Inde. Il y a des princes qui ne sont pas sous sa dépendance, et avec lesquels le commerce français peut travailler avantageusement. Les marchandises de l'Inde circulent aussi dans le monde autrement que par la voie des Anglais. Nous en avions abondamment en Égypte, et des premières qualités. L'exemple des Américains est pour la liberté. Ils n'ont point de compagnie privilégiée, et ils font un commerce très étendu dans l'Inde, la Chine, la mer Rouge, le golfe Persique ; ils vont partout. La guerre leur a été très favorable ; mais la paix donnera à nos armateurs la facilité de faire comme eux, et de diminuer par là leur commerce. Il est important de prendre à cet égard une décision solennelle, législative, afin que le commerce puisse se livrer avec sécurité à ses spéculations. Si je pense qu'il ne faut pas de compagnie, ce n'est pas, comme on semble le croire, par la raison qu'on ne pourrait pas en former une actuellement. On nous fait toujours plus pauvres que nous ne le sommes. Je crois, au contraire, que l'on ne parviendrait pas à former une compagnie, parce que ce n'est pas une bonne institution, qu'elle est repoussée par tout le commerce, et que personne ne voudrait lui livrer ses capitaux. S'il en était autrement, on ferait facilement une compagnie. Ne dirait-on pas qu'il faut pour cela une si grande somme? Il suffirait de vingt millions, et qu'est-ce que c'est pour la France? »

La liberté du commerce de l'Inde avait des motifs encore plus péremptoires. « Une compagnie donnait de très grands avantages à quelques particuliers, qui pouvaient très bien faire leurs affaires en négligeant celles de la masse. Toute compagnie dégénérait bientôt en oligarchie, toujours amie du pouvoir, et prête à lui donner secours. Sous ce rapport, les compagnies tenaient tout-à-fait du vieux temps et des anciens systèmes. Le commerce libre, au contraire, favorisait toutes les classes, agitait toutes les imaginations, remuait tout un peuple; il était identique avec l'égalité, et portait naturellement à l'indépendance [1] ». Le gouvernement maintint donc la liberté.

Les arts cherchaient à payer au premier Consul les encouragemens qu'il leur donnait. La peinture, la sculpture et la gravure l'avaient représenté comme général dans les batailles, comme premier magistrat de la République, et notamment passant la revue aux Tuileries. David exposa le portrait équestre de Bonaparte franchissant le mont Saint-Bernard.

Jusqu'à cette époque, la reconnaissance ou la flatterie s'étaient bornées à faire des adresses au premier Consul; on commença à lui offrir des monumens. Le préfet du Rhône ouvrit un concours

---

[1] Napoléon, *Mémorial de Sainte-Hélène*, t. VII, p. 123.

(2 brumaire) pour le rétablissement de la place de Bellecour à Lyon, nommée place *Bonaparte*, et pour l'érection d'un monument en son honneur.

Le conseil général du département de la Seine délibéra (7 brumaire) d'ériger à Paris un monument pour transmettre à la postérité sa reconnaissance envers Bonaparte, premier Consul[1]. Sur le rapport de Quatremère de Quincy, le conseil général adopta ensuite le plan d'un portique triomphal sur l'emplacement du grand Châtelet, pour lequel il vota un fonds de 600,000 francs. En réponse à cet hommage, le premier Consul écrivit au conseil général : « J'ai vu avec reconnaissance les sentimens qui animent les magistrats de la ville de Paris. L'idée de dédier des monumens aux hommes qui se rendent utiles au peuple, est honorable pour les nations. J'accepte l'offre du monument que vous voulez m'élever; que la place reste désignée ; mais laissons aux siècles à venir le soin de le construire, s'ils ratifient la bonne opinion que vous avez de moi » Pensée noble et sublime ! faite pour servir à-la-fois de leçon aux peuples et aux rois.

Cependant le gouvernement provisoire de la République cisalpine, voulant *obtenir du plus habile sculpteur du siècle la statue du plus grand capitaine du monde,* avait, en l'an IX, chargé Canova de faire la statue du vainqueur de Marengo cou-

---

[1] Délibération signée *Bellart*, président; *Quatremère de Quincy*, secrétaire.

ronné par la Victoire, pour être placée sur un monument qu'on se proposait d'ériger au *Forum Bonaparte*, à Milan. Le même comité avait ouvert un concours pour un tableau historique ou allégorique dont Bonaparte devait être le personnage principal, et destiné à exprimer la reconnaissance du peuple cisalpin. Le premier Consul n'avait point refusé ces hommages; mais c'était un peuple étranger auquel il avait donné une nouvelle existence, et Bonaparte devait la sienne tout entière à la République française.

Son père, Charles Bonaparte, était mort à Montpellier, le 24 février 1785, et y avait été inhumé. Le conseil municipal de cette ville délibéra de lui élever un monument. C'était, à gauche, un piédestal; au milieu, la Ville de Montpellier, la Religion avec d'autres figures, montrant de la main droite le piédestal, et soulevant de la main gauche le couvercle du tombeau; au-dessous cette inscription : *Sors du tombeau; ton fils Napoléon t'élève à l'immortalité.*

On fit à ce sujet ce distique :

Fortunate pater, letales exsute somnos !
Qui dederas vitam, te vocat ille mori.

En présentant cette délibération à l'approbation du premier Consul, le ministre de l'intérieur lui dit dans son rapport : « Vous n'avez pas voulu que vos contemporains consacrassent par des monumens publics votre gloire et leur reconnaissance; mais la postérité, que votre modestie ne peut contraindre à se taire, acquittera cette dette de la génération présente. En attendant, la commune de Montpellier vous présente un hommage que la piété filiale vous interdit de refuser; il s'adresse à l'auteur de vos jours, dont les restes reposent dans le sein de cette commune. »

Le premier Consul refusa cet hommage, comme il avait refusé celui de la ville de Paris. « Ne troublons point, dit-il, le repos des morts; laissons leurs cendres tranquilles. J'ai perdu aussi mon grand-père, mon arrière-grand-père; pourquoi ne ferait-on rien pour eux? Cela mène loin. Si c'était hier que j'eusse perdu mon père, il serait convenable et naturel que j'accompagnasse mes regrets de quelque haute marque de respect; mais il y a vingt ans; cet événement est étranger au public; n'en parlons point. »

---

[1] Las Cases, tome 1, p. 144. Depuis, Louis Bonaparte, à l'insu de Napoléon, fit exhumer le corps de son père, et le fit transporter à Saint-Leu, où il lui consacra un monument.

TABLE.

CHAPITRE XII.

Fête du 1ᵉʳ vendémiaire an IX. — Traité d'amitié entre la France et les États-Unis. — Carnot quitte le ministère de la guerre. — Complot de Ceracchi, Aréna et autres, contre le premier Consul. — Classement et élimination des émigrés. — Lucien Bonaparte sort du ministère de l'intérieur. — Il est envoyé en ambassade en Espagne. 1

CHAPITRE XIII.

Explosion de la machine infernale du 3 nivôse. — Ce complot est imputé aux anarchistes. — Leur proscription. — Les agens royalistes en sont reconnus seuls coupables. — Leur arrestation et leur condamnation. 35

CHAPITRE XIV.

Congrès de Lunéville. — Dénonciation des hostilités. — Plan de campagne. — Mouvemens de l'armée du Rhin. — Bataille de Hohenlinden. — Armistice de Steyer. — Armée des Grisons. — Sa destination changée. — Passage du Splugen. — Opérations de l'armée d'Italie. — Armistice de Trévise. — Convention avec Cobentzel pour céder Mantoue à la France. — Relations amicales entre Paul Iᵉʳ et le premier Consul. — Pitt se retire du ministère anglais. 60

CHAPITRE XV.

Traité de Lunéville. — Campagne du corps d'observation en Italie. — Relations amicales avec la cour de Rome. — Armistice de Foligno, accordé par Murat à l'armée napolitaine. — Promulgation de la paix de Lunéville. — Traité de paix entre Naples et la France. — Expédition des Anglais contre Copenhague. — Mort de Paul Ier. 100

CHAPITRE XVI.

Session du Corps-Législatif. — Liste de notabilité. — Archives nationales. — Tribunaux spéciaux. — Procédure criminelle. — Lois diverses. — Finances. — Forme de promulgation des traités de paix. — Travaux préparatoires du code civil. — Instruction publique. — Liberté de la presse. — Translation de la bibliothèque nationale. — Musée. — Exposition des produits de l'industrie ordonnée. — Bergerie nationale. — Fête du 14 juillet. — Commerce, industrie, encouragemens. — Canal de Saint-Quentin. — Route du Simplon. — Vaccine. 121

CHAPITRE XVII.

Concordat. 167

CHAPITRE XVIII.

Brigandage. — Tentatives des Bourbons auprès du premier Consul. — Maintien des lois sur les émigrés. — La confiscation de leurs bois maintenue. — Système de fusion du premier Consul. — Ses principes de gouvernement. — Adresses. 192

CHAPITRE XIX.

Menou succède à Kléber dans le commandement de l'armée

d'Orient. — Origine des partis coloniste et anti-coloniste. — Administration de Menou. — Le premier Consul fait partir de Brest une flotte commandée par Gantheaume, pour porter des secours en Égypte. — Une armée anglaise, commandée par Abercromby, y débarque. — Revers des Français. — Bataille de Nicopolis. — Menou resserré dans Alexandrie. — Les Anglais et les Turcs marchent sur le Kaire. — Tentatives infructueuses de l'amiral Gantheaume pour atteindre l'Égypte. — Mort de Mourad-Bey. — Convention du Kaire. — Convention d'Alexandrie. — Les Français évacuent totalement l'Égypte. — Les Mamlouks renoncent à sa possession. 218

CHAPITRE XX.

Négociation avec l'Angleterre. — Expédition de la France et de l'Espagne contre le Portugal. — Traité de la Russie avec l'Angleterre ; la confédération du Nord dissoute. — Combat naval d'Algésiras. — Préparatifs de descente en Angleterre. — Flottille de Boulogne. — Nelson échoue dans deux attaques. — Reddition de Porto-Ferrajo. — Réunion provisoire du Piémont. — Création du royaume d'Étrurie. — Paix avec la Bavière. — Troubles en Suisse. 269

CHAPITRE XXI.

Fête de la fondation de la République. — Exposition des produits de l'industrie. — Paix avec le Portugal. — Préliminaires de paix avec l'Angleterre. — Paix avec la Russie. — Préliminaires avec la Porte. — Première session du Corps-Législatif. — Discussion sur le traité de paix avec la Russie. — Prorogation de la peine de mort. — Projet de loi sur le rétablissement de la marque. — Rejet des premiers projets de loi du code civil. — Nouvelle constitution de la République batave. — Consulta de Lyon. — Constitution de la République de Lucques. 317

CHAPITRE XXII.

Émigrés. — Leurs attaques contre les acquéreurs de biens nationaux. — Contentieux de ces biens attribué à l'administration. — Libération des acquéreurs. — Biens d'émigrés provenant de partage de prémorcession, irrévocablement acquis à la République. — Amnistie des émigrés; ses conditions. — Comment elle est accueillie par la nation. — Intrigues contre le gouvernement et le premier Consul. — Brigandage, pamphlets, exils. — Pièces de théâtre contre le gouvernement consulaire, par Duval et Dupaty. 363

CHAPITRE XXIII.

Retour de l'armée d'Orient en France. — Traité de paix d'Amiens. — Le premier Consul et les Anglais le considèrent comme une trêve. — Traités de paix avec le Wurtemberg et la Porte. 388

CHAPITRE XXIV.

Discussion au conseil d'état sur le système des listes de notabilité. — Tribunal de cassation; compte à rendre. — Vues du premier Consul sur l'organisation du tribunat. — Deuxième session du Corps-Législatif. — Lois diverses. — Conscription. — Finances. 406

CHAPITRE XXV.

Démission des anciens évêques. — Concordat proclamé loi de l'état. — Légat du pape à Paris. — Nomination des nouveaux archevêques et évêques. — Persécution des évêques et des prêtres constitutionnels par la cour de Rome. — Fête pour la paix générale et le concordat, en France et à Rome; réclamation du pape contre les articles organiques. — Mise en activité du concordat. — Obstination de la cour de Rome contre les prêtres constitutionnels. — Esprit du nouveau clergé. — Efforts du gouvernement pour maintenir la paix religieuse. 433

CHAPITRE XXVI.

Création de la Légion-d'Honneur; son organisation. — Fête du 14 juillet. — Loi sur l'instruction publique. — L'Institut est chargé de faire le tableau des sciences. — Encouragemens donnés au galvanisme. — Monument à Dussault et Bichat. — Travaux au Louvre pour la Bibliothèque nationale. — Travaux publics; quai Desaix, canal de l'Ourcq, du Blavet, de Saint-Quentin. — Établissemens publics à Pontivi. — Commerce de l'Inde. — Monumens offerts au premier Consul. 470

FIN DU SEPTIÈME VOLUME.

www.ingramcontent.com/pod-product-compliance
Lightning Source LLC
Chambersburg PA
CBHW071417230426
43669CB00010B/1579